广东律师系列丛书之三十一

转型时期的房地产法律服务

广东省律师协会◎编著

丛书主编　肖胜方
执行主编　徐敏彪
副 主 编　黄　山

本册主编　林泰松
本册执行主编　陈克宇
本册副主编　邱培杰　李　丹　杨正华　黄伟胜
编　　委　谭湘玲　罗永东　邹慧敏　任　丹
编　　辑　过　琼　何婉琳　陈秋君

法律出版社
LAW PRESS·CHINA
北京

图书在版编目（CIP）数据

转型时期的房地产法律服务 / 广东省律师协会编著.
北京：法律出版社，2024. --（广东律师系列丛书）.
ISBN 978 -7 -5197 -9635 -8

Ⅰ. D922.181.4

中国国家版本馆 CIP 数据核字第 202496NE90 号

转型时期的房地产法律服务
ZHUANXING SHIQI DE FANGDICHAN FALÜ FUWU

广东省律师协会 编著

策划编辑 林 蕊 周 洁
责任编辑 林 蕊 周 洁
装帧设计 臧晓飞

出版发行 法律出版社
编辑统筹 司法实务出版分社
责任校对 王 丰
责任印制 胡晓雅
经 销 新华书店
开本 A5
印张 15.25 **字数** 427 千
版本 2024 年 12 月第 1 版
印次 2024 年 12 月第 1 次印刷
印刷 三河市龙大印装有限公司

地址：北京市丰台区莲花池西里 7 号（100073）
网址：www.lawpress.com.cn
投稿邮箱：info@lawpress.com.cn
举报盗版邮箱：jbwq@lawpress.com.cn
销售电话：010 - 83938349
客服电话：010 - 83938350
咨询电话：010 - 63939796

书号：ISBN 978 -7 -5197 -9635 -8 **定价**：68.00 元
凡购买本社图书，如有印装错误，我社负责退换。电话：010 - 83938349

前　言

2022 年,我国房地产行业面临前所未有之变局。从宏观来看,党的二十大报告进一步强调要坚持房子是用来住的、不是用来炒的定位,同时提出加快建立多主体供给、多渠道保障、租购并举的住房制度。从行情来看,房地产市场整体低迷,特别是二线、三线城市的成交量、价双双下挫。从企业应对来看,以“活下去”为目标成为房地产企业的普遍共识,大量房企开始收缩阵线乃至裁员。为了应对市场低迷,中央开始加强对房地产的金融支持,许多地方政府放松限购甚至出台鼓励交易政策,但目前效果尚未凸显。再加上疫情影响和全球经济形势不乐观的预期,房地产行业的未来都充满变数。中国的城市化率已经逼近 70%。国际的经验数据表明,城市化率超过 70% 以后,城市化速度都将回落。这也从宏观上直接影响房地产的市场需求的变化。在此背景下,研究转型时期的房地产法律服务具有更加特殊的意义,也对研究者提出了更高的要求。

本书前四章研究房地产行业和房地产法律服务的整体趋势和时代特点。第一章为房地产行业的动态与趋势,该部分分别介绍全国房地产行业整体发展情况、广东省房地产行业发展情况与房地产行业年度大事件。第二章为房地产相关法律、政策与司法动态,该部分既介绍新出台的法律法规与行业政策动态,也对房地产纠纷案件情况进行分析,同时盘点房地产行业重大影响案件。第三章为房地产法律服务业的动态与趋势,该部分主要介绍房地产法律服务市场整体情况,并分析房地产法律服务的主要业务与新兴业务。第四章为房地产法律服务面临的问题与挑战,该部分会聚焦房地产法律服务面临的主要问题,对房地产法律服务行业进行展望并提出发展建议。

本书第五章到第十三章分别就居住权制度、公共空间用益物权、租赁住房、房地产信托投资基金、征收补偿、历史遗留问题建筑、房地产企业系统风险应对、农村集体建设用地流转、房地产合作开发等问题,在对转型时期相关特点的调查研究的基础上,进行探讨和总结。

本书缘起于广东省律师协会房地产法律专业委员会2022年度观察报告。参与观察报告调查研究的委员们认为应该在观察报告的基础上进一步深化调查和研究。这种理念付诸实施,分工协作,终于促成了本书成篇。其间,采用了文献资料法、深度访谈法、实地调研法、头脑风暴法、案例分析法、专家咨询法等多种研究方法。当然,由于问卷采集的样本有限,加之人手不足,时间仓促等因素,本书在科学性、严谨性方面仍有较大提升空间。

谨以此为管中窥豹、抛砖引玉之用,为广大房地产专业律师提供参考,也希望对于房地产行业的从业者、管理者,尤其是房地产企业的法务人员提供助益。希望对从事房地产案件审判和仲裁业务的专业人士也有帮助。

编　者

2024年11月

目　录

Contents

第一章　房地产行业的动态与趋势

第二章 房地产相关法律、政策与司法动态

第三章　房地产法律服务业的动态与趋势

第四章 房地产法律服务业面临的问题与挑战

第五章 居住权制度

第六章　公共空间用益物权

第七章 租赁住房

第八章 房地产投资信托基金

第九章　征收补偿

第十章 历史遗留问题建筑

第十一章　房地产企业系统风险应对

第十二章　农村集体建设用地流转

第十三章　房地产合作开发

第一章　房地产行业的动态与趋势

第一节　全国房地产行业动态与趋势

一、全国房地产行业现状

2024 年上半年，全国新建商品房销售延续低位回升，主要得益于短期从中央到地方利好新政刺激，销售面积、金额同比降幅持续收窄，新开工、竣工止跌企稳，不过房企投资开发热情不及一季度，开发投资额累计同比降幅连续 3 个月走扩至 10.1%。房地产政策主基调延续宽松，自 4 月中共中央政治局会议召开以来，政策侧重点转向“去库存”。居民信贷政策迎来史诗级利好，首付比例低至 15%、取消房贷利率下限。房地产融资协调机制建立并加速推进，白名单项目已获批近万亿元融资额度。中国人民银行（以下简称央行）推出再贷款工具支持地方国资收储存量商品房，各地推进住房“以旧换新”。上半年地方 222 省市 341 次政策宽松，购房限制性政策持续松绑，财税端购房激励政策批量发布。

（一）行业规模

根据国家统计局发布的数据，2024 年 1 ~ 6 月，全国房地产开发投资 52 529 亿元，同比下降 10.1%；其中，住宅投资 39 883 亿元，下降 10.4%。2023 年 6 月 ~ 2024 年 6 月全国房地产开发投资增速情况可参见图 1 – 1 – 1。

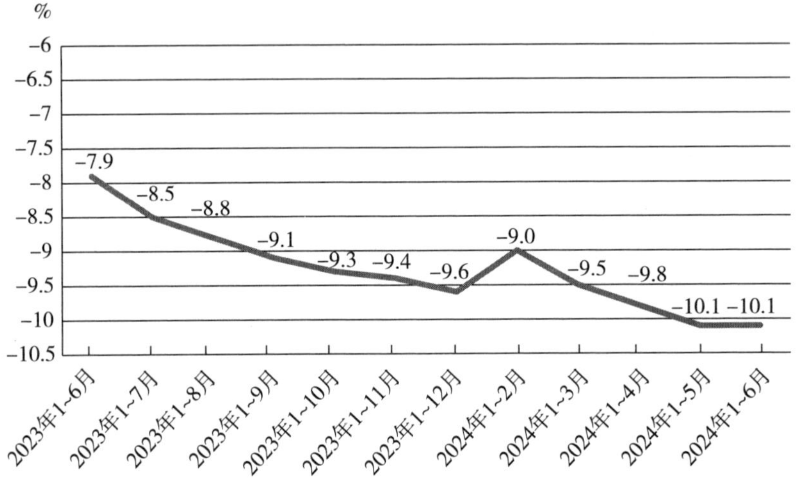

图 1-1-1　全国房地产开发投资增速

（资料来源：国家统计局）

2024 年 1～6 月，房地产开发企业房屋施工面积 696 818 万平方米，同比下降 12.0%。其中，住宅施工面积 487 437 万平方米，下降 12.5%。房屋新开工面积 38 023 万平方米，下降 23.7%。其中，住宅新开工面积 27 748 万平方米，下降 23.6%。房屋竣工面积 26 519 万平方米，下降 21.8%。其中，住宅竣工面积 19 259 万平方米，下降 21.7%。

（二）新建商品房销售面积和待售情况

根据国家统计局发布的数据，2024 年 1～6 月，新建商品房销售面积 47 916 万平方米，同比下降 19.0%，其中住宅销售面积下降 21.9%。新建商品房销售额 47 133 亿元，下降 25.0%，其中住宅销售额下降 26.9%。6 月末，商品房待售面积 73 894 万平方米，同比增长 15.2%，其中，住宅待售面积增长 23.5%。2023 年 6 月～2024 年 6 月，全国新建商品房销售面积及销售额增速情况参见图 1-1-2。

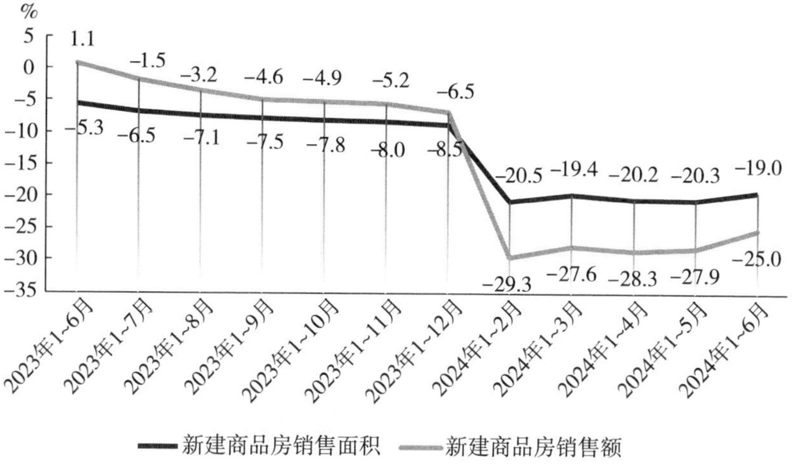

图 1－1－2　全国新建商品房销售面积及销售额增速

（资料来源：国家统计局）

根据克而瑞（CRIC）发布的数据，2024 年 6 月，前 100 名房企实现销售操盘金额 4389.3 亿元，环比增长 36.3%，同比降低 16.7%，单月业绩规模继续保持在历史较低水平。从累计业绩来看，上半年百强房企实现销售操盘金额 18 518.3 亿元，同比降低 39.5%，降幅收窄 4.7 个百分点。百强房企各梯队销售门槛较 2023 年同期进一步降低，且门槛值均降至近年最低水平。其中，前 10 名房企销售操盘金额门槛同比降低 50.2% 至 443.5 亿元。前 30 名和前 50 名房企销售操盘金额门槛也分别同比降低 45.3% 和 40.1% 至 118.4 亿元和 79.9 亿元。前 100 名房企销售操盘金额门槛则降低 41.4% 至 33.2 亿元。

（三）房地产开发企业到位资金情况

根据国家统计局发布的数据，2024 年 1 ~ 6 月，房地产开发企业到位资金 53 538 亿元，同比下降 22.6%。其中，国内贷款 8207 亿元，下降 6.6%；利用外资 13 亿元，下降 51.7%；自筹资金 18 862 亿元，下降 9.1%；定金及预收款 15 999 亿元，下降 34.1%；个人按揭贷款 7749 亿元，下降 37.7%。2023 年 6 月 ~ 2024 年 6 月全国房地产开发企业本年到位资金增速情况参见图 1－1－3。

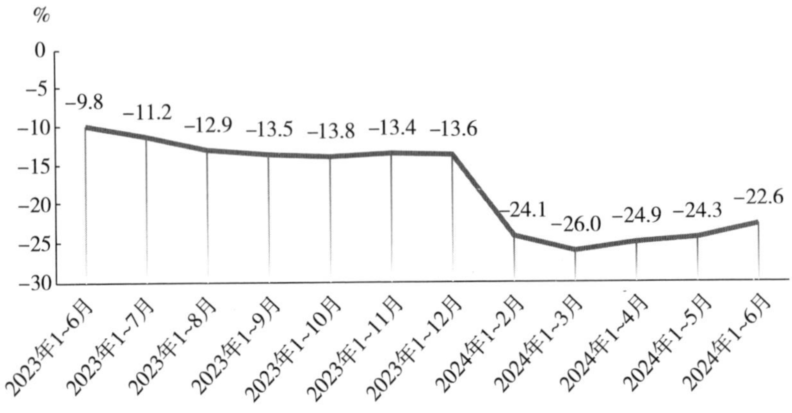

图 1-1-3 全国房地产开发企业到位资金增速

（资料来源：国家统计局）

（四）融资

根据中指数据库（CREIS）发布的数据，2024 上半年融资政策主要聚焦于银行信贷端，发挥“白名单”和经营性物业贷作用，满足开发项目的合理融资需求和偿债需求。因此，开发到位资金中国内贷款同比降幅有所收窄，但融资总规模仍在下降通道，信用债、海外债、资产证券化（ABS）各渠道均继续下滑，发债民企数量减少。

2024 年上半年，监管部门建立房地产融资协调机制，并反复强调完善机制、紧抓落实。1 月 12 日，住房和城乡建设部（以下简称住建部）、国家金融监督管理总局（以下简称国家金融监管总局）要求各地级及以上城市建立房地产融资协调机制，搭建政银企沟通平台，推动房企与金融机构精准对接。2 月、4 月、5 月、6 月，国务院、住建部、国家金融监管总局等部门在多个会议、通知中均强调房地产融资协调机制，上半年监管部门逐步完善机制组成，强调要压实地方政府、房地产企业、金融机构各方责任，进一步发挥城市房地产融资协调机制作用，更好满足城市房地产项目的合理融资需求。

“白名单”机制对改善房地产企业信贷端资金流入起到了一定作用。据国家金融监管总局介绍，截至 5 月 16 日，商业银行已按内部审批流程审批通过了“白名单”项目贷款金额9350亿元。国家金融监管总局还会加大工作力度，一方面，支持存量融资合理展期。截至3月末，房地产开发贷款展期余额同比增长147%，对存量的房地产贷款继续延长贷款期限。另一方面，积极做好房地产新增信贷投放。2024年一季度，商业银行新发放房地产开发贷款9636亿元，新发放个人住房贷款1.3万亿元，比2023年第四季度均有较大增长。

二、2024年房地产行业的主要问题

2024年上半年，房地产市场仍在缓慢复苏中，与过去几轮房地产调整相比，本轮“调整”过程似乎更长。从政策端来看，宽松基调延续，限字逐步退场，“去库存”重现等，“救市、稳市”信号强烈。然而，尽管政策持续发力，但行业基础面底部运行的状态并未扭转，投资信心探底、房价加速下行、资金压力犹存等特征依旧明显。

（一）房企投资信心仍在探底，开工竣工降幅边际改善仍处低位

进入2024年，房地产市场正经历着持续的调整阶段，房地产企业的投资信心依旧处于探底过程中。根据国家统计局公布的数据，2024年前5个月全国房地产开发投资总额为40 632亿元人民币，较2023年同期下降了10.1%，这一降幅较同年前4个月还扩大了0.3个百分点，标志着房地产开发投资已连续24个月呈现负增长态势。房地产行业的投资信心，其核心在于市场复苏的力度，而这种信心的恢复尚需时日。

4月30日中共中央政治局会议传递出“去库存”的新导向，5月17日央行宣布设立总额达3000亿元的保障性住房再贷款专项额度，旨在助力收购已建成但尚未售出的新房项目，此举无疑为“保交楼”工作带来了积极信号。在这一系列政策组合拳的推动下，5月新开工面积与竣工面积虽然仍面临缩减，但降幅相比1～4月已有所减缓，分别收窄了0.4个百分点和0.3个百分点。尽管如此，整体降幅仍处于较低水平，且年内竣工表现与2023年相比显著下滑，完全步入了同比下降的轨道。

鉴于“保交楼”任务在当前市场风险防范中的核心地位，随着后续配套政策的不断完善与实施，预计竣工面积的增速有望逐步企稳，为市场注入更多稳定因素。

（二）价格下行局势严峻，70城新房、二手房价格同环比指数全面“负增长”

房价持续呈现下行态势，短期内缺乏推动其稳定回升的强劲动力。国家统计局数据显示，在同比层面上，2024年7月全国70个大中城市的新房与二手房销售价格同比指数均保持下滑，尤其是二手房市场，其价格指数已触及自2010年以来的最低点，显示出严峻的下行态势；从环比角度来看，市场大面积步入了负增长区间，尽管一季度内新房与二手房的价格环比跌幅有所缓和，连续收窄，但进入二季度后，“以旧换新”的市场策略未能有效逆转颓势，反而加剧了市场调整，新房与二手房的环比价格指数均再度转为下降。2024年以来，房价承受的下行压力显著增强，这一现象可归因于多重因素的交织影响，包括但不限于经济增长的放缓、房地产市场供求关系的深刻变化，以及市场参与者情绪的低迷与谨慎。这些复杂因素的共同作用，对房价形成了持续的下行压力。

（三）市场资金活力较弱，居民购房意愿偏弱

2024年金融支持实体经济总体力度不减，5月末社会融资存量规模上升，年内同比增速呈现“先降后稳”特征。国家统计局数据显示，2024年5月末，社会融资规模存量391.93万亿元，同比增长8.4%，结束此前三连收窄局面，较上月小幅扩大0.1个百分点。从5月单月来看，社融回暖，增量转正，且同比多增超5000亿元，主要系地方政府专项债发行节奏加快的拉动，5月政府债券增量为12 266亿元，较2023年5月增加6695亿元。

（四）销售表现不佳，同比降幅低位运行

自2024年起，商品房销售市场的疲软状态并未迎来根本性的改观，其下滑态势依旧在低位徘徊。国家统计局发布的数据显示，2024年1～5月，新建商品房的销售面积累计达到36 642万平方米，但同比却下降了20.3%，这一跌幅相较于前4个月还略有扩大，增加了0.1个百分点。同时，新建商品房的销售额累计为35 665亿元，下降了27.9%，不过降幅相较于前4个月有所收窄，减少了0.4个百分点，特别是在5月17日“一揽子”新政实施后，销售额的同比降幅有所缓解，传递出了一定的积极信号。

然而，新房市场的整体形势依然严峻，并未能完全摆脱下行的轨道。2024 年 5 月的销售指标依然未能达到 2023 年同期的水平，无论是销售面积还是销售金额，均较 2023 年同期减少了约两到三成。此外，从更长的时间维度来看，2024 年前 5 个月的销售额仅占 2023 年全年总额的约三成，进一步凸显了市场复苏的艰难与挑战。

三、房地产行业未来趋势

（一）房价从普涨到分化

城镇化新趋势是房价分化的动力之一。受经济发展情况、就业机会、工资水平等因素的影响，未来的城镇化主要表现为人口逐步向少数发达省份、大都市圈和区域性发达城市集中，中小城市将主要呈现人口流出状态。而人口净流出的地区，房价上涨速度慢，甚至近几年有明显的绝对价格下跌趋势。此外，城镇人均可支配收入与住房均价之间也存在明显的正相关性。2020 年以来，中国居民的可支配收入增速进一步下降，当这种可支配收入增速的下降累积到一定的程度并影响了预期，会削弱中国房价上涨的动力。至于房地产金融因素方面，2020 年以后所实施得更加严格的房地产按揭贷款政策也会在很大程度上收缩大家对住宅的购买力。

（二）房企经营逻辑发生根本变革

1. 坚持“房住不炒”、维持房价平稳的调控基调不会变

目前我国房地产政策的总基调仍然是“稳地价、稳房价、稳预期，促进房地产市场平稳健康发展”。预计在未来几年内，我国将稳妥实施房地产长效机制（例如试点房产税），保证价格在箱体内运行，同时加快发展租赁住房，尽快落实用地、税收等支持政策。总体而言，暂不存在房价快速、大幅上涨的政策基础。

2. 地产去金融化，行业规模将从高位下滑，行业将持续出清，市场集中度将逐步加大

地产去金融化使房地产行业回归居住属性。目前我国城镇化人口增量放缓，城镇化率 5 ~ 10 年后将达到 70%~75%，预计 2025 ~ 2030 年，我国绝对人口数量由正转负。受此影响，房地产行业规模虽然在中长期仍能维持在高位，但规模增速会有所放缓，甚至下滑。此外，随着去金融

化趋势，很多中小房企、问题房企将不得不面临出清、退出行业的风险。即使能够存活，受制于负债规模增速限制，中小房企融资将变得越来越难。但这一变化反而利好大房企，预测行业集中度将会越来越高。

3. 经营底层逻辑转变，从土地红利、金融红利向管理红利转变

我国经济发展已由高速增长转向高质量发展阶段，房地产行业也需要从规模速度向质量效益方向转变，以旧换新、“白名单”等政策的出台，也标志着房地产行业明确进入了管理红利时代。房企未来的投资逻辑将从“向房价上涨要收益”转变为“向地价下跌要收益”，在提供产品服务的过程中注重打造差异化，摒弃过往产品和服务同质化的行业特性。在经营提效的过程中注意数字化赋能，打通数据孤岛、实现资产数字化、智能化。

4. 房企的破产及重整，房企间的并购重组将进一步加剧

并购重组是激活企业和盘活资产的重要途径，同时也是上市公司价值重塑的过程。在近年房地产行业深陷困局的背景下，我国政策部门对房企间并购持明显的鼓励态度。

受当前融资环境改变的影响，未来房企并购案件数量可能会持续增加。首先，集中供地的推广促使金融机构对于企业有更高的要求，这使得银行更倾向于给信用较好、规模较大的房企发放贷款。其次，政策上的变化要求企业内部融资计划需要更早地进行安排，这对企业流动性来说是比较大的考验，大房企在这一方面显然更具有优势。再次，部分房企在未来一两年内可能仍承受相当大的偿债压力，不少房企将被迫转让资产以解燃眉之急。最后，未来随着行业集中度进一步提升，预计企业通过转让项目、引入股权融资等现象将会更加频发。

（三）政策核心在促进市场回稳，中央政策调整“由稳渐松”

2024 年房地产政策宽松基调不变，仍以支持类政策为主，上半年中央政策端总体调整呈现“由稳渐松”趋势，包括适应新供求关系、建立城市融资“白名单”以及“三大工程”建设。其中，自 2023 年 7 月中共中央政治局会议首次提出适应新供求关系，构建新的发展模式以来，2024 年仍延续这个趋势，共在中共中央政治局会议、国务院常务会议等多个中央会议中出现 10 次。同时，自 2024 年 1 月城市房地产融资协调机制工

作部署以来,“白名单”项目筛选有序推进,5 月 17 日,住建部称全国 297 个地级及以上城市已经建立了房地产融资协调机制,国家金融监管总局同日表示,截至 5 月 16 日,商业银行已按内部审批流程审批通过了“白名单”项目贷款金额 9350 亿元。另外,“三大工程”建设依旧是 2024 年房地产的工作重心,城中村改造、保障性住房以及“平急两用”的配套措施致力于改善民生,也是进阶“好房子”市场的重要一步。

第二节　广东省房地产行业整体发展情况

一、房地产行业现状

2023 年 1 月 ~2024 年 6 月，全国及广东省房地产市场整体依然处于低谷阶段，主要行业指标继续下行。

(一)行业景气指数

国家统计局数据显示（见图 1 –2 –1、图 1 –2 –2），截至 2024 年 6 月，房地产开发景气指数[1]（简称国房景气指数）为 92.11。

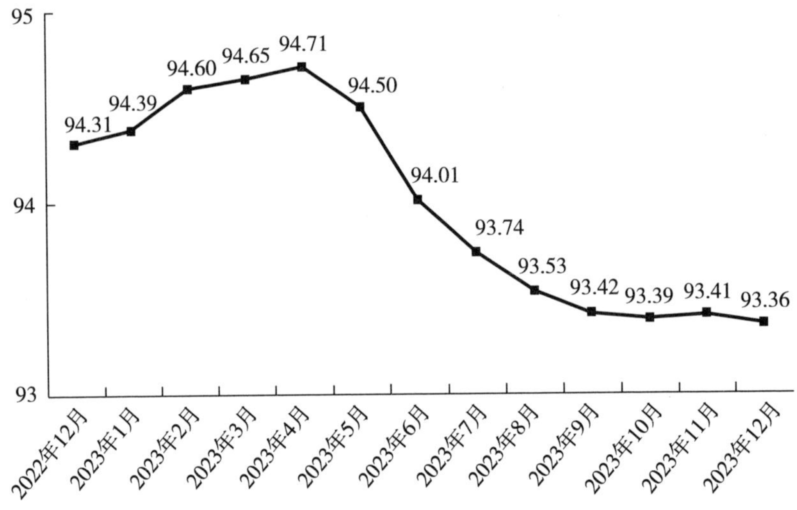

图 1 –2 –1　2022 年 12 月 ~2023 年 12 月国房景气指数统计数据

（资料来源：国家统计局）

---

[1] 全国房地产开发景气指数遵循经济周期波动的理论，以景气循环理论与景气循环分析方法为依据，运用时间序列、多元统计、计量经济分析方法，以房地产开发投资为基准指标，选取了房地产投资、资金、面积、销售有关指标，剔除季节因素的影响，包含了随机因素，采用增长率循环方法编制而成，每月根据新加入的数据对历史数据进行修订，因此图 1 –2 –1 和图 1 –2 –2 数据中同一月份的数据会存在略微差别。

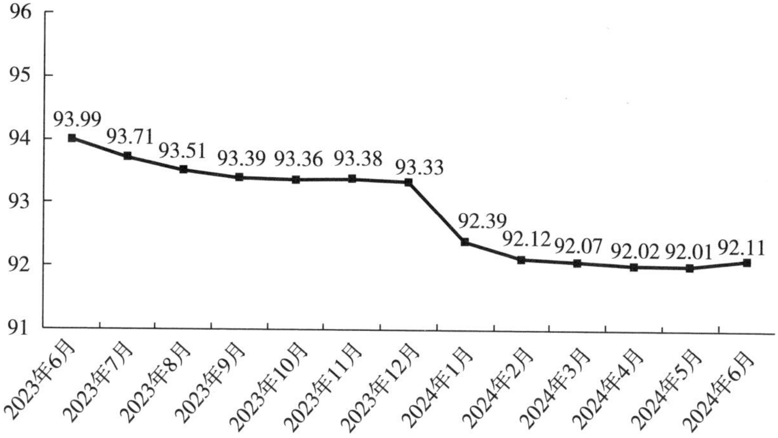

图 1－2－2　2023 年 6 月～2024 年 6 月国房景气指数统计数据

（资料来源：国家统计局）

（二）开发投资规模、销售面积

关于 2023 年全年的全国房地产开发情况，国家统计局于 2024 年 1 月 17 日公开的数据显示，2023 年，全国房地产开发投资 110 913 亿元，比上年下降 9.6%；其中，住宅投资 83 820 亿元，下降 9.3%。2022 年 12 月～2023 年 12 月全国房地产开发投资增速情况参见图 1－2－3。

从地区态势看，2023 年 1～12 月，我国东部地区房地产开发投资额同比下降 5.3%，其中住宅投资同比下降 5.1%，商品房销售面积同比下降 6.7%，商品房销售额同比下降 5.8%。

从省内态势看，2023 年，广东省全省房地产开发投资 1.35 万亿元，同比下降 10.0%。其中商品住宅投资下降 9.2%。再分区域来看，珠三角地区房地产开发投资下降 9.9%，粤东西北地区下降 10.7%。

广东省统计局于 2024 年 2 月 4 日发布的 2023 年 12 月分市房地产开发投资完成和商品房销售情况显示，广东省 2023 年本年完成投资的投资金额为 134 658 839 万元，同比下降 10.0%，商品房销售面积为 96 217 350 平方米，同比降低 9.2%。其中，除深圳市（10.6%）、阳江市（0.9%）本年度投资额为正增长，东莞市本年度投资额零增长外，其他市区均呈负增长。珠三角地区相比 2022 年商品房销售面积下降 9.3%、完成投资额下降 9.9%,负增长幅度与粤东地区和粤北地区相比较小,但均高于粤西地区。然而值得注意的是,粤西地区的本年完成投资额以及商品房销售面积的绝对量与珠三角地区相比均存在明显差距(本年完成投资额方面,珠三角 115 285 491 万元,粤西仅 6 677 662 万元;商品房销售面积方面,珠三角 64 735 563 平方米,粤西 9 333 995 平方米),因此粤西地区的降幅虽低于珠三角地区,但从直观数据来看,并不能说明粤西地区的房地产市场态势较珠三角地区更为稳健或者乐观。

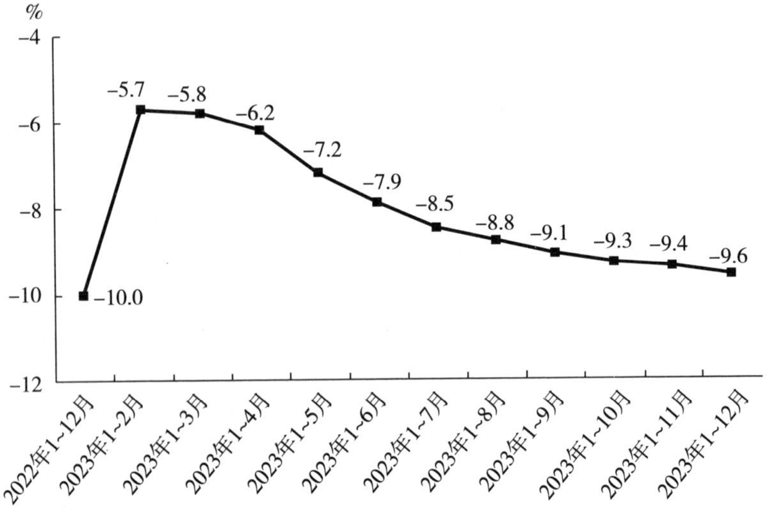

图 1-2-3 2022 年 12 月~2023 年 12 月全国房地产开发投资增速统计数据

(资料来源:国家统计局)

注:房地产开发投资、新建商品房销售面积等指标增速均按可比口径计算。报告期数据与上年已公布的同期数据之间存在不可比因素,不能直接相比计算增速。主要原因是:(1)进一步明确房地产开发统计界定标准,将符合房地产开发统计标准的项目纳入统计范围,剔除单纯一级土地开发等非房地产开发项目。(2)加强商品房销售数据审核,剔除退房和具有抵押性质等非商品房销售数据。(3)加强统计执法,对发现的问题数据按照相关规定进行了改正。

广东省统计局于2024年8月12日发布的2024年6月分市房地产开发投资完成和商品房销售情况显示，截至2024年6月，广东省本年完成投资的投资金额为58 934 039万元，同比下降16.8%，商品房销售面积为36 634 683平方米，同比降低30.6%。其中，除汕尾市(28.2%)本年度投资额为正增长外，其他市区均呈负增长。珠三角地区相比2023年同期商品房销售面积下降26.2%、完成投资额下降15.4%，负增长幅度与粤东地区、粤北地区和粤西地区相比相对偏小。广州等七市房地产开发投资额、商品房销售面积参见图1－2－4、图1－2－5。

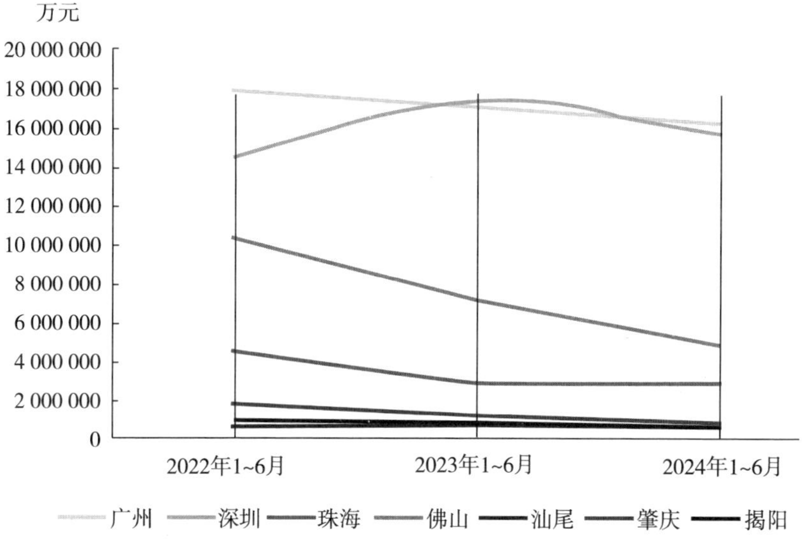

图1－2－4　七市房地产开发投资额

（资料来源：广东省统计局）

注：图例按曲线起点由高至低的顺序标注。

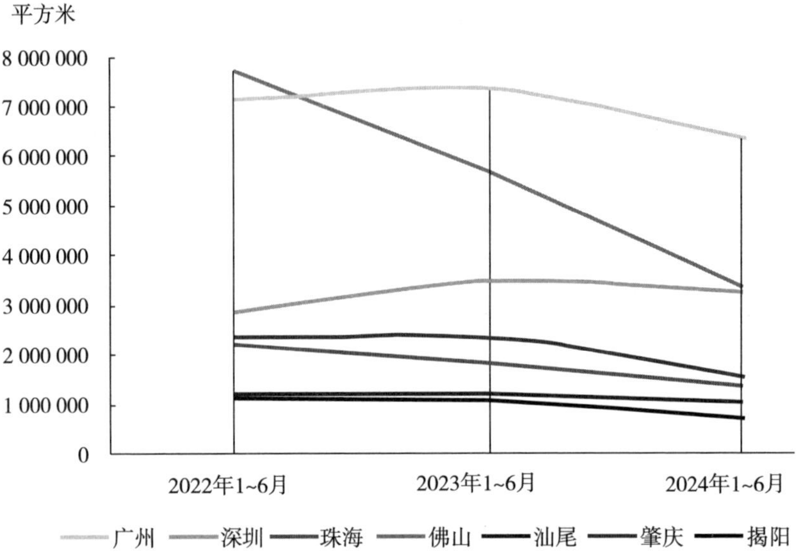

图1-2-5 七市商品房销售面积

（资料来源:广东省统计局）

注:图例按曲线起点由高至低的顺序标注。

（三）施工面积

国家统计局于2024年1月17日公布的数据显示,2023年1~12月,全国房地产开发企业房屋施工面积为838 364万平方米,比上年下降7.2%。其中,住宅施工面积589 884万平方米,下降7.7%。房屋新开工面积95 376万平方米,下降20.4%。其中,住宅新开工面积69 286万平方米,下降20.9%。房屋竣工面积99 831万平方米,下降17.0%。其中,住宅竣工面积72 433万平方米,增长17.2%。

国家统计局于2024年7月15日公布的数据显示,2024年1~6月,全国房地产开发企业房屋施工面积696 818万平方米,同比下降12.0%。其中,住宅施工面积487 437万平方米,下降12.5%。房屋新开工面积38 023万平方米,下降23.7%。其中,住宅新开工面积27 748万平方米,下降23.6%。房屋竣工面积26 519万平方米,下降21.8%。其中,住宅竣工面积19 259万平方米,下降21.7%。

广东省统计局于2024年2月4日公布的数据显示，2023年12月，广东省房地产开发企业房屋施工面积为829 822 452平方米，下降6.4%。其中，住宅施工面积553 966 358平方米，下降6.9%。房屋竣工面积80 171 346平方米，下降1.8%。其中，住宅竣工面积54 083 875平方米，下降4.1%。

广东省统计局于2024年8月12日公布的数据显示，2024年6月，广东省房地产开发企业房屋施工面积为718 998 886平方米，下降9.5%。其中，住宅施工面积477 333 821平方米，下降10.4%。房屋竣工面积25 659 409平方米，下降24.6%。其中，住宅竣工面积18 792 330平方米，下降19.5%。

（四）土地购置面积

2023年1月17日国家统计局公开的数据显示，2022年1～12月全国房地产土地购置面积为10 052万平方米，同比减少53.4%。

（五）商品房销售和待售面积

2024年1月17日和2024年7月15日国家统计局公开数据显示，从2023年年初计至2024年6月，我国房地产市场的商品房销售和待售情况继续呈现下行趋势，具体来讲，2023年1～12月，我国商品房销售面积为111 735万平方米，比上年下降8.5%，其中住宅销售面积下降8.2%。商品房销售额为116 622亿元，下降6.5%，其中住宅销售额下降6.0%。2024年1～6月，我国商品房销售面积为47 916万平方米，同比下降19.0%，其中住宅销售面积下降21.9%。新建商品房销售额47 133亿元，下降25.0%，其中住宅销售额下降26.9%。2022年12月～2024年6月全国商品房销售面积及销售额增速情况参见图1－2－6。

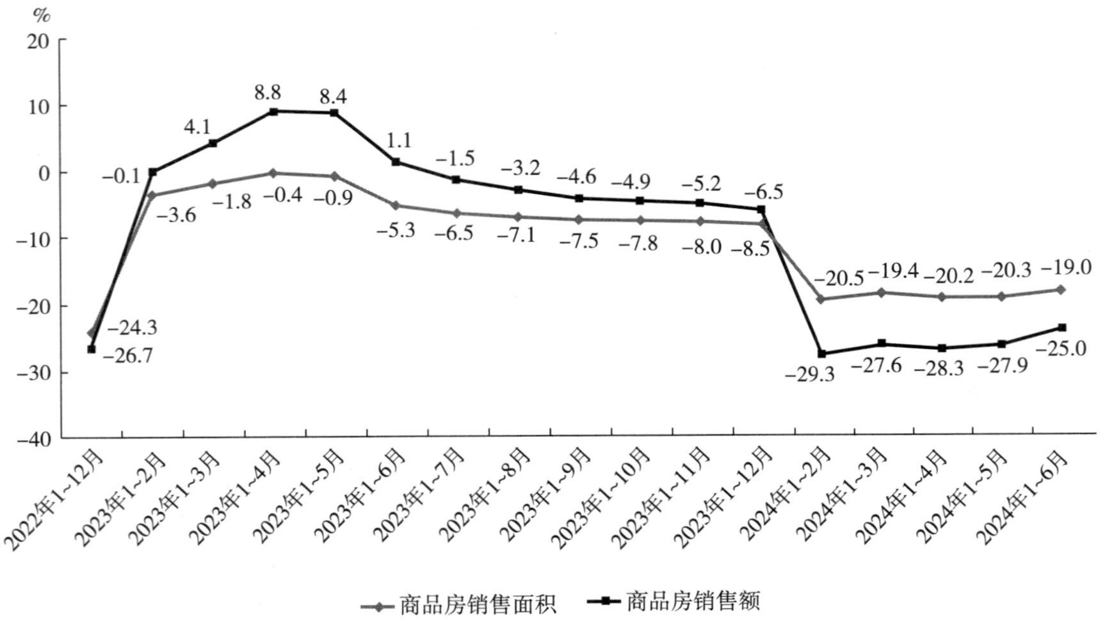

图 1–2–6　2022年12月~2024年6月全国商品房销售面积及销售额增速统计数据

（资料来源：国家统计局）

（六）融资渠道

国家统计局公开数据显示，2023年，全国房地产开发企业到位资金为127 459亿元，同比下降13.6%。其中，国内贷款15 595亿元，下降9.9%；利用外资47亿元，下降39.1%；自筹资金41 989亿元，下降19.1%；定金及预收款43 202亿元，下降11.9%；个人按揭贷款21 489亿元，下降9.1%。2024年1～6月，房地产开发企业到位资金为53 538亿元，同比下降22.6%（见图1－2－7）。其中，国内贷款8207亿元，下降6.6%；利用外资13亿元，下降51.7%；自筹资金18 862亿元，下降9.1%；定金及预收款15 999亿元，下降34.1%；个人按揭贷款7749亿元，下降37.7%。

2023年12月，广东省房地产开发企业到位资金为178 407 354万元，同比下降5.1%。其中，国内贷款26 752 524万元，同比下降3.8%，利用外资178 869万元，同比增长36.8%，自筹资金60 210 503万元，同比下降15.1%，定金及预收款58 786 188万元，同比增长1.4%，个人按揭贷款27 514 725万元，同比增长2.7%；2024年6月，广东省房地产开发企业到位资金为71 083 515万元，同比下降27.7%。其中，国内贷款12 986 843万元，同比下降19.8%，利用外资54 665万元，同比下降46%，自筹资金24 852 557万元，同比下降17.9%，定金及预收款20 279 873万元，同比下降38%，个人按揭贷款10 092 134万元，同比下降37%。

综合上述已公开数据可见，受到多重因素影响，全国及广东省房地产市场均处于且可能长期处于低迷阶段。

二、广东省房地产行业存在的主要问题

（一）行业调控从供需两端逼紧，土地市场和销售市场均呈快速下滑趋势

在供给端，2021年推行“三道红线”政策、授权“房地产税改革试点”、2021年中央经济工作会议、2022年中共中央政治局会议以及2022年全国人大会议上政府工作报告均多次反复强调坚持“房子是用来住的，不是用来炒的”基调不变，对房地产行业将持续保持紧缩的政策定位，坚持因城施策以促进房地产业良性循环和健康发展。

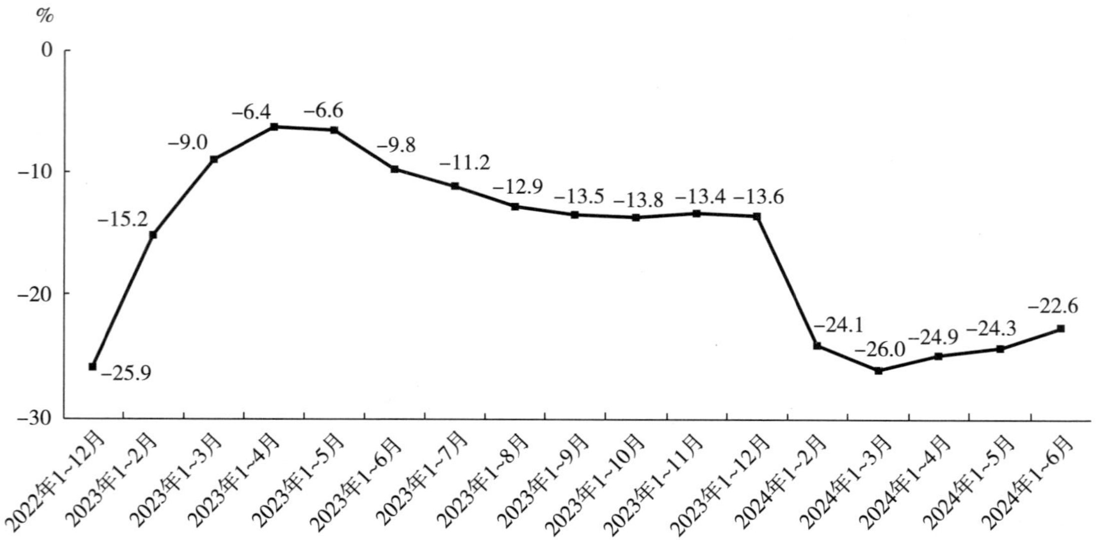

图 1-2-7　2022年12月~2024年6月全国房地产开发企业本年到位资金增速统计数据

（资料来源：国家统计局）

在需求端,结合政策导向,市民对于商品房未来潜在的升值空间呈现出不乐观的心态,同时伴随新冠疫情的冲击性影响,以及疫情后国内经济下行,国内房地产市场交易活动陷入低迷期,而与此同时发生的恒大、碧桂园两大房企的“爆雷”事件更是进一步冲击了国民对于房地产市场的信心。另外,随着国内外局势的剧烈变化,人民的储蓄意愿加大,不愿意承担高负债风险,购房意愿不高。

因此房地产市场在供需两端层层逼紧的情况下,土地市场爆冷以及销售市场呈快速下滑趋势不足为奇。

(二)广东省大部分房地产开发企业的杠杆率过高,债务期限逼近,在巨大的销售回款压力下,只能被动降价

过去的几十年间,由于对土地红利的预期较高,因此房地产企业均不畏惧借贷是否可以依约偿付的风险,多数房地产企业在负荷高风险的情况下,保持高贷款比重,均期待在下一轮房屋销售中取得高额收益偿还旧债、并不断堆积新债,同时在这个过程中赚取高额利润。

但随着国家对于房地产行业的政策性调控,对房地产行业去杠杆、去金融化的目标,提出 2021“三道红线”“剔除预收款的资产负债率不得大于 70%”“净负债率不得大于 100%”“现金短债比不得小于 1 倍”要求,阻断房企借新债还旧债的“滚雪球”套路,导致房企逐步进入寒冬期,遭遇资金流动性危机的风险骤然增大。

一方面,部分房企在市场经济状况向上的情况下,收购部分位于三线、四线城市或一线城市高价值土地,然而以上收购的土地,在市场下行阶段却较难向外出售,导致这些房企无法通过转售土地将资金变现。因此,在房地产开发企业借贷还款期限不断逼近的情况下,为加快回款,避免逾期而伤害企业信用,房企只能通过大幅度降价这种饮鸩止渴的手段吸引客户购买。还有部分房企在拿地阶段,在达到限地价后进入竞自持阶段,为了取得土地而自持较大比例房产,自持资产比例较大,也导致其在短期内无法通过建设完毕的资产进行租赁盈利,从而也会对其现金流造成压力。

另一方面,由于房地产行业寒冬期逼近,诸多债权人均对房企资金状况持不乐观态度。如 2022 年 9 月,作为示范民营房企的旭辉集团无

法依约偿还信托，导致信托公司以触发对赌条款为理由要求旭辉集团提前回购股权，旭辉集团予以拒绝。类似事件相互堆叠，形成连锁反应，债权人、投资者对房地产市场的投资信心发生动摇，从而进一步影响了其他包括示范性房企在内的房地产开发企业的信誉度，进而增大了房企继续融资的难度。

在以上种种因素的影响下，大部分房地产开发企业均面临资金流动性危机，面临较大偿债压力。

（三）房企“爆雷”不断，购房客户担心交付问题对于购房持谨慎态度，造成恶性循环，加速房价下跌

在较差的市场环境下，多家房企面临逾期兑付等问题，部分房企深陷大额千万元债务被法院强制执行的舆论风波。在这种情况下，整个房地产市场，乃至市场内的每一家房企的企业信用均遭到严重冲击。

面对以上状况，购房者对商品房是否可以正常交付持不信任态度，对于购买预售商品房更是持谨慎及观望态度，市场信心不足，导致房企开发建设的商品房产品囤积严重，无法变现，造成恶性循环。为了促销，房企不得不将房价进一步下调，市场房价也会因此加速下跌，循环往复地拆东补西，犹如抱薪救火，无法从根本上解决当前房地产行业的危机。

三、广东省房地产行业未来趋势

（一）商品房价格从普遍上涨到开始发生分化，一线城市和非一线城市的房价差距进一步拉开，甚至城市群中的不同板块都会发生分化

从国家及广东省统计局公布的数据可以看出，截至 2024 年 6 月，全国范围内，东部、中部地区的商品房销售面积和销售额下降幅度较西部地区和东北地区相对偏小；在广东省商品房投资金额、销售面积整体呈下降趋势的情况下，珠三角地区的降幅最小。

究其原因，一线城市临近地铁站、医院等重要民生地点的房屋属于具有稀缺性的优质地产，购买一线城市的学区房也属于刚性需求。因此在广东省商品房投资额、销售面积整体下降的趋势下，广州市、深圳市等一线城市的销售面积或呈现出反向增长的态势（2023 年，广州，2.4%；2023 年，深圳，12.8%），或下降比重相对较小（2024 年 6 月，广州，-13.3%；2024 年 6 月，深圳，-6.7%）。但是对于其他非一线城市，如

梅州（2024 年 6 月，商品销售面积下降 52.2%）、河源（2024 年 6 月，商品销售面积下降 51.2%）等地，出现了严重的供过于求的市场趋势。

从目前趋势来看，不难推测房价后续将继续呈分化趋势，一线及新一线城市在市场回温后呈上涨趋势，非一线城市房价可能会继续回落，一线和非一线城市的房价差距进一步拉开。

（二）房企经营逻辑发生根本变革

1. 中央及地方坚持"房住不炒"、坚持房价平稳的调控基调不会发生改变

2021 年 2 月，多个重点城市开始实行集中供地模式，以促进稳定低价、平稳楼市。这一政策确实也起到了预想作用，2022 年 10 月 10 日广州市第三轮集中土拍，18 宗出让地块中，3 宗流拍、13 宗以底价成交，溢价成交的情况较少。

2021 年银行房贷"两道红线"、集中供地、房地产税收取试点，2022 年房企"三道红线"等调控"组合拳"目前来看仍然将继续实施，中央坚持"房住不炒"、坚持房价平稳的调控政策基调不会变，房地产行业去金融化的模式不会发生变动，故后续房产的销售价格原则上不会发生过大波动。

因此推测，在中央一直对房地产行业进行系统性调控下，从金融政策、土地政策、购买政策及监管政策等领域多角度发力，房地产去金融化，回归居住属性的大政方针布局不会发生改变。

2. 地产去金融化，行业规模将从高位下滑，行业将持续出清，市场集中度将逐步加大

2022 年 10 月 10 日，广州市第三轮集中土拍中仍保持限制最高溢价率 15%、坚持严查资金来源的态度。本次集中供地依旧是以底价成交为主流，依旧是国企、央企主导，民营企业在销售回款难的状态下拿地意愿已然不高。

房地产行业存在大量借贷资金，占用了近三成的金融资源。在国家调整产业结构、追求科技兴国、人才强国的大方针政策下，主打高质量发展资源要求向创业创新领域引导，寻找新的替代行业带动经济，而不会再折返走回利用房地产行业拉动经济增长的老路。因此，不难推测，后

续贷款监管力度将继续保持，对房地产公司借贷资金的限制要求将继续实施，短期内不会出现较大调整。

此外，全国24家主要银行信贷结构优化调整座谈会上重申了“房住不炒”的商品房市场定位，力图保持房地产金融政策的连续性、一致性、稳定性，实施好房地产金融审慎管理制度，加大住房租赁金融支持力度。这意味着经营贷、消费贷等违规资金流入房地产领域的现象仍是被重点监管的对象，开发贷的发放上仍将持收紧态势。房地产开发企业的融资难度将进一步加大，由此也会反向促使这些企业谨慎、高效地去利用现有的贷款资金，在贷款方面进行施压，避免资金的不当浪费，真正发挥贷款应有的作用。

中国银行保险监督管理委员会（以下简称中国银保监会）（已撤销）也多次强调，应积极推动房地产行业转变发展方式，鼓励机构稳妥有序开展并购贷款，重点支持优质房企兼并收购困难房企的优质项目，以推动风险化解、实现房地产行业的平稳发展，这些举措均代表了后续市场化集中程度加大的政策走向。部分“爆雷”房企也在积极引进国企、央企的资金支持，打包出售资产，配合国企、央企等对其进行收购、并购。在这个过程中，中小房企、负债率过大的房企也将逐步退出房地产行业。

3. 经营底层逻辑转变，从土地红利、金融红利向管理红利转变

在早年房地产政策红利下，较多房地产企业保持重投资、弱管理的模式，该种模式下有可能导致产品销售周期长，回款速度慢的现象。因此在近几年房地产缓步下行、去金融化的阶段，就要求房地产企业增强销售能力和管理能力，一方面避免盲目扩张，谨慎拿地和开设新项目，避免投资失败后期去化困难，降低企业的负债比重，而不是再寄希望于房地产行业后续将会发生周期性上涨的趋势；另一方面也要选择更具有履约能力的客户，在客户逾期情况下尽快完成清退再销售，以保持快速回款。这就要求房地产企业严格把握债资比，合理预判后期房地产行业趋势，谨慎决策，改变曾经的经营逻辑，从土地红利、金融红利向管理红利转变。

（三）政策核心在促进市场回稳

在整体宏观经济不景气的情况下，结合近期发布的政策影响，广东

省多地的楼盘销售工作均陷入停滞、半停滞状态,可以预见后期房地产市场仍将处于持续低迷状态。

房地产作为国民经济的重要支柱产业,是地方财政的重要来源,是拉动经济增长的火车头。如果一直持快速下滑状态,无法平稳着陆,后续可能会再次引发一轮房地产企业“爆雷”,有可能进一步冲击经济系统,造成经济系统不稳定。因此后续的政策核心应当在于促进市场回稳,为经济提供动力。但从目前房地产投资、销售额、销售面积数据来看,行业政策仍未出现较大反转,市场疲软状态仍将持续。

(四)城市更新面临更大挑战

一方面,目前各房企现金流压力均较大,部分城市更新项目可能会因为出现现金流危机导致进展缓慢甚至停摆。房企也很难获得新的资金以提供有利的拆补条件。此外,旧城改造的时间流程长,意味着资金的长期积压,旧城改造过程中存在的隐性成本不利于项目投入资金金额的计算,存在难以精准预测的风险,而相关风险是目前处于风雨飘摇状态下的房企难以负荷的。

另一方面,房屋业主在面对无法预测的经济形势时,对房企可能缺乏信心、信任,对于能否改造完成抱否定、抗拒的态度,因此可能对房企推出的改造项目存在参与度不高,这又导致房企的项目难以顺利、高效地推进落实。

目前各地对城市更新制度的建设还处于探索期,在没有围绕资金来源、成本等问题提供有效政策支持的情况下,城市更新项目可能因受房地产交易市场萎靡态势的影响,而难以大规模开展。

在内忧外患状态下,进入“黑铁时代”的房地产行业,势必反向要求每一个希望继续存活的房企在外部推力的作用下完成自我洗礼与变革。

第三节　房地产行业 2023 年 1 月 ~ 2024 年 6 月大事件

一、住建部：2023 年重点抓好十二个方面工作

2023 年 1 月 17 日召开的全国住房和城乡建设工作会议指出，房地产工作要融入党和国家事业大棋局，锚定新时代新征程党的使命任务和当前的中心工作来展开。一是稳预期。二是防范风险。三是促进转型。会议强调，2023 年是全面贯彻落实党的二十大精神的开局之年。全系统要在稳中开好局、在进上下功夫，推动住房和城乡建设事业高质量发展迈出新步伐，重点抓好促进房地产市场平稳健康发展，加快解决新市民、青年人等群体住房困难问题，着力打造宜居、韧性、智慧城市，建设宜居宜业的美丽村镇，不断提升建筑品质等十二个方面工作。

二、2023 年中央一号文件：稳慎推进农村宅基地制度改革试点

2023 年 2 月 13 日，2023 年中央一号文件《中共中央　国务院关于做好 2023 年全面推进乡村振兴重点工作的意见》由新华社受权发布。其中，文件提出稳慎推进农村宅基地制度改革试点，切实摸清底数，加快房地一体宅基地确权登记颁证，加强规范管理，妥善化解历史遗留问题，探索宅基地“三权”分置有效实现形式。此外，深化农村集体经营性建设用地入市试点，探索建立兼顾国家、农村集体经济组织和农民利益的土地增值收益有效调节机制。保障进城落户农民合法土地权益，鼓励依法自愿有偿转让。

三、关于房地产，政府工作报告聚焦“防风险、保民生、促消费”

2023 年 3 月 5 日，第十四届全国人民代表大会第一次会议在北京开幕，时任国务院总理李克强作政府工作报告（以下简称报告）。其中，涉及与房地产相关表述主要聚焦 3 点，即防风险、保民生、促消费。报告称，要有效防范化解优质头部房企风险，改善资产负债状况，防止无序扩张，促进房地产业平稳发展。加强住房保障体系建设，支持刚性和改善性住房需求，解决好新市民、青年人等住房问题。此外，把恢复和扩大消费摆在优先位置。多渠道增加城乡居民收入。稳定大宗消费，推动生活

服务消费恢复。

四、将全面推进不动产“带押过户”模式

2023 年 3 月 30 日，自然资源部、中国银保监会（已撤销）《关于协同做好不动产“带押过户”便民利企服务的通知》提出，各地要在已有工作的基础上，根据当地“带押过户”推行情况、模式及配套措施情况，深入探索，以点带面，积极做好“带押过户”。

五、中共中央政治局会议：坚持“房住不炒”定位，支持刚性和改善性住房需求

2023 年 4 月 28 日，中共中央政治局会议指出，要坚持房子是用来住的、不是用来炒的定位，因城施策，支持刚性和改善性住房需求，做好保交楼、保民生、保稳定工作，促进房地产市场平稳健康发展，推动建立房地产业发展新模式。在超大特大城市积极稳步推进城中村改造和“平急两用”公共基础设施建设。规划建设保障性住房。要加强地方政府债务管理，严控新增隐性债务。

六、2023 年上半年，117 个省市 188 次松绑房地产政策

据 CRIC 统计，2023 年上半年，117 个省市 188 次松绑房地产政策。从时间维度来看，一季度政策持续放松，二季度地方政策频次、力度双减。从频次上看，环比下降 15%，相比 2022 年同期下降约 6 成；从力度上看，以公积金等弱刺激政策为主，四限松绑仅 16 次，环比近乎腰斩。分城市来看，15 个城市“救市”更为积极，2023 年上半年出台过 3 次以上宽松性政策。

七、住建部明确：落实降低首套首付比例，认房不认贷

住建部倪虹部长在企业座谈会议上强调，要继续巩固房地产市场企稳回升态势，大力支持刚性和改善性住房需求，进一步落实好降低购买首套住房首付比例和贷款利率、改善性住房换购税费减免、个人住房贷款“认房不用认贷”等政策措施。

八、“金融 16 条”部分政策延期

2023 年 7 月 10 日，央行、国家金融监管总局发布《关于延长金融支持房地产市场平稳健康发展有关政策期限的通知》，对 2022 年 11 月发布的《关于做好当前金融支持房地产市场平稳健康发展工作的通知》（以下简称“金融16条”)中,有关适用期限的政策统一延长至2024年年底。

九、中央金融工作会议释放房地产八大信号

2023年10月底召开的中央金融工作会议,对房地产金融工作着墨颇多。会议提出,促进金融与房地产良性循环,健全房地产企业主体监管制度和资金监管,完善房地产金融宏观审慎管理,一视同仁满足不同所有制房地产企业合理融资需求,因城施策用好政策工具箱,更好支持刚性和改善性住房需求,加快保障性住房等“三大工程”建设,构建房地产发展新模式。

十、金融机构座谈会再次释放房地产融资积极信号

2023年11月17日,央行等三部门联合召开的金融机构座谈会提出,金融机构要一视同仁满足不同所有制房地产企业合理融资需求,对正常经营的房地产企业不惜贷、抽贷、断贷。继续用好“第二支箭”支持民营房地产企业发债融资。支持房地产企业通过资本市场合理股权融资。要继续配合地方政府和相关部门,坚持市场化、法治化原则,加大保交楼金融支持,推动行业并购重组。要积极服务保障性住房等“三大工程”建设,加快房地产金融供给侧改革,推动构建房地产发展新模式。

十一、超20城推进房产“以旧换新”

据中房网不完全统计,2023年以来,江苏南京、苏州、盐城、太仓、连云港、扬州、南通、徐州,浙江宁波、丽水、海宁、绍兴越城区,山东济南、青岛、济宁、泰安、日照、淄博,辽宁沈阳,湖北武汉,广西玉林等超20城均已推行房产“以旧换新”相关政策或活动。

十二、全国住房城乡建设工作会议召开,部署2024年重点工作

2023年12月21~22日举行的全国住房城乡建设工作会议提出,要坚持房子是用来住的、不是用来炒的定位,适应房地产市场供求关系发生重大变化新形势。稳定房地产市场,坚持因城施策、一城一策、精准施策,满足刚性和改善性住房需求,优化房地产政策,持续抓好保交楼保民生保稳定工作,稳妥处置房企风险,重拳整治房地产市场秩序。

十三、国家发展和改革委员会:统筹化解房地产等风险,坚决守住不发生系统性风险的底线

2024年1月17日,国家发展和改革委员会(以下简称国家发改委)

党组在《人民日报》撰文指出，要统筹化解房地产、地方债务、中小金融机构等风险，坚决守住不发生系统性风险的底线。因城施策用足用好政策工具箱，支持刚性和改善性住房需求。加快推进保障性住房建设、“平急两用”公共基础设施建设和城中村改造。

十四、2024 年 2 月土地成交规模降至历史低位

受春节长假的影响，土地市场供地节奏明显变缓，截至 2024 年 2 月 25 日，全国 300 城 2 月经营性土地成交规模仅 2194 万平方米，处于历史相对低位。热度方面，2 月平均溢价率 5.2%，较上月上升 0.7 个百分点，在优质地块高溢价地块入市的推动下，月内溢价率重新回到 2022 年以来均线上方。

十五、住房限购政策正逐步退出

据不完全统计，截至 2024 年 4 月 28 日全国约有 35 个城市对限购政策进行了调整。其中，长沙、昆明、合肥和苏州等 22 个城市全面放松了限购政策。除海南省外，仅北京、上海、广州、深圳 4 个一线城市仍在维持限购政策。

十六、购房首付比例降至 15%，商贷利率最低下限取消

2024 年 5 月 17 日，央行和国家金融监管总局接连发布多个重要通知，宣布调整个人住房贷款最低首付款比例，商业性个人住房贷款利率和个人住房公积金贷款利率。

十七、高层发声，全力打好保交房攻坚战

2024 年 5 月 17 日，涉及房地产工作的多个重要部门相继发声，在支持政府收储、盘活存量土地、融资协调机制、保交楼等方面均有大力度支持措施出台。

2024 年 6 月 24 日，住建部、国家金融监管总局联合召开的保交房政策培训视频会议强调，保交房工作是贯彻落实党中央、国务院决策部署的重要举措，是落实以人民为中心的发展思想的具体实践，是当前促进房地产市场平稳健康发展的首要任务。

（本章执笔人：李丹、邱培杰、任丹）

第二章　房地产相关法律、政策与司法动态

第一节　新出台的法律法规

2022 年至 2024 年上半年，房地产行业新出台的规范性文件汇总如表 2-1-1 所示。

表 2-1-1　2022 年至 2024 年上半年房地产行业新出台的规范性文件汇总

类别	制定机关	文号	发布日期（年/月/日）	名称
法律	—	—	—	—
行政法规	—	—	—	—
其他规范性文件	最高人民法院 住建部 央行	法〔2022〕12 号	2022/1/11	关于规范人民法院保全执行措施　确保商品房预售资金用于项目建设的通知
	国家发改委	发改就业〔2022〕77 号	2022/1/14	关于做好近期促进消费工作的通知
	央行 中国银保监会（已撤销）	银发〔2022〕30 号	2022/1/30	关于保障性租赁住房有关贷款不纳入房地产贷款集中度管理的通知
	财政部 住建部	财综〔2024〕15 号	2022/2/7	关于印发《中央财政城镇保障性安居工程补助资金管理办法》的通知（2024）
	中国银保监会（已撤销） 住建部	银保监规〔2022〕5 号	2022/2/16	关于银行保险机构支持保障性租赁住房发展的指导意见

续表

类别	制定机关	文号	发布日期(年/月/日)	名称
其他规范性文件	国家发改委 工业和信息化部 财政部 人力资源和社会保障部 自然资源部 生态环境部 交通运输部 商务部 央行 国家税务总局 中国银保监会(已撤销) 国家能源局	发改产业〔2022〕273 号	2022/2/18	关于印发促进工业经济平稳增长的若干政策的通知
	住建部	住房和城乡建设部令第 54 号	2022/3/2	关于修改《房地产开发企业资质管理规定》的决定(2022)
	住建部	住房和城乡建设部令第 55 号	2022/3/10	住房和城乡建设行政处罚程序规定
	国务院	国发〔2022〕9 号	2022/3/21	国务院关于落实《政府工作报告》重点工作分工的意见
	财政部 住建部	财综〔2022〕54 号	2022/4/13	关于下达 2022 年中央财政城镇保障性安居工程补助资金预算的通知
	住建部	建质规〔2022〕2 号	2022/4/19	关于印发《房屋市政工程生产安全重大事故隐患判定标准(2022 版)》的通知

续表

类别	制定机关	文号	发布日期（年/月/日）	名称
其他规范性文件	央行 中国银保监会（已撤销）	银发〔2022〕115号	2022/5/15	关于调整差别化住房信贷政策有关问题的通知
	国务院办公厅	国办发明电〔2022〕10号	2022/5/24	关于印发全国自建房安全专项整治工作方案的通知
	中国证券监督管理委员会（以下简称中国证监会）办公厅 国家发改委	证监办发〔2022〕53号	2022/5/24	关于规范做好保障性租赁住房试点发行基础设施领域不动产投资信托基金（REITs）有关工作的通知
	国家发改委	发改规划〔2022〕960号	2022/6/21	关于印发“十四五”新型城镇化实施方案的通知
	自然资源部 农业农村部	自然资发〔2022〕157号	2022/9/13	关于做好不动产统一登记与土地承包合同管理工作有序衔接的通知
	央行 中国银保监会（已撤销）		2022/9/29	关于阶段性调整差别化住房信贷政策的通知
	财政部 国家税务总局	财政部　税务总局公告　2022年第30号	2022/9/30	关于支持居民换购住房有关个人所得税政策的公告
	央行 中国银保监会（已撤销）	银发〔2022〕254号	2022/11/11	关于做好当前金融支持房地产市场平稳健康发展工作的通知
	央行 中国银保监会（已撤销）		2022/12/30	关于建立新发放首套住房个人住房贷款利率政策动态调整长效机制的通知

续表

类别	制定机关	文号	发布日期（年/月/日）	名称
其他规范性文件	央行 国家金融监管总局		2023/7/10	关于延长金融支持房地产市场平稳健康发展有关政策期限的通知
	国务院办公厅	国办发〔2023〕25号		关于在超大特大城市积极稳步推进城中村改造的指导意见
	财政部 国家税务总局 住建部	财政部　税务总局　住房城乡建设部公告2023年第28号	2023/8/18	关于延续实施支持居民换购住房有关个人所得税政策的公告
	住建部 央行 国家金融监管总局	建房〔2023〕52号	2023/8/18	关于优化个人住房贷款中住房套数认定标准的通知
	财政部 国家税务总局	财政部　税务总局公告2023年第33号	2023/8/18	关于继续实施公共租赁住房税收优惠政策的公告
	国务院	国发〔2023〕14号		关于规划建设保障性住房的指导意见（以下简称“14号文”）
	央行 国家金融监管总局		2023/8/31	关于调整优化差别化住房信贷政策的通知
	央行 国家金融监管总局		2023/8/31	关于降低存量首套住房贷款利率有关事项的通知

续表

类别	制定机关	文号	发布日期（年/月/日）	名称
其他规范性文件	财政部 国家税务总局 建设部（已撤销）	财政部　税务总局　住房城乡建设部公告2023年第70号	2023/9/28	关于保障性住房有关税费政策的公告
	央行 国家金融监管总局 中国证监会 国家外汇管理局 国家发改委 工业和信息化部 财政部 中华全国工商业联合会	银发〔2023〕233号	2023/11	关于强化金融支持举措助力民营经济发展壮大的通知
	住建部 国家金融监管总局	建房〔2024〕2号	2024/1/5	关于建立城市房地产融资协调机制的通知
	央行 国家金融监管总局	银发〔2024〕2号	2024/1/5	关于金融支持住房租赁市场发展的意见
	财政部 建设部（已撤销）	财综〔2024〕15号	2024/4/8	关于印发《中央财政城镇保障性安居工程补助资金管理办法》的通知（2024）
	财政部 住建部	财综〔2024〕16号	2024/4/10	关于下达2024年中央财政城镇保障性安居工程补助资金预算的通知

续表

类别	制定机关	文号	发布日期（年/月/日）	名称
其他规范性文件	住建部 应急管理部 自然资源部 农业农村部 国家市场监督管理总局（以下简称国家市场监管局）	建村规〔2024〕4号	2024/4/12	关于加强农村房屋建设管理的指导意见
	央行 国家金融监管总局		2024/5/17	关于调整个人住房贷款最低首付款比例政策的通知
	中国共产党中央委员会（以下简称中共中央）		2024/7/18	关于进一步全面深化改革　推进中国式现代化的决定

第二节　行业政策动态

一、房地产行业政策近12年历程

2012年，央行、住建部、国家发改委等部门多次表示支持首套房的购房需求，多个城市的首套房贷利率从前一年下半年的基准利率下浮至85%，首套房贷政策松动迹象明显。货币政策适度宽松形势下，严格执行差别化信贷政策，严格限制多套房贷款，加大分配和退出信息公开力度，确保公开透明。因此，房产税试点范围有望扩大，并逐步建立房产税制度。经历了楼市调控最为严厉的2011年后，2012年的楼市政策虽然没有前两年频繁，但众多二线、三线城市对购房政策进行微调，为楼市奏起了“微动作”序曲，一些城市因地制宜出台了“限价、限售”等政策。地方政策微调、存准利率下调、央行三年来首度降息、“闲置土地”定义变宽、新购经适房不得在市场上出售。在政策总体平稳下，房企“以价换量”吸引了大批刚需购房者入市，撑起了楼市一片天。

2013年，“宏观稳、微观活”成为房地产政策的关键词，全国整体调控基调贯彻始终，不同城市政策导向出现分化。年初国务院常务会议确定的五项加强房地产市场调控的政策措施即“国五条”及各地细则出台，继续坚持调控不动摇，“有保有压”方向明确。下半年以来，新一届政府着力建立健全长效机制、维持宏观政策稳定，党的十八届三中全会将政府工作重心明确为全面深化改革；不动产登记、保障房建设等长效机制工作继续推进，而限购、限贷等调控政策更多交由地方政府决策。不同城市由于市场走势分化，政策取向也各有不同，北京、上海等热点城市陆续出台措施平抑房价上涨预期，而温州、芜湖等市场持续低迷的城市，在不突破调控底线的前提下，微调当地调控政策以促进需求释放。于是在这样一个市场里，我们看到了维修资金新政、调控目标、“长五条”（长沙市人民政府办公厅发布的进一步做好房地产调控的五条措施）、房产税、信贷收紧等现象。

2014年，我国经济进入中高速增长的新常态，房地产市场则持续走弱，商品房量价均呈现同比下降，开发投资增速持续放缓。在此背景下，中央政策以“稳”为主，更关注民生保障和长效机制顶层设计，通过货币政策调整、户籍改革、棚户区改造等有效措施保障合理购房需求，稳定住房消费。各地则因时因地灵活调整，加速房地产市场化转型：限购、限贷手段逐步退出，并通过信贷公积金、财政补贴等多轮支持政策刺激住房需求、加快库存去化。在中央、地方两级均以“市场化”为主导的决策思路下，房地产市场将逐渐回归自身调节机制，行政调控色彩趋于弱化。而全面深化改革下的户籍改革、土地改革、不动产统一登记、房地产税等长效机制建设稳步推进，并同步推动新型城镇化有序发展。上半年，继中央提出“分类调控”后，地方政府纷纷自主出台调整政策，集中在放松限购、购房落户、提高公积金贷款额度等层面；对于更为重要的资金层面，中央政府相继以“央五条”、定向降准等手段“微刺激”以保障自住购房信贷的需求。总体来说，“微刺激”“双向调控”将成常态，中央大力刺激的可能性不大，但地方政府自主多样化“救市”手段数量和力度将加大。放松限购和购房落户是地方政府当前主要“救市”手段。年初“两会”提出的“分类调控”的指导思想赋予了地方政府更多的自主权之后，地方政府也纷纷出台“救市”政策。

2015年，房地产政策坚持促消费、去库存的总基调，供需两端宽松政策频出，改善行业运行环境促进市场平稳向好。需求端中央多轮降准降息降首付，扩大需求、促进消费、去化库存；供应端调控土地规模结构，加强保障房货币化安置。多轮政策组合刺激下，楼市持续回暖，但中小城市库存压力仍然严峻，年末中央多次表态化解房地产库存，未来政策仍有望继续放松。同时随着房地产长效机制的建立健全，户籍制度改革、土地改革、房产税等稳步推进，也将不断激发房地产市场活力，实现市场平稳健康发展。

2016年，房地产市场呈现新局面，政策环境也呈现新的变化。“两会”提出因城施策去库存，但随着热点城市房价地价快速上涨，政策分化进一步显现。中央层面，年末中央多次表态抑制资产泡沫防范金融风险。地方层面，地方调控经历了从宽松到热点城市持续收紧的过程：一方面，热点城市调控政策不断收紧，限购限贷力度及各项监管措施频频加码，遏制投资投机性需求，防范市场风险；另一方面，三线、四线城市仍坚持去库存策略，从供需两端改善市场环境。同时，中央加强房地产长效机制建设，1 亿非户籍人口在城市落户方案、产权保护意见等一系列规范性文件落地，区域一体化、新型城镇化等继续突破前行，住房租赁市场顶层设计出台，住房制度建设逐步完善，为房地产平稳健康发展构建良好的环境。

2017 年，房地产政策坚持“房子是用来住的，不是用来炒的”基调，深化调控政策。此轮地方调控总体持续时间长、范围广、强度大，以城市群为调控场因城施策，各级城市间调控协作发力，调控内容从传统的需求端抑制需求向供给侧增加有效供应转变，除限购限贷政策外，创新的限售政策叠加土拍收紧、供应结构优化、市场监管严格，调控效果逐步显现。同时，中央多次强调完善促进房地产市场平稳健康发展的长效机制，加快建立多主体供给、多渠道保障、租购并举的住房制度。地方也大力培育发展住房租赁市场特别是长期租赁，深化发展共有产权住房试点。

2018 年，房地产行业政策基调仍然以紧为主，年初以来政策依旧围绕“房住不炒”的定位展开。2018 年年初，中国银行监督管理委员会（以下简称银监会）（已撤销）提及继续遏制房地产泡沫化，政府工作报告要求继续坚持“房住不炒”定位，住建部表示坚持调控目标不动摇，力度不放松。2018 年 5 月，住建部对房地产调控两次表态，一方面就楼市问题约谈了多个城市负责人，另一方面下发通知，再次强调毫不动摇地坚持“房住不炒”定位，6 月住建部协同中国共产党中央委员会宣传部（以下简称中宣部）、公安部、司法部、国家市场监管局、国家税务总局、银保监会（已撤销）决定联合开展治理房地产市场乱象专项行动。2018 年 7 月，住建部召开吹风会，提出商品住房库存不足，房价上涨压力较大的地方，应有针对性地及时调整棚改安置政策，中共中央政治局召开会议提出“坚决遏制房价上涨”。2018 年 10 月，国务院常务会议再次提出因地制宜调整完善棚改货币化安置政策。2018 年 12 月，中央经济工作会议提出要构建房地产市场健康发展长效机制，坚持“房子是用来住的、不是用来炒的”定位，因城施策、分类指导，夯实城市政府主体责任，完善住房市场体系和住房保障体系。

2019 年，我国房地产市场运行的政策环境整体偏紧：中央聚焦房地产金融风险，坚持住房居住属性，不将房地产作为短期刺激经济的手段，房地产行业资金定向监管全年保持从紧态势；地方因城、因区、因势施策保持房地产市场稳定。同时，我国房地产行业运行基础制度更趋完善，为进一步落实房地产长效管理机制奠定了更加坚实的基础。综合来说，近期房地产市场保持以稳为主正是基于 2019 年保持楼市调控定力、各地因城施策取得的积极效果。一方面，房地产金融抑制政策贯穿全年，这为部分城市实施定向微调、保障合理住房需求提供了坚实的基础；另一方面，相较于 2018 年，随着各地市场形势的分化，2019 年因城施策进一步深化，在一定程度上保障了市场的整体稳定。

2020 年，房地产政策层面前松后紧，中央继续坚持“房住不炒、因城施策”的政策主基调，落实城市主体责任，实现稳地价、稳房价、稳预期长期调控目标。上半年房地产信贷政策中性偏积极，央行三度降准释放长期资金约 1.75 万亿元，并两度下调贷款市场报价利率（LPR）中枢，5 年期以上 LPR 累计降幅达 15 个基点。但下半年央行设置“三道红线”分档设定房企有息负债的增速阈值，并压降融资类信托业务规模，倒逼房企去杠杆、降负债。基于稳财政、稳经济、稳就业的核心诉求，上半年多省市在土地出让环节为市场减压、企业纾困，并在房地产交易环节从供、需两端助力市场复苏。下半年伴随着市场过热，杭州、沈阳、西安和宁波等 19 城政策加码，主要涉及升级限购、升级限贷、升级限价、升级限售以及增加房地产交易税费等内容，其中深圳政策力度最严苛。

2021 年，中央坚持“房住不炒”基调不变，地方政府灵活因城施策、精准调控，房地产长效机制继续加速建立，房地产金融审慎管理制度不断完善。下半年，伴随着楼市调整态势的深化，房地产调控政策触底，中央释放维稳信号，地方积极落实因城施策，力促房地产市场平稳健康运行。据统计，2021 年各类房地产调控政策发布超过 600 次，各地调控政策“前紧后松”，首次出现“集中供地”“二手房交易指导价”等新型调控政策，加强房地联动、二手房报价管控，促进市场平稳健康发展。6 月以来大部分城市房地产市场进入下行期，销量普遍低迷，一些库存较高、去化困难的城市出现反向调控，防止房价恶性下跌、房地产市场风险蔓延到其他领域。全国层面上，从房地产各细分领域进行全面调控：土地市场，促进房地联动；重点城市住宅用地实行集中供应和出让；土拍规则进行调整优化，如限溢价、查资质、禁“马甲”、查资金等；城市更新防止大拆大建，在北京、南京等21个地市开展第一批为期2年的城市更新试点。住房市场，新房“四限”政策不断“打补丁”、调控升级，二手房市场出台交易指导价甚至与房贷挂钩，法拍房纳入限购，推进保障性住房建设。住房租赁市场，政策支持力度加大，尤其是保障性租赁住房，从土地、金融、税费等方面提供支持，并将保障性租赁住房项目纳入不动产投资信托基金（REITs）试点。房地产融资方面，加强房地产金融监管降杠杆、控风险，包括“三道红线”、贷款“两集中”管理、预售资金监管等，四季度开始矫正对房企偏紧的信贷措施，融资环境得到适度改善，要求保持房地产信贷平稳有序投放，满足合理的资金需求。

2022年，中国房地产市场持续走低，相关指标全面下滑。受疫情、资金等因素制约，房地产投资、开工、竣工降幅持续扩大，销售降幅也扩大，中西部和东北地区二线、三线城市房价跌幅更大，疫情对东部地区销售的影响正在减弱。全国土地市场遇冷，土地出让金规模、溢价率和楼面价均大幅下降。房企资金状况持续恶化，各类债务到期持续高位，上半年兑付压力更加集中、债务风险突出。针对房地产市场低迷现状，各地纷纷出台楼市提振政策。一线城市以跟随LPR下调房贷利率为主，预计未来进一步显著放松的可能性较低。二线城市以放松限购限售为主，市场多有边际改善。三线、四线城市放松力度最大，限购限售叠加降首付，政策效果不一。房地产调控政策仍存在供给端放松不及需求端、改善型需求限制依然较多、房地产市场化调节机制仍有待完善等问题。

2023年，中国房地产市场政策迎来重大转变，以“认房不认贷”、“双限”解除、限价松绑、普宅标准优化等“十大政策”为标志，政策环境进入新的宽松周期。同时，房贷利率下调，首付比例降低，城中村改造及房票安置政策等也体现了政策的宽松态度。以“认房不认贷”政策的实施为起点，8月下旬，住建部联合央行及国家金融监管总局发布通知，简化了首套房贷款流程，这一政策迅速得到全国范围内的响应。同时，9月的

“双限”政策解除，南京、合肥等12个二线城市全面取消了限购政策，进一步激活了市场活力。此外，10月的土地市场“限价松绑”政策取消了18个城市的土地限价，恢复了市场的传统竞拍模式。8月31日，央行和国家金融监管总局宣布下调房贷利率，优化了差别化住房信贷政策，降低了首套和二套住房商业性个人贷款的利率下限，并指导购房首付比，有效降低了购房者的资金门槛。8月25日，国务院审议通过了“14号文”，重点推进配售型保障性住房的建设。2023年的相关政策有效防范化解了优质头部房企风险，改善资产负债状况，防止无序扩张，促进房地产业平稳发展；同时加强住房保障体系建设，支持刚性和改善性住房需求，力求解决好新市民、青年人等住房问题。

2024年，中国房地产市场继续深化政策改革，以适应经济发展新常态和人民群众对优质住房的新期待。中共中央《关于进一步全面深化改革　推进中国式现代化的决定》提出了加快建立租购并举的住房制度，构建房地产发展新模式，旨在满足居民刚性及改善性住房需求，进一步优化了住房供应体系。政府加大保障性住房建设，特别是配租型和配售型住房，以稳定工薪阶层的住房预期，同时推进新型城镇化，实施城市更新行动，加强基础设施建设，提升城市宜居性、韧性和智能化。具体措施包括城镇老旧小区的改造升级，城中村的综合整治，以及“平急两用”公共基础设施的建设，这些行动将有效改善居住条件，消除安全隐患，增强城市应急能力。城中村改造采取拆除新建、整治提升等多种方式进行，既改善居住环境也促进产业升级。通过以上综合措施，中国房地产市场预期将在新的一年中稳健发展，支持城乡居民多样化改善性住房需求，推动城镇化高质量发展，实现人与城市的和谐共生。

二、国家层面房地产行业政策汇总及解读

2022年1月14日，国家发改委发布《关于做好近期促进消费工作的通知》，规定支持商品房市场更好地满足购房者的合理住房需求，因城施策促进房地产业良性循环和健康发展。

2022年2月18日，国家发改委、工业和信息化部、财政部、人力资源和社会保障部、自然资源部、生态环境部、交通运输部、商务部、央行、国家税务总局、中国银保监会（已撤销）、国家能源局联合发布《关于印发促进工业经济平稳增长的若干政策的通知》中针对房地产企业纳税做出调控，规定房地产开发经营，标准为营业收入20亿元以下或资产总额1亿元以下的中小微企业2022年度内新购置的单位价值500万元以上的设备器具，折旧年限为3年的可选择一次性税前扣除，折旧年限为4年、5年、10年的可减半扣除；企业可按季度享受优惠，当年不足扣除形成的亏损，可按规定在以后5个纳税年度结转扣除。

2022年3月21日，国务院发布《关于落实〈政府工作报告〉重点工作分工的意见》，坚持"房子是用来住的、不是用来炒的"定位。探索新的发展模式，坚持租购并举。加快发展长租房市场，推进保障性住房建设，支持商品房市场更好地满足购房者的合理住房需求，稳地价、稳房价、稳预期，因城施策促进房地产业良性循环和健康发展。

2022年5月24日，中国证监会办公厅、国家发改委发布《关于规范做好保障性租赁住房试点发行基础设施领域不动产投资信托基金（REITs）有关工作的通知》，其主要内容包括严禁以租赁住房等名义，为非租赁住房等房地产开发项目变相融资，或变相规避房地产调控要求。

2022年6月21日，国家发改委出台《关于印发"十四五"新型城镇化实施方案的通知》，指出要建立住房和土地联动机制。实施房地产金融审慎管理制度。支持合理自住需求，遏制投资投机性需求。

2023年7月21日，国务院常务会议审议通过《关于在超大特大城市积极稳步推进城中村改造的指导意见》，指出在超大特大城市积极稳步实施城中村改造是改善民生、扩大内需、推动城市高质量发展的一项重要举措。

2023年8月下旬，住建部、央行、国家金融监管总局联合印发《关于优化个人住房贷款中住房套数认定标准的通知》，推动落实购买首套房贷款"认房不用认贷"政策措施。

2023年8月25日，国务院常务会议审议通过了"14号文件"，标志着中国的房地产市场再次进入双轨制时代，即商品房和保障房并行的时代。"保障房+商品房"的双轨制模式，一是加大了保障性住房建设和供给，"让工薪收入群体逐步实现居者有其屋，消除买不起商品住房的焦虑，放开手脚为美好生活奋斗"；二是推动了建立房地产业转型发展新模式,让商品住房回归商品属性,满足改善性住房需求,促进稳地价、稳房价、稳预期,推动房地产业转型和高质量发展。

2023年8月31日,央行、国家金融监管总局联合发布了《关于调整优化差别化住房信贷政策的通知》和《关于降低存量首套住房贷款利率有关事项的通知》,自2023年9月25日,存量首套住房商业性个人住房贷款的借款人可向承贷金融机构提出申请,由该金融机构新发放贷款置换存量首套住房商业性个人住房贷款。以引导商业性个人住房贷款借贷双方有序调整优化资产负债,规范住房信贷市场秩序。

2023年11月,央行、国家金融监管总局等八部门联合印发《关于强化金融支持举措助力民营经济发展壮大的通知》,鼓励主办银行和银团贷款牵头银行积极发挥牵头协调作用,对暂时遇到困难但产品有市场、项目有发展前景、技术有市场竞争力的民营企业,按市场化原则提前对接接续融资需求,不盲目停贷、压贷、抽贷、断贷。抓好《关于做好当前金融支持房地产市场平稳健康发展工作的通知》等政策落实落地,保持信贷、债券等重点融资渠道稳定,合理满足民营房地产企业金融需求。

2024年5月17日,央行、国家金融监管总局联合发布《关于调整个人住房贷款最低首付款比例政策的通知》,对于贷款购买商品住房的居民家庭,首套住房商业性个人住房贷款最低首付款比例调整为不低于15%,二套住房商业性个人住房贷款最低首付款比例调整为不低于25%。

2024年7月18日,中共中央发布了《关于进一步全面深化改革 推进中国式现代化的决定》,提出加快建立租购并举的住房制度,加快构建房地产发展新模式,加大保障性住房建设和供给,满足工薪群体刚性住房需求,支持城乡居民多样化改善性住房需求。

(一)房地产税收调控政策

2022年2月21日,财政部、税务总局《关于延续执行部分国家商品储备税收优惠政策的公告》出台,该规定对商品储备管理公司及其直属库自用的承担商品储备业务的房产、土地,免征房产税、城镇土地使用税。

我国房地产市场税收分为对供给方征收的税收(包含在土地征用批租环节、房地产开发商和施工企业建设环节以及销售环节对销售方征收的税收）和对需求方（主要指保有环节）征收的税收。房地产市场税收政策通过作用于供给方和需求方引起市场均衡价格和数量的变化来实现其政策目标。

征收房地产税主要有 3 方面的正面效果：一是促进房地产市场总供给的增加，缓解住房供求矛盾；二是推动租房市场发展；三是帮助地方政府实现财政收支平衡。2021 年 10 月 23 日，第十三届全国人民代表大会常务委员会第三十一次大会通过《关于授权国务院在部分地区开展房地产税改革试点工作的决定》，对上海和重庆两个城市进行房地产税改革，其中上海市对部分住房征收房产税试点暂行规定，对上海居民家庭购买二套以上住房和非上海居民家庭新购住房征收房产税，税率因房价而暂定为 0.6% 和 0.4%；重庆房地产税试点方案是根据个人住房数量或面积的差异，制定并征收不同税率的房地产税累计征税方式。目前，上海和重庆仍在加快房地产税立法，2022 年并无新增房地产税改革试点城市。

（二）房地产土地调控政策

地方政府通过出让土地使得收入迅速增加，满足了地方政府扩大投资支出的需求，也加快了基础设施建设的速度，对经济发展发挥了有力的推动作用。通常，在严格的土地政策下，土地供给总量的减少和土地供给规则的改变，使得土地的获取成本提高，房地产的开发成本增加，引起房价的上升，导致房地产市场的非理性发展。2022 年 1 月 6 日国务院办公厅发布的《关于印发要素市场化配置综合改革试点总体方案的通知》指出要进一步提高配置效率，以推进土地集约高效利用和建立健全城乡统一的建设用地市场为重点，探索赋予试点地区更大的土地配置自主权。

三、各省（区、市）层面的政策汇总及解读

为了响应国家号召，各省（区、市）积极推动房地产行业的发展，发布了一系列政策推进房地产行业发展，比如北京市住房和城乡建设委员会《关于印发〈北京市“十四五”时期住房保障规划〉的通知》、山西省人民政府《关于印发山西省扎实推进稳住经济一揽子政策措施行动计划的通知》、内蒙古自治区住房和城乡建设厅《关于印发“十四五”住房和城乡建设事业人才发展专项规划的通知》等(见表2-2-1)。

表2-2-1 部分省(区、市)房地产行业政策

序号	省(区、市)	发布时间	政策名称	主要内容
1	北京市	2022年9月	北京市住房和城乡建设委员会《关于印发〈北京市"十四五"时期住房保障规划〉的通知》	持续发展共有产权住房,重点满足首次置业无房刚需家庭需求,稳定房地产市场。严格定向安置房管理,清理逾期未安置项目,提升安置房建设质量和环境品质
2	北京市	2024年5月	北京市住房和城乡建设委员会《关于印发〈2024年北京市住房发展年度计划〉的通知》	落实"房子是用来住的、不是用来炒的"定位,加快推进多主体供给、多渠道保障、租购并举的住房制度建设,全面落实城市总体规划,更好满足居民刚性住房需求和多样化改善性住房需求,促进群众住有所居、住有宜居、住有安居
3	山西省	2022年6月	山西省人民政府《关于印发山西省扎实推进稳住经济一揽子政策措施行动计划的通知》	促进房地产业健康发展。支持各市从实际出发,通过发放人才购房补贴、实施契税补贴、引导企业优惠促销,以及在政策范围内合理确定首付比例和降低贷款利率等方式,支持居民刚性和改善性住房需要。持续扩大我省保障性租赁住房供给,加快筹集保障性租赁住房5.5万套,解决新市民、青年人住房难题。鼓励金融机构加大住房租赁金融支持,向持有保障性租赁住房项目认定书的项目发放的有关贷款不纳入房地产贷款集中度管理。实现省内房地产信息互联共享,方便职工实现住房公积金异地贷款和提取

续表

序号	省(区、市)	发布时间	政策名称	主要内容
4	山西省	2022 年 4 月	山西省人民政府办公厅《关于加快发展保障性租赁住房的实施意见》	完善与保障性租赁住房相适应的贷款统计,在实施房地产信贷管理时予以差别化对待
5		2022 年 1 月	山西省人民政府办公厅《关于全面推广"房证同交""地证同交"改革的意见》	住房城乡建设部门要依职能加强房地产行业监管,督促房地产开发建设单位及时申请验收,严肃查处违法违规行为,强化对房地产开发建设单位的信用管理,建立健全正向激励机制和诚信管理体系,鼓励有能力的房地产开发建设单位积极申请"房证同交"服务,对完成"房证同交"的房地产开发建设单位进行公示并予以适当激励,形成良好市场导向。市场监管部门要依职能加强房地产市场监管,严厉查处违规收费、虚假宣传等扰乱市场秩序的行为,维护购房人权益
6	内蒙古自治区	2022 年 10 月	内蒙古自治区住房和城乡建设厅《关于印发"十四五"住房和城乡建设事业人才发展专项规划的通知》	推进全区房地产业健康发展、提升建筑业发展水平、推动城乡建设领域绿色发展、加快新型城镇化建设、加强城市精细化管理、改善城乡人居环境品质等迫切需要更多适应住建行业发展的各类高素质专业化人才

续表

序号	省(区、市)	发布时间	政策名称	主要内容
7	上海市	2022年9月	上海市人民政府《关于印发〈上海市助行业强主体稳增长的若干政策措施〉的通知》	合理支持刚性和改善性住房需求,加强住宅项目建设交付保障,加大保障性租赁住房建设筹措力度,着力构建"一张床、一间房、一套房"的多层次租赁住房供应体系,确保房地产市场平稳健康发展
8	上海市	2024年5月	上海市住房和城乡建设管理委员会、上海市房屋管理局、上海市规划和自然资源局、国家税务总局上海市税务局《关于优化本市房地产市场平稳健康发展政策措施的通知》	坚持因城施策,适应房地产市场供求关系的新变化,满足人民群众对优质住房的新期待,统筹存量和增量、市场和保障,多措并举保持房地产市场平稳运行,推动构建房地产发展新模式,促进房地产高质量发展
9	江西省	2022年6月	江西省人民政府《关于印发江西省"十四五"自然资源保护和利用规划的通知》	加强房地产用地市场价格监测和住宅用地分类供应调控。强化对土地估价行业开展"双随机、一公开"监督检查
10	江西省	2022年5月	江西省人民政府办公厅《关于印发江西省数字政府建设三年行动计划(2022—2024年)的通知》	建设省住建大数据平台,汇集房产交易网签数据,实现从房地产开发、房屋交易、物业服务到房屋征收的全生命周期闭环管理,防控房地产市场风险,提升房地产市场监管效能

续表

序号	省(区、市)	发布时间	政策名称	主要内容
11	江西省	2022年4月	江西省人民政府办公厅《关于印发"强攻二季度、确保双过半"行动方案的通知》	科学确定土地供应规模和节奏,加大住宅库存低、配套设施完善区域的土地供应,加快商品住宅项目周边配套设施建设,加大高品质住宅供给,更好满足居民的合理住房需求。组织开展第二届"红五月"百城千企万店房地产消费季活动,开展线上展销、直播看房。坚决有力处置个别头部房地产企业项目逾期交付风险,区分项目风险与企业集团风险,加大对优质项目的支持力度,不搞"一刀切",保持房地产开发贷款平稳有序投放,因城施策实施好差别化住房信贷政策,合理确定商业性个人住房贷款的最低首付款比例、最低贷款利率
12	河南省	2022年5月	河南省人民政府《关于印发河南省贯彻落实稳住经济一揽子政策措施实施方案的通知》	在风险可控前提下,根据房地产项目建设工程造价、施工合同金额以及项目交付使用的条件等因素,按套分摊商品房预售重点监管资金额度,超出额度部分作为一般监管资金由房地产企业使用,允许通过银行保函、商业保险、国有担保公司担保函替代,在确保项目竣工交付所需资金的前提下合理释放房地产企业资金流动性
13	河南省	2022年3月	河南省人民政府《关于印发河南省2022年国民经济和社会发展计划的通知》	因城施策促进房地产业良性循环和健康发展,稳定土地、金融等配套政策,推动新增城镇农业转移人口150万人左右,筹集保障性租赁住房7万套,加快发展长租房市场,有效满足新市民、青年人住房需求

续表

序号	省（区、市）	发布时间	政策名称	主要内容
14	湖北省	2022 年 5 月	湖北省人民政府办公厅《关于印发加强金融助企纾困工作若干措施的通知》	金融机构要保持房地产开发贷款平稳有序投放，对优质房地产项目，满足合理融资需求，不盲目抽贷、断贷、压贷；对风险处置项目，在资金安全、风险可控的基础上，稳妥有序开展并购贷款、并购债券业务，积极为项目出让、兼并收购提供融资顾问服务
15		2022 年 5 月	湖北省人民政府《关于印发加快消费恢复提振的若干措施的通知》	坚持“房住不炒”定位，支持各地从实际出发完善房地产政策。采取支持人才购房、财政补贴、契税补贴、展销促销、合理调整住房公积金贷款首付比例和额度等政策措施，因城施策实施差别化住房信贷政策，更好满足购房者合理住房需求。完善长租房政策，增加保障性租赁住房、共有产权住房供给
16	广东省	2022 年 8 月	广东省人民政府办公厅《关于印发广东省加大力度持续促进消费若干措施的通知》	支持各地从当地实际出发完善房地产政策，支持刚性和改善性住房需求
17	广西壮族自治区	2022 年 1 月	广西壮族自治区人民政府办公厅《关于印发广西建筑业稳市场促发展的若干政策措施的通知》	在拨付房地产开发项目预售监管资金时，应当将工程进度款的 20%～30% 直接汇入施工总承包单位农民工工资专用账户

续表

序号	省(区、市)	发布时间	政策名称	主要内容
18	海南省	2022年9月	海南省人民政府办公厅《关于印发〈海南省统筹疫情防控和经济恢复提振行动方案〉和〈海南省稳经济助企纾困发展特别措施(2.0版)〉的通知》	稳定房地产开发投资。确保今年计划开工的5万套安居房9月底前全面开工,加快已建成安居房配售。出台加强城市更新规划和用地保障的综合性政策。对拥有1套住房的居民家庭,为改善居住条件再次申请商业性个人住房贷款购买普通商品住房的,最低首付款比例调减为不低于40%。探索对未设立住房公积金贷款抵押的二手房开展“带押过户”登记试点。适当新增住房建设用地指标,支持“一城一策”灵活运用信贷工具,满足刚性和改善性住房需求。研究合理调整城市更新商办类项目可产权分割最小单位建筑面积
19	重庆市	2022年9月	重庆市人民政府办公厅《关于印发重庆市推动外贸高质量发展三年行动计划(2022—2024年)和重庆市建设高质量外资集聚地三年行动计划(2022—2024年)的通知》	加大财政奖励支持。从2023年开始,对在我市设立的年实际到位外资金额(不含外方股东贷款,下同)超过1000万美元的新项目或增资项目(房地产业、金融业及类金融业项目除外,下同),以其当年实际到位外资金额(美元)为基数,按不低于2%(人民币)的额度予以奖励

续表

序号	省(区、市)	发布时间	政策名称	主要内容
20	四川省	2022 年 5 月	四川省人民政府《关于印发扎实稳住经济增长若干政策措施的通知》	支持“一城一策”出台促进房地产平稳健康发展的政策措施,各地可结合实际,对引进人才、二孩三孩家庭、农民工等购买商品住房给予适当支持。因城施策实施差别化住房信贷政策,合理确定辖区内商业性个人住房贷款的最低首付款比例、最低贷款利率。鼓励金融机构加大对房地产开发企业的支持力度,满足企业合理信贷需求,对房地产开发贷款到期还款困难的,可酌情予以展期或续贷。加大租赁市场培育,支持租房消费
21	云南省	2022 年 7 月	云南省人民政府办公厅《关于印发云南省促进消费恢复发展若干政策措施的通知》	指导重点城市“一城一策”制定实施稳地价、稳房价、稳预期和促进销售政策,支持指导州、市和房地产企业、行业协会在落实疫情防控措施的前提下,根据房地产市场变化适时举办线上线下各种形式的房地产展示交易会。鼓励商品房库存量大、去库化周期长的城市,采取以购代建方式购买市场存量房源作为保障性租赁住房

续表

序号	省(区、市)	发布时间	政策名称	主要内容
22	宁夏回族自治区	2022年4月	宁夏回族自治区人民政府办公厅《关于加快发展保障性租赁住房的实施意见》	完善与保障性租赁住房相适应的贷款统计，在实施房地产信贷管理时予以差别化对待，保障性租赁住房有关贷款不纳入房地产贷款集中度管理
23	宁夏回族自治区	2022年5月	宁夏回族自治区人民政府办公厅《关于印发支持扩大消费的若干政策措施的通知》	完善房地产市场调控措施。指导各地因城施策，适当降低商品房首付比例，简化预售资金使用程序，可按工程进度释放重点资金，保障企业对非重点资金的灵活使用权，推行公积金和商业贷款组合模式，促进房地产市场平稳健康发展
24	新疆维吾尔自治区	2023年9月	新疆维吾尔自治区住房和城乡建设厅、新疆兵团住房和城乡建设局、中国人民银行新疆维吾尔自治区分行、国家金融监督管理总局新疆监管局《关于贯彻落实国家三部门优化个人住房贷款中住房套数认定标准的通知》	落实住建部、央行、国家金融监管总局《关于优化个人住房贷款中住房套数认定标准的通知》(建房〔2023〕52号)要求，坚持房子是用来住的、不是用来炒的定位，更好满足居民刚性和改善性住房需求

四、各省(区、市)房地产行业发展目标

各省(区、市)“十四五”期间房地产行业发展目标如表2-2-2所示。

表 2-2-2 各省(区、市)"十四五"期间房地产行业发展目标

省(区、市)	"十四五"期间发展目标
北京市	建设筹集保障性租赁住房 40 万套
上海市	新增供应各类住宅用地面积 4000 公顷,新增供应商品住房 4000 万平方米
广东省	筹建供应的城镇住房数量为 131 万套
浙江省	全省供应城镇住房面积为 38 000 万平方米
江苏省	城镇商品住宅新开工面积为 6 亿平方米
福建省	坚持房住不炒,加快形成多主体供给、多渠道保障、租购并举的住房体系
广西壮族自治区	全区新增住房建筑面积约 2.3 亿平方米
江西省	完成房地产开发投资 12 500 亿元
河北省	新建城镇住房面积 3.2 亿平方米左右
河南省	加强房地产金融调控,稳定地价、房价和预期
湖北省	新建商品住房累计供应面积 3.5 亿平方米
湖南省	建立健全房地产市场平稳健康发展长效机制
安徽省	新建商品住宅供应 360 万套
黑龙江省	城镇人均住房面积达到 38.5 平方米
吉林省	新筹建公共租赁住房 3000 套
辽宁省	新增保障性租赁住房 10 万套
山东省	加快建立多主体供给、多渠道保障、租购并举的住房制度
山西省	保持商品住房供应有序、结构合理、价格平稳
陕西省	新增公租房和保障性租赁住房 3 万套
海南省	新增保障性租赁住房和公共租赁住房 5 万户
天津市	落实稳地价、稳房价、稳预期任务,促进房地产市场平稳健康发展

续表

省(区、市)	“十四五”期间发展目标
云南省	新增保障性租赁住房 15 万套
贵州省	建成城镇保障性安居工程 15 万套
四川省	城镇新增商品住房供应面积 4 亿 ~5 亿平方米
重庆市	新筹建保障性租赁住房 40 万套
宁夏回族自治区	新增保障性租赁住房 2 万套
青海省	实现城镇人均住房面积达到 43 平方米
甘肃省	扩大保障性住房和租赁住房有效供给,促进房地产市场平稳健康发展
内蒙古自治区	建设保障性租赁住房 5.8 万套
新疆维吾尔自治区	城镇居民人均住房面积达 45 平方米
西藏自治区	鼓励企业产业链条向房地产、交通等行业延伸

目前,全国 31 个省、自治区和直辖市均对“十四五”期间房地产市场提出了发展目标及方向。其中,部分地区对“十四五”期间房地产行业规划了具体目标,例如江西省住房和城乡建设厅在《关于印发江西省“十四五”住房城乡建设发展规划的通知》中指出完成房地产开发投资 12 500 亿元;部分地区对房地产行业规划了发展方向,例如福建省人民政府在《关于印发福建省国民经济和社会发展第十四个五年规划和二〇三五年远景目标纲要的通知》中指出要坚持“房住不炒”,加快形成多主体供给、多渠道保障、租购并举的住房体系。

第三节 房地产纠纷案件情况

一、房地产案件的基本情况及趋势、特点

房地产市场的调控政策、法律法规的完善以及市场交易秩序的规范等,都可能对房地产案件的数量产生影响。通过使用关键词"房地产纠纷"在威科先行检索近5年[1]的裁判文书,可发现国内房地产纠纷的案件数呈下滑趋势。

在案件类型上,房地产纠纷的绝大多数案件属于民事案由,共33 303件(见图2-3-1),占据了90.65%的超高比例。

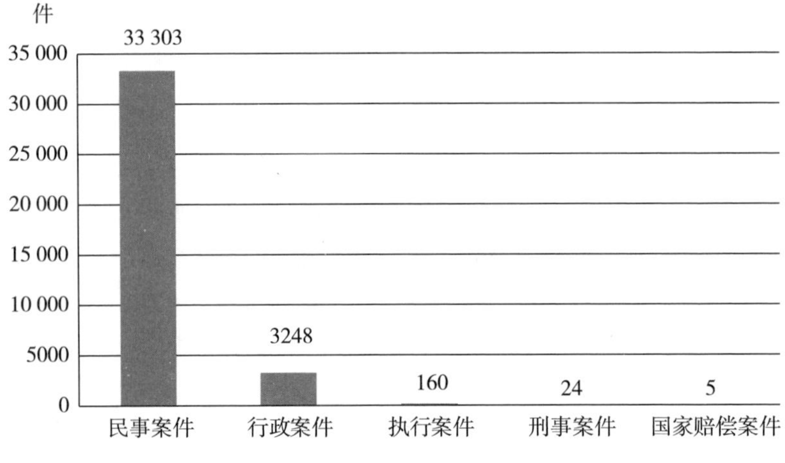

图2-3-1 近5年房地产纠纷案件数量(根据案件类型统计)

民事案件中,合同、准合同纠纷的案件又以20 287件(见图2-3-2)的数量占据了63.10%的比例。

---

[1] 本书定稿时间为2024年6月,故书中提及2024年相关数据均指2024年1月1日~6月30日的情况。——编者注

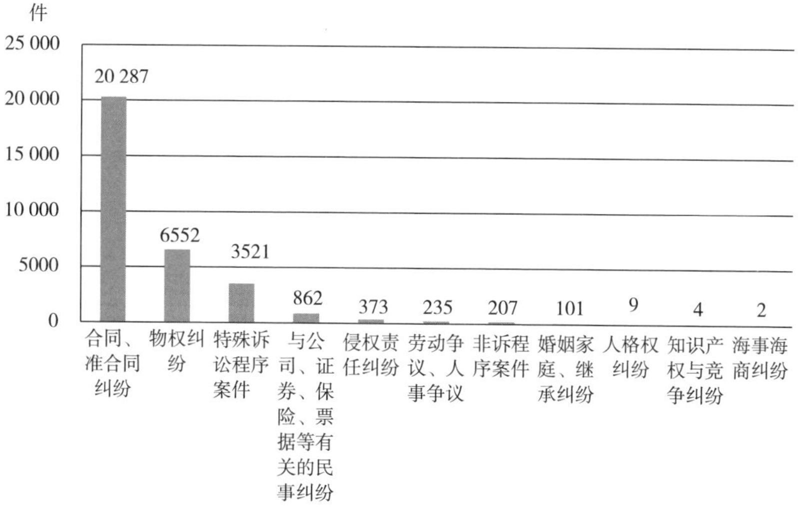

图 2－3－2　近 5 年房地产纠纷案件数量（根据案由类型统计）

在地域类型上，近 5 年的房地产纠纷案件整体上具有较大的地域性差异（见图 2－3－3）。一是不同地区的案件数量差距明显，以广东、山

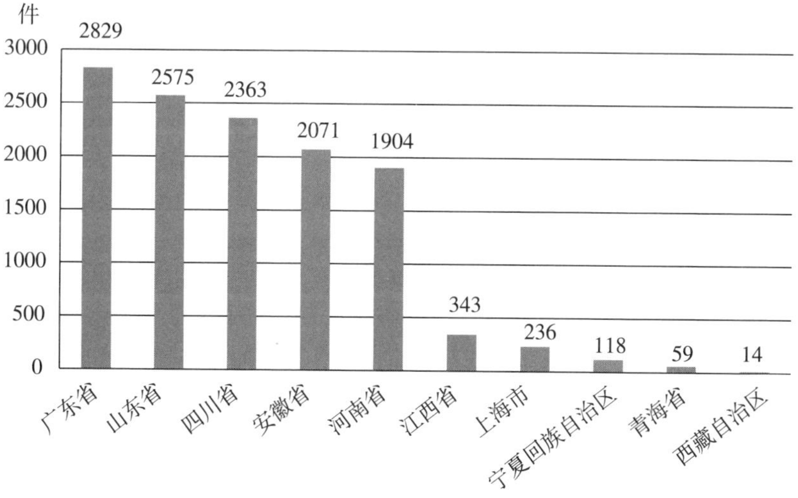

图 2－3－3　近 5 年房地产纠纷案件数量（根据地域类型统计）

注：仅计入案件数前五名及后五名的省（市、区）。

东、四川、安徽、河南等省份的案件数量居多，上述5个省（市、区）的案例共计11 742件，占全部样本数量的93.85%，而江西、上海、宁夏、青海、西藏等地的案件数量偏少，上述5个省（市、区）的案例共计770件，占全部样本数量的6.15%。

从案件的审理级别来看，在近5年的房地产纠纷案件中，有8610个案件进入二审程序，其中二审维持原判的案件有7083件，占据案件比例的82.26%；二审法院改判的案件有1045个，占据12.14%；25个案件被发回重审，占比0.29%。进入再审程序的案件有1823个，再审维持原判的案件共909个，占据再审案件49.86%的比例；再审改判的案件共366个，比例高达20.08%，发回重审的案件共10个，仅占0.55%。

二、当前房地产诉讼案件反映的房地产市场及相关环节存在的问题

我国现行房地产纠纷案件的主要类型及产生原因随着市场经济的发展，城市化进程的推进，房地产业的迅速发展不断增多，人民法院受理的房地产纠纷案件数量也逐年增加，案件类型除传统的房屋权属纠纷、租赁纠纷、买卖纠纷、相邻权纠纷外，房屋拆迁纠纷、合作开发房地产纠纷、公房出售纠纷、商品房预售纠纷、物业管理纠纷等新类型案件不断出现，案件审理难度增加。一方面，由于房地产纠纷案件标的额大，与当事人切身利益相关，当事人对立情绪严重；另一方面，房地产类法律法规种类繁多，内容复杂，如何正确适用法律，依法保护当事人的合法权益，是律师工作者不断探索和追求的目标。

房地产案件诉讼标的额一般都很大，直接影响当事人基本的生活状况和根本利益，在审理中当事人互不相让，往往难以调解结案。房地产又是适用地方性法规、规章或地方政府决定非常广泛的领域，案件的政策性、法律性强，但这方面相当一部分的法律法规制定于市场经济体制未完全建立以前，法律存在滞后性，与飞速发展的经济不相适应，矛盾突出。

三、依法妥善处理房地产纠纷的对策与建议

（一）强化监管，推动矛盾纠纷源头治理

要从根本上预防和化解房地产纠纷，仅依靠诉讼这种“事后救济”的手段远远不够，必须强化矛盾纠纷的源头治理，着眼于房地产纠纷的

发生领域，通过强化监管、完善制度、构建征信体系等方式，从源头上杜绝或减少诉讼纠纷的发生。

1. 严格准入门槛，加强项目审批程序

实践中，对房地产开发商的准入条件缺乏严格审查，设立一个项目公司、竞拍一块土地即可进行房地产开发，由此潜藏着巨大纠纷隐患。为此，相关部门应严格落实《城市房地产管理法》《城市房地产开发经营管理条例》等有关房地产开发企业准入条件的规定，确保房地产开发企业设立时的注册资本不仅符合相关法律规定，还应保证其占投资总额的比例不得低于20%，使法定资本金制度落到实处；加大对房地产开发项目投资人的资信审查，特别是对资金实力不强、自有资金不足的房地产开发企业，住建、工商等部门要从严审批，避免投资人因资金链问题停业倒闭；严格执行房地产开发项目审批程序，加强项目管理，把好市场准入关。

2. 拓宽融资渠道，完善项目资金监管方式

密切关注中小型房地产开发企业融资难问题，对于满足市场准入条件、拥有合格开发资质，且具有一定开发经验和潜力的中小型企业，在受市场波动而出现暂时资金周转困难时，金融机构可予以适当的贷款倾斜，保证其资金充盈。建立房地产民间借贷信息收集、反馈机制，做到早预防、早化解，避免房地产开发企业陷入高利贷的泥淖，引发连锁反应。同时，探索建立房地产开发项目资金专户管理制度，以专户统管的形式，由有关职能部门对项目自有资金、融资和售房收入进行审查监督，专户资金充盈度及自由支配比例的确定须以满足支付土地出让金、工程款等必要费用为优先条件，防止房地产开发企业将项目贷款挪作他用或转移售房款以逃避支付工程款和偿还抵押贷款等行为。完善房地产开发经营特定交易登记备案制度，将抵押信贷合同签订和履行、工程款支付、售房款支付等纳入登记备案范围。此外，探索建立房地产项目风险基金制度，由相关职能部门在项目开发前向房地产开发企业收取一定比例的资金，待项目完工并清结债权债务后予以退还，以分散资金链断裂产生的风险。

3. 严厉打击违规行为，建立房地产企业资信档案

严厉打击房地产开发企业抽逃注册资金、项目资金、超越经营范围从事房地产开发经营等行为；严肃查处擅改规划行为，加强对在建工程的随时督查，避免违规增加建筑面积等行为发生；依法打击房地产中介机构的违规行为，加大处罚力度，严重的吊销其相应中介服务资质。同时，推动建立房地产企业资信档案，不仅将房地产开发企业的涉诉信用情况纳入征信管理体系，还将其在开发经营过程中如逾期交房、办证等违法违规情况纳入征信管理体系。加强银行、国土、房管等相关部门的征信信息共享，并将企业征信情况与土地竞拍、项目融资贷款等挂钩，加大房地产开发企业违约违信成本，引导社会形成诚信交易的良好氛围。

（二）综合施策，构建纠纷多元化解大格局

1. 构建常态化信息交流平台

推动建立以房管、国土、建设、规划等相关涉房地产职能部门以及房地产协会、商会等行业自律组织为成员单位的联席会议制度，畅通各对口参与单位之间信息交流渠道，建立长效性资源、信息共享平台；定期召集常态化业务交流会议，及时通报房地产领域内矛盾纠纷状况，随时掌握区域内房地产矛盾纠纷新动态、新情况、新进展，及时发现苗头性、倾向性涉稳隐患，及时采取稳控、治理措施，将涉稳隐患化解在萌芽状态。

2. 联动解纷与“诉源治理”机制并行

一是搭建体系化联动解纷平台。针对涉房纠纷中人数众多、矛盾激烈、化解困难的群体性纠纷，推动建立党委统一领导下的联动解纷平台，政府部门、行业协会与民间组织各自发挥自身优势、合理化解矛盾；密切关注开发商因资金链断裂引发的项目停工等不稳定因素，健全应急处理体系，对重大敏感案件及时主动向当地党委、人大报告，并向政府通报情况，争取指导、支持和帮助。二是深化大调解运行机制。加大涉房案件调解力度，坚持调解优先、调判结合原则，努力促成当事人和解；畅通纠纷多元化解渠道，积极推动构建司法调解、人民调解、行政调解、行业调解“四位一体”的大调解格局，充分发挥各社会主体在矛盾纠纷化解中的积极作用，形成“四调联动”化解矛盾纠纷的最大合力，尽力将矛盾化解在基层，化解在萌芽状态。

(三)严格适法,妥善审理涉房地产纠纷案件

1. 充分发挥司法规则的引导作用

坚持适用法律与贯彻政策相统一,在审理房地产案件中,以准确适用法律法规及司法解释为前提,深刻领会调控政策的出台背景和价值取向,正确区分正常市场风险和履约客观条件变化的形态,精准适法,提高市场行为可预见性的同时,维护交易的安全性、稳定性,努力实现法律效果、社会效果与政治效果的统一;强化维护诚信守约的导向意识,找准保护当事人合法权益与维护企业生存发展两者间的平衡点。

2. 注重司法策略,妥善消除涉稳因素

针对刑民交叉案件,应综合维护司法公信力、平衡民事权利人与刑事被害人利益等多方面因素,强化与侦查机关的有机联动;以抵押、查封行为的时间节点为突破口,对不同阶段的行为性质予以区分考虑,为"民刑交叉"的难题认定提供破题思路;继续探索完善集团案件的"个案先行"裁判策略,缓和群体一方过高的心理预期,并以判后答疑、以案宣法、以判促调等方式推动集团案件的化解。

(四)延伸职能,推动房地产行业健康持续发展

1. 强化司法建议

以涉诉案件为样本,分析房地产企业在经营、开发、销售等过程中面临的问题及其根源,结合审理经验及上级法院指导意见,通过司法建议的形式为其如何规范经营提供指引。坚持个案具体建议与类案综合建议并重,以年度专报的形式对辖区内涉诉的房地产纠纷汇总分析,并从加强监管、预防和减少纠纷的角度,向区(县)委、区(县)政府及相关职能部门报告。

2. 加强法治宣传

大力开展"送法进基层""巡回法庭"等活动,选取房地产领域内紧贴民生生活的典型个案,通过就地办案、巡回审案等方式宣传政策法规,提醒群众规范交易行为,提高风险防控意识,同时引导已发生纠纷的购房业主等理性、准确地表达自身诉讼请求。有效利用新媒体等宣传平台,及时公示宣传新法政策的同时,对应展示典型案例,切实增强法治宣传的实效。

第四节　房地产行业经典案例评析

近年来，随着房地产行业的不断发展，越来越多的社会矛盾逐步显现。笔者从 Alpha 数据库中选取了有关房地产行业纠纷的商品房买卖合同纠纷、用益物权确认纠纷、房屋所有权登记纠纷几个典型板块，结合大数据分析形成这篇文章，希望能发挥典型案例示范引领作用，促进房地产市场平稳健康发展。受文章篇幅所限，编者对案例评析的内容进行了一定的提炼和删减。

一、佛山市三水 A 房地产有限公司诉苏某某房屋买卖合同纠纷案

【争议焦点】

司法拍卖中，《竞买须知》《竞买公告》载明的交易税费承担主体内容引发的纠纷是否具有民事可诉性

【案情简介】

被告苏某某通过法拍方式取得原告 A 公司所有的两套房产，但买卖过程中原告对涉案房屋税费的承担义务存在异议。原告起诉要求法院依据拍卖法院出具的《竞买公告》《竞买须知》，判令被告苏某某承担涉案拍卖房屋交易项下一切税费缴纳义务。被告辩称，第一，原告有关“一切税费”的诉求含糊，对项下的税种、税目、税率均无任何说明；第二，征税是国家税务机关的职权，原告无权要求被告缴纳税费；第三，原告已缴纳完毕因法拍产生的税费，且已对案涉房产办理了不动产权证。据此，一审法院裁定驳回原告起诉，二审法院裁定驳回上诉。原告于 2020 年申请再审。

再审法院认为，原告于本案主张的诉讼请求虽表述为判令涉案拍卖房产交易项下的一切税费的缴纳义务人为被告，但结合原告起诉依据的事实和理由来判断，其所追求的诉讼目的实质为被告应按照《竞买公告》《竞买须知》的约定承担涉案房产过户时的一切税费和其他相关费用，因此，本案争议只是涉及本应由原告作为出卖人缴纳的税费，按照涉案《竞买须知》《竞买公告》关于税费承担主体的内容，是否应当由买受

人被告来承担，即本案是因涉案房产税费承担主体产生争议而引发的纠纷，并不涉及纳税义务人的确定。一审、二审法院裁定不当，依法应予以纠正。

【裁判结果】

原告胜诉，再审法院裁定撤销一审、二审裁定，发回重审。

【案例分析】

法律并未禁止纳税主体与他人通过协议约定税费的承担方式。因涉案房产税费承担主体产生争议而引发纠纷，并不涉及纳税义务人的确定，应属于《民事诉讼法》第3条规定的平等主体之间的民事权益纠纷，且符合《民事诉讼法》第122条规定的起诉条件，人民法院应予受理并进行实体审理。

【案例延伸】

基于司法拍卖具有国家强制性的特点，对于司法拍卖中的《竞买公告》《竞买须知》等载明的交易税费承担主体内容而引发的纠纷是否具有民事可诉性的问题，审判实务中存在两种观点。本案法院认为这类纠纷具有可诉性。司法拍卖行为本身不具有可诉性，但纳税义务人和税费的最终承担主体是完全不同的法律概念；再者，虽然我国税收管理方面的法律法规对于各种税款的征收均明确规定了相对应的纳税义务人，但并未禁止纳税义务人与合同相对人约定由合同相对人或第三人缴纳税款。由于税收行政管理机关仅是依据税收方面的法律法规，因此从效力上看，司法拍卖中的《竞买须知》《竞买公告》应当只对参与竞拍的当事人有约束力，对税收行政管理机关不产生约束力。鉴于税费的承担必须是买卖双方形成合意，否则应按照法律规定各缴各税。既然买卖双方作为平等民事主体就此问题形成了合意，那么由此产生的争议应当可以起诉。

二、A公司诉B公司买卖合同纠纷案

【争议焦点】

房屋司法预查封是否构成合同解除

【案情简介】

原告A公司与被告B公司于2017年12月28日签订房屋买卖合同

与认购书，约定被告向原告购买涉案房屋并在12月28日前支付全部房款。但经催告B公司到期仍未付清房款与违约金，构成根本违约。故2020年4月，原告请求法院判决解除商品房买卖合同以及附件，被告支付违约金以及协助原告到有关管理部门办理注销网签等手续并承担相关费用。经法院查明，涉案房屋于2019年12月5日被广州市南沙区人民法院依法查封。

【裁判结果】

关于房屋存在另案预查封时能否办理注销网签手续，解决相关费用的承担问题。经查明，涉案房屋的网签合同于2019年12月5日因另案被其他法院依法查封。在涉案房屋的查封措施未解除之前，二审法院对原告要求被告协助办理商品房买卖合同的注销网签手续及承担相关费用的诉请暂不作处理。双方当事人可在涉案房屋的网签合同查封解除后自行协商注销网签或另行诉讼解决。一审法院在涉案房屋查封未解除的情况下判决被告协助原告办理网签合同的注销手续不妥，二审法院予以纠正。

【案例分析】

本案中，因网签合同所对应的房屋已被法院预查封，此种情形下，A公司的主张能否成立，其能否通过民事诉讼主张权利，还是应通过执行异议之诉解决。对此，实践中有不同的观点。

第一种观点认为，根据最高人民法院、国土资源部（已撤销）、建设部（已撤销）《关于依法规范人民法院执行和国土资源房地产管理部门协助执行若干问题的通知》（以下简称《协助执行问题通知》）第18条的规定，预查封的效力等同于正式查封。同时，依据最高人民法院《关于人民法院办理执行异议和复议案件若干问题的规定》第26条第2款规定："金钱债权执行中，案外人依据执行标的被查封、扣押、冻结后作出的另案生效法律文书提出排除执行异议的，人民法院不予支持。"出卖人在涉案房屋被预查封后提起民事诉讼或仲裁，实际上是对预查封的标的有异议，在预查封后以仲裁或诉讼的方式解除合同的行为，有碍执行，不得对抗申请执行人。无论权利人对执行标的享有何种权利，只要与原判决无关，其都应当向执行法院主张，即通过执行异议及执行异议之诉来解决，不能再另行提起民事诉讼或仲裁。

第二种观点认为,人民法院的预查封措施虽具有固定权利现状、排除物权变动的效力,但该措施本身并不改变涉案房产的物权归属,故法院预查封的对象并非房屋权属本身,而是被执行人基于商品房买卖合同享有的期待性财产权利,并且该种财产权利会随着合同履行状况发生变化而具有不确定性。预查封产生的是冻结不动产登记簿的效果,商品房买卖合同并非预查封的保全对象,涉案房屋被采取预查封强制措施并不影响商品房买卖合同双方之间基础关系的变动,涉案合同的解除是涉案房屋返还的前提,而涉案房屋能否返还却不是买卖合同解除的基础,不能因为房屋被预查封就认为房屋无法返还,就限制合同双方当事人行使合同解除权。

笔者倾向于认同第二种观点,理由如下:

第一,买受人所购的商品房被法院预查封,该预查封的效力不等于正式查封,此时房屋的产权仍登记在出卖人名下,预查封的执行对象并非房屋权属本身,而是买受人基于商品房买卖合同而享有的请求出卖人办理过户登记的权利,是一种期待性财产权利。因此,预查封的效力仅限于限制房屋所有权转移至买受人以外的第三人。由于此时出卖人仍为登记的权利人,在房屋产权未转移登记至买受人名下时,出卖人对房屋仍享有产权,若买受人根本违约导致买卖合同无法继续履行的,出卖人当然可以通过民事诉讼行使法定的或约定的合同解除权以保障自己的权利。若不允许出卖人通过民事诉讼行使合同解除权,则出卖人将面临剩余房款无法取得、房屋被执行法院强制执行的“房财两空”风险。

第二,依据最高人民法院《关于人民法院办理执行异议和复议案件若干问题的规定》第26条第2款规定,执行标的被查封后,无论案外人对执行标的享有何种权利,只要与原判决无关都应向执行法院通过执行异议之诉来解决。但这条规定适用的情形应是案外人对登记在被执行人名下的财产的查封提出异议,而非本案中的预查封。

第三,案外人执行异议之诉审查的是案外人对执行标的是否享有足以排除执行的权利,其审查范围并不包括出卖人与被执行人之间的商品房买卖合同关系。而且预查封情形下,出卖人就是房屋的登记权利人,但碍于《协助执行问题通知》第 15 条的规定，出卖人即使提出执行异议之诉主张其对房屋享有权利，在买卖合同未解除前，也无法排除法院的预查封。

综上，笔者认为，在《商品房买卖合同》所涉房屋存在预查封情形下，不应限制《商品房买卖合同》当事人就解除合同争议提起普通的民事诉讼或仲裁。但是，当事人提起民事诉讼或仲裁要求解除商品房买卖合同的，法院或仲裁机构应主动审查涉案的商品房是否已被法院预查封，严格审查双方要求解除商品房买卖合同的理由、买受人支付房款的情况，在排除存在恶意串通损害预查封债权人的权益的情况下，方可依法确认双方合同解除。

【案例延伸】

《协助执行问题通知》第 13 ~ 15 条是我国法律体系中关于预查封制度的最早规定。《协助执行问题通知》第 13 条和第 15 条规定，预查封适用以下情形，一是被执行人全部缴纳土地使用权出让金但尚未办理土地使用权登记的，人民法院可以对该土地使用权进行预查封。二是未进行房屋所有权登记的房屋，符合以下情形的，人民法院也可以进行预查封：(1)作为被执行人的房地产开发企业，已办理了商品房预售许可证且尚未出售的房屋；(2)被执行人购买的已由房地产开发企业办理了房屋权属初始登记的房屋；(3)被执行人购买的办理了商品房预售合同登记备案手续或者商品房预告登记的房屋。可见，预查封措施主要针对的财产类型包括属于债务人所有但尚未办理权属登记的不动产以及债务人享有期待权的不动产。

本案中，B 公司因与 A 公司签订《商品房买卖合同》而对涉案房屋的所有权享有期待利益。在房管部门对《商品房买卖合同》进行网签备案后，涉案房屋因 B 公司的另案纠纷被其他法院预查封。因此，本案预查封的类型属于被执行人购买的办理了商品房预售合同登记备案手续的房屋，属债务人享有期待权的一类。若 B 公司能继续履行其与 A 公司的《商品房买卖合同》，顺利取得涉案房屋的产权，则预查封将在 B 公司取得涉案房屋产权时自动转为查封登记。

三、佛山市南海A房地产开发有限公司诉佛山市南海区桂城街B小区第一届业主委员会、佛山市C物业服务有限公司用益物权确认纠纷案

【争议焦点】

小区人防工程用益物权归属问题

【案情简介】

原告佛山市南海A房地产开发有限公司(以下简称A公司)系涉案小区佛山市南海区桂城街B小区(以下简称B小区)建设单位。被告二佛山市C物业服务有限公司(以下简称C物业公司)系被告一B小区第一届业主委员会(以下简称业委会)选聘的物业公司,原告于2019年12月4日书面通知被告二C物业公司要求其返还接管涉案小区物业服务管理之日起使用涉案人防车位所取得的全部收益(包括但不仅限于临停停车费、月租停车费等)。2019年12月24日,被告二C物业公司回复原告,称与被告一签订了物业服务合同,受被告一委托对涉案小区共有人防车位收取停车服务费。2020年1月4日,被告一向被告二发出《通知函》,称涉案无产权人防车位的停车费收益归全体业主所有,要求被告二收取的临时停车收费存入公共收益专用账户,并于次月28日向被告二发出《警告函》,要求被告二将临时停车费划转入被告一的账户。原告认为,其是涉案小区涉案人防车位的投资建设方,法律规定其对人防车位享有使用和收益权。两被告作为共同侵权人,应立即停止侵权,并承担相应的法律责任。

经法院查明,原告为涉案小区报建及建设单位,涉案小区商品房买卖合同明确约定包括套内建筑面积、公共部位与公用房屋分摊建筑面积的具体数值,并在合同附件中明确了公共部位与公用房屋分摊建筑面积扣除了“已作为独立使用的地下室、车棚、车库、为多幢服务的警卫室、管理用房以及人防工程等建筑面积”,商品房价款的计价方式为按套出售,按套内建筑面积计算。根据案涉人防车位的使用权租赁协议,原告将部分案涉人防车位进行有偿租赁,并约定租赁期限共240个月,租期内租金共计100 000元,承租人同意由被告二负责该人防车位的物业公司管理,因使用该人防车位而产生的物业管理费及水电分摊费等由承租人自

行向物业公司缴纳。2018年12月28日,被告一、被告二签订物业服务合同,合同约定地下无产权人防车位采用月租或临停相结合的收费管理,该停车服务收费属于共用部位、共用设施收益及分配的一部分。

【裁判结果】

支持原告诉讼请求,被告一、被告二立即停止对原告人防车位使用权、收益权的侵害。

【案例分析】

本案核心问题之一是地下人防工程停车位的用益物权权属问题与案涉人防车位的投资主体及证明责任问题。

根据原告与被告一签订的房屋买卖合同,案涉人防车位并未作为公摊面积计算到商品房的共有与分摊建筑面积中,根据原《物权法》第136条关于"建设用地使用权可以在土地的地表、地上或者地下分别设立。新设立的建设用地使用权,不得损害已设立的用益物权"的规定,建设用地使用权可分层设立。地下车库所占用的土地为地下空间,地下空间利用权应依规划进行建设。地下人防车位工程作为独立使用的对象,并非随专有部分的购买而当然取得,且根据日常经验法则和交易习惯,商品房买卖关系和人防车位使用权转让、附赠或出租的法律关系,两者相互独立,不存在必然的牵连关系。

本案中,原告已举证证明案涉人防地下室工程由其报批、建设、备案、验收,同时也举证证明小区业主支付的购房款只是对应套内建筑面积,且明确约定共有及分摊建筑面积不包括涉案人防车位,相关证据间已形成证据链,原告举证已达到高度盖然性标准,足以证明其为案涉人防车位工程的投资人。至于原告如何确定购房款价格、如何收回建造成本等情况,属开发商内部事务,在市场经济体制下,通过商品房销售价与建设成本的举证,难以证明人防车位工程建设成本是否分摊至购房款中。

【案例延伸】

本案主要涉及小区人防车位工程用益物权的归属问题。关于人防车位用益物权的归属,《民法典》《城市房地产管理法》《人民防空法》均未作出明确的规定,小区人防车位的权属判断需根据《人民防空法》及原《物权法》的相关规定，综合考虑人防车位工程投资建设情况、开发商与小区业主约定情况、交易惯例和使用现状。随着权利意识的觉醒，小区业主与开发商之间就人防车位的争议不断涌现，实践中对该类案件的裁判标准亦不统一。案涉人防车位在开发商投资建设、商品房买卖合同亦未约定属业主共有的情形下，结合激励建设单位加大对地下空间的利用、提高土地利用效率等社会效果考虑，宜认定案涉小区人防车位用益物权由开发商享有。本案处理思路及结果在促进人民防空事业发展、保护小区业主利益、激发开发商建造积极性的不同利益中进行了较好平衡，对于准确判定小区人防车位工程权属具有一定的实践意义与方法价值。

四、龙某一诉高州市自然资源局房屋所有权登记案

【争议焦点】

依据虚假材料作出房屋所有权登记但不影响当事人权利义务的可否判决确认违法

【案情简介】

涉案房屋为龙某二和龙某一的祖遗房产。1992 年 12 月 18 日，龙某二、龙某一的母亲蓝某某领取了涉案土地的《集体建设用地使用证》，但未领取该土地的房屋产权证。1993 年 8 月 30 日，高州县公证处作出《公证书》，证明涉案房屋的产权归蓝某某所有。1997 年 8 月 20 日，龙某二与龙某一就房屋和宅基地的分配问题进行协商，约定两兄弟原住房屋 150 平方米及该房屋前面空地属龙某二所有；原住房屋前面附屋与空地共 50 平方米及新标到的集体宅基地 105 平方米属龙某一所有；前面附屋东面留路不得少于 1.9 米，以后建房东面墙按南北直线不得超过原住房屋西面墙。就该协议内容双方形成了书面的《屋地合约》，龙某二在该合约上签名，龙某一没有签名，但双方已按合约的内容实际管理使用了分配的土地和房屋约 22 年，一直均无异议。

2018 年 3 月 14 日，高州市自然资源局向龙某三颁发粤（2018）高州市不动产权第 0002154 号《不动产权证》，该证登记的主要内容为：权利人龙某三，共有情况为单独所有，坐落高州市某镇某村，权利类型为宅基地使用权/房屋所有权，宗地权利性质为批准拨用，房屋性质为自建房，

土地用途为农村宅基地，房屋用途为住宅，宗地面积151.51平方米，房屋建筑面积为144.38平方米。该证附记栏里注明：蓝某某与龙某三属婆孙关系，因分家，现经全体家庭成员的协商，一致同意将该宗宅基地转移给龙某三使用。2018年11月，龙某二因房屋破旧需拆除重建欲将该房屋前面的通道拓宽至3米，遭到龙某一的阻止，由此引发两家纠纷。

【裁判结果】

一审判决撤销被告高州市自然资源局颁发的涉案《不动产权证》，二审撤销一审判决，确认被告高州市自然资源局颁发的涉案《不动产权证》违法。

【案例分析】

本案核心问题之一是依据虚假材料作出的房屋所有权登记行为是否违法。

根据2014年11月国务院颁布的《不动产登记暂行条例》（已被修改），以及国土资源部（已撤销）于2016年1月公布对上述条例进行细化的《不动产登记暂行条例实施细则》（已被修改），行政机关均依照该上述条例和实施细则的规定办理房屋所有权登记。法院对于房屋所有权登记行为是否合法，亦应当根据上述行政法规和参照上述部门规章的规定进行合法性审查。

要对被诉房屋所有权登记行为是否合法进行审查，首先应当厘清对申请材料真实性负责的主体，以及不动产登记机构所负审查义务的性质。《不动产登记暂行条例》第16条第1款、第18条，《不动产登记暂行条例实施细则》第15条规定，申请人申请房屋所有权登记时应当提交真实有效的申请材料，并对其真实性负责。不动产登记机构受理房屋所有权登记申请，应对申请人提交的申请材料是否完整和齐备、是否符合法定形式进行审查，具体包括申请人身份、房屋权属来源、界址、面积及税费缴纳情况等事项。而对于申请材料中签名的真实性，不动产登记机构可以通过对比同一人的签名字迹是否前后一致、对比多人签名字迹是否雷同等方式，在职责范围内尽审慎审查义务。若不动产登记机构对申请材料中签名的真伪有疑问，可以要求申请人进一步提供证据或者相关人员到场确认，确实无法核实相关材料真实性的，不动产登记机构可以根据有关规定作出不予登记的决定。申请人在申请材料中伪造他人签名，其申请房屋所有权登记的行为违背了被冒签人的真实意愿。不动产登记机构审查申请材料时未尽到审慎审查义务，导致其根据申请人提交的含有虚假签名的申请材料作出了被诉房屋所有权登记行为。该行政行为因缺乏合法的事实基础，属于违法行政行为。

【案例延伸】

在涉及房屋所有权登记纠纷的案件中，若房屋所有权登记是基于虚假材料而不影响当事人权利义务的情况，法院对于是否确认该登记行为违法持有审慎态度。依据《不动产登记暂行条例》及《不动产登记暂行条例实施细则》的相关规定，房屋所有权登记必须基于合法有效的材料。若登记所依赖的材料虚假，不动产登记机构有责任确保申请材料的真实性。倘若登记机构未尽审查义务，导致基于虚假材料的登记行为，可能存在程序上的瑕疵。

司法实践中，法院将综合考量案件的具体情况，包括但不限于登记行为的合法性、当事人权利义务的影响以及是否存在善意第三人等因素。如果虚假材料并未对当事人的权利义务产生实质性影响，且未造成实际损害，为了维护法律关系的稳定性与公正性，避免程序上的瑕疵动摇已有的法律秩序，法院可能会确认登记行为违法，但不一定撤销该行为。然而，若虚假材料对当事人权利义务产生实质性影响，或有证据显示登记行为是为了逃避法律责任或存在其他不正当目的，法院可能会判决撤销该登记行为。在此类案件的审理过程中，法院将特别关注是否存在善意第三人，并在判决时充分考虑对合法权益的保护。

五、广州市白云区孙某某实验幼儿园诉广州市白云区教育局行政协议案

【争议焦点】

行政机关行使法定解除权终止行政协议的通知行为并非不当撤销行政许可的行为

【案情简介】

原告（被上诉人）广州市白云区孙某某实验幼儿园（以下简称孙某某实验幼儿园）诉称被告广州市白云区教育局（以下简称教育局）向第

三人广州市A公司发出的《关于收回B小区配套幼儿园承办权和办学场地的通知》(以下简称《通知》),其内容决定将原告孙某某实验幼儿园办学权和场地使用权等全部进行收回,已对原告的合法权利产生了实质影响。请求法院判令被告撤销其作出的《通知》。被告辩称,原告起诉不属于行政诉讼的受理范围,被告依照合同约定收回场地使用权和承办权,属于民事法律关系。

【裁判结果】

一审原告胜诉,判决确认被告作出的《通知》违法。被告提起上诉,二审判决撤销一审的行政判决,驳回被上诉人(一审原告)的诉讼请求。

【案例分析】

被告依据广州市委〔1995〕1号文件规定“开发住宅小区配套的校舍,产权移交给市、区教育行政部门的精神”,B小区的开发商从广州C房地产开发有限公司手上接收了小区配套的用地面积3052平方米,建筑面积2623.2456平方米的物业。双方于2004年7月20日签订了《教育设施配套移交、接收协议书》,2008年办理了房地产权证,权属人为被告。被告与第三人签订的《公建教育配套设施(小区配套幼儿园)承办合同书》属于《行政诉讼法》第12条第1款第11项规定的行政协议。合同约定第三人在B小区开办幼儿园,承办时间自2005年1月1日至2015年1月1日。合同约定的终期到达后,原告孙某某实验幼儿园仍然在案涉场所继续办学,并向被告及第三人分别缴纳国有资产占用费和场所租赁费,参照原《合同法》关于租赁合同的规定,对此应视为由定期租赁合同变更为不定期合同,被告作为案涉办学场所的业主,在给予相对方适当准备时间后,有权随时解除合同。被告提前3个月向第三人发出涉案《通知》,已经给相对人预留出了足够时间,符合原《合同法》第232条的规定。因此,应认定被告作出案涉《通知》系依法行使合同解除权的行为,第三人对此亦予以认可,未在法定期间对此提出异议,并配合完成案涉办学场所腾退工作后与被告签订移交接收确认书,因此,案涉合同属于依法行使解除权予以解除的情形。另一方面,被告发出涉案《通知》系基于其与第三人的合同行为,原告孙某某实验幼儿园并非《通知》的相对人,且被告自始未与原告孙某某实验幼儿园就案涉场所签订任何租赁性质的合同。虽然被告于2016年向原告孙某某实验幼儿园续颁办学许可，终期为2022年，被告在《通知》中并未作出决定撤回或者撤销该办学许可的决定，涉案《通知》系向合同相对人即第三人作出，仅涉及按行政协议收回第三人的办学场所，并非剥夺在该办学场地上办学的原告孙某某实验幼儿园的办学资格问题，原告孙某某实验幼儿园的办学资质并不因案涉《通知》行为而受剥夺，在规定期限内仍可以在适当场所继续办学。

【案例延伸】

行政机关与相对人就场地租赁签订协议，为平等主体之间的民事法律关系，属于行政协议，按照合同的约定收回场地和承办权，并非行政行为，不属于行政诉讼受理的范围。

六、珠海市A有限公司申请执行复议案

【争议焦点】

对设定抵押的国有划拨土地使用权的执行

【案情简介】

债务人珠海市A有限公司（以下简称A公司）因不能按期履行对债权人交通银行珠海分行的债务，债权人申请执行。在执行过程中，因债权转让，珠海市中级人民法院（以下简称珠海中院）依法变更珠海市B有限公司为申请执行人。2019年，珠海中院裁定拍卖由该院查封的A公司名下的土地使用权及地上建筑物，其中包括设定抵押的两宗土地及房产。经查证，两宗土地属于划拨用地，《国有土地使用证》均注明未经批准不得转让、出租或抵押。A公司就珠海中院的拍卖行为提出异议，认为案涉划拨土地使用权是禁止流通物，未经行政审批不能转让，该执行行为不符合法律规定。

珠海中院认为，《城市房地产管理法》第40条及《城镇国有土地使用权出让和转让暂行条例》第44条、第45条关于国有划拨土地使用权的转让需经有批准权的人民政府审批的规定，是对企业自主转让划拨土地使用权的限制，并未限制人民法院依法强制执行。涉案两宗划拨土地的使用权依法为本案债权设定抵押，该抵押担保已经由土地管理部门办理抵押登记手续，合法有效。依照原《物权法》第179条第1款以及第

195 条的规定,抵押权人可以请求人民法院拍卖变卖抵押财产并就所得价款优先受偿。涉案土地虽然为划拨用地,但属于被执行人的财产性权益,执行法院作出拍卖裁定符合上述法律规定。至于涉案土地使用权未缴纳相关土地出让金、征地管理费等费用,执行法院可以在实际交付拍卖前继续与土地管理部门做好沟通,在拍卖时充分披露信息,明确相关费用的数额和承担主体,但不影响拍卖裁定的合法性。

【裁判结果】

珠海中院作出执行裁定,裁定驳回 A 公司的异议请求。A 公司不服珠海中院异议裁定,向广东省高级人民法院申请复议。广东省高级人民法院驳回 A 公司的复议申请,维持珠海中院的执行裁定。

【案例分析】

对已经设定抵押的国有划拨土地及其地上建筑物,执行法院能否执行。首先,划拨土地是基于无偿取得的土地,因此,《城市房地产管理法》第 40 条规定,以划拨方式取得土地使用权的,转让房地产时,应当按照国务院规定,报有批准权的人民政府审批。可以看出,国有划拨土地使用权属于限制流转物,但有两点需要明确。一是前述法律规定的土地使用权转让是土地使用者将土地使用权再转移的行为,是平等主体双方之间自愿的行为。而本案是执行法院依据法律所赋予的强制执行权处置被执行人财产的行为,与当事人之间自行流转有性质上的根本区别。二是无论是通过划拨方式还是出让方式取得国有土地使用权,仅是取得方式的不同,即使是划拨取得的国有土地使用权,也具有财产权利的性质。因此,执行法院将两宗土地使用权作为被执行人的财产进行处置,增强了被执行人的偿债能力。另外,关于设定抵押并办理了抵押登记的国有土地使用权的处置,司法解释已有明确规定。最高人民法院《关于能否将国有土地使用权折价抵偿给抵押权人问题的批复》(法释〔1998〕25 号)明确指出,“在依法以国有土地使用权作抵押的担保纠纷案件中,债务履行期届满抵押权人未受清偿的,可以通过拍卖的方式将土地使用权变现。如果无法变现,债务人又没有其他可供清偿的财产时,应当对国有土地使用权依法评估。人民法院可以参考政府土地管理部门确认的地价评估结果将土地使用权折价,经抵押权人同意,将折价后的土地使用权抵偿给抵押权人，土地使用权由抵押权人享有”。该司法解释明确了以国有土地使用权提供担保的，人民法院可以执行该担保财产。

虽然执行法院可以直接执行抵押的国有土地使用权，但国有划拨土地使用权属限制流转物，人民法院执行时应采取审慎的态度。因此，珠海中院异议裁定也明确表述“在实际交付拍卖前继续与土地管理部门做好沟通，在拍卖时充分披露信息，明确相关费用的数额和承担主体”等，珠海中院应按其所述开展执行工作并向土地房产管理部门释明法律规定，依法推进本案执行。

【案例延伸】

国有划拨土地使用权属于用益物权，是财产性权利的性质以及同时属于限制流转物的特别情况。现有的法律规定，对国有划拨土地使用权及其地上建筑物的执行提出以下观点：（1）对有效抵押的国有划拨土地使用权，人民法院可以直接执行。（2）对有效抵押的房屋所占有范围内的国有划拨土地使用权，人民法院亦可直接予以执行。（3）人民法院执行未设定抵押的地上建筑物、附属物涉及国有划拨土地使用权，在与当地土地管理部门取得一致意见后，可以执行该划拨土地使用权。

七、李某某申请执行彭某、吴某甲等买卖合同纠纷案

【争议焦点】

买受人在执行异议之诉中交至法院的诉争房产剩余房款的性质及分配问题

【案情简介】

原告李某某因被告一吴某甲、被告二彭某拖欠 3 986 571 元一直未清偿，诉前依法申请诉前财产保全，一审法院于 2018 年 10 月 26 日查封了被告二彭某所有的位于广州市荔湾区某街 1 号 3003 房的产权份额。后原告胜诉，向法院申请执行已查封的彭某的房产。2018 年 11 月 1 日，案外人黎某某、劳某某向一审法院提出书面异议，请求：（1）确认黎某某、劳某某对上述房屋享有所有权；（2）解除对上述房屋的查封。执行异议被驳回后，黎某某、劳某某不服，向法院提起执行异议之诉，要求法院撤销《执行裁定书》，解除对广州市荔湾区某街 1 号 3003 房的查封，另判令广州市荔湾区某街 1 号 3003 房归其所有。在执行异议之诉审理期

间，执行异议之诉中两原告黎某某、劳某某提交《剩余房款提交声明》，明确愿意将购买涉案房屋的剩余购房款交由法院执行处理并于2019年7月22日将剩余房款3 250 000元交给法院代管。

【裁判结果】

二审法院裁判，一审法院判决不得执行广州市荔湾区某街1号3003房彭某所有的产权份额并判令原执行裁定于本判决生效时自动失效。

【案例分析】

被执行人将其名下的房产在法院查封前出售给买受人，但非因买受人自身的原因导致无法完成过户，买受人提起执行异议之诉，并在执行异议之诉审理过程中将诉争房产的剩余房款交至法院。如何认定该款项的性质呢？案例中，买受人黎某某、劳某某在执行异议之诉审理过程中向法院提交了《剩余房款提交声明》，明确愿意将购买涉案房屋的剩余购房款交由法院执行处理，并于2019年7月22日将剩余房款3 250 000元交至法院代管。黎某某、劳某某这一行为应视为履行其与被执行人彭某签订的房屋买卖合同的行为，该款项的性质应认定为合同价款。在执行异议之诉中经办法官也是基于这一事实认定买受人黎某某、劳某某已支付全部价款，从而排除执行。

关于买受人主张的其未完成过户，交易未完成，故不能执行该笔款项，笔者认为：买卖合同作为债权合同，属负担行为，其本身并不肩负使买卖标的物所有权发生移转的使命。也就是说，债权行为并不必然导致物权行为的发生，债权行为与物权行为是两个不同性质的法律行为。买卖合同只是物权发生变动的原因，所有权发生转移是买卖合同得以履行的结果，原因与结果不能混为一谈。

考虑到本案的涉案房屋上存在抵押权人为罗某某的抵押权未涂销，且因被执行人的债权人众多，导致该房屋上还存在查封信息，而买受人已经实际占有了涉案房屋，并已支付了全部价款，且在办理所有权转移登记过程中无任何过错，如严格按照法理将剩余房款分配执行后，买受人可能依然无法完成过户，导致“钱房两空”的局面，无法实现良好的法律效果，也不符合善意文明执行的精神。经买受人申请，执行法官召集了被执行人的所有债权人及被执行人、买受人等14人和解，经友好协商达成一致意见:(1)将前述剩余房款优先分配给抵押权人罗某某,抵押债权截止计算至和解当日;(2)抵押权人同意于签订和解协议当日涂销抵押;(3)前述房款暂不予发放,待买受人办理过户后再发放;(4)抵押权人同意放弃一部分利息。现罗某某已根据和解协议涂销了抵押,买受人现就最后一个查封已申请广东省海丰县人民法院解封,在不久后买受人就可以办理房屋产权过户,被执行人的债权人也可就剩余房款进行受偿。

【案例延伸】

一般情况下,不动产物权的设立、变更、转让和消灭,必须经依法登记才发生效力。即便购房者已与出卖人签订了买卖合同、缴纳了购房款并合法占有了房屋,只要其未依法办理房屋产权登记,房屋的所有权从法律意义上就仍不属于购房者。现实生活中,由于我国现行房地产开发以及登记制度的不完善,大量存在着购房者与出卖人签订买卖合同以后,长期未能进行产权登记的现象。由于在产权登记之前房屋在法律意义上仍属于出卖人,购房者就可能面临房屋因出卖人所承担的其他债务而被法院处置的风险。

房屋是人民群众的基本生活资料,具有特别重要的意义。正是基于对这种社会现实的考虑,2008 年最高人民法院公布了《关于人民法院民事执行中查封、扣押、冻结财产的规定》(以下简称《查封规定》),其第 17 条规定:"被执行人将其所有的需要办理过户登记的财产出卖给第三人,第三人已经支付部分或者全部价款并实际占有该财产,但尚未办理产权过户登记手续的,人民法院可以查封、扣押、冻结;第三人已经支付全部价款并实际占有,但未办理过户登记手续的,如果第三人对此没有过错,人民法院不得查封、扣押、冻结。"该规定系在买受人对所买受的不动产的权利保护与普通债权人的权利保护发生冲突时,基于对善意买受人合法权利的特别保护而设置的特别规则,该规则实质上是以牺牲普通债权人的正当权利为代价而确立的,故在适用该规定对买受人利益进行特别保护时,应当严格审查。

此外,此种保护也会对不动产登记的公示作用产生破坏。实践中,被执行人与案外人串通,以倒签合同、倒签收据等方式制造虚假证据和事实,利用《查封规定》第 17 条,转移藏匿财产、逃避执行的现象并不鲜见。所以,这种保护也应该被严格限定。

八、茂名市 C 房地产开发有限公司诉茂名市 A 物业服务有限公司、中国 B 保险股份有限公司茂名中心支公司、梁某侵权责任纠纷案

【争议焦点】

房地产公司被侵害财产权的责任认定

【案情简介】

原告茂名市 C 房地产开发有限公司(以下简称 C 房地产公司)是茂名市某广场开发商,被告茂名市 A 物业服务有限公司(以下简称 A 物业公司)是该楼盘物业管理者。2018 年 11 月 7 日 3 时许,被告一梁某有偿停放于上述楼盘地下三层车库停车位的涉案汽车无故发生冒烟现象,至 5 时 30 分发生自燃,致使地下三层车库中产生大量浓烟并引发火灾事故。火灾造成过火面积约 25 平方米。茂南法院经摇珠选定茂名市立信资产评估土地房地产估价有限公司进行评估,原告财产损失为 212 208 元,被告一梁某为此支付评估费 6000 元。本次火灾事故引发有毒气体导致楼上住户不慎吸入后,共 22 人入院检查,由原告委托 A 物业公司代付医药费 28 339.73 元。被告一梁某于 2017 年 11 月 16 日在被告二中国 B 保险股份有限公司茂名中心支公司(以下简称 B 保险公司)处购买了责任强制保险和第三者责任险 50 万元(含不计免赔的),事故发生在保险期限内。

【裁判结果】

一审法院判令被告二 B 保险公司向原告 C 房地产公司赔偿损失 172 584 元。被告一、被告二不服,提起上诉,二审法院变更一审判决第 1 项,判令被告二向原告赔偿损失(212208 + 28339.73) × 70% = 168383.411 元。

【案例分析】

对于 C 房地产公司的损失,对各方的责任认定有以下两个争议焦点:(1)A 物业公司是否应承担 30% 的赔偿责任;(2)B 保险公司是否应对梁某承担的 70% 的责任承担赔偿责任。

关于 A 物业公司是否应承担 30% 的赔偿责任的问题。茂名 D 物业管理有限公司租赁 C 房地产公司的地下停车位给员工停车,梁某作为该公司员工，有权在地下停车位停放车辆。A 物业公司是涉案物业的管理者，有偿提供物业管理服务，则应对涉案物业管理服务负有安全保障义务，应进行常规巡查、管理，但 A 物业公司没有进行常规巡查。梁某的车辆于 2018 年 11 月 7 日 5 时 30 分自燃，是车库报警系统报警后 A 物业公司才知道发生火灾。2018 年 11 月 7 日 5 时 58 分茂名消防支队特勤中队才接到茂名消防中队指控中心发布的警情，中间相隔近 30 分钟，消防人员赶至现场施救时，地下车库已灌充大量有毒烟气，因能见度低而无法及时入场扑救灭火，A 物业公司未尽安全保障义务。根据原《侵权责任法》第 37 条第 2 款"因第三人的行为造成他人损害的，由第三人承担侵权责任；管理人或者组织者未尽到安全保障义务的，承担相应的补充责任"的规定，A 物业公司作为物业管理者，未尽安全保障义务，对火灾事故损失应承担相应补充赔偿责任，原审法院酌情判令其赔偿 30% 的责任恰当，应予维持。因 C 房地产公司放弃请求 A 物业公司承担责任，A 物业公司应承担的责任由 C 房地产公司自行承担。梁某作为涉案车辆的所有人，其车辆自燃导致涉案车库的损失和代付医药费的损失，侵害了物业所有人的财产权。根据原《侵权责任法》第 7 条"行为人损害他人民事权益，不论行为人有无过错，法律规定应当承担侵权责任的，依照其规定"的规定，梁某作为直接侵权人，应当承担涉案损失的主要责任即 70% 责任。

关于 B 保险公司是否应对梁某承担 70% 的责任承担赔偿责任的问题。梁某为涉案车辆购买了第三者责任险，保险金额为 50 万元。根据中国保险行业协会机动车综合商业保险示范条款第 3 条"本保险合同的第三者是指因被保险机动车发生意外事故遭受人身伤亡或者财产损失的人，但不包括被保险机动车本车车上人员、被保险人"的规定，被保险机动车发生意外事故，并没有明确专指交通事故，即不是交通事故导致的意外事件也属其列。而被保险车辆作为一种工具被使用的整个过程，应当包括行驶和停放，机动车的功能和用途多种多样，有许多特种车辆的使用过程大多不是处于行驶状态，仅以行驶定义使用过程是不恰当的。汽车在停止状态，也有可能发生或引起意外事故。保险条款中对使用过程也未限定为行驶中，因此不应作出对保险人不利的解释。根据中国保险监督管理委员会车辆保险条款解释有关问题的批复,使用被保险车辆过程是指被保险车辆作为一种工具被使用的整个过程,包括行驶和停放。故涉案车辆在停放的状态下发生自燃意外事故,属于保险责任范围内的意外事故。根据《保险法》第 65 条第 1 款"保险人对责任保险的被保险人给第三者造成的损害,可以依照法律的规定或者合同的约定,直接向该第三者赔偿保险金"的规定,原审判决 B 保险公司在投保范围内赔偿 70% 的损失给 C 房地产公司正确,应予维持。B 保险公司称涉案车辆是在停放期间发生事故,不是在使用过程中发生事故,不应承担赔偿责任,依据不足,不予支持。

【案例延伸】

本案主要涉及小区停车位受第三人侵权,各方责任认定的问题。物业公司作为小区的物业管理者,对涉案的物业管理服务负有安全保障义务,因此应承担部分赔偿责任。梁某因其汽车自燃侵害了物业所有人的财产权,无论是否有过错,都应当承担侵权责任。但梁某应承担的赔偿责任,应由保险公司来承担。保护保险消费者合法权益,分散被保险人的责任风险,填补被保险人的损失,是我国保险法的基本立法精神。本案从公平合理原则出发,权衡了保险合同双方权利义务,对规范保险条款理解有积极意义。

九、A 置业广东有限公司等五公司合并重整案

【争议焦点】

实质合并重整之认定标准

【案情简介】

广东 B 置业有限公司(以下简称 B 置业公司)、广东 C 置业有限公司(以下简称 C 置业公司)、A 置业广东有限公司(以下简称 A 置业公司)、广东 D 置业有限公司(以下简称 D 置业公司)、广东 E 物业管理有限公司(以下简称 E 物业公司)(A、B、C、D 置业公司与 E 物业公司以下简称五公司)系台港澳法人独资的有限责任公司,五公司股东分别为 5 家在香港注册成立的公司,由同一实际控制人控制,经营范围以普通住宅、写字楼、商业设施、酒店等开发建设、经营和物业管理为主,共同开发登记在各自名下的共 2888.8 亩土地,五公司共用同一经营场所。自

2018年开始，五公司资金链断裂导致经营全面陷入困境，爆发大量债务违约事件，产生大量诉讼、仲裁案件并进入执行，五公司全部资产均被查封，开发项目全部停工，对外负债达220亿元。债权人北京F电子科技有限公司（以下简称F公司）于2020年8月6日向佛山市中级人民法院（以下简称佛山中院）申请对五公司进行破产重整。法院经审理查明，认定这五家公司存在以下五方面的混同：财产混同、人员混同、经营管理混同、财务混同、互联互保关系混同。

【裁判结果】

佛山中院作出裁定，裁定对五公司进行实质合并重整。

【案例分析】

根据《民法典》及《公司法》的相关规定，公司作为企业法人，应当有自己的名称、组织机构、住所，有独立的法人财产，享有法人财产权。以上是公司法人能够独立承担民事责任的基础。当两个以上的公司法人出现人员、经营、财产混同的情形，即违背了法律关于公司法人条件的规定。此时，任意一个法人均不具备独立的民事行为能力，关联公司法人的行为能力处于相互依存的状态；同时，关联公司法人的意思表示亦存在瑕疵，即一个公司的意思表示可能是另一公司的意思表示，交易相对人难以辨别，从而损害不特定债权人的利益，因此，交易所形成之债应由关联法人共同承担。采用实质合并方式进行重整，各关联企业成员之间的债权债务归于消灭，各成员的财产作为合并后统一的债务人财产，重整计划草案中应当制定统一的债权分类、债权调整和债权受偿方案，但各个关联公司的股东并不对公司债务承担责任。

在本案中，五公司的主要资产为土地使用权，均为A置业公司的债务设定了抵押担保，仅有少部分的财产未设定抵押担保，虽然大部分的经营性债务集中在A置业公司，但五公司之间存在大量的关联交易，如2012年9月18日，E物业公司与天津G房地产咨询发展有限公司签订“一次性支付融资咨询协议”，约定由天津G房地产咨询发展有限公司为佛山某项目提供7.5亿元融资服务，E物业公司为此承担咨询顾问费2500万元，并列入开发成本。但事实上，实际融资人为A置业公司，E物业公司并无融资行为却为此承担了2500万元的咨询顾问费，这对E

物业公司的债权人极不公平。此类情况，在五公司存续期间比比皆是。因此，五公司在经营业务上协同推进、内部管理上整体运营，若简单区分五公司财产，分别制定重整计划，将导致五公司债权受偿率存在较大的差异，损害债权人的公平清偿利益。

【案例延伸】

企业破产法有关破产重整的规定，仅针对单个企业而言，并未考虑多个企业实质合并重整的问题。最高人民法院《全国法院破产审判工作会议纪要》规定，当关联企业成员之间存在法人人格高度混同、区分各关联企业成员财产的成本过高、严重损害债权人公平清偿利益时，可例外适用关联企业实质合并破产方式进行审理。人民法院在审查实质合并申请过程中，可以综合考虑关联企业之间资产的混同程度及其持续时间、各企业之间的利益关系、债权人整体清偿利益、增加企业重整的可能性等因素，再决定是否适用实质合并重整。

十、珠海 A 科技发展有限公司诉珠海市 B 船务有限责任公司、李某某通海水域财产损害赔偿纠纷案

【争议焦点】

评估报告的认定与自由裁量权的行使

【案情简介】

原告珠海 A 科技发展有限公司对其承租的位于珠海市某区北垦区东外滩约 338 亩的土地进行大规模的生态农业开发。至 2017 年，原告的农业基地已建成 6 年多，种植包括名贵树种在内的大量树木、另养殖鱼类数 5 万公斤、鸡鸭上千只，各项生产设备设施已基本健全，并在近海处设置堤坝和水闸防止海潮侵害。2017 年 8 月 23 日，台风“天鸽”在珠海登陆，被告一珠海市 B 船务有限责任公司（以下简称 B 公司）、被告二李某某弃置在原告农业基地不到数米海面上的抽沙管冲向原告农业基地，直接冲垮了堤坝和水闸，海水冲进整个农业基地，导致原告受损严重。原告认为两被告作为抽沙管的使用人，对本案原告损失存在严重过错，应承担赔偿责任。原告损失金额经评估为 4 017 651 元，考虑台风“天鸽”导致原告 40% 损失的因素，原告向法院诉请，要求两被告承担原告损失金额的 60% 即 2 410 590.60 元。同时，原告诉请由两被告负担为评估损失支付的43 500元评估费。

被告一B公司辩称，被告B公司不是抽沙管的所有人和使用人，本案与被告一B公司没有关系。被告二李某某辩称，(1)原告损失是台风"天鸽"吹袭及其引起的海水倒灌入农业基地导致的，而相关部门对台风"天鸽"的预测并不完全准确，且台风"天鸽"引起的浪高超过原告堤坝高度，海水会越过堤坝进入原告农业基地，符合不可抗力的构成条件，因此，两被告没有责任。(2)被告李某某已将抽沙管捆扎放在水中两年多，在本案事故发生前均没有被潮水打上岸，可以证明被告李某某对抽沙管的放置是妥当的，对本案事故的发生不存在过错。(3)在法院委托的鉴定机构不能就本案原告损失出具鉴定意见的情况下，原告单方委托鉴定机构出具的评估报告不具有证据效力，且该评估报告关于原告损失方面缺乏证据，不应采信。

【裁判结果】

一审判决被告二李某某向原告赔偿损失452 152.75元及其2017年9月22日至实际支付之日按央行同期贷款利率计算的利息；判令被告二李某某向原告支付评估费用4895.56元。原告与被告二不服判决提起上诉，二审驳回上诉，维持原判。

【案例分析】

本案审理中所涉及的问题主要有4个方面：第一，事故的发生由多种原因造成，如何衡量每一种原因对事故结果的影响及其比重；第二，如何认定承租人单方委托的评估报告及损失；第三，如何认定不可抗力事件；第四，如何合理行使自由裁量权。

首先，关于多因一果的问题。在审理中，法院查明造成本案原告——农业基地的承租人，所承租的土地上的树木、鱼苗、堤坝受损的原因是多种多样的。堤坝的修复费用，已经查明其受损的原因为台风带动抽沙管直接予以撞毁，该部分的损失的结果应归责于被告李某某。树木、鱼苗、鸡鸭等损失，在审理中查明此部分损失的原因有：(1)台风导致海水漫过堤坝进入农业基地；(2)抽沙管撞毁堤坝海水涌入农业基地；(3)台风风力本身对树木的影响；(4)原告未对堤坝采取加固措施；(5)原告在台风来临之前未对船舶及连接船舶的抽沙管采取除2014年捆扎之外的防护措施;(6)农业基地进水之后原告未及时采取排水措施。以上原因综合导致了除堤坝以外的损失,双方均不能证明每一种原因对结果的发生起到何种程度的作用,即每一种原因力在损害结果中的比例。在无法查明原因的情况下,法院行使自由裁量权,酌定双方导致事故的原因所占比例同等,相应的责任划分即为各负50%。

其次,关于单方委托评估报告的问题。本案中原告的损失存在是一个客观事实。故而法院在审理过程中,启动了评估程序,但是评估机构反馈:无法查看标的物现场情况,无法准确评估标的物的价值。原告的损失是的确存在的,如果只是因为无法评估导致原告无法获得赔偿,于原告不公,显然不符合公平理念。故而对于原告提交的评估报告,将其作为单方证据予以质证,对评估报告中的评估方法、评估项目及评估损失及其相应作出报告的依据进行全面审查。由于审判人员对于苗木的市场价格缺乏专业判断,故而法院工作人员主动前往珠海市园林协会、珠海市造价站等机构,对园林苗木的市场价格进行调查,基本掌握了本案所涉园林苗木的市场价格,在此前提下,坚持审慎原则,去除评估报告中的不合理项目及相应的损失,合理认定了本案原告所遭受的园林苗木损失。

再次,关于台风"天鸽"是否构成不可抗力的问题。不可抗力的法律定义为不能预见、不能避免且不能克服的客观情况。所谓不可抗力,是指当事人不可抗拒的外来力量,是偶然发生的、当事人无法左右的特殊自然现象和社会现象,包括自然灾害和社会事件。一般理解构成不可抗力须同时具备不可预见、不可避免、不可克服三个构成要件。台风"天鸽"已经被较为准确地预测,不符合不可抗力构成要件中的不可预见。不可抗力导致免责,必须是不可抗力成为损害发生的唯一原因,侵权人对损害的发生和扩大不能产生任何作用。本案中,被告李某某确认其于2014年用钢丝捆扎抽沙管并用两吨重的锚将抽沙管连起来,之后未做过其他额外固定抽沙管的措施,显然,问题是被告李某某对损害结果的发生存在过错,其不可抗力的抗辩无法成立。本案在考察是否构成不可抗力的时候,将侵权行为中的过错及因果关系与不可抗力中的构成要件相交织进行考量,最后认定就不可抗力的不能避免方面被告存在着过错,其并未采取合理措施抗击台风,不符合不可抗力构成要件中的不能避免要件。

最后,如何合理行使自由裁量权。司法的自由裁量权,系指在出现法律空白或者法律冲突的情况下,法官依据公平正义等价值理念的指引,衡量不同价值冲突之后做出合理决定。就本案中的责任划分而言,自由裁量权的行使是因为在法律没有规定,同时当事人双方的举证均不能证明损害原因在损害结果中所产生影响的比例,故而同等划分责任。一般认为,一审法院在行使自由裁量权之后,二审法院在一审自由裁量权无明显不合理的情况下,一般会维持一审的自由裁量权判决。本案行使自由裁量权的前提是原告的损失确实存在,合理行使自由裁量权有助于实现司法实质公正。由于本案原告珠海 A 科技发展有限公司的法定代表人是香港特区居民,珠海 A 科技发展有限公司是法定代表人在珠海设立的全资公司,故而本案中特别选取香港人民陪审员岑某某,专门就损失认定听取人民陪审员意见之后,合理行使自由裁量权以认定损失。

【案例延伸】

本案的公平判决有利于公平司法环境的营造。总的来说,一篇判决于当事人而言,应是公平公正的;于社会而言,应符合大众的价值取向,不能使判决脱离社会群体的普遍价值认同。在当事人的举证已经达到可以证明损失确实存在,但却不能证明损失数量、金额的情况下,法院应尽量行使自由裁量权,使损害得以弥补。

十一、珠海市 A 投资有限公司诉珠海 B 投资发展有限公司、深圳市 C 融资担保有限公司因申请诉中财产保全损害责任纠纷案

【争议焦点】

财产保全错误的认定

【案情简介】

2005 年 12 月 9 日,案外人 D 工程(珠海)有限公司(以下简称 D 公司)与珠海 B 投资发展有限公司(以下简称 B 公司)签订了《珠海市国有土地使用权转让合同》(以下简称《转让合同》),约定 D 公司将一块面积为 15 542 平方米的国有工业用地使用权转让给 B 公司,转让成交价为 1120 万元。珠海市房地产登记中心于 2006 年 3 月 24 日向 B 公司核发

《国有土地使用权转让许可证》,并于同年3月27日出具《房地产权登记表》,登记上述土地权属人为B公司。2006年4月12日,原珠海市国土资源局作出《关于收回D公司位于某路南侧15 542平方米工业用地的决定》(以下简称《收地决定》),决定收回上述土地。2007年11月8日,原珠海市国土资源局与珠海市A投资有限公司(以下简称A公司)签订《国有土地使用权出让合同》(以下简称《出让合同》),将上述土地使用权出让给A公司。

诉讼一:2016年1月21日,B公司向广东省珠海市金湾区人民法院(以下简称金湾法院)提起行政诉讼,诉请撤销原珠海市国土资源局作出的《收地决定》。2016年5月10日,金湾法院作出行政判决书,认定原珠海市国土资源局作出的《收地决定》认定事实错误,适用法律不当,程序违法,应予撤销。A公司取得涉案土地是否合法或构成善意取得,不属于本案审查范围,至于《收地决定》撤销后,土地归属问题应通过其他途径另行解决。A公司、原珠海市国土资源局不服上述判决,提起上诉。2018年12月7日,珠海市中级人民法院作出行政判决书,确认《收地决定》违法,但认定A公司基于政府机关的信赖利益,善意取得涉案土地,并撤销一审判决。

诉讼二:2016年8月3日,B公司基于上述案件一审的一审判决结果,向金湾法院提起另案行政诉讼,诉请:(1)确认原珠海市国土资源局与A公司签订的《出让合同》无效;(2)判令原珠海市国土资源局将涉案土地使用权返还给B公司。同时,A公司申请查封B公司名下一块国有土地的使用权(以土地使用权出让金27 239 870元为限)。案外人C担保公司为该财产保全提供担保。

2020年,A公司向广东省珠海市香洲区人民法院(以下简称香洲法院)提起诉讼,诉称B公司在(2016)粤0404行初146号行政诉讼案件中申请财产保全查封A公司土地具有过错,A公司因此遭受损失。A公司请求法院判令被告一B公司承担A公司土地被查封期间不能被开发的损失7 709 196.23元(以地价款58 695 382.24元为基数,按年利率6%计算,自2016年8月23日计至2018年10月31日,合计799天),被告二C担保公司在担保范围内对上述赔偿承担连带责任。

【裁判结果】

一审香洲法院判决B公司向A公司赔偿损失共计7 709 196.23元；C担保公司对A公司的上述赔偿承担连带赔偿责任。二审珠海市中级人民法院判决撤销一审的民事判决。

【案例分析】

申请财产保全错误损害赔偿应当适用过错责任原则。本案中，B公司申请财产保全在主观上是否具有过错，即其是否存在故意或重大过失，判决书从诉讼起因和诉讼结果两个方面来认定。一方面，B公司提起第二起行政诉讼是基于第一起行政诉讼认定《收地决定》违法，以及B公司本身对法院在第二起诉讼判决撤销《收地决定》并判令A公司返还涉案土地具有合理期待，所以B公司本身并不具有侵权的主观故意。另一方面，虽然从诉讼结果来看，B公司在第二起诉讼中被认定为不具有原告资格，且二审法院认为一审法院无须等待第一起诉讼的诉讼结果中止诉讼，一审法院应当及时判决驳回B公司的起诉。但在审理案件中，不能以法官的标准要求当事人，一审法院尚且无法在B公司起诉后及时准确认定B公司不具有原告资格，更无法苛求当事人在起诉时预见到其诉讼请求得到法院支持的可能性极低。

A公司是否因B公司申请查封涉案土地存在实际损失，该损失与B公司申请查封之间是否具有因果关系，即法院查封国有土地使用权是否导致A公司无法开发涉案土地并因此存在损失。一般认为，法院的查封行为仅限制土地使用权人不得办理产权变更手续，并不禁止其对土地的开发利用。本案中，A公司提交的原珠海市国土资源局和原珠海市法制局出具的文件，仅能证明A公司向原珠海市国土资源局申请对涉案土地延期开发获得批准，其并未提交证据证明相关政府部门因查封而禁止其对涉案土地进行开发利用。A公司在2007年即与原珠海市国土资源局签订《出让合同》，但直到B公司提起诉讼前的2016年，A公司尚未对涉案土地进行开发。且涉案土地已于2018年被金湾法院解封，在解封至今长达两年多的时间里，A公司仍未对涉案土地进行开发。结合上述事实，二审法院认定A公司未对涉案土地进行开发与B公司申请保全之间具有因果关系的可能性较低。

【案例延伸】

应当对正常的诉讼保全行为与申请保全错误进行明确区分,给予依法维权当事人运用正当法律手段维护自身合法权益的必要限度,不能简单以诉讼结果倒推申请财产保全的当事人主观上存在重大过失。本案诉讼当事人因某项具体行政行为违法,实体权利已受到侵害,虽然其因合同的相对性无撤销《出让合同》的原告资格,但其提起诉讼并申请财产保全乃是出于维护自身实体权利的需要,且运用了正当合法手段,如仅因其不具备专业法律知识而败诉便认定其申请财产保全有过错,要求其承担巨额赔偿,已远远偏离了财产保全制度设立的初衷,亦背离了社会之公平正义。

十二、麦某某诉清远市 A 房地产有限公司、陈某某等民间借贷纠纷案

【争议焦点】

债务转移、债务加入与债务保证之判定

【案情简介】

原告麦某某向被告一清远市 A 房地产有限公司(以下简称 A 公司)出借 300 万元,期限自 2014 年 6 月 26 日至 2015 年 3 月 25 日。借款期限届满后,经原告催收,A 公司向其出具票面金额为 300 万元的支票。2015 年 8 月 21 日、31 日,被告二陈某某和被告三陈某辉分别向原告出具《担保书》,被告二自愿负责上述支票金额中 200 万元的还款责任,被告三自愿负责上述支票金额中 100 万元的还款责任,均承诺在 2015 年 9 月 22 日前还清。2015 年 12 月 27 日,被告三在原《担保书》下方备注:“上述担保书所讲的壹佰万元担保直至还清款日止。”2016 年 12 月 6 日,被告三又出具《承诺书》,该《承诺书》载明“最终保证在 2017 年 10 月 30 日前归还”。2015 年 12 月 31 日,被告二在其出具的《担保书》下方备注:“此担保书直至还清款项为止。”后于 2018 年 6 月 13 日,被告二在《担保书》再次备注“同意对该担保书的还款责任继续承担担保责任,担保期为 2 年”。后该笔借款由 A 公司的法定代表人陈某锋归还了 100 万元及被告三归还了 10 万元。2018 年 8 月 7 日,原告起诉要求判令被告一归还借款本金 190 万及利息,被告二、被告三承担连带保证责任。原告出具一份于 2016 年 5 月 25 日单方签署的《承诺书》,载明原告承诺

同意被告一所欠300万的款项由陈某锋、陈某辉、陈某某各自独立承担100万元借款本息。因此被告一辩称：原告作出承诺，被告一所欠的300万元由陈某锋、被告二、被告三各自承担100万元的还款责任，所借款项的还款义务已经发生转移，原告明确表明放弃被告一的债权。因此被告一无须承担还款责任。在庭审中，原告、被告二和被告三确认《担保书》是协商以担保方式承担还款责任，被告二自愿负责200万元的还款责任是因为被告三当时不在当地，故一并负责被告三的100万元还款责任，后被告三出具《担保书》表明自愿承担100万元还款责任，被告二的还款责任变更为100万元。

【裁判结果】

一审法院判决被告一向原告归还借款本金190万元及支付利息，被告二对上述债务中的借款本金100万元及对应利息承担连带清偿责任，驳回对被告三的诉讼请求。宣判后，原告与被告一均提起上诉。二审法院判决驳回上诉，维持原判。

【案例分析】

第三人承诺履行债务的意思表示产生不同法律理解时，应以文义解释优先，综合考虑利益标准、履行顺位标准、后行为的补充理解、债权人的意愿等；判定适用债务转移、债务加入或是债务保证何种法律规则；第三人承诺履行债务的意思表示存疑时，应推定适用保证规则。

从文义解释来看，本案中，被告陈某某、陈某辉出具《担保书》，分别表述"自愿负责上述支票金额中的200万元的还款责任，在2015年9月22日前还清"和"自愿负责上述支票金额中的100万元的还款责任，在2015年9月22日前还清"。两被告出具显示为"担保"性质的文书，但在文书中的字词表述未使用"担保""保证"字样，其字词表述作债务加入或债务转移的理解，亦未超出其语义范围。由此产生了理解分歧，被告陈某某、陈某辉承诺履行债务的意思表示，仅凭语义解释，可产生不同的理解，此时则需要进行更为实质性的探究，探究其真实意思表示。

从履行顺位来看，在本案中，被告陈某某、陈某辉出具的《担保书》虽表述自愿负担清偿支票金额，但未明确就此免除A公司的清偿责任，且原告麦某某出具的《承诺书》，在内容上亦没有免除A公司责任的语句，故不能直接认定其成立债务转移的法律关系。

从后行为补充理解来看，在本案中，被告陈某某、陈某辉虽在最先的《担保书》中有或保证、或加入债务、转移债务之意，但两者在期限届满后，又自愿地再次在《担保书》上明确继续担保，并明确担保期限，此时虽主债务已逾期，但法律未禁止当事人为逾期债务提供担保，且两被告多次强调"担保"，可见其没有以新债务人身份承担还款责任的意愿，提供债务保证之意已逐渐明确。

从债权人的意愿来看，在本案中，如前文所述，被告陈某某、陈某辉没有作为新债务人履行债务的意思表示，而原告麦某某出具的《承诺书》也不构成债权人对债务的转移。首先，该《承诺书》仅为麦某某的单方意思表示，陈某某、陈某辉出具《担保书》及其后的补充备注均能明确其保证之意，故麦某某的单方意思表示与陈某某、陈某辉的意思表示存在相左，即无债务转移的合意。其次，原告麦某某催促债务履行的过程中，在行为上亦未表现出有债务转移之意。该《承诺书》出具后，原告曾提起民间借贷纠纷的诉讼，仍以 A 公司以及陈某某、陈某辉作为被告，要求 A 公司承担本案的债务清偿，可以看出麦某某亦没有表示 A 公司债务已经转移的意思。

【案例延伸】

债务转移是在债的关系不失其同一性的情况下，将债务全部或部分地转移给第三人承担，而与之相比，债务加入与保证，则是在原债权债务法律关系中加入新债务人或保证人以担保债权实现，上述三种法律关系的法律后果均有所不同。在法学理论上，债务转移、债务加入与保证的法律要素和后果区分明确，但由于日常用语表述与规范的法律语言使用可能存在出入，加之汉字措辞具有多义性，故在司法个案中，第三人承诺履行债务的意思表示可能产生保证、债务加入或债务转移等不同的法律理解，而不同的法律理解产生不同的法律后果，直接影响第三人所承担的法律义务。在第三人承诺履行债务存在争议时，应以文义解释为基础，综合考虑利益标准、履行顺位标准、后行为的补充理解、债权人的意愿等，判定适用何种法律规则，既要遵循第三人承诺履行债务的真实意思表示，也要防止第三人滥用保证的法律规范规避自己的法律义务，而在第三人承诺履行债务的意思表示存疑时，应推定适用保证。

十三、江苏 A 集团有限公司诉深圳市市场监督管理局商事登记案

【争议焦点】

股权质押后增资登记中登记机关的审查权限

【案情简介】

原告（被上诉人）江苏 A 集团有限公司（以下简称 A 集团）2018 年 10 月与深圳市 B 集团有限公司（以下简称 B 集团）签署了《增资扩股协议书》，约定第三人 C 房地产公司（B 集团所设立的一人有限公司）注册资本由人民币 20 000 万元增加为 39 216 万元，新增的注册资金由原告认缴，并成为第三人 C 房地产公司的股东。在上述协议签署后，原告与 B 集团召开了股东会，于 2018 年 10 月 25 日形成了股东决定，并修改了公司章程。2018 年 11 月 13 日，第三人 C 房地产公司携带相关材料赴被告深圳市市场监督管理局（以下简称深圳市场监管局）申请办理变更登记手续。被告以"股东 100% 股权被质押，如需增资请先解除质押；材料不齐全，不符合法定形式，不予登记"为由，不予受理其公司变更登记申请。故原告请求法院确认被告以"股东 100% 股权被质押，如需增资请先解除质押"为由不予受理 C 房地产公司提出的公司变更登记申请的行政决定违法，请求判令被告履行为 C 房地产公司办理包括变更登记原告为公司股东等在内的公司变更登记事项的法定职责。

【裁判结果】

一审原告胜诉。被告不服提起上诉，二审法院驳回上诉，维持原判。

【案例分析】

公司股权质押登记中，法律法规规定登记的是质押股权数额而非出质股权比例。根据《公司法》、《担保法》、原《物权法》的相关规定，有限责任公司股东有权将其持有的股份出质，质权自工商行政管理部门办理出质登记时发生效力。由上述规定可知，股权质押登记中登记的是股权出质数额。何为出质数额？国家工商行政管理总局（已撤销）虽然对此在办法中未有明文规定，但由其印发的股权出质登记文书格式文本可见，出质股权数额要求载明的是"万元/万股"，而非比例。因此，公司股权质押登记中要求登记的股权数额是指股权的万元或万股数值，而非占

公司股权比例。本案中,应当予以登记的出质股权数额为 20 000 万元,该数额占比 100% 是一事实状态而非法定登记事项,深圳市场监管局将该出质股权数额登记表述为 100% 股权质押登记,存在表述不规范。

商事登记机关以“需增资请先解除质押”的理由不予办理变更登记欠缺法律依据和事实依据。

从法律依据上来讲,首先,《公司法》、《担保法》、原《物权法》等相关实体法律中并未有公司股份出质后,该公司不得增资的明确禁止性规定,即被告此项理由并无明确实体法依据。其次,《工商行政管理机关股权出质登记办法》第 6 条第 1 款则明确规定,申请股权出质变更登记,应当由出质人和质权人共同提出。深圳市场监管局也是据此主张应由出质人与质权人共同申请办理。但是,如前所述,出质股权数额是 20 000 万元而非 100% 股权,增资后只带来出质股权比例的变更而并非出质股权数额变更。深圳市场监管局之前质押登记为被诉行为亦无直接程序法依据。

从事实依据上来讲,仅凭质押人享有的股权比例发生变化,不足以得出质押股权价值发生了实质贬损,影响质权人通过行使质权实现主债权的结论,商事登记机关不得仅以此为由拒绝办理公司增资的变更登记。

【案例延伸】

根据《公司登记管理条例》及《深圳经济特区商事登记若干规定》的规定,商事登记机关对申请材料是进行形式审查,即材料是否齐备、是否符合法定形式。对此处形式审查的理解,既不能完全狭义化,将其限缩为登记机关仅对材料是否符合法律规定的种类、数量进行审查,而对其真实性一概不论;也不能无限扩大化,将其扩大为登记机关对申请材料是否具备实质法律效力进行无限深度审查。商事登记机关的审查应遵从审慎的形式审查,这包括:(1)材料的齐备性审查。(2)材料的表面真实性审查,即材料是否具有明显的伪造变造等形式虚假。如身份证明材料、签名、公章等是否明显属于伪造,随着信息系统、人脸识别等技术条件的发展,此项的审查要求逐步提高。(3)材料的法定形式审查,即材料在形式上是否符合《公司法》、公司章程、合同等重要基础法律文件的约定。如股东会决议是否符合《公司法》、公司章程规定人数的表决权、本案中申请材料是否需要符合质押合同规定的获得质押权人同意等。在审查过程中，商事登记机关应履行审慎审查义务。而对于超出审慎形式审查边界的事由，例如股权转让合同是否有效、本案中股份质押后公司增资是否稀释了股权、损害了质权人利益等实质事项，不属于商事登记机关审查内容。登记机关不应该以此为由拒绝办理登记。

十四、邱某某诉广州市人事考试中心不服行政处理决定案

【争议焦点】

房地产评估师资格考试严重违纪的认定

【案情简介】

原告邱某某报名2019年房地产估价师资格考试。2019年10月19日，在广州大学纺织学院考场参加《房地产基本制度与政策》科目考试。考前，原告按监考老师要求将提包和手机放到讲台附近。11时30分考试结束铃响，原告即停笔，并将试卷放在桌上，等待监考老师收卷。随后在原告前去讲台拿回手机对试卷拍照时，被监考老师发现并没收其手机。经监考老师检查，发现其没有向外传送照片后，便将手机归还。2019年11月24日，被告广州市人事考试中心作出决定书，给予原告“当次全部科目考试成绩无效，并将违纪违规行为记入专业技术人员资格考试诚信档案库，记录期限为五年”的处罚。原告认为被告作出的决定书认定事实不清，适用法律不当，严重损害其合法权益，故诉讼请求法院判令撤销被告作出的决定书。

【裁判结果】

一审法院判令撤销被告作出的决定书。

【案例分析】

房地产估价师资格考试的过程应贯穿自考生进入考场直至答题时间结束监考老师收卷后考生离开考场的整个过程，在此期间考生均应遵守考场规则，服从考场工作人员管理及安排。11时30分铃响仅为答题时间结束，而非整个考试过程结束。如果仅将答题期间视为《专业技术人员资格考试违纪违规行为处理规定》中的“考试过程中”，势必导致考生在答题前后的行为脱离监管范畴，不利于考场秩序的维护。因此，广州市人事考试中心认定邱某某使用手机拍照的行为发生在考试过程中，属于违纪违规行为，并无不当。但邱某某仅是在答题时间结束后使用手机对试卷进行拍照，并未利用手机接收、发送及传播与考试相关的信息，且邱某某在进入考场后按照规定将手机集中存放，答题期间未有其他舞弊行为，答题结束后虽然拿回手机进行拍照，但被发现后能够及时配合删除，且未将图片予以上传进行网络散播，未造成实际危害后果。

【案例延伸】

损益性行政行为应当兼顾比例原则。行政行为的实施应兼顾行政目标的实现和相对人权益的保护，如为实现行政目标可能对相对人权益造成某种不利影响时，应使这种不利影响限制在尽可能小的范围和限度内，保持二者处于适度的比例。随着诚信档案库的逐渐完善健全，记入诚信档案库人员的正常工作、学习、生活均会受到不同程度影响。因此，考试机构在作出损益性行政行为时亦应充分考虑考生因此可能遭受的影响，在维护良好考场秩序的同时也应将对考生权益造成的损失控制在最小范围内。

（本章执笔人：杨正华、谭湘玲、邹慧敏）

第三章　房地产法律服务业的动态与趋势

对于目前广东省房地产法律服务的行业情况，广东省律师协会房地产法律专业委员会特地制作了相关调查问卷，面向省内各地市律师协会及其各房地产领域的专业委员会、相关房地产领域的客户群体发起问卷调研，现结合调研情况，对近3年来广东省房地产法律服务市场的情况分析进行汇总。

第一节　广东省房地产法律服务市场目前的整体情况

一、业务量和收入情况

在业务量方面，有近一半的受访律师认为，近 3 年来每年承接的房地产法律服务业务量基本持平、变化不大；有超过 1/3 的受访律师表示，相关房地产业务量正在萎缩并逐年减少；有不到 1/4 的受访律师认为其房地产业务量逐年增加（见图 3－1－1）。

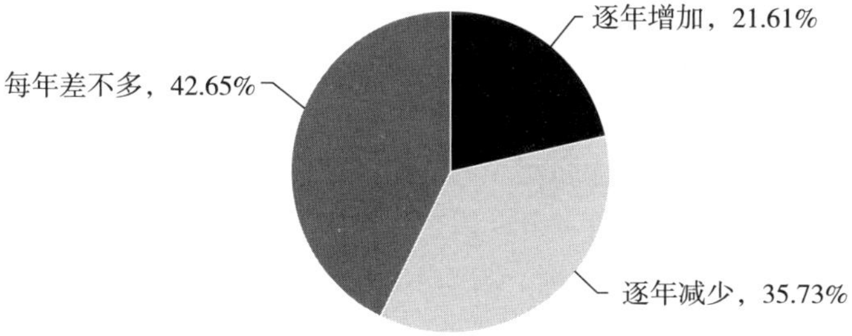

图 3－1－1　律师（团队）承接的房地产业务的情况

在业务收入方面，近 45% 的受访律师表示房地产业务收入逐年减少，近 40% 的受访律师表示每年基本持平，而表示房地产业务收入逐年增加的受访律师数量则更少，占比不到 20%（见图 3－1－2）。

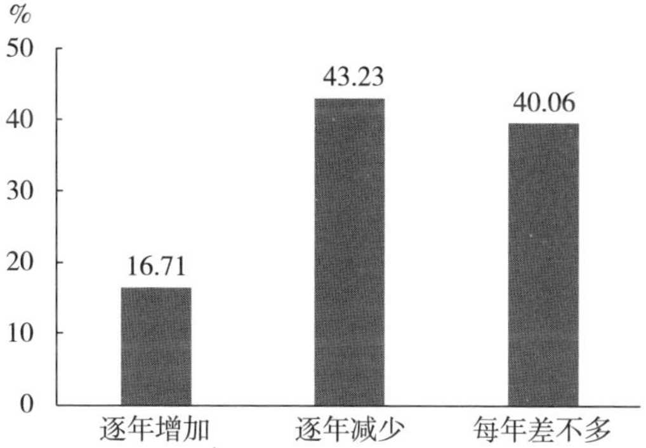

图 3－1－2　律师（团队）承接的房地产业务的收入情况

具体到收入数额，超过90%的受访律师表示房地产业务年收入在500万元以下，其中，有将近60%的受访律师表示年收入尚未达到100万元。只有约7%的受访律师年收入超过了500万元，其中，年收入超过1000万元的占比不到3%。

从调研反馈的情况看，近3年来，即便受到房地产政策的调控和疫情影响，广东省律师的房地产业务量并未受太大影响，总体持平居多，但具体到律师费收入，还是受到了一定冲击和影响。从数据上来看，更多律师在业务量基本维持的情况下，收入却逐年减少，即出现了收入与业务量不成正比的情况。不难发现，造成这种情况的缘由，一方面在于收费降低，另一方面在于所承接的业务回报不高。结合面对服务对象的调研情况分析，案源总量的萎缩及同行竞争的加剧应该是最主要的原因。而超过一半的客户群体表示，近3年来需要委托律师处理的房地产法律业务已有所减少，即在僧多粥少的情况下，律师同行业的内部竞争必然加大，尤其是恶性的低价竞争。调查显示，超过90%的受访律师认为正面临低价竞争的苦况。同时，受国内房地产市场持续低迷所累，委托人也加大力度收缩成本预算，从而进一步削弱了其对律师费的支付意愿和能力，直接影响了房地产律师的收入。

二、房地产业务量的比重

近一半的受访律师表示其房地产业务量占总体业务量的50%以下，其中，约45%的受访律师的房地产业务量占比仍未达到1/3，只有约10%的受访律师表示其承接的房地产业务量达到了2/3以上。

因此，从数据上来看，目前广东省律师执业领域仍较为全面，彻底走房地产专业化道路的律师不多，尤其在受访律师普遍在省内执业多年的情况下，也只有少部分受访律师能够做到房地产业务量占比超过2/3，可见，房地产法律服务市场目前尚未完成彻底的专业化分工，省内大多数律师仍游走于多个法律专业板块中。究其原因，部分在于多个专业板块有着深度交叉和重合，部分在于律师仍有各自的业务压力而无法割舍其他专业板块的业务。

三、诉讼业务仍是房地产律师的基本盘

根据统计，近3年来，受访律师承接诉讼类的房地产业务量较大，比例近2/3，非诉讼类的占比仅过1/3。从收入情况来看，诉讼业务同样是房地产律师的主要收入来源。况且，随着目前整体经济的持续低迷，交易争议恐将日渐增多，形成诉讼案件的概率将随之加大，预测诉讼案件的数量还将继续增加。

四、房地产律师的客户群体和案源情况

调查显示，大多数房地产律师的客户群体集中在房企和建筑公司，其中，为房企提供常年法律顾问服务或者专项法律服务的占比就达到了近60%，也有近50%的受访律师表示同时为建筑公司提供服务。

由此可见，大部分房地产律师的案源集中在房企和建筑公司所涉的业务板块中，而调查结果也印证了这一点：超过70%的受访律师表示，其房地产业务案源来自传统的“熟人社会”，即来自已有的客户群体或者客户的推荐，而通过律所品牌或者个体自媒体宣传的占比相对较少。这是因为房地产法律业务往往标的额大、专业性强，客户群体一般在委托前都会提前摸底了解，再行筛选，光靠律所品牌和个人宣传难以成功接揽业务。调查显示，客户群体更看重律师的过往业绩和能力，律师费价格并非最具决定性的考虑因素。因此，对于房地产律师来说，在传统业务中巩固已有客户群体是首要任务，之后借机再发掘潜在客户或主动在新兴业务中开拓市场。

对于客户群体的支付能力，本次调查显示，超过60%的受访律师表示民营企业的支付能力最高，仅有约15%和约5%的律师分别表示国有企业和政府部门支付的律师费占比较高。但种种迹象表明，受困于目前经济整体情况，民营企业尤其是房企的经营已是举步维艰，若经济环境持续低迷、总体房地产调控力度不减，房地产民营企业恐将陆续陷入财务困境。在此情况下，房地产律师为了在激烈的同行竞争中不落下风，将很有可能暂时牺牲或让渡部分价格利益，来满足客户需求，甚至以此充实业绩。

第二节　房地产法律服务的主要业务和发展趋势

一、房地产法律服务的主要业务板块及其收入比重

通过调研可见，受访律师仍以处理传统业务为主。首先是建筑工程板块业务占比最高，远远高于其他业务类型，达到了70%；其次是房地产开发与销售板块和租赁板块业务，占比近40%；再次是二手房交易和城市更新板块，占比近30%。其中，近一半的受访律师表示，占比最高的上述3个业务板块（建筑工程、房地产开发与销售、租赁），就已经占了律师总体业务量的1/3～1/2。而面向客户群体的调研也可印证上述情况，无论是需要律师介入的业务板块体量还是支付律师费的比重，建筑工程板块都已成为房地产法律业务中最大的蛋糕。

就具体业务板块的收入情况而言，有超过40%的律师认为其律师费收入与业务量不成正比，其中，建筑工程板块占比最高，房地产开发与销售、城市更新紧跟其后。可见，即便建筑工程板块的业务量最高，但仍有相当一部分受访律师认为该板块的回报率不达预期，对该板块目前的收入状况满意度较低。

此外，城市更新板块的收入满意度排名也较低，和房地产开发与销售一起并列第二。因城市更新板块业务投入周期长、受政策影响大，加上住建部于2021年8月颁布《关于在实施城市更新行动中防止大拆大建问题的通知》后，更令整个旧改、城市更新市场迅速遇冷，导致较多项目进度放缓甚至停摆，也是令受访律师收入满意度降低的主要原因之一。

二、各板块的具体实务情况

从调查数据可见，过半数受访律师处理各板块中常见实务问题较多，如城市更新板块中的补偿问题、房地产开发与销售板块中的逾期交楼问题、建筑工程板块中的工程款拖欠问题、租赁板块中的租金拖欠问题、中介代理板块中的跳单问题、房地产项目并购或重组板块中的股权转让问题等。相比较而言，在物业管理板块中，律师所处理的各类型实

务问题的占比则较为平均。总体而言,业主委员会与物业管理公司的纠纷、物业收费、物业管理公司的选聘等三种实务问题的处理占比差距不大。

三、各板块的业务量增减情况

调研结果显示,一方面,有超过35%的受访律师表示,近3年来增长最多的业务板块首先是建筑工程,其次是租赁和城市更新板块,其余业务板块占比较少,数据也较为接近,均不到10%。另一方面,有约25%的受访律师认为,近3年来业务量减少幅度最大的板块首先是房地产开发与销售,这与面向客户群体的调研结果数据相近,其次是城市更新、二手房交易、签约办证服务等3个板块,而物业管理、租赁、房地产中介代理等板块的业务量总体相对稳定。

可见,无论从现有业务体量还是业务增长的情况来看,建筑工程板块仍有不少市场空间,而以往的业务总量大户房地产开发与销售板块则下滑较快。同时,签约办证服务板块业务量也下跌严重,在数据中得到反映,超过70%的受访律师认为近3年来签约办证服务的业务量已不断减少,甚至有超过50%的受访律师认为该业务量呈大幅度减少的状态。受国内房地产市场大环境所累,楼市新盘数量恐将进一步减少,预计该板块业务量还会进一步萎缩。

四、各板块业务的发展趋势

对于已有的业务板块,调研显示,超过40%的受访律师认为未来房地产法律服务的增长领域集中在城市更新、建筑工程和房地产项目并购或重组三大板块中,其中超过半数的受访律师更表示城市更新板块仍具有增长空间。对于新兴的房地产法律业务领域,较多律师认为将集中在房地产金融、房企的并购和重整这两大板块。除此之外,工业房地产项目、文化旅游地产项目、养老房地产项目、房地产综合社区服务、房地产税收筹划项目也都受到了不少受访律师的关注。

而面向客户群体的调研显示,即便住建部《关于在实施城市更新行动中防止大拆大建问题的通知》出台,也暂未动摇部分房企参与城市更新的决心,城市更新板块仍然是未来发展的重点项目。房企的并购和重整、工业和物流等产业园项目、传统的商业和住宅地产项目、房地产投资融资项目等都是客户群体较为关注的板块。

对房地产律师的能力要求方面，在本次调研中，超过60%的客户群体希望房地产专业律师还需具备企业合规和税务筹划等相应资质或技能。此外，面对如今的房地产市场局势，客户群体还希望对律师的资源整合能力提出更高的要求。

综上，即使目前房地产整体经济仍未回暖，但房地产法律业务市场未必因此而迅速萎缩。即使在传统业务中，律师业务体量也未见明显下降，甚至部分业务板块仍具备一定的增长点，尤其在2021年住建部《关于在实施城市更新行动中防止大拆大建问题的通知》颁布后，客户仍未放弃城市更新的业务板块。纵使房地产行业已进入“黑铁时代”，但专注房地产业务的律师未必就无路可走，相反，挑战与机遇并存，房地产律师仍应坚定信心，努力打造专业化标签，在巩固已有业务板块市场的同时，夯实理论基础，发挥专业优势，紧贴行业发展动态，迎合客户需求，积极学习其他业务板块的专业知识，提升综合服务技能，争做复合型的专业人才，既要加强自身的综合竞争力，避免陷入低价竞争的恶性循环，又要能更好地扩展新兴业务领域，未来的房地产法律业务还将大有可为。

（本章执笔人：黄伟胜）

第四章　房地产法律服务业面临的问题与挑战

第一节　房地产法律服务业面临的主要问题

一、房地产由增量市场变存量市场

本次调查问卷印证了上述问题。

一般认为,"房地产长期看人口、中期看土地、短期看金融"。根据任泽平团队的研究报告,中国房地产市场从增量时代步入存量时代,供求已基本平衡,大部分中西部和东北地区已经出现过剩。其《中国住房存量测算报告》显示,2020 年中国城镇住房套户比为 1.09,一线、二线、三、四线城市分别为 0.97、1.08、1.12,中国住房整体已经呈现静态平衡(见图 4 - 1 - 1)。经过 20 多年的高速增长,房地产增量时代已经基本结束。未来需求主要来自城市更新、人口流入的 20% 的城市圈都市群、保障房租赁房等,未来 70% 的城市房子将出现不同程度过剩。房地产行业进入存量时代,意味着其在中期将进入洗牌阶段,程度参考当年的纺织、家电。房地产行业进入存量时代,必然导致依附的房地产律师业务,进入存量市场。

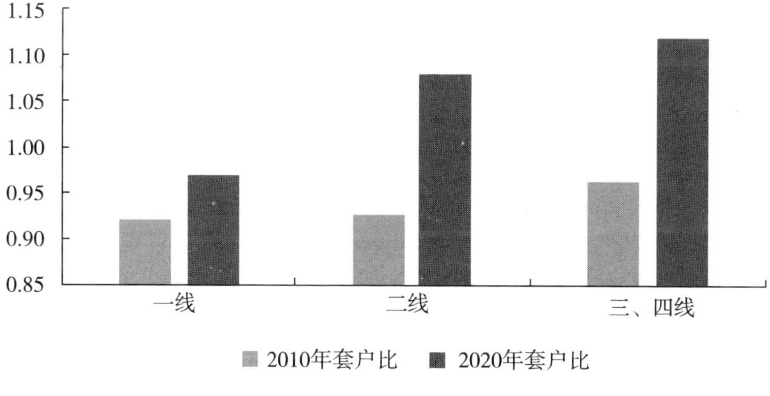

图 4 - 1 - 1　一线、二线、三、四线城市套户比

(资料来源:国家统计局、泽平宏观)

2013 年以前中国 20 ~ 50 岁置业人群的不断增加带来源源不断的购

房需求，这是过去房价越调越涨的一个基本背景。2014 年以来，置业人群见顶后开始回落，购房需求迎来峰值（见图 4－1－2），但 2014～2015 年的货币宽松、2016～2017 年的棚改，以及“房价永远涨”的惯性预期延长了住宅销售和开工的景气周期，某种程度上也出现了严重透支，套户比上升带来库存增加。

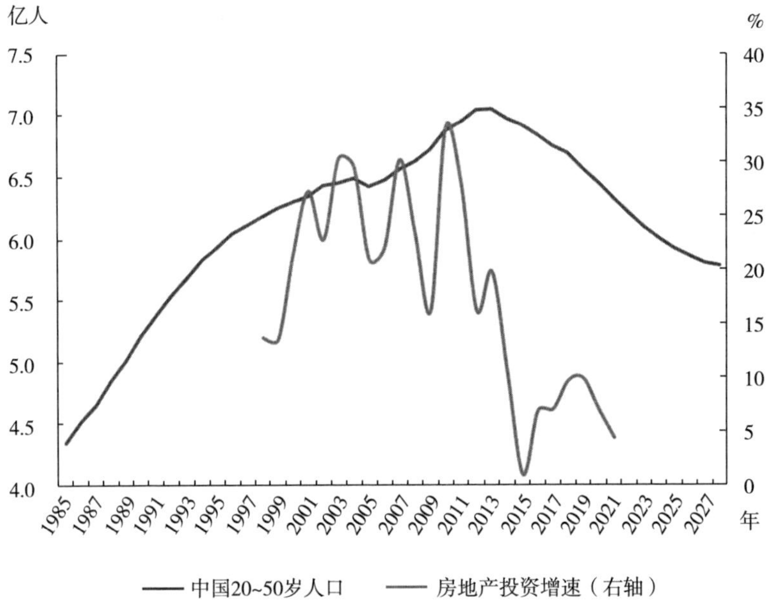

图 4－1－2　中国主力置业人群与房地产投资增速

（资料来源：国家统计局，泽平宏观）

人口老龄化、少子化加速到来，导致未来购房需求大幅萎缩。1962～1976 年的婴儿潮人口正在退出劳动力市场，步入老龄化。2021 年 60 岁及以上、65 岁及以上人口分别占全国人口的 18.9%、14.2%，分别比 2020 年上升 0.2 个百分点和 0.7 个百分点。中国人口老龄化速度和规模前所未有，2033 年左右将进入占比超过 20% 的超级老龄化社会，之后持续快速上升至 2060 年的约 35%（见图 4－1－3）。人口结构将经历百年巨变，金字塔—柱状—倒金字塔。少子化加速到来，中国出生率持续大幅下降,2019 年、2020 年、2021 年出生人口分别为 1465 万人、1200 万人、1062 万人,持续大幅下降,2021 年中国出生人口创下 1949 年以来新低。2021 年总和生育率降至 1.15,不仅低于世界上几乎所有国家,比严重少子老龄化的日本还低不少,甚至比欧美低了 50% 以上。主力育龄妇女数量大幅减少,2016 ~ 2019 年 15 ~ 49 岁育龄妇女数量分别减少 491 万人、398 万人、715 万人、502 万人。

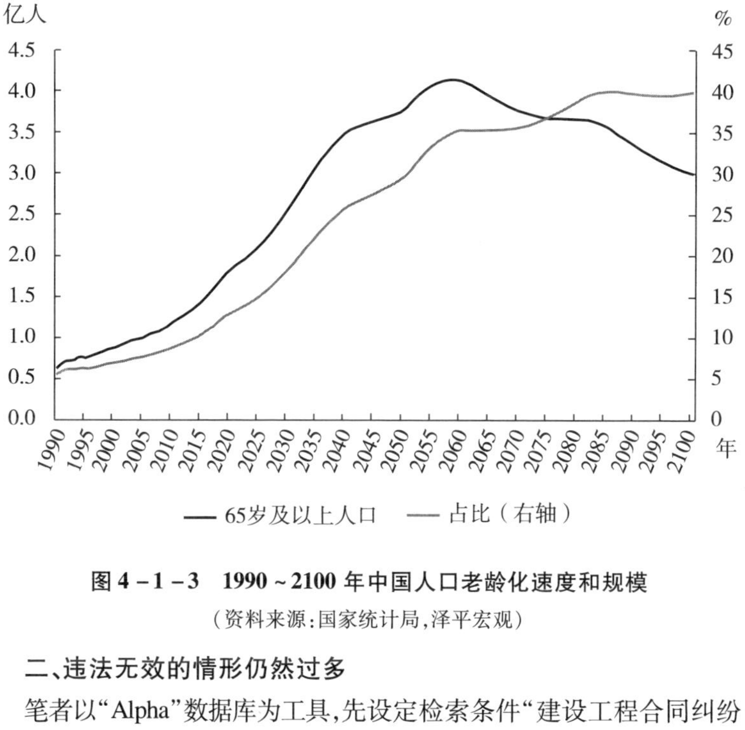

图 4 - 1 - 3　1990 ~ 2100 年中国人口老龄化速度和规模

（资料来源:国家统计局,泽平宏观）

二、违法无效的情形仍然过多

笔者以“Alpha”数据库为工具,先设定检索条件“建设工程合同纠纷 + 最近一年 + 一审 + 判决”,检索得到文书 41 780 份,后结果中搜索并增加关键词“无效”,检索得到文书 10 905 份,涉无效因素文书比重为 26% 。上述检索结果,符合笔者日常办案的经验,甚至由于建筑业“包工头”市场的基础未变,实际的无效因素更多、范围更广。大量的合同无效,导致房地产市场诚信缺失、履约预期差,律师代理工作难度和风险增大。

三、旧改等领域地方政策影响大，房地产统一大市场未完善

以广东省佛山市顺德区的“村改”为例，据2021年7月2日《经济半小时》深度报道，顺德村改累计出台96份政策文件，探索了9种改造模式。例如，先开工后审批、边建设边审批，以及工业厂房的预售、分割，与省、市的政策和做法有一定的差异。

第二节 房地产法律服务业展望与发展建议

一、房地产体量大、外延广，支柱产业地位未变

2022 年 4 月 21 日《经济日报》发表评论员文章，文章指出房地产业在带动经济增长，稳定宏观经济基本盘方面的作用明显。数据显示，2021 年，房地产业增加值为 7.76 万亿元，建筑业增加值为 8 万亿元，合计占国内生产总值（GDP）的 14% 左右。2021 年房地产业增加值比上年增长 5.2%，整体经济增长了 0.4 个百分点。房地产业是支柱产业，规模大、链条长、牵涉面广，在全社会固定资产投资、地方财政收入、金融机构贷款总额中都占有相当高的份额，对上下游相关产业带动效应强，对投资和消费影响大，对经济金融稳定和风险防控具有系统性影响。

二、打造"房地产律师"的品牌，助力房地产法律服务精耕细作

按省律师协会在刑事、婚姻家庭、公司法、金融证券保险、建筑房地产、知识产权、劳动法、涉外法律服务、行政法等九个专业领域开展律师专业水平评价的文件和精神，房地产律师应当是律师专业形象的代表之一。然而，实践中大量房地产业务与百姓日常相关，建筑行业"包工头市场"的形象，造成大多律师、客户认为，房地产业务专业性不强，与侵权、婚姻家事等民事业务并无不同，不似知识产权、涉外法律服务专业度高，因此，打造如同知识产权律师般的"房地产律师"品牌和专业形象，甚至全国性的品牌联盟，助力房地产法律服务精耕细作，是从事房地产业务的律师同行值得考虑的做法。

三、积极拓展新领域和中小型房地产类业务

本次问卷统计数据显示，原来"占大头"的房地产开发与销售无论是在业务量还是在未来预期上，均处于下行状态，因此积极拓展新领域和中小型房地产业务值得思考。例如，借鉴部分国家和地区成熟经验，律师作为二手楼交易的"公证人"介入，既可为律师拓展业务，也可为人民群众数百万元、过千万元甚至上亿元标的二手房地产交易，规避风险，实现"矛盾处理在一线，纠纷解决于未然"的目标。此外，物业服务领

域、租赁领域，过往由于标的不大、律师费不高，面对群众较多等因素，部分律师不愿意从事、研究，在房地产由“黄金时代”进入“黑铁时代”，房地产律师业务也要从“高大上”，走入百姓生活、走进群众，寻找新的生命力和增长点。

（本章执笔人：罗永东）

第五章　居住权制度

第一节　居住权概述

一、居住权的定义

居住权是一项在罗马法时期就已经存在的权利类型。[1] 在当时，居住权是指拥有继承权的某些家庭成员通过接受遗赠用益权的方式取得的一种供养，[2]其与使用权以及用益权构成了人役权。[3] 优士丁尼（Justinian the Great，又称查士丁尼一世）时代，立法体例上将居住权和使用权作为两种独立的役权，这一方式也影响了后期许多大陆法系国家的立法。[4] 在罗马法的影响下，许多国家和地区都规定了居住权制度。

在我国，居住权制度系《民法典》施行后出现的一项新兴制度。根据法律规定，居住权是指以满足生活居住的需要，对他人的住宅享有的占有、使用的用益物权。[5] 因此，居住权应当是一种用益物权，基于这一用益物权，居住权人对他人住宅享有占有、使用和排除他人妨害的权利；同时，居住权是以满足权利人居住需求设定的用益物权。居住权是为满足赡养、抚养等生活居住需求而设立的，因此，不能以设立居住权方式满足商业使用目的，只能以租赁的方式予以实现。

同时，居住权不仅是一种实现权利人居住需求的用益物权，而且是一种人役权。人役权是指为特定人利益而利用他人之物的权利，[6]我

---

〔1〕［意］鸠利亚诺·克里弗：《罗马法中的用益权问题》，薛军译，载费安玲主编：《学说汇纂》第2卷，知识产权出版社2009年版，第111页。

〔2〕米健译：《民法大全·学说汇纂》（第7卷），法律出版社1999年版，第8页。

〔3〕参见［意］鸠利亚诺·克里弗：《罗马法中的用益权问题》，薛军译，载费安玲主编：《学说汇纂》（第2卷），知识产权出版社2009年版，第111页。

〔4〕参见米健译：《民法大全·学说汇纂（第7卷）：用益权》，法律出版社1999年版，第8页。

〔5〕《民法典》第366条规定："居住权人有权按照合同约定，对他人的住宅享有占有、使用的用益物权，以满足生活居住的需要。"

〔6〕参见王利明：《论民法典物权编中居住权的若干问题》，载《学术月刊》2019年第7期。

国《民法典》的相应规定也承认其具有人役权的特点，具体表现如以下几个方面：第一，为特定人设立。这一权利只能由特定的人享有，即“役权（servitutes）附着于人身”[7]，《民法典》第369条规定“居住权不得转让、继承”表明了这一特征，即居住权为特定人设定，为特定权利人所享有。第二，终身性。居住权的期限以居住权人的生命为限。一般而言，居住权的期限通常由当事人双方合同约定或根据遗嘱确定，并应在登记机关进行登记。[8] 但是如果约定或遗嘱确定的居住权期限过长，就与为保护特定人居住利益的设定目的不相符。因此，居住权期限应以居住权人生命为限；在未约定或遗嘱未明确居住权期限的情况下，为满足居住权人的居住利益，应推定居住权的存续期限至居住权人死亡时止。《民法典》第370条规定：“居住权期限届满或者居住权人死亡的，居住权消灭。”也表明了居住权的这一特性。第三，无偿性。居住权的设立一般无须支付对价。《民法典》第368条“居住权无偿设立”的规定也表明了居住权这一明显的人役权特性。

我国《民法典》有关居住权的规定大体上借鉴了大陆法系国家人役权理论，对居住权作出了制度的定位和整体的设计，[9] 同时，对传统人役权特性基础下的居住权制度进行了一定的突破，如《民法典》第368条[10]、第369条[11]的规定，突破了传统人役权制度的框架。

---

[7] 江平、米健：《罗马法基础》，中国政法大学出版社2004年版，第223页。

[8] 参见杨宏晖：《我国人役权之立法刍议——兼论德国法之介绍》，载《陈荣隆教授六秩华诞祝寿论文集·物权法之新思与新为》，台北，瑞兴图书股份有限公司2016年版。

[9] 参见王利明：《论民法典物权编中居住权的若干问题》，载《学术月刊》2019年第7期。

[10] 《民法典》第368条规定：“居住权无偿设立，但是当事人另有约定的除外。设立居住权的，应当向登记机构申请居住权登记。居住权自登记时设立。”

[11] 《民法典》第369条规定：“居住权不得转让、继承。设立居住权的住宅不得出租，但是当事人另有约定的除外。”

二、民法典设定居住权的目的及功能

(一)民法典设定居住权的目的

居住权滥觞于罗马法,对大陆法系产生了重大影响。[12] 就法律继受的情况来看,包括日本等东亚地区民法并未规定居住权制度,[13] 主要原因是东西方的文化习惯差异。[14] 正如王利明学者所言,法律制度扎根于社会中,社会需求才是立法的根基,一旦社会发展提出了需求,法律应当以合适的制度予以反映。[15]

在原《物权法》制定过程中,有关居住权的争议颇大,最终未被确立下来。但随着社会的不断发展,对居住权的关注和讨论也逐渐增多,最终也被《民法典》所采纳并明文规定。当前,"居者有其屋"的思维已然转变为"住有所居",无论是党的十九大报告还是党的二十大报告中均提出"住有所居"的目标。[16]

如何保证"住有所居"? 基于当前的国情与社会现状,要实现人人享有房屋所有权是不现实的。当前,中国人口 14 亿余人而土地资源又极其有限,耕地红线政策要求严格,同时,房价高涨,对于很大一部分城市居民而言,购置一套商品房的负担极重,往往意味着要承担十几年甚

---

〔12〕 参见单平基:《〈民法典〉草案之居住权规范的检讨和完善》,载《当代法学》2019 年第 1 期。

〔13〕 参见薛军:《地役权与居住权问题评〈物权法草案〉第十四、十五章》,载《中外法学》2006 年第 1 期。

〔14〕 参见王泽鉴:《民法物权(第 2 册):用益物权 · 占有》,中国政法大学出版社 2001 年版,第 73 页。

〔15〕 参见王利明:《论民法典物权编中居住权的若干问题》,载《学术月刊》2019 年第 7 期。

〔16〕 "加快建立多主体供给、多渠道保障、租购并举的住房制度,让全体人民住有所居。"习近平:《决胜全面建成小康社会 夺取新时代中国特色社会主义伟大胜利——在中国共产党第十九次全国代表大会上的报告》,载《人民日报》2017 年 10 月 28 日,第 1 版。"坚持房子是用来住的、不是用来炒的定位,加快建立多主体供给、多渠道保障、租购并举的住房制度。""我们深入贯彻以人民为中心的发展思想,在幼有所育、学有所教、劳有所得、病有所医、老有所养、住有所居、弱有所扶上持续用力,人民生活全方位改善。"习近平:《高举中国特色社会主义伟大旗帜 为全面建设社会主义现代化国家而团结奋斗——在中国共产党第二十次全国代表大会上的报告》,载《中华人民共和国国务院公报》2022 年第 30 期。

至几十年的房贷,极其影响人民群众的幸福感与获得感。因此,“住有所居”并不意味着人人享有住房的所有权,而是能够有住房长期稳定居住,这能够通过居住权制度得以实现。《民法典》确立了居住权制度,实际上为“住有所居”提供了坚实的法律支持,有利于缓解当前的住房困境,维护社会稳定。

(二)《民法典》设定居住权的功能

就居住权本身而言,在大陆法系民法中,居住权制度旨在解决特定的家庭成员和家庭服务人员之间的居住困难问题,[17] 因此,这一居住权人役权特征所赋予的功能应当在《民法典》物权编中发挥作用,以维护家庭稳定、保障社会和谐。当然,在当代社会背景下,仅仅实现传统功能是不够的,居住权需要发挥更加灵活和丰富的功能,具体而言,包含如下几个方面:

第一,完善当前住房保障体系。目前的保障性住房制度实践效果并不理想。就其中的经济适用房制度来看,实践中存在大量低成本购入经济适用房后再以远高于成本的市场价格卖出的倒卖行为,且限制流通的如“五年之内不得上市交易”的规定也能由虚构债权债务通过法院强制执行的方式予以规避,这就使得其保障功能落空。[18] 同时,当前社会中存在大量处于高低收入阶层之间的“夹心层群体”,其既难购买价格高昂的商品房,又无法像低收入家庭一样享受保障性住房。目前,对于这一类群体,住房保障政策采用了廉租房政策,虽然租金低廉,但租户缺乏稳定感。而当前民法典物权编居住权制度的确立,能够为解决上述问题提供有益方向。以居住权来构造当前的经济适用房与廉租房等保障性住房措施,由国家享有房屋的所有权,由政府为享受保障性住房的家庭设置长期的居住权,并规定居住权不得转让或予以牟利。[19] 居住权制

---

〔17〕 参见王利明:《论民法典物权编中居住权的若干问题》,载《学术月刊》2019 年第 7 期。

〔18〕 参见申卫星:《从“居住有其屋”到“住有所居”——我国民法典分则创设居住权制度的立法构想》,载《现代法学》2018 年第 2 期。

〔19〕 参见贾康、刘军民:《优化与强化政府职能建立和完善分层次住房保障体系》,载《财贸经济》2008 年第 1 期。

度一方面能够解决经济适用房牟利的问题,另一方面能够保障"夹心层群体"长期稳定居住。[20]

第二,为"以房养老"提供制度支持。当前,我国老龄化指数持续上升,正在步入老龄化社会,以房养老的需求也逐步迫切。当前社会的以房养老模式,无论是反向抵押或是售后租回,实践效果都不理想。如售后租回模式,由于房屋的所有权已经转移至金融机构,老年人只能获得售房后的债权,这一方式对老年人而言风险较大。[21] 而居住权制度能够在一定程度上解决这一问题,为以房养老提供制度支持。在居住权制度安排下,老年人与相应的金融机构签订居住权合同并达成以房养老协议,老年人将房屋所有权在协议生效后转移给金融机构,金融机构为老年人设定长期稳定的居住权(直到老年人去世),并定期对老年人进行金钱给付,从而保障老年人稳定的养老需求。[22] 因此,民法典确立居住权制度,能够有效应对当前社会老龄化问题,在以房养老方面发挥独特作用。

第三,有效保障家庭成员对公房的居住权。政府以及事业单位工作人员有居住公房的传统,但当前由于对公房居住权并无登记,哪些人能够居住公房并不明晰。实践中也出现了相应问题,当老一辈居住的公房被征收后,子女的居住权难以保障。[23] 家庭成员对公房的居住权实质上就是以家庭为主体设立居住权,[24]居住权制度的确立,能够通过居住权登记保障家庭成员对公房的居住权,为其提供稳定的法律保障。

第四,提升房屋的利用效率。当前土地资源紧缺,应充分发挥房屋

---

〔20〕 参见申卫星:《从"居住有其屋"到"住有所居"——我国民法典分则创设居住权制度的立法构想》,载《现代法学》2018 年第 2 期。

〔21〕 参见苏永钦:《从以房养老看物权的自由化——再谈民法作为自治与管制的工具》,载龙卫球、王文杰主编:《两岸民商法前沿(第 3 辑):社会变迁与民商法发展》,中国法制出版社 2015 年版。

〔22〕 参见肖俊:《空虚所有权交易与大陆法系的以房养老模式》,载《上海财经大学学报》2017 年第 1 期。

〔23〕 参见广东省广州市中级人民法院民事判决书,(2015)穗中法民五终字第 3791 号。

〔24〕 参见王利明:《论民法典物权编中居住权的若干问题》,载《学术月刊》2019 年第 7 期。

的利用效率，而所有权与使用权的分离有助于提高财产利用效率。居住权能够实现这一目标，优化所有权和使用权的配置，从而提高房屋这一财产的利用率。[25] 近年来，一种新的房屋利用方式出现——投资性居住权就是上述方式的体现。其主要方式是房屋建造者保留房屋的所有权，居住者享有建造房屋的居住权，一方面，建造者可以在保留所有权的同时减少造价压力；另一方面，居住者可以在减少出资的情况下享有对建造房屋相对稳定的居住权。[26]

三、居住权的设立方式

（一）通过合同设立

在这一情形下，有如下问题值得讨论：

1. 关于居住权的设立可否附条件或附期限。一般而言，民事法律行为可以附条件或附期限，但依据其性质不允许的除外。[27] 因此，上述问题也就转化为依据居住权的性质来判断其是否能够附条件或附期限。当前学界理论认为，使本身确定的法律关系不确定的法律行为不能附条件或者附期限，[28] 同时如婚姻、收养等身份不得附条件或者附期限。[29] 据此，居住权并非身份行为，也非确定法律关系，其设定能够附条件或附期限。

2. 关于居住权合同的表现形式。第一，住宅的所有权人与居住权人签订居住权合同。第二，住宅的原所有权人既出卖住宅又保留自身的居住权，与买受人同时签订房屋买卖合同和居住权合同。这一情形常见于上述的“以房养老”中。第三，住宅的原所有权人既出卖住宅，又为第三人设立居住权。这一情形与第二种情形稍有不同，存在了三方当事人；

---

〔25〕 参见陈华彬：《设立居住权可以更好地保护弱势群体利益》，载《检察日报》2004 年 2 月 9 日，第 3 版。

〔26〕 参见陈华彬：《人役权制度的构建——兼议我国〈民法典物权编（草案）〉的居住权规定》，载《比较法研究》2019 年第 2 期。

〔27〕 《民法典》第 160 条规定：“民事法律行为可以附期限，但是根据其性质不得附期限的除外。附生效期限的民事法律行为，自期限届至时生效。附终止期限的民事法律行为，自期限届满时失效。”

〔28〕 参见王泽鉴：《民法总则》，北京大学出版社 2009 年版，第 402 页。

〔29〕 参见王利明：《民法总则研究》（第 3 版），中国人民大学出版社 2018 年版，第 58 页。

但对住宅的买受人而言并没有较大差异，出卖住宅上都设立了居住权的负担。第四，住宅的原所有权人既出卖住宅，又同时要求住宅的买受人为第三人设立居住权。

(二)通过遗嘱设立

依据《民法典》的规定，可以通过遗嘱设立居住权，在此种情形下，有如下问题值得注意：

1. 关于居住权何时设立。有关遗嘱设立的居住权的设立时间，当前存在两种观点：一种观点认为，遗嘱设立的居住权无须登记即可生效。这一情形下，无须办理居住权登记，遗嘱生效时居住权当然设立，[30] 支持这一观点的理由在于尊重遗嘱人的意愿。如果遗嘱设立居住权时采用登记的方式，继承人拒绝办理登记则会使遗嘱无法实现，违背了遗嘱人本身的意愿。另一种观点认为，根据《民法典》的规定，通过遗嘱设立的居住权参照适用"居住权"一章的规定，即应当参照居住权自登记时设立的规定，以登记生效为原则。

2. 关于如何认定居住权的设定。一般而言，下列情形可以认定为设立了居住权：第一，为继承人之外的人设立居住权。第二，为特定继承人设立居住权。第三，为受遗赠人之外的人设立居住权。在上述三种情形下，继承人或受遗赠人原本享受的继承权利不受影响。

3. 关于设立居住权的形式和效力问题。由于当前《民法典》尚未对遗嘱设立居住权的形式和效力进行详细规定，可以参照《民法典》继承编的相关规定进行认定。

四、居住权的主体范围

《民法典》物权编居住权一章并未对居住权主体范围进行规定，通常来说，有关居住权的主体范围有如下问题需进一步明确：

(一)关于居住权主体是否只包含自然人

根据传统人役权特征，居住权仅由自然人享有，法人和非法人组织

---

〔30〕 参见房绍坤：《论民法典中的居住权》，载《现代法学》2020 年第 4 期；北京市中级人民法院：《〈民法典〉来了|如何通过遗嘱设立"居住权"，让大家"都挺好"？》，载微信公众号"北京市第一中级人民法院"2020 年 8 月 13 日，https://mp.weixin.qq.com/s/WoD6HG3iw4yKPlCufBy38g。

当然不属于居住权主体范围内。但随着社会的发展,当前的社会背景下部分传统人役权理论已然不适应社会需求,因此,这一问题存在讨论的空间和必要。一种观点认为,居住权的主体可以包含除自然人之外的法人、非法人组织,[31]而另一种观点认为,居住权人仅仅包含自然人。[32]依据《民法典》第366条的规定,居住权的客体为"住宅",其目的是"满足生活居住的需要",这一规定表明居住权有着显著的人役权属性,居住权人只能是自然人,法人、非法人组织不可能有"生活居住的需要",因此,居住权主体只包含自然人。同时,法人、非法人组织可以成为居住权的设立主体而非权利主体。

(二)关于居住权人的范围

第一,传统罗马法中将居住权的范围限制为家庭成员,而在当前的社会背景下,对居住权范围设置过多不利于发挥住宅的利用效率,且居住权的设立本就属于意思自治,无须将其限制为家庭成员。

第二,有房者能否成为居住权人。虽然居住权的目的为"满足生活居住的需要",但不能以此否认有房者不享有这一需求。

第三,以农村房屋设立居住权的,居住权人是否仅限于本村的村民?在当前的法律框架下,农村宅基地以及其他房屋的转让通常仅限于本村村民,但需注意的是,设立居住权并不涉及房屋转让,因此,可以为非本

[31] 参见申卫星、杨旭:《中国民法典应如何规定居住权?》,载《比较法研究》2019年第6期。

[32] 参见王利明:《论民法典物权编中居住权的若干问题》,载《学术月刊》2019年第7期。

村村民设立居住权。值得注意的是,依据《土地管理法》第62条的规定,[33]农村村民出租住宅后不得再申请宅基地。设立居住权和出租都是转移住宅的使用权,具有类似的性质,因此,农村住宅所有权人为他人设立居住权后,不得再申请宅基地。

第四,居住权人是否有人数限制?一般而言,居住权可以为多人共同设立,由权利人共有居住权。

(三)关于居住权人是否包括同住之人

一种观点认为,居住权人为家庭关系中确有居住需要的人,不仅包含与居住权人有家庭关系的人,同时包括为居住权人提供服务而与其一同生活的人。[34] 另一种观点认为,为居住权人提供服务而一同生活的人为实际居住人,其与居住权人不同,是居住权的间接受益人,不享有与居住权人同等的权利。[35]

笔者认为,第二种观点更为合理,从居住权制度的发展来看,不论是罗马法还是近代域外成文民法典都认为居住权只能由居住权人享有。如果实际居住人享有居住权,居住权人死亡时,实际居住人的居住权并

---

〔33〕《土地管理法》第62条规定:"农村村民一户只能拥有一处宅基地,其宅基地的面积不得超过省、自治区、直辖市规定的标准。人均土地少、不能保障一户拥有一处宅基地的地区,县级人民政府在充分尊重农村村民意愿的基础上,可以采取措施,按照省、自治区、直辖市规定的标准保障农村村民实现户有所居。农村村民建住宅,应当符合乡(镇)土地利用总体规划、村庄规划,不得占用永久基本农田,并尽量使用原有的宅基地和村内空闲地。编制乡(镇)土地利用总体规划、村庄规划应当统筹并合理安排宅基地用地,改善农村村民居住环境和条件。农村村民住宅用地,由乡(镇)人民政府审核批准;其中,涉及占用农用地的,依照本法第四十四条的规定办理审批手续。农村村民出卖、出租、赠与住宅后,再申请宅基地的,不予批准。国家允许进城落户的农村村民依法自愿有偿退出宅基地,鼓励农村集体经济组织及其成员盘活利用闲置宅基地和闲置住宅。国务院农业农村主管部门负责全国农村宅基地改革和管理有关工作。"

〔34〕参见鲁晓明:《论我国居住权立法之必要性及以物权性为主的立法模式——兼及完善我国民法典物权编草案居住权制度规范的建议》,载《政治与法律》2019年第3期。

〔35〕参见曾大鹏:《居住权的司法困境、功能嬗变与立法重构》,载《法学》2019年第12期。

未随之消失，这就与保护特定居住权人的利益目的不相符合。[36]

五、居住权的客体界定

根据《民法典》的规定，居住权的客体应当是“住宅”，但基于居住权设立的目的，建筑物、房屋也只能供居住使用，因此在居住权中，建筑物、房屋、住宅所代表的含义并无差异。有关居住权的客体还有如下问题需要讨论：

（一）关于居住权能否设立在他人享有使用权的住宅上

实践中，在他人享有使用权的住宅上设立居住权的问题主要体现在房屋租赁的情形之中。依据《民法典》第716条的规定，未经出租人同意，承租人不得擅自将租赁物转租。租赁是一种债的关系，未经出租人同意承租人不得设立债权，那么，未经出租人同意，承租人当然不能设立具有物权属性的居住权。

那么，如果出租人同意的情形下，承租人能否就住宅设立居住权？答案是肯定的。第一，设立居住权经出租人同意，表明其愿意承受居住权的负担，属于出租人的意思自治范围。第二，出租人出租房屋的目的就是赚取租金，设立居住权并不会影响这一目的的实现。需要注意的是，承租人以其租赁房屋设立居住权的，其设立的居住权期间必须在租赁期间内。

（二）关于能否为自己在自己的住宅上设立居住权

仅从当前法律的字面规定来看，“他人的住宅”似乎限制了这一情形。但是，这一法律规定的主要原因在于通常情况下住宅的所有权人很少为自己设立居住权。当前，随着社会的不断发展，特别是“以房养老”的需求不断增多，所有权人有权就自己的住宅为自己设立居住权。

（三）关于住宅的一部分可否设立居住权

《民法典》将居住权的客体规定为“住宅”，且要求在居住权合同包含“住宅的位置”条款。若狭义解释这一规定，应当是要求住宅以整体设立居住权；若从广义解释来看，住宅也能指住宅的一部分。因此，就法

---

〔36〕 参见单平基：《〈民法典〉草案之居住权规范的检讨和完善》，载《当代法学》2019年第1期。

律规定而言，并没有对住宅的一部分设立居住权予以否定性规定。对住宅的一部分设立居住权，即对居住权人权利的行使范围进行了限制，在进行居住权登记时需要进行精确地描述。[37] 同时，居住权人有权使用满足其生活居住需求的基本生活设施，如卫生间、厨房等，且使用上述设施应与住宅所有权人进行协商。

（四）关于住宅的附属设施是否属于居住权的客体

一方面，如果该附属设施是居住权人生活所必需的，那么这一附属设施属于居住权的客体范围。另一方面，如果这一附属设施并非居住权人居住生活所必需的，则取决于当事人的约定。

六、居住权的法律效力

居住权设立后，即在当事人之间产生相应的效力，这一效力主要表现为居住权人的权利义务。当前，《民法典》对居住权的效力并未作出详细的规定，因此，对居住权人的权利义务还有待进一步明确。目前，根据类推适用房屋租赁和地役权的相关规定，结合法律原则以及比较法的研究，将居住权人的权利义务基本概括如下：

（一）居住权人的权利

1. 合理使用住宅的权利

第一，居住权使用住宅应以居住生活必需为限。居住权人不得基于非生活必需的目的使用住宅，如开设商店、旅馆等。第二，居住权人有权使用住宅的附属设施。正如在“居住权的客体界定”一节中所述，在必须使用或有约定的情况下，居住权人有权使用住宅的附属设施。第三，居住权人有权使用住宅内的生活设施。居住权人有权使用满足其基本生活需求的相应生活设施。第四，居住权不因住宅所有权的变更而受影响。居住权并不影响所有权人转让住宅，且所有权人转让住宅的，不影响居住权人的居住权益。第五，居住权人无须对合理使用住宅所造成的损耗承担责任。

2. 允许他人同住的权利

一般而言，居住权人有权允许他人在其住宅内居住，但是，如果当事

---

〔37〕 参见房绍坤：《论民法典中的居住权》，载《现代法学》2020 年第 4 期。

人之间对此做了明确的禁止性规定，居住权人则不享有允许他人同住的权利。并且，居住权人允许他人同住的权利应当予以适当限制，通常来看，允许同住之人包含以下三类：一是家庭人员；二是为居住权人提供生活服务的人员；三是居住权人供养的近亲属以外的人员。

3. 出租住宅的权利

依据《民法典》第369条的规定，[38]居住权人原则上不得出租住宅，除非当事人另有约定。需要注意的是，居住权人出租住宅的，应以居住权的期间为限，并对承租人的行为负责。

（二）居住权人的义务

1. 妥善管理住宅的义务

妥善管理住宅的义务是指，居住权人在居住住宅期间，应当按照约定合理使用住宅，维持住宅的原有用途的房屋结构；即使居住权人的行为客观上使得房屋价值有所增加，亦不允许。[39] 居住权人违反这一义务造成住宅损害的，应当承担赔偿责任。

2. 住宅的通常维修义务

从比较法的视角来看，各国和地区的民法基本区分通常维护和重大修缮两种情形，在通常维护情形下（如墙皮脱落），由居住权人承担维修义务；在重大修缮的情形下（如更换房梁等），由住宅所有权人承担维修义务。就维修义务承担问题，《民法典》未予规定。一般情况下，首先应从当事人约定，在当事人没有约定或约定不明的情形下，按照以下规则进行处理：第一，应当区分设立居住权有偿与否，如果是有偿设立的情况下，按照权利与义务相一致的原则，住宅所有人有权收取使用费用，则应当承担与之相适应的义务，即无论是通常维修或重大修缮都由所有权人承担。第二，应当考虑居住权人的居住面积，如果由居住权人承担通常维修义务，则需要区分其是全部或部分占有住宅。居住权人如果完全占

---

〔38〕《民法典》第369条规定："居住权不得转让、继承。设立居住权的住宅不得出租，但是当事人另有约定的除外。"

〔39〕参见钱明星：《关于在我国物权法中设置居住权的几个问题》，载《中国法学》2001年第5期。

有住宅,则承担全部的维修费用;如果部分占有住宅,则按比例承担维修费用。

3. 不得擅自出租住宅和转让居住权的义务

根据《民法典》第369条的规定,[40]居住权人不得转让居住权。这是《民法典》明确规定的强制性规范,居住权人不得违反。

4. 支付使用费的义务

依据《民法典》第368条的规定,[41]居住权的设立以无偿为原则,有偿为例外。如果当事人约定设立居住权需要支付一定的费用,那么居住权人就负有支付使用费的义务。

5. 容忍义务

第一,居住权人应当忍受居住住宅上的权利负担。如果住宅上已设立了抵押权、地役权等,由于抵押权、地役权为物权,其设立在先,因此居住权人必须容忍抵押权等物权引起的相关变动,接受由此产生的相关后果。第二,居住权人必须容忍住宅的所有权人对住宅进行必要检查和管理行为。

七、居住权的消灭事由

(一)居住权的期间届满

根据《民法典》第367条之规定,[42]居住权期间应当由居住权合同加以约定,当居住权合同约定有存续期限的,期限届满,居住权消灭。当居住权合同未予以约定或约定不明的,则根据居住权的人役权属性,以居住权人终生为限。

(二)居住权人死亡

居住权作为一种人役权,当居住权人死亡时,居住权归于消灭。当

---

〔40〕《民法典》第369条规定:"居住权不得转让、继承。设立居住权的住宅不得出租,但是当事人另有约定的除外。"

〔41〕《民法典》第368条规定:"居住权无偿设立,但是当事人另有约定的除外。设立居住权的,应当向登记机构申请居住权登记。居住权自登记时设立。"

〔42〕《民法典》第367条规定:"设立居住权,当事人应当采用书面形式订立居住权合同。居住权合同一般包括下列条款:(一)当事人的姓名或者名称和住所;(二)住宅的位置;(三)居住的条件和要求;(四)居住权期限;(五)解决争议的方法。"

居住权为两个以上自然人共同设立时,多个自然人中最后一个自然人的死亡时间为居住权的消灭时间。

（三）住宅灭失

一旦住宅灭失,居住权的目的将无法实现,此时居住权也就没有存在的必要与价值。关于住宅灭失,应当对如下问题进行明确:第一,住宅灭失后,所有权人对居住权人并没有重建的义务,也不对其负有在重建房屋上设立居住权的义务。第二,住宅部分灭失的,若剩余部分能够满足生活居住的需要,则居住权对剩余部分继续存在。第三,虽然住宅灭失,但存在替代物的,如果所有权人愿意,可以就替代物为原居住权人重新设立居住权。

（四）设立居住权的意思表示被撤销

物权设立人有权在出现法定事由的情形下撤销物权,这是各国立法的普遍做法,我国立法中也有相应规定。〔43〕 为保障住宅所有权的利益,在特定的情形下,应当允许所有权人撤销居住权。如居住权人滥用居住权,对住宅造成严重损害的;居住权有设立条件的,居住权人经合理催告后仍不履行相关义务的情形下,住宅所有权人有权撤销居住权。

（五）其他事由

主要包括:第一,附停止条件成就或附期限终止。第二,放弃居住权。居住权人放弃居住权应属其自由,如果其放弃行使居住权,居住权自然归于消灭。第三,混同。当所有权人将住宅出卖或赠与居住权人时,住宅的所有权与居住权发生混同,此时居住权归于消灭。

---

〔43〕《民法典》第 384 条规定了供役地权利人有权解除地役权合同的两种情形,这实际上就是地役权被撤销。

第二节 居住权制度的比较法观察

一、大陆法系居住权的立法现状

（一）法国的居住权制度

第一，法国居住权的设立模式。在《法国民法典》中，居住权被认为是一种受到一定限制的使用权，因此，也被称为“小使用权”。根据《法国民法典》的规定，居住权的设立与消灭参照用益物权的有关规定。根据《法国民法典》第579条规定，用益物权的设立方式分为依据法律设立和依照当事人的意思设立两种方式，这一做法能够兼顾尊重当事人意思自治和保护弱势群体两种价值。

第二，法国居住权的内容。根据《法国民法典》的规定，居住权以居住权人及其家庭居住为限，但在1999年，讷韦尔大审法院对这一限制予以了突破。法院认为，如果确认居住权证书中明确了居住权的范围，那么在此情形下居住权的范围就不受上述要求的限制。实际上，《法国民法典》对居住权的内容的限制很少，包括权利范围、双方权利义务等内容都属于当事人意思自治的范畴，法律对其并不进行强制干涉。而且，法国的居住权制度在司法实务中比较灵活，如果当事人无法就居住权设立达成一致的情况下，法官可以判决以支付终身年金的形式替代居住权。当然，法国的居住权制度虽然发展比较成熟，但也有其缺陷。由于其成文较早，其中一部分内容已经不适应当前时代的需求，如《法国民法典》第634条规定“居住权既不得让与也不得出租”，将居住权严格限制在居住保障层面，不利于当前投资性居住权的发展。

（二）德国的居住权制度

第一，德国居住权的设立特点。德国居住权制度最为突出的特点在于其由两套并行不悖的制度组成：一是《德国民法典》中设立的带有人身专属性、强调社会保障性的居住权；二是《德国住宅所有权与长期居住权法》中设立的偏向财产权利范畴的长期居住权。德国居住权制度的二元结构在照顾弱势群体居住利益的同时又能够发挥居住权作为财产权利的优势。就设立方式来看,两种居住权类似。就前一类居住权,《德国民法典》规定以人役权为参照设立,因此,其设立受人役权相关规定的制约,即当事人达成合意的情况下通过登记的方式予以设立;就后一类居住权,必须依据当事人之间具有物权效力的约定设立。

第二,德国居住权的内容设计。《德国民法典》规定的居住权是一种典型的人役权,在权利内容方面限制颇多,比如居住权人的死亡是居住权消灭的事由,居住权无法转让与继承等。而长期居住权则与之不同,长期居住权可以在住宅所有人和第三人同意的情况下被转让、继承与出租,突破了社会保障的范畴,形成更为广泛的法律关系。在实践中,两种居住权发挥着不同的作用。第一类居住权主要发挥社会保障的功能,以保障弱势群体的居住需求;而长期居住权则是一种对权利人居住所必须存在但非权利人居住的空间的占有、使用和收益的权利。

(三)意大利的居住权制度

第一,意大利居住权的设立特点。根据1942年《意大利民法典》的规定:(1)居住权的主体不限于居住权本人及其亲属,还包括因共同生活而产生具有居住需求之主体。(2)在设立居住权时,居住权人被要求提供担保和制作财产状况说明书。(3)居住权不可转让。(4)居住权人怠于行使居住权至一定期限,所有权人可以收回居住权。(5)有关房屋维修费用的承担。如果居住权设立在整座房屋上,则整座房屋的日常维修和税费由居住权人承担,如果设立在房屋的一部分,则这一费用由居住权人按比例承担。如果所有权人拒绝或无故延迟其应履行的房屋维修义务,居住权人可以代为履行,并在居住权灭失时向所有权人主张这一费用。为了帮助居住权人追偿这一费用,《意大利民法典》还赋予居住权人以留置权。(6)创造性地规定了适用居住权的保险和征收规则。

第二,居住权需要登记。根据《意大利民法典》第2643条和第2645条的规定,居住权需以登记的方式进行公示,[44]且在居住权所涉标的物未予建成的情况下,可以进行预告登记。[45]

---

〔44〕 参见张春雨:《意大利土地登记制度研究及思考》,载《中国土地》2011年第10期。

〔45〕 《意大利民法典》,费安玲、丁玫、张宓译,中国政法大学出版社2004年版,第80页。

(四)大陆法系居住权立法的借鉴意义

大陆法系国家以及地区居住权立法受到了罗马法居住权的深远影响,同时随着时代发展,对传统罗马法的居住权制度进行了改革和创新。总体而言,大陆法系国家和地区居住权立法有如下方面值得借鉴:

第一,注重居住权人和所有权人之间权利义务的权衡。法国、德国、意大利以及许多大陆法系国家和地区明确且较为均衡地规定了居住权当事人之间的权利义务,能够有效调节当事人之间的矛盾,使居住权更具操作性。

第二,适当地突破居住权的人役权属性。随着社会的不断发展,居住权的需求呈现多样化的趋势,但居住权传统的人役权特征在一定程度上导致其无法适应当今社会,因此,意大利和法国拓展了居住权当事人意思自治的空间,德国更是设立了长期居住权,使居住权的灵活性大大增强,在保障住房需求的基础上发展居住权的财产性潜力。

第三,设立法定居住权。除意思自治的设立方式外,法国等地设定法定居住权,从而在特定情况下对弱势群体起到保障作用。

二、英美法系居住权的立法现状

(一)英国的居住权制度

英国作为典型的判例法国家,居住权的产生和适用也呈现出显著的判例法特征。1947 年,英国法官丹宁勋爵作出保护妻子居住权的判例后,1967 年《英国结婚住宅法》将其正式写入法案,1996 年《英国家庭法》对居住权做出了更具有操作性的规定,进一步完善了居住权。《英国家庭法》规定了婚姻家庭住宅居住权、居住和互不妨害令与居住令等内容。英国居住权制度规定体现出对弱势群体的保护,并与家庭暴力相关。

婚姻住宅居住权,是指当配偶一方对住宅不享有所有权时,对婚姻住宅所享有的居住和使用的权利,具体区分前提为另一方配偶是否占有住宅,在另一方配偶没有占有住宅时,其享有法官授权后占有和使用住宅的权利;在另一方配偶占有住宅时,其享有非法官法令不被驱逐出住宅的权利。这一权利来自法律的规定和双方的约定,权利主体包括合法配偶和以夫妻名义共同生活的人。相较于传统居住权,婚姻住宅居住权对住宅的界定较为宽松，只要是基于婚姻关系作为居住的场所或者财物都可以作为该权利下的住宅，如建筑物中的仓库、帐篷或者时而用于居住的汽车等。婚姻住宅居住权规定了居住权人的义务，包括按约定支付押金、租金的义务，对住宅和住宅内物品进行维修的义务，对住宅合理使用的义务等。婚姻住宅居住权的存续期间也与传统居住权有所区别，如果不存在特别约定的情况，婚姻住宅居住权在婚姻关系结束时终止，同时也包含配偶死亡和其他一般居住权消灭的原因。

《英国家庭法》对婚姻住宅居住权规定了严格的程序，当事人若想要获得婚姻住宅居住权，必须以居住令的形式向法院申请，并履行法定程序，在这一程序中，法官会综合考虑当事人的经济状况、子女情况等多种因素作出具体的裁决。

（二）美国的居住权制度

美国是联邦制国家，各州都存在其各自的民事法律规范，美国法律制度中不存在类似于大陆法系国家和地区那样典型的居住权制度，特殊主体的居住利益保障是通过婚姻住宅分割和终身地产制度予以实现。

婚姻住宅分割制度意在保障离婚夫妻一方的居住权益。在美国的离婚判例中，如果夫妻双方对婚姻住宅的分割未达成一致协议，那么是否享有子女监护权通常会作为居住权裁判的标准，通常认为，夫妻中享有子女监护权的一方获得婚姻住宅居住权的可能性较大。同时，为了合理分配居住权当事人之间的权利义务，法律还对婚姻住宅的各种费用承担，居住权的存续期间以及居住权人的优先购买权等问题进行了规定。就费用承担来看，法律规定居住权人应当承担住宅及其附属设施的维修费、房屋的贷款、税费等。就存续期间来看，法律规定子女成年后或高中毕业后或享有居住权的监护人再次结婚后，居住权存续期间届满；且居住权存续期间，房屋的所有权人不得转让该房屋。就优先购买权来看，当房屋进行分割时，居住权人有优先购买该房屋的权利，居住权人应当在知道或应当知道之日起30日内行使优先购买权，居住权人在期间内未行使优先购买权的，另一方将享有该房屋的优先购买权。

终身地产制度则是美国特殊税收制度背景下的产物，发挥着类似居住权的居住保障功能。美国存在高昂的遗产税，为了规避交纳此税，美国老年人会在去世前将房屋转移至子女名下。而为了保障自己晚年的居住权益,避免子女怠于承担赡养义务,老年人与子女约定其对该房屋享有终身居住的权利。

（三）英美法系居住权立法的借鉴意义

与大陆法系国家和地区居住权制度相比,英美法系国家的居住权大多属于法定居住权,具有强烈的道德属性,且多存在于判例之中。就英美法系的居住权制度来看,有如下方面值得借鉴:

第一,注重对社会弱势群体的保护。英国的婚姻住宅居住权注重对婚姻中弱势一方的保护,美国的婚姻住宅居住权则强调对未成年人利益的保护。

第二,注重程序正义。居住权益的获取需以履行特定程序为前提,程序正义与实体正义二者相互依存、相辅相成。就居住权制度执行方面的细节问题,有赖于主管部门出台相关规范。

第三节 居住权与近似权利的辨析与实现次序

一、居住权与房屋所有权

(一)居住权与房屋所有权的权能差异

两种权利的内容范围存在差异。就目前的法律制度而言,所有权是最为完整的物权,包括占有、使用、收益和处分权能;而居住权只包含占有、使用权能,居住权人只能占有、使用他人的房屋,而不享有收益、处分的权利。

(二)居住权人与房屋所有权人的权责内容

正如“居住权概述”一节所述,当前《民法典》未就居住权存续期间的相应权利义务关系进行规定,然而,实践中居住权人与房屋所有权人必然会产生各种利益纠纷,其之间的权利义务关系也是居住权与所有权关系的具体表现形态。

有关居住权人的权利义务在上述“居住权的法律效力”一节中已经明确,居住权人享有合理使用住宅的权利、允许他人同住的权利和出租住宅的权利,同时,居住权人应当承担妥善管理住宅的义务、住宅的通常维修义务、不得擅自出租住宅和转让居住权的义务、支付使用费的义务和容忍义务。

第一,所有权人需承担容忍义务。在居住权存续期间,所有权人对房屋所享有的权利实际已经降低到“空虚”状态,其需要容忍居住权人对房屋进行符合居住目的的占有和使用,而不得对其行使排除妨碍请求权等物上请求权。第二,瑕疵担保义务。由于所有权人将占有、使用房屋的权利转移给了居住权人,且居住权的设置本就是为了保障居住权人生活的需求,因此所有权人应保障其提供的房屋满足居住质量要求。如房屋威胁到居住权人的生命安全,应当允许居住权人随时解除居住权合同。[46]

---

〔46〕 参见王利明:《合同法研究》(第3卷),中国人民大学出版社2012年版,第310页。

(三)居住权与房屋所有权的实现次序

一般而言,如果所有权人为居住权人设立了其住宅上的居住权,这一情形难以产生纠纷,居住权人在居住权存续期间需保证所有权人的权利实现。然而,实践中常常出现的纠纷涉及房屋的原所有权人为居住权人设立了居住权,一旦房屋的所有权人变更,居住权人的权利如何保障的问题。居住权具有对抗第三人的效力,该住宅一旦被设立了居住权,这一住宅的所有权便被附加了居住权的负担,只要是在居住权的存续期间,无论所有权归属于谁,居住权人的居住权不受影响。

二、居住权与房屋租赁权

(一)居住权与房屋租赁权的关系

从性质上来看,居住权与租赁权都是一种对他人住宅的使用权:第一,居住权和租赁权都表现为对他人住宅的使用,且都必须按照约定或法律规定使用房屋。第二,两者在一定程度上都有对抗第三人的效力。就租赁权而言,依据“买卖不破租赁”的规则,其在特定情形下享有对抗第三人的权利;[47]就居住权而言,其本身是一种物权,具有对抗第三人的效力。

当然,居住权与房屋的租赁权也存在差异。第一,居住权是一种用益物权,居住权人对房屋的支配力较强,只要不违背法律规定,居住权人可以基于生活居住的需要对房屋进行广泛的合理使用,即居住权人对房屋的利用自主性较强。也正是这一原因,居住权存续期间,房屋所有权人的权利很大程度上处于一种“虚化”状态,即便所有权人有权检查、管理房屋,亦应控制在不影响居住权人居住的程度。然而,房屋租赁权是一种债权,这就意味着承租人对房屋的支配程度较低,承租人对租赁物的使用和占有受到法律和租赁合同的严格限制。因此,居住权与房屋租赁权相比,居住权人对房屋的支配力更强。第二,居住权作为一种用益物权,是一种绝对权,经登记设立后能够对抗除房屋所有权人之外的任意第三人,居住权人能够基于物权请求权来保护自己的权利。然而,租

〔47〕 参见史尚宽:《债法各论》,中国政法大学出版社2000年版,第222页。

赁权是一种债权,除了“买卖不破租赁”情形外,其并不具有对世性,[48]其设立也无须登记。第三,居住权是一种人役权,其设立方式多样化,无论是采用合同形式或是遗嘱形式皆可。一般而言,居住权的设立带有显著的帮扶色彩,以无偿设立为原则,有偿设立为例外。[49] 而租赁权的设立形式则单一化,其仅能通过合同的形式进行设立,且租赁合同是一种典型的双务、有偿的法律行为。因此,就实际情况来看,居住权人一般而言经济负担较轻。第四,居住权作为一种人役权,是一项长期、稳定的权利。基于这一特性,居住权人能够对房屋进行必要的装修修缮,且长期稳定地享有这一改善的利益,而租赁权则不是一项长期的、稳定的权利,根据《民法典》第 705 条第 1 款的规定,[50]租赁合同的期限不得超过 20 年,超过 20 年的,超过部分无效。通常情况下,租赁期限一般为 1 年至 3 年,这种短期性和不稳定性使得承租人不愿投入改善居住环境的成本。

(二)居住权与房屋租赁权的实现次序

第一,同一住宅上既存在居住权又存在租赁权应该如何处理。根据上述权利性质的分析,居住权经登记后具有对世性,可以对抗除房屋所有权人外的任何第三人,因此,居住权不受租赁权的影响。租赁权除“买卖不破租赁”的情形外,不具有对世性,仅能在租赁合同当事人之间产生效力,因此,承租人不能就自己享有的租赁权对抗居住权人。第二,承租人能否就房屋设立居住权?这一问题在上文“居住权的客体界定”部分已经进行回应,如果出租人同意的情形下,承租人能够设立居住权,且以租赁房屋设立居住权的,居住权期限不得超过租赁期限。第三,居住权人能否就设立居住权的房屋进行出租?这一问题同样在上文“居住权的法律效力”部分进行了阐释,居住权人原则上不得出租住宅,除非当事人另有约定。

---

〔48〕 参见吴启宾:《租赁法论》,台北,五南图书出版公司 1998 年版,第 27 页。

〔49〕 参见温世扬、廖焕国:《人役权制度与中国物权法》,载《时代法学》2004 年第 5 期。

〔50〕 《民法典》第 705 条第 1 款规定:“租赁期限不得超过二十年。超过二十年的,超过部分无效。”

三、居住权与房屋抵押权

(一)居住权与房屋抵押权的关系

居住权和抵押权是在不动产不转移占有的前提下,对其功能进行的利用。[51] 居住权和抵押权都是物权的一种,都属于他物权。就功能来看,居住权是一种用益物权,抵押权是一种担保物权。就概念和内容来看,居住权和抵押权很好区分,其相互关系主要体现在实务中。

(二)居住权与房屋抵押权的实现次序

第一,在设立居住权时住宅上已经存在抵押权的。根据"容忍义务"部分分析,居住权人应该承受这一权利负担。根据自然资源部《居住权等登记办法(试行)》(征求意见稿)的规定,[52] 在抵押不动产上设立居住权的,不动产登记机构应该审核房屋所有权人是否通知抵押权人。

第二,在设立居住权的住宅上能否设立抵押权?居住权设立之后,所有权人有权转让住宅,当然也就有权就该住宅设立抵押权。在这一情形下,抵押权实现时,如果仍处于居住权存续期间内,居住权对受让人继续有效。

---

〔51〕 参见杨黎萌、孙年凤:《不动产居住权与抵押权登记法理冲突研究》,载《中国房地产》2022 年第 22 期。

〔52〕 《居住权等登记办法(试行)》(征求意见稿)第 2 条规定:"……在抵押不动产上设立居住权的,不动产登记机构还应审核房屋所有权人是否通知抵押权人。"

第四节　居住权登记程序

一、居住权登记制度规范现状

当前,已有多地出台了居住权登记的相应规范性文件。根据北大法宝以及各地政府网站,检索到28份居住权登记的专门规范性文件,具体如下表5－4－1:

表5－4－1　各地出台的居住权登记专门规范性文件汇总

地区	文件名	发布机关	发布时间(年/月/日)
济南市	《关于开展居住权登记工作的通知(试行)》	济南市自然资源和规划局	2021/5/31
深圳市	《居住权登记操作指引(试行)》	深圳市不动产登记中心	2021/9/9
武汉市	《武汉市居住权登记操作规范(试行)》	武汉市自然资源和规划局	2021/6/17
重庆市	《关于做好居住权登记工作的通知》	重庆市规划和自然资源局	2021/12/16
齐齐哈尔市	《齐齐哈尔市居住权登记操作规范(试行)》	齐齐哈尔市自然资源局	2021/12/31
六安市	《六安市居住权登记操作规范(试行)》	六安市自然资源和规划局	2022/1/17
滁州市	《滁州市居住权登记操作规范(试行)》	滁州市自然资源和规划局	2022/3/7
威海市	《关于开展居住权登记工作的通知》(威自然资发〔2022〕16号)	威海市自然资源和规划局	2022/4/14

续表

地区	文件名	发布机关	发布时间（年/月/日）
石家庄市	《不动产居住权登记办法（试行）》	石家庄市自然资源和规划局	2022/4/29
邯郸市	《邯郸市居住权登记操作规程（试行）》	邯郸市自然资源和规划局	2022/5/10
淮北市	《关于开展居住权登记工作的通知（试行）》	淮北市自然资源和规划局	2022/5/13
池州市	《池州市居住权登记操作规范（试行）》	池州市自然资源和规划局	2022/5/20
合肥市	《合肥市居住权登记操作规范（试行）》	合肥市自然资源和规划局	2022/4/15
宣城市	《宣城市居住权登记操作规范（试行）》	宣城市自然资源和规划局	2022/6/22
阳泉市	《阳泉市居住权登记操作规程（试行）》	阳泉市规划和自然资源局	2022/9/19
西安市	《关于开展居住权登记业务的公告》	西安市不动产登记中心	2022/9/20
利辛县	《利辛县居住权登记操作规范（试行）》	利辛县自然资源和规划局	2022/11/25
淄博市	《淄博市居住权登记操作规范（试行）》	淄博市自然资源和规划局	2023/3/1
西咸新区	《关于推行居住权登记业务的公告》	西咸新区自然资源和规划局	2023/4/17
长沙市	《长沙市居住权登记操作规定》	长沙市自然资源和规划局	2023/12/26
天津市	《天津市居住权登记操作规范（试行）》	天津市规划资源局	2023/12/29

续表

地区	文件名	发布机关	发布时间（年/月/日）
珠海市	《珠海市不动产登记中心关于试行居住权登记的通知》	珠海市不动产登记中心	2024/1/30
济宁市	《关于开展居住权登记工作的指导意见》	济宁市自然资源和规划局	2024/3/9
郧西县	《关于试行居住权登记的通知》	郧西县不动产登记中心	2024/3/18
百色市	《百色市居住权登记操作规定（试行）》	百色市自然资源局	2024/4/18
娄底市	《娄底市居住权登记操作规定（试行）》	娄底市自然资源和规划局	2024/5/22
泰安市	《关于开展居住权登记工作的通知》	泰安市自然资源和规划局	2024/5/27
来宾市	《来宾市居住权登记操作规范（试行）》	来宾市自然资源局	2024/6/14

当然，除了制定居住权登记的专门规范性文件外，还有很多地区在其不动产登记的相关规范中对居住权登记予以了规定，如《广州市不动产登记办法》中就对“居住权登记”予以了专门规定；[53] 而且，除了制定相应的规范性文件，基本各地的不动产登记中心都能受理居住权登记这一业务。

就已经出台的居住权专门规范性文件来看，主要包含如下内容：

第一，居住权登记的类型。居住权登记类型包括首次登记、变更登记以及注销登记三个类型。各地规范性文件对每一类登记都进行了详

〔53〕《广州市不动产登记办法》第 27 条第 1 款规定：“以合同方式设立居住权的，当事人双方应当持不动产权属证书、居住权合同等办理居住权首次登记。以遗嘱方式设立居住权的，当事人应当持生效遗嘱、遗嘱人死亡证明等材料申请办理居住权首次登记。不动产登记机构应当核发居住权证明。”

细规定,包含申请主体、申请材料、审查要点等,能够有效规范居住权登记的程序、引导人民群众快速了解登记流程。

第二,居住权的申请主体。居住权根据不同的设立方式,相应的申请主体也有所不同。一般而言,居住权的设立方式主要有三种,第一种是合同设立,第二种是遗嘱设立,第三种是生效法律文书设立。(1)以合同方式设立居住权的,各地规范性文件都要求申请人为居住权合同的当事人。(2)以遗嘱方式设立居住权的,各地规范存在明显差异,一种做法是要求当事人单方申请,〔54〕同时规定如果和继承、受遗赠不动产的转移登记一并申请办理的,由遗嘱设立的居住权人与全体继承人、受遗赠人共同申请,济南市、武汉市等地即采取这一方式;另一种做法是,要求由继承人与遗嘱设立的居住权人共同申请,〔55〕淄博市采取了这一做法;还有种做法与第一种类似,只不过要求"申请人应当召集全部继承人到场,书面确认遗嘱为生效的遗嘱",即规定由当事人单方申请,但是需要全体继承人共同在场。〔56〕(3)以生效法律文书方式设立居住权的,根据检索结果,均规定由当事人单方申请。事实上,居住权申请主体与设立方式密切相关,有其法理渊源。如合同设立居住权的方式,由于设立居住权是一个双务法律行为,这一形势下设立的居住权的登记方式也就与之对应,需要双方当事人共同申请。那么,从生效法律文书设立居住权的方式来看,由于法律文书是由裁判形成的,且本身就具有法律约束力,并非一个双务法律行为,因此此种形式下设立的居住权也就无须双方共同申请,只需当事人单方申请即可。

第三,居住权登记的客体。《民法典》第 366 条规定,居住权登记的

---

〔54〕 如济南市《关于开展居住权登记工作的通知(试行)》第 1 条第 2 款第 1 项规定:"由当事人单方申请。居住权登记能够与继承不动产的转移登记一并办理的,应当一并办理。"《武汉市居住权登记操作规范(试行)》第 1 条第 2 款第 2 项规定,由当事人单方申请。居住权登记能够与继承不动产的转移登记一并办理的,应当一并办理。

〔55〕 《淄博市居住权登记操作规范(试行)》第 1 条第 2 款第 2 项规定:"按照遗嘱申请居住权登记的,由继承人与遗嘱设立的居住权人共同申请。"

〔56〕 《宣城市居住权登记操作规范(试行)》第 1 条第 2 款第 2 项规定:"以遗嘱方式设立居住权申请首次登记的,由遗嘱设立的居住权人单方申请,申请人应当召集全部继承人到场,书面确认遗嘱为生效的遗嘱。"

客体为住宅，在地方的实施细则上，大多沿用了《民法典》这一规定，并且将其具体表述为“用途为住宅的不动产”。[57] 但深圳市有所不同，深圳市将住宅以及具有居住功能的宿舍、公寓等不动产作为居住权登记的客体。而上海市分为两种情况，一种是以合同或者遗嘱方式设立居住权的，登记的客体为具有居住权功能的不动产；另一种是以生效法律文书设立居住权的，未对登记的客体进行界定。

第四，居住权登记的审查。有关居住权登记的审查，大多数地区对其规定较为严格，要求对不动产登记的相关材料都要进行审查，如不动产权属证书、遗嘱等，对房屋用途是否为住宅、是否存在预告登记、抵押登记，是否存在查封登记、异议登记等情形都要进行全面的审查。[58] 部分地区增加了“询问笔录”环节，如池州市要求在“申请办理不动产抵押权首次登记时”回答一栏增加“其他需说明事项（是否已知晓设定抵押权、居住权、异议登况？）”通过询问笔录，对居住权登记申请进行更为严格的把控。

二、居住权登记程序中常见的问题及辨析

（一）关于同一套住宅上能否办理多个居住权登记

由于所有权的变更，实践中可能会出现已经存在居住权的住宅上，后续继受所有权人就同一套住宅上设置新的居住权的情况，登记部门就会面临同一住宅上办理多个居住权的难题。对此，《民法典》并未进行

---

〔57〕 如《武汉市居住权登记操作规范（试行）》第1条第3款申请材料中第3项表述：“房屋用途为住宅的不动产权属证书。”

〔58〕 《宣城市居住权登记操作规范（试行）》第1条第4款规定：“1.不动产登记申请书、不动产权属证书、居住权合同、遗嘱等材料记载的主体是否一致；2.房屋用途是否为住宅；3.房屋是否存在预告登记、抵押登记情形。有预告登记、抵押登记的，申请人应当提交预告登记权利人或抵押权人同意的书面材料；4.申请设立居住权的房屋是否存在查封登记、异议登记等情形。存在查封登记、异议登记的，按《不动产登记暂行条例》第二十二条规定，不予登记并书面告知申请人；5.不动产权利人办理其他各类型登记时，导致不动产居住权登记证明记载事项有变化的，居住权人应同时申请换发。6.因人民法院、仲裁委员会的生效法律文书设立居住权首次登记的，人民法院、仲裁委员会的生效法律文书确定的义务人系不动产登记簿记载的产权人，居住权期限自判决生效之日或者法律文书中记载的日期起算。”武汉市、济南市等多地规定大多如此。

相应规定,在当前各地的具体操作规范中,也未就这一问题进行特别说明,有文件要求在居住权登记申请时就该住宅上是否设立居住权的情况进行审核,但审核结果如为存在先设居住权,如何处理却未予规定。从居住权的设定目的出发,居住权是为满足生活居住需要而设定的权利,因此,如果允许设定多个居住权,必然会影响先设置居住权的居住权人的居住利益,难以保障其生活居住的质量以及其对住宅的支配权;且从设置在先的居住权人主观意愿角度考虑,其亦不希望后继所有权受让人再设立新的居住权;再者,从权利效力来看,居住权经登记后具有对世性,能够对抗除住宅所有权外任何第三人的效力,因此,即使是所有权的继受人,也需要保障设置在先的居住权人的权利。总体而言,原则上,同一住宅上不宜同时设立多个居住权,如果要增加居住权人,应取得原居住权人的同意,当然,当事人另有约定的除外。

(二)关于已被司法查封的住宅上能否办理居住权登记

最高人民法院、原国土资源部、原建设部《关于依法规范人民法院执行和国土资源房地产管理部门协助执行若干问题的通知》第 22 条第 1 款规定,〔59〕已经被司法查封的住宅不得办理抵押、转让等登记手续。根据最高人民法院《关于人民法院民事执行中查封、扣押、冻结财产的规定》第 24 条第 1 款的规定,〔60〕已被司法查封的住宅上的转移、设立权利负担行为不得对抗申请执行人。依据上述法律规定,我们可以明确,即使设立了居住权,也无法在查封的房屋上对抗法院的强制执行,居住权人的居住利益也难以保障,违反居住权制度的设立目的。

有关“已办理居住权登记的住宅能否出租”“已办理居住权登记的住宅能否办理转移登记”“抵押权与居住权相冲突”等问题已经在上述

---

〔59〕 最高人民法院、原国土资源部、原建设部《关于依法规范人民法院执行和国土资源房地产管理部门协助执行若干问题的通知》第 22 条第 1 款规定:“国土资源、房地产管理部门对被人民法院依法查封、预查封的土地使用权、房屋,在查封、预查封期间不得办理抵押、转让等权属变更、转移登记手续。”

〔60〕 最高人民法院《关于人民法院民事执行中查封、扣押、冻结财产的规定》第 24 条第 1 款规定:“被执行人就已经查封、扣押、冻结的财产所作的移转、设定权利负担或者其他有碍执行的行为,不得对抗申请执行人。”

章节予以了回答，本节不再赘述。简言之，居住权人原则上不得出租住宅，除非当事人另有约定；住宅一旦被设立了居住权，只要是在居住权的存续期间，无论所有权归属于谁，居住权人的居住权不受影响；居住权与抵押权冲突的情形则需要分情况分析，第一，在设立居住权时住宅上已经存在抵押权的，居住权人应该承受这一权利负担，不动产登记机构应该审核房屋所有权人是否通知抵押权人。第二，在设立居住权的住宅上能够设立抵押权，抵押权实现时，如果仍处于居住权存续期间内，居住权人的居住权也不受影响。

第五节 居住权争议类型和裁判意见

一、居住权设定前的司法实务

根据曾大鹏学者的研究,[61] 对相关案例库2005年1月1日至2019年8月1日居住权民事判决检索,检索到31 000余件案件,其中属于物权纠纷的案件共12 044件,占比高达38.14%;婚姻家庭、继承纠纷的案件共9410件,占比29.80%(见图5-5-1)。在《民法典》规定"居住权"之前,大部分关于居住权的案件发生于上述两个领域。

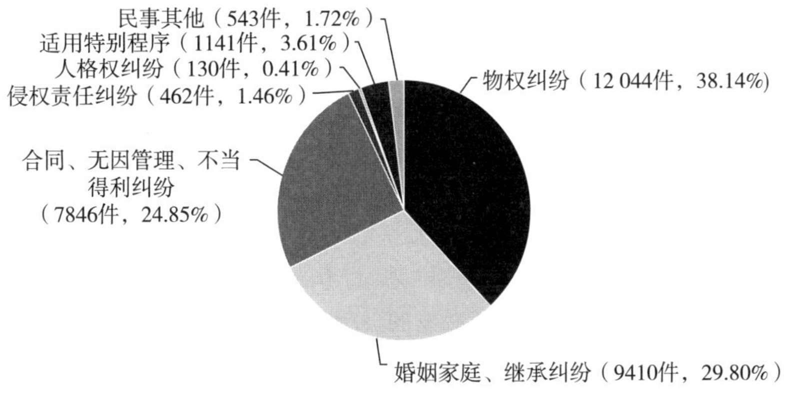

图5-5-1 2005~2019年关于居住权益案件涉及的案由分布

居住权设立前,在处理居住权相关案件时,法院并未简单地囿于物权法定原则从而否认居住权概念,而是在不同意义上运用多种解释方法以达到保护居住权的目的,具体而言,主要有如下方式:第一,借助公序良俗原则。第二,在物权意义上保护居住权。(1)将居住权理解为"所

〔61〕 参见曾大鹏:《居住权的司法困境、功能嬗变与立法重构》,载《法学》2019年第12期。

有权”的方式。[62] (2)将居住权解释为“共同共有权”的方式。[63] (3)将居住权理解为大陆法系传统民法中的人役权。第三,通过债权保护居住权的方式。[64] 第四,将居住权作为提出执行异议的依据。[65] 第五,将购房者明知案外人享有居住权仍进行购买的行为认定为“恶意”。[66]

在《民法典》正式设定居住权之前,前述裁判结果在一定程度上达到了保护居住权的目的。但就法律解释和协调性的要求来看,上述做法存在如下问题:第一,适用公序良俗有违反“禁止向法律原则逃避”原则之嫌。[67] 在上述案件中,法院系越过共有权或所有权屏障而适用公序良俗原则,直接对当事人居住权利益予以特别保护;且公序良俗原则保护的主要是基本权利或公权利,[68] 而居住权是一种私权利,对其适用公序良俗原则有滥用自由裁量权的风险。第二,将居住权解释为单独所有权或共同共有权,一方面可能会缩小当事人实际享有的所有权权能,另一方面可能扩大了居住权人享有的居住权权能。第三,在法律没有明文规定的情况下,将居住权解释为一种无名债权,则其只能约束合同当事人本身,不具有对抗第三人的效力,这也可能破坏交易的安全性。第四,将居住权认定为执行异议依据或“恶意”认定依据,则由于当时尚未对居住权进行相应规制,其缺乏必要的公示手段,从而成为一种未经登记的“事实物权”;[69] 而买受人可能不知道涉案房屋上存在居住权,不利于交易的安全与便捷。

---

〔62〕 参见海南省高级人民法院(2014)琼民一终字第55号民事判决书。

〔63〕 参见上海市第一中级人民法院(2018)沪01民终1697号民事判决书。

〔64〕 参见四川省高级人民法院(2018)川民再672号民事判决书。

〔65〕 参见安徽省高级人民法院(2017)皖民终237号民事判决书。

〔66〕 参见浙江省高级人民法院(2013)浙民提字第82号民事判决书。

〔67〕 参见曾大鹏:《居住权的司法困境、功能嬗变与立法重构》,载《法学》2019年第12期。

〔68〕 参见于飞:《公序良俗原则研究——以基本原则的具体化为中心》,北京大学出版社2006年版,第157页。

〔69〕 参见孙宪忠、常鹏翱:《论法律物权和事实物权的区分》,载《法学研究》2001年第5期。

二、居住权设定后的司法实务

(一)居住权的司法现状

1. 案件数量

以“居住权”为关键词、以2019～2022年为时间期限,在北大法宝进行检索,可得案件共13 766件。检索结果显示,在《民法典》生效前(2018～2020年)涉及居住权的案件数量明显超过了《民法典》生效后,即正式设立居住权后的年份,具体趋势表现如图5－5－2:

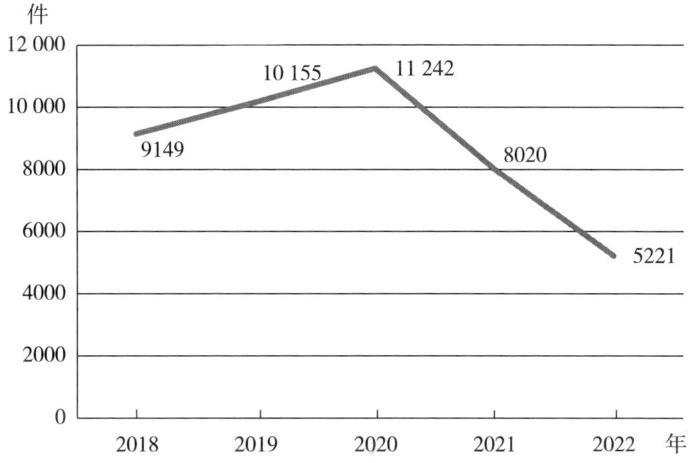

图5－5－2　2018～2022年涉及居住权的案件数量

2018～2020年,涉及居住权的案件数量呈明显上升趋势,可能是由于《民法典》正在制定过程中,对居住权的关注逐渐增多,因此,在司法实务中涉及居住权的案件也显著增多。到2021年《民法典》正式生效时期,《民法典》对居住权进行了明文规定,相较于未规定时期,诸多疑问得以释明,近似纠纷得以界明,不再冠以居住权名义进行处理,因此,案件数量有小幅回落。2022～2023年,居住权相关热度较《民法典》正式生效年份有所降低;同时,由于政策变化,上网案件数量本身也在减少,因此,案件数量总体呈现下降趋势。

2. 涉及案由

在《民法典》设定居住权以前,涉及居住权的案由包含人格权纠纷,婚姻家庭、继承纠纷，物权纠纷，合同、准合同纠纷，与公司、证券、保险、票据等有关的民事纠纷，侵权责任纠纷，非诉程序纠纷以及特殊诉讼程序等。其中，合同、准合同纠纷，物权纠纷以及婚姻家庭、继承纠纷三类案由占比最高，三者几乎包含了所有居住权涉及案由。在《民法典》设定居住权之后，涉及案由案件数量最多的从物权纠纷转变为了合同、准合同纠纷，究其原因，《民法典》规定了居住权合同，很大程度上影响了居住权涉及案由的分布。总体而言，《民法典》设立居住权后，涉及案由相较于设定前更为丰富，且由于对居住权设立方式进行了规定，以合同方式设立居住权成为当下最为普遍的做法，相应案件数量增多。

3. 地区分布以及法院级别

根据检索结果，当前居住权案件地区分布并不均匀，集中分布于中部、沿海地区，西部、北部地区居住权案件偏少。

从法院级别来看，各个法院级别均有涉及，其中基层人民法院审理的居住权案件数量最多，中级人民法院审理的居住权案件数量次之。

4. 审理程序

从检索结果来看，居住权案件适用简易程序的较多；此外，居住权案件上诉率较高，二审案件较多，说明当前对居住权的适用依旧存在较多问题，超过一半的案件需要两审才能解决争议。

（二）居住权的典型案例

1. 居住权的认定

设立居住权的目的是满足生活居住的需要，在某些情况下，如若行为人本身具有经济能力，可以否认其对涉案住宅的居住权。在杨某顺诉杨某洪、吴某春居住权纠纷案中，杨某洪和吴某春育有一子杨某顺，其子在出生后就一直随父母在农村一房屋中一同生活。杨某顺成年后沉迷于赌博，欠下巨额赌债。后房屋经拆迁征收补偿后置换了三套楼房，其中一套用于偿还赌债，一套用于出租，一套供三人共同生活。后三人产生家庭矛盾，杨某洪夫妇不允许杨某顺一同居住在该房屋内，杨某顺便以一直与父母居住生活，双方已经形成共同居住关系为由将父母诉至法院。

在该案中，杨某顺虽长期与父母一同居住生活，但并不因此当然享有居住权。法院认为杨某顺在成年后具有完全民事行为能力和劳动能力,不应一直依靠父母生活,而应依靠自身自力更生。在杨某顺已经成年的情况下,杨某洪夫妇对其子杨某顺已经没有法定抚养义务,其有权处分案涉房屋。

2. 弱势群体保护

根据最高人民法院以及各地方法院发布的典型案例,当前居住权司法裁判注重对弱势群体的利益保护,主要体现在如下几个方面。

(1)离婚后无房一方居住权保护

如天津市高级人民法院发布的典型案例——王某与周某及第三人王某某返还原物纠纷案〔70〕中,当事人双方离婚协议中约定,离婚后女方可以暂时居住在男方母亲王某名下位于天津市开发区的房屋内,居住期限为三年,自双方办理离婚登记手续之日起计算,居住期限到期后另行商议。如在居住期限内房屋出现动迁或变卖的情况,男方需向女方提供住处至期限截止日。后男方以对离婚协议内容不知晓为由,要求法院判令女方立即搬离男方房产处,将房产归还给男方使用。法院经审理认为"王某作为案涉房屋所有权人,其在知晓周某与王某某离婚情况下,对于周某仍在案涉房屋内居住近一年之久的行为并未提出异议,且其自述虽对协议内容不认可,但也未做出任何反对表示,故认定王某对周某与王某某离婚协议内容知晓并同意,应受协议约束,即王某对案涉房屋享有所有权,但该物权的行使受协议中所设居住权的限制,周某有权占有使用案涉房屋"。

本案是保障离婚后无房妇女居住权的典型案例。近年来,随着离婚率持续攀升,保障离婚妇女的居住权成为无法回避的现实问题。与上述认定居住权案件不同,在这一情况下,离婚妇女在离婚后面临的是没有住处的困境。由于当前我国的婚姻关系中,女性常常在离婚后处于弱势地位,如果要求其搬离涉案房屋,其基本的生活居住权益将难以保障。因此司法裁判对其予以确认,有助于保护离婚后无房者一方的居住

---

〔70〕 参见王某、周某及第三人王某某返还原物纠纷案,天津市第三中级人民法院(2020)津03民终3008号民事判决书。

权益。

(2)残疾人权益保护

最高人民法院、中国残疾人联合会联合发布的高某琴等诉高某明共有物分割纠纷案中,高某琴与高某明系同胞兄妹,高某航、高某雪系高某琴的子女,上述4人均与案外人高某宝(高某琴之父)属同一户籍,被识别为贫困户。高某明肢体二级残疾,其妻视力一级残疾。2017年,户主高某宝因拆迁政策获得易地扶贫搬迁安置政策人均补助和旧宅基地腾退补助政策人均补助,2016年10月高某明使用这笔款项购买房屋一套,该房屋系该户唯一住房。后高某琴等起诉请求高某明支付贫困户移民搬迁款、旧宅基地腾退款。初审法院认为,案涉住房为高某明的唯一住房,高某琴等与高某明、案外人高某宝均享有该房屋的居住权,在该房屋未被处置的情况下不能主张已经享受政策资金的返还,遂驳回了原告的诉讼请求。二审法院认为,案涉款项是为解决贫困户基本住房问题的专门款项,原告主张分割该项用于生活开支的主张与这一款项目的不符合,遂维持一审判决。本案既涉及残疾人的居住权又涉及扶贫安置政策的具体落实。案涉款项购买的房屋为当事人唯一住房,为保障残疾人这一弱势群体的居住权益,遂驳回了原告的诉讼请求。

(3)老年人权益保护

最高人民法院发布的何某玮诉杜某妹物权保护纠纷案中,何某玮通过其祖父的遗赠以及祖母杜某妹的赠与取得了案涉房屋的所有权。后何某玮父母离婚,何某玮由母亲伍某抚养。何某玮及其法定代理人伍某向法院起诉,要求祖母杜某妹交还其已经赠与的房屋,并支付租金损失。法院认为,本案中的房屋赠与基于血缘关系,在这一情形下,祖母杜某妹年逾60岁且已经丧偶,孙子何某玮取得房屋所有权后不足一年便要求祖母杜某妹搬离房屋的做法有违社会伦理和家庭道德。故未支持原告的诉求。

(4)未成年权益保护

四川省高级人民法院发布的黄小某诉魏某某、黄某所有权确认纠纷案中,魏某某将案涉房屋赠与孙子黄小某,并办理了房屋所有权变更登记。后其儿子黄某与儿媳骆某离婚,儿子黄某以孙子黄小某名义将房屋出卖给魏某某并办理了房屋所有权变更登记，但魏某某未支付房款。后儿媳骆某以黄小某为原告，将魏某某、黄某诉至法院，请求确认房屋买卖合同无效。法院经审理，确认黄某以黄小某名义与魏某某签订的房屋买卖合同无效。后骆某再次以黄小某为原告，起诉至法院，要求确认案涉房屋归黄小某所有。

本案中，未成年人黄小某既已获得祖母魏某某赠与的房产，其所有权就应当受到法律保护。依据《民法典》第 35 条第 1 款“监护人应当按照最有利于被监护人的原则履行监护职责。监护人除为被监护人利益外，不得处分被监护人的财产”的规定，作为监护人，即使是父母，对被监护人财产的处分，也必须基于维护被监护人的利益，并符合最有利于被监护人的原则。黄某擅自将黄小某已取得所有权的房产无偿转让给魏某某，损害了未成年人的财产所有权，亦有违监护人履行监护职责的基本原则。

3. 烈士遗属权益保护

最高人民法院发布的涉英烈权益保护十大典型案例董某诉李某、第三人卢某排除妨害案中，董某系革命烈士卢兴的遗孀，现年 83 岁，由孙女卢某长年照顾。2012 年，政府为照顾烈士遗属给了老人一套房屋。后孙女卢某未经董某同意，将房屋转卖给了同事李某。后李某起诉卢某、第三人董某，要求办理房屋过户手续，被法院以卢某系无权处分为由驳回诉讼请求。2022 年，董某诉至法院，要求李某搬离案涉房屋。

审理法院认为，本着优待烈属的原则，政府安置给烈士遗孀董某一套房屋。现在老人健在，房屋却被其孙女卢某擅自转卖。此举既不合法，又与政府优待烈属的初衷相违背，导致烈士遗孀老无所居。为保障烈士遗孀的居住权利，经调解三方达成协议，李某同意限期搬出案涉房屋。本案体现了对烈士遗属的权益保护。

4. 遗嘱设立居住权的处理

北京市海淀区人民法院发布的丁某、田某 1 诉李某、田某 2、田某 3 继承纠纷案中对公证遗嘱的适用以及居住权设立进行了释明。本案中各方同意在涉案房屋为李某设立居住权，但诉讼中未作为一项诉请提出，经释明后仍未提出，故法院认为各方可依据法律规定另行订立居住权合同,并依法进行登记,未将居住权作为判项进行直接确认。

实践中,若未通过书面形式订立居住权,但当事人在诉讼中要求法院设立,其首要条件为需要作为一项独立诉请提出;若未提出该诉请且在法院释明之下仍未提出,则法院无法在诉讼中予以处理。

第六节　居住权制度的完善建议及法律服务方向

一、居住权制度的完善建议

（一）扩张对居住权人的界定范围

我国目前的法律规定将“以满足生活需求”作为居住权人的主观目的限制，只有自然人才会有主观意识，也只有自然人才会需要“满足生活需求”，这一规定实际上将居住权人限定在自然人范围。但随着社会的演变以及居住权自身的发展，居住权的投资性功能要求居住权主体范围应当予以更新，因此从某种意义上来说非自然人主体的居住权人资格与投资性居住权相伴而生。同时，自然人主体也能够适用投资性居住权，只是相较于非自然主体而言，非自然主体与投资性居住权的嵌合度更高，产生的经济价值也更多。将非自然人主体作为居住权人，可以扩大居住权的适用范围和影响力，也是将居住权这项权利更好地贴合社会需求的有效举措。

（二）出台有关居住权的司法解释

当前，《民法典》对居住权制度进行了一定的构建，但正如上文所述，《民法典》对居住权还有许多方面尚未规定。如以遗嘱方式设立居住权的，居住权何时生效？居住权的法律效力如何？居住权人的权利义务有哪些？如何处理居住权人与所有权人的关系？如何处理居住权与抵押权的关系，等等，当前的《民法典》并未就这些问题进行规定。因此，需出台相应司法解释对居住权的制度进行完善，并对前述问题进行回应。

（三）确立法定居住权制度

根据上述比较法的研究，当前，法定居住权制度成为各国弥补意定居住权不足的有效方式。借鉴域外立法经验，我国可增设法定居住权条款以促进居住权保障性功能的完善。有学者提出，“为防止无法列举穷尽法定居住权的情形,使法定居住权保持体系开放性"[71],可将法定居住权的一般性条款规定于居住权章节中,将法定居住权的具体内容在婚姻家庭编予以明确。有关法定居住权的具体内容,主要包括离婚后无房者一方居住权保护、未成年人权益保护等域外法定居住权常见内容。

(四)统一居住权登记的规定

根据"居住权登记程序"一节的研究,当前,有关居住权登记的具体细则,各地存在不同的理解与做法,如居住权设立申请主体、居住权的审查方式等,各地的规定不尽相同,这不利于居住权登记的规范与统一。为统一居住权登记的规定,建议出台全国统一的居住权登记规定细则范本,指导地方就居住权登记的具体操作,形成统一规范的居住权登记体系;尚未出台居住权登记规范性文件的地区应当根据居住权登记的统一范本制定地方的居住权登记细则,对居住权登记进行明确的指引。

二、居住权制度的法律服务方向

(一)审查居住权设定的依据

在进行居住权制度法律服务时,最为基础和关键的是根据不同居住权设定类型区分服务要点。根据当前的法律规定,居住权主要有三种设立方式,即依据合同设立、依据遗嘱设立和依法院裁判设立。

依据合同设立居住权的情形下,着重对居住权合同进行审查。审查的内容除常见的合同审查要点外,把握居住权合同的特性,注意审查居住权合同是否存在法律规定的禁止情形以及居住权合同的权利义务部分。当前,《民法典》未就居住权法律效力进行规定,在具体审查时,注意双方当事人有关权利义务的规定,如"修缮义务""付费义务"等,充分保护客户的利益。

依据遗嘱设立居住权的情形下,由于当前《民法典》对遗嘱设立方式规定较少,要注意《民法典》有关继承的相应规定,灵活处理这一情形下的居住权设立问题。

依据法院裁判设立居住权的情形下,当事人的自由空间较少,主要

---

[71] 单平基:《〈民法典〉草案之居住权规范的检讨和完善》,载《当代法学》2019 年第 1 期。

注意这一情形下居住权登记的相应规则。

（二）了解居住权登记细则

居住权登记是居住权制度的关键部分，当前，各地居住权登记规定存在差异，在进行居住权登记业务时，应当注意对居住权登记规范性文件的把握，注意居住权登记的类型、居住权登记的申请主体、客体以及审查要求，协助客户高效便捷地办理居住权登记手续。

（三）注意房屋上各类权利的审查

当前实务中，一房屋上存在各种权利的情形十分常见，在进行居住权制度法律服务时，要着重审查房屋上存在的各类权利以进行分别处理。根据实践经验，主要审查设立居住权住宅的所有权情况，包括是否存在租赁情形、是否设立抵押权或地役权等权利负担。具体而言，审查申请设立居住权的房屋是否已经办理不动产权证，不动产登记申请书、不动产权属证书、居住权合同、遗嘱等材料记载的主体是否一致，房屋是否已与他人签订租赁合同，该房屋上是否存在抵押登记等情形，以充分维护客户的居住权。

（四）注意特定利益保护趋向

当前的居住权司法实务中呈现出明显的特定群体保护趋向，如倾向于保护离婚无房者、未成年人、老年人以及烈士遗属等。因此，在代理居住权纠纷时，应当注意委托人或相对方是否为特定群体，从而提出利于客户的诉讼思路。如在离婚案件时注意客户的经济情况，是否存在无房、生活困难等情形，未成年人的监护权情况等，充分把握当前居住权司法裁判规则，维护客户权益。

（本章执笔人：黄伟胜）

第六章　公共空间用益物权

第一节　公共空间及其用益物权的种类与范围

一、公共空间用益物权的概念

“空间”一词源于物理学，是指“物质存在的一种客观形式，由长度、宽度、高度表现出来。是物质存在的广延性和伸张性的表现”[1]。从物理学来看，人类所生存的空间由物质构成，人类在对空间利用上分为两种：一种为实态空间，即由建筑物、管道等静态的工作物构成的空间；另一种为虚态空间，是因建筑物被拆除而由实态空间转换而来。[2] 空间是一种自然固有的有限资源，在人类开发利用中表现为非生产性、固定性、相对性以及可重复利用等特点。

“空间”在法律视角下拥有多种不同的内涵，广义法律视域下的空间既包含公法上的空间又包含私法上的空间，具有较为广泛的意义。具体而言，私法上的空间仅仅包括土地本身上下所附属的空间，这种上下附属的空间不相重叠，具体界分因地上物的不同而有所区别；而公法上的空间可包含地表上的一切空间，较于私法上的空间范围更为广泛。而狭义观之，空间仅仅包含土地上下附属的一定空间之外的那部分空间。本文讨论的重点在于私法上的空间，即围绕物权法上的空间展开，而附属于土地上下的一定空间则可依土地制度得到规范。

本文所探讨的公共空间用益物权落脚点在于空间权。有关空间权的概念在各国立法、判例以及学说的影响下存在较大分歧。如，美国将地表之上、下一定范围的特定空间区分为“空间权”和“地中权”，又将空中或地下特定的“断层”为客体而设立的权利限定为“空间权”；而在德国、日本法律中，有关空间权主要由民法典所规制，具体表现为“次地上

---

〔1〕 参见中国社会科学院语言研究所词典编辑室编：《现代汉语词典》，商务印书馆 1996 年版，第 720 页。

〔2〕 参见官本仁：《空间与空间权》，载《引进与咨询》2006 年第 4 期。

权”、“区分地上权”等特别规定[3]。我国学者对空间权的代表观点存在一定的差异，例如，学者王利明认为空间权实际上就是空间利用权，其性质为一项独立的用益物权：“由于空间所有权不能为土地所有人之外的人享有，由土地所有人之外的人享有的权利只能是空间利用权。也正是从这个意义上说空间权应称为空间利用权。”[4]；而学者梁慧星则认为：“土地空间权，指在土地的空中或地中横切一立体空间（断层）而以之为标的设定的权利。土地空间权属于不动产财产权之一种。”[5]总体而言，空间权通常是指离开地表之空中或地中横切断层而享有的各种权利的总和。[6]

二、空间权的种类

因我国对空间权的研究尚不深入，也没有成体系的法律条文对其进行规范，对于空间权的分类方式众说纷纭，根据主流观点学说，大致可以分为以下几种：

第一，根据空间权权利主体的不同，可将空间权分为土地所有人享有的空间权与非土地所有人享有的空间权。

第二，根据陆地空间主体位于地球表面以上的不同位置，可以分为地球表面正上方的空间权和地球表面正下方的空间权。

第三，根据可转让性的标准，可以分为可转让空间权和不可转让空间权。

第四，根据期限标准的不同，可以分为有期限的土地空间权和无期限的土地空间权。

第五，根据空间权权利的性质，可区分为空间所有权与空间利用权。而空间利用权又可分为物权性质的空间利用权与债权性质的空间利用权。其中，物权性质的空间利用权又分为空间地上权与空间地役权；而

---

[3] 参见崔建远主编：《我国物权法立法难点问题研究》，清华大学出版社 2005 年版，第 170～174 页。

[4] 王利明：《物权法论》，中国政法大学出版社 2008 年版，第 482 页。

[5] 梁慧星、陈华彬：《物权法》（第 6 版），法律出版社 2016 年版，第八章。

[6] 参见沈守愚：《土地法学通论》，中国大地出版社 2002 年版，第一章。

债权性质的空间利用权又分为空间租赁权与空间借贷权。[7]

温丰文的空间权基本构成理论被广泛认可，并被引用于我国空间权研究领域，成为当前空间权基本分类的主流理论，他所提出的这五种观点也受到了学术界的广泛关注。因此，本书也在此基础上对空间权展开类型化讨论。

(一)空间所有权

空间所有权，是指对空中或地中横切断面享有的所有权，特别是建筑物所有权。[8] 空间的所有者对事物拥有最完整和全面的物上所有权，具有排他性和绝对性，直接享有占有、使用、收益和处分的物权。[9] 与传统的民法不同，绝对土地所有权的概念包括地表、空中和地下的所有权。[10] 换言之，如若在一块土地上已经设置了所有权，那么在该土地上只能有这一个所有权而不能设立其他的所有权。特别是随着时代的进步，在社会法思潮以及人口增长、科技发展的影响下，土地的利用受到颇多关注，尤其对于土地空间的利用。同时，由于土地空间的利用价值提升，也促进其在民事权利制度发展过程中从土地所有权中分离出来，成为空间权利制度的基本内容。

(二)空间利用权

由于我国实行土地公有制，空间所有权争议不大，而空间利用权在实践中存在诸多争议，在学界中也存在大量的研究空间。实际上空间利用权在空间权体系中具有重要地位，其在实践中广泛运用能够指导实践的发展，对于开展学术研究也有较为重要的意义。而由于利用多样化带来了利用性质的差异，这种差异产生了不同性质的空间利用权：一为物权性质，另一为债权性质。

1. 物权的空间利用权

物权的空间利用权包括空间地上权和空间地役权。

---

〔7〕 参见陈祥健：《空间地上权研究》，法律出版社2009年版，第6～7页。

〔8〕 参见梁慧星、陈华彬：《物权法》(第6版)，法律出版社2016年版，第八章。

〔9〕 参见刘得宽：《土地所有权理论之新发展》，载《民法诸问题与新展望》，中国政法大学出版社2002年版，第65页。

〔10〕 参见周枏：《罗马法原论》(上)，商务印书馆1994年版，第198页。

(1)空间地上权

空间地上权,又称“分层地上权”、“阶层地上权”、“限制地上权”、“区分地上权”或“部分地上权”等,一般指以享有土地所有权的权利人地表上下一定空间范围作为权利客体的特定地上权。我国《民法典》第345条规定的空间建设用地使用权即为空间地上权。据此定义,第一,空间地上权是指存在于他人土地之上或之下的有限物权;第二,空间地上权是用益物权,其目的是在土地空间内保留建筑物、构筑物;第三,空间地上权是指利用土地的上空或地下一定空间范围的物权。[11] 空间地上权亦为本章讨论的重点。

(2)空间地役权

空间地役权是一项重要的权利,是指以他人的特定空间,供自己或自己空间方便和利益之用的权利,从而提升土地和空间的使用率。具体可以分为地役权性质的和人役权性质的空间役权,以及横向和纵向关系的空间役权,赋予供役空间供某种使用者、供役空间不作为义务者和课以供役空间负某种忍受义务者。[12]

2. 债权的空间利用权

从类型划分上,债权的空间利用权包括空间租赁权与空间使用借贷权两种权利,二者均可以基于契约自由原则由当事人协商达成合意成立。

(1)空间租赁权

由于租赁权属于我国民法典的债权范畴,因此空间租赁权不受物权法定主义的限制。空间借贷权在空间权利体系中的地位弱于空间租赁权,在权利体系中不占主导地位。

空间租赁权是以某一特定空间为标的而成立的租赁权,租赁权的债权属性导致其不受物权法定主义的限制,也即依租赁关系而取得空间利用权时,空间出租人与承租人之间的权利义务关系依合同自由原则,由当事人双方自由确定。但因空间租赁权的法律地位较物权的空间利用

[11] 参见梁慧星、陈华彬:《物权法》(第6版),法律出版社2016年版,第八章第二节。

[12] 参见梁慧星、陈华彬:《物权法》(第6版),法律出版社2016年版,第八章第二节。

权的法律地位更低，所以对于以建设建筑物为目的而租赁土地的，日本学说将之视为地上权，并经登记而有对抗效力。尤其是在建筑物区分所有权关系中，并非将对该基地的租赁权视为单纯的空间租赁权，而是视为空间(区分)地上权。[13]

(2)空间使用借贷权

空间也可为使用借贷的客体。但因其既不能像承租人那样，主张买卖不破租赁，也不得申请空间地上权登记，所以它的法律地位相对较低。因此，在典型的空间利用中很少会采用借贷方式实现。不过，对于非以建筑物或构筑物目的而利用空间的场合，尤其在一些临时利用他人空间的场合，空间使用借贷仍然是一种常见的做法，比如利用他人屋顶的空间来安装广告牌。[14]

---

〔13〕 参见陈祥健:《空间地上权研究》,法律出版社 2009 年版,第 11 ~ 12 页。

〔14〕 参见梁慧星、陈华彬:《物权法》(第 6 版),法律出版社 2016 年版,第八章第二节。

第二节　设立公共空间用益物权的法律依据

由于我国现行法律中尚未有关于空间开发利用的专门法律，因此，以统一地方或专业领域地下空间开发利用标准的综合性行政法规和部门专门法规为骨干，旨在促进地方或城市地下空间开发利用的地方性法规，是一个庞大而交错的法律法规体系。相关基本规范主要包括综合性法律、行政法规和部门规章以及地方法规和规章。第一层次为全国人民代表大会及其常务委员会制定的法律，但是涉及规范空间开发利用的法律较少，且内容分散尚未成体系诸如我国《民法典》《城乡规划法》《土地管理法》《建筑法》《文物保护法》等部分法律。第二层次为国务院以及国务院下设部门依法制定并颁布的各项行政法规和规章，有关空间开发利用行为的行政法规和规章主要有《土地管理法实施条例》《建设工程安全生产管理条例》《城市地下空间开发利用管理规定》《建设工程质量管理条例》《城市地下空间开发利用管理规定》等。第三层次为地方性法规，具体有两类：一类是为贯彻落实国家法律法规而制定的地方法规，例如广东省、湖南省以及沈阳市、深圳市出台了建设工程质量管理办法或者条例；另一类为省、自治区、直辖市和较大的市根据本地方的具体情况和实际需要，先行制定的地方性法规，如上海市、广州市、青岛市等制定了地下空间开发利用管理条例或办法。

一、公共空间用益物权的客体

公共空间用益物权的客体是具有“物”的特性的空间，而且是除地上权当然附属空间之外独立存在的空间。[15] 空间权的客体应为“空间”的理由有二，其一，就一般观念而言，虽然空间与土地似乎具有同质性，即空间也可能被当作土地，但是为了提高土地利用效率将土地立体划分后，空间地上权的客体仍为土地或者把地表上空也视为土地，就无法清晰二者之间的概念了。因为空间地上权之所以谓之为“空间的”地上

〔15〕 参见刘溇：《论空间权的三大理论问题》，载《江汉论坛》2003 年第 12 期。

权,其原因就在于,它的客体为土地上下“一定的空间范围”而非土地的全部,正是基于这一点,它才与以土地全部为客体的普通地上权区别开来。其二,虽然观念上可以视空间为土地,但是,这一“土地”与通常所指的土地在自然性状上存在显著区别。什么是土地?按部分国家和地区有关规定,指“水、陆及天然富源”。空间客体中,地下部分的空间具备了上述特质,但地上部分的空间则与“水、陆及天然富源”的特质有相当大的差异。

如上所述,在土地立体利用环境下来认识空间权利,空间地上权的客体应为“空间”。以土地作为物权客体,其适格性毫无疑义,然而,当我们将空间作为权利的客体时,就不得不面临一个棘手的问题:空间是否是一个物体,它能否成为权利的客体?随着物权理论的丰富和发展,答案是肯定的。

德国民法规定土地所有人拥有土地地表及上下空间的所有权;美国的判例承认空间可单独成为所有权的客体。〔16〕 在我国,建设用地使用权的客体包括土地上下的空间,否则无法实现利用土地之目的。

如若土地所有权空间范围大于建设用地使用权,只能及于出让合同所约定的空间。造成这种现象的原因有二:一方面,土地使用权者对于在其建设用地之外的空间的行使有所怠慢;另一方面,如土地使用权者拥有了剩余空间的建设用地使用权,那么往往会滋生炒地、囤积空间以及哄抬房价的现象。因此,对于建设用地使用权应当明确所设空间的边界,允许权利人合理使用,对此在学界中产生了“利益存在限度说”、“支配可能限度说”以及“必要范围说”等观点,其中得到广泛认可的观点是“利益存在限度说”,该学说以权利人行使而存在的利益为限度,旨在保护权利人的合法权益,并确保他们的利益得到充分保障。该学说在日本、德国等国家得到了成功应用。〔17〕 建设用地使用权所涵盖的空间小于土地所有权,仅指转让合同中规定的空间。一个原因在于土地所有权

〔16〕 参见王刚:《我国建设用地分层利用制度之实践基础及发展趋势》,载《青海民族大学学报(社会科学版)》2012 年第 1 期。

〔17〕 参见马栩生:《论城市地下空间权及其物权法构建》,载《法商研究》2010 年第 3 期。

者可能怠于使用其建筑物垂直范围以外的任何空间。另一个原因在于如果允许土地使用权人拥有利用剩余空间的权利，就可能会引发类似的空间囤积问题。

随着社会经济的发展，土地资源的稀缺性、有限性与人类不断增长的土地需求之间的矛盾日益凸显，这促使人们开始探索对土地空中、地中的利用。现代技术的飞速发展，使得高架桥、空中轻轨、地下商场、地铁等成为城市中随处可见的土地利用的立体化展现。由此，对于土地立体化分层利用的法律讨论也形成趋势。我国《民法典》第 345 条和第 346 条明确了建设用地使用权可以分层设立，即可以设立地表、地上和地下的建设用地使用权，从而更好地实现建设用地的有效利用。由此，建立地上、地下建设用地使用权的物权地位，为规范土地立体开发提供了坚实的法律基础。空间建设用地使用权是以“土地”为对象，以“上下”为范围，即在地面之上，在特定空间范围之下，通过在空中或地面上切断断层而产生的一种权利。“土地上空”是指地表以上的空间，“地下空间”是指地表以下的空间，“特定范围”应是空间表层的上限和下限之间的空间范围，由此，通过明确“特定范围”的界线，就可以设定空间地上权。[18]

二、公共空间用益物权的设立主体

公共空间用益物权设立主体通常为土地所有权者，我国空间地上权的所有权主体不仅仅限于国家，也涵盖自然人、法人或者其他经济组织。基于我国国情，土地公有制为基本经济制度，由此公共空间用益物权的主体仅仅是国家和农村集体。国家和农村集体作为土地所有权人有权通过设立建设用地使用权等用益物权的方式，对其所有权效力范围内的特定空间设立空间地上权，其取得权利的主体为民事权利的一般主体。[19]

---

〔18〕 参见王者洁：《空间地上权：一项新型用益物权的生成》，载《东北师大学报（哲学社会科学版）》2018 年第 6 期。

〔19〕 参见王者洁：《空间地上权：一项新型用益物权的生成》，载《东北师大学报（哲学社会科学版）》2018 年第 6 期。

我国《民法典》第 345 条和第 346 条明确了建设用地使用权可以分层设立，建设用地使用权分层设立主体只有国家，政府作为国家行政机关可以代表国家行使该项权利，该权利的取得需要经过国家审批。[20] 只有当权利申请主体满足特定的资格和标准时，方可获取地下建设用地使用权，同时，申请主体还要受到严格的限制。[21] 另外，建设用地使用权人能否为第三人设立空间建设用地使用权，以及设定空间建设用地使用权是否需要经过原有的建设用地使用权人的同意等问题存在争议，然而当前立法中并未明确对建设用地使用权人能否为第三人设立空间权进行规定。[22]

---

〔20〕 参见陈振、欧名豪、姜仁荣、杜茎深：《土地立体化利用过程中建设用地使用权分层设立研究》，载《城市发展研究》2017 年第 1 期。

〔21〕 参见茶丽华：《地下建设用地使用权的取得与行使》，载《行政与法》2021 年第 9 期。

〔22〕 参见郑莉：《空间建设用地使用权设立的法律问题探究》，载《湖南科技学院学报》2015 年第 4 期。

第三节 设立公共空间用益物权的程序

一、各省市在设立公共空间用益物权上的实践

虽然我国法律没有将空间权认定为一项单独的用益物权进行讨论，但因经济的快速发展，各个省市均已经对空间利用出台了相关的规定，大体可分为三种类型：第一类多为框架性、原则性规定，内容较为抽象，具体而言为济南市和海口市所发布的地下空间开发利用管理办法；第二类规定侧重于空间的规划与建设管理，文件中多强调对政府部门权力的规制，如上海市、南京市、杭州市、宁波市以及长沙市所发布的地下空间开发利用管理办法；第三类主要从空间利用上作出规定，体现民法特征，同时还对空间权的取得、登记、行使等方面作出具体规定，如广州市、东莞市、太原市、武汉市以及厦门市等发布的地下空间开发利用管理办法。尽管当前各地陆续发布有关空间权的管理办法或条例，但这些办法或条例较为粗疏，多从行政角度进行规制而极少关注空间权的物权属性，由此，有关空间权的法律框架尚未全面与完整。

二、公共空间用益物权的设立

物权变动涉及《民法典》第 345 条和第 346 条中提到的建设用地使用权及其用益物权上权利人可能面临的权利变更、转让和消灭等情况。本节将重点讨论空间权的设立制度。至于权利取得之后发生的权利变更、转让和消灭等变动将在下一节展开讨论。

通常来说，有关公共空间权可以根据是否有法律的规定而划分为两种不同情形的取得方式：一种为基于法律行为取得的空间权，另一种为基于法律行为之外的原因取得的空间权。具体而言，设定与让与是基于法律行为取得空间权的两种方式，而时效取得、继承以及征收是基于法律行为以外的原因取得空间权的方式。[23]

---

〔23〕 参见陈祥健：《空间地上权研究》，法律出版社 2009 年版，第 119 ~ 124 页。

（一）基于法律行为而取得

1. 设定

我国空间权基于法律行为的设定取得是基于地下空间的用益物权属性，参照《民法典》第347条，我国空间权的取得有划拨和出让两种方式，出让则包括拍卖、招标等公开竞价的方式或双方协议等情形。

首先是划拨。根据《城市房地产管理法》第23条第1款的规定，土地使用权划拨，是指县级以上人民政府依法批准，在土地使用者缴纳补偿、安置等费用后将该幅土地交付其使用，或者将土地使用权无偿交付给土地使用者使用的行为。应当指出的是，原则上建设用地使用权应当以有偿转让的形式确定，只有法律、行政法规规定的用地才能采用无偿划拨的形式。此外，具体到空间权领域，通过分配方式所设立的空间权通常会存在一定的限制，主要体现在严格的用途目的以及取得程序上。例如在城市规划中所涉及的地铁建设，地铁公司需要根据法律规定按照严格用途目的并经过一定的程序才能在他人建设用地使用权下获得地下空间的使用权。〔24〕

其次是出让。相较于行政划拨，出让的方式在取得空间利用权时更为常见，其是指国家或者集体经济组织通过订立有偿建设用地使用权合同，在一定期限内将国家或者集体经济组织所有的土地设定为土地使用者使用的行为。〔25〕而为获得土地使用权向土地所有人支付的对价，称为出让金。以出让方式取得国家或集体所有的土地的使用权，具有交易性、有偿性和期限性的特点，即土地使用权的出让是一笔交易，土地使用权出让合同实际上为民事合同，具有平等性质，民事主体之间在协商一致订立该合同后，就可取得对该土地的使用权。

最后，建设用地使用权自登记时设立，采取登记生效主义。就空间权而言，由于空间权只是设定在土地上下的一定空间范围内，所以土地

〔24〕 参见邢鸿飞：《论城市地下空间权的若干问题》，载《南京社会科学》2011年第8期。

〔25〕 参见梁慧星、陈华彬：《物权法》（第6版），法律出版社2016年版，第十五章“建设用地使用权”。

所有权人仍然可以在未设权的空间内将空间权设定给他人。与其不同的是土地所有者设定的普通地上权,其不能再次设定普通地上权给别人。如果土地所有权人将空中部分的空间权设定为建设高架道路的空间权,他可以将建设地下购物中心的地下部分的空间权设定给他人,土地空间的立体使用是一种不动产权利,由此应当按照合同设定,应当有当事人的书面同意,并依法登记才能生效,也即《民法典》第 348 条和 349 条的规定。

2. 让与

在讨论权利取得方式之让与时,有些学者认为它反映了权利的流转变动,因此应该被纳入物权变动的范畴;但是,考虑到本章的体系化叙述,笔者仍将其视为地下空间利用权取得方式之一进行探究。

具体而言,空间权是一种可以依法转让给他人的财产权,受让人通过转让获得空间权。当然,如上所述,转让必须以书面形式作出,在依法登记后,才能取得空间权。尽管毫无疑问的是空间权是可以完全转让的,但是能否将空间权的一部分让与?事实上,法律允许普通地上权权利人转让其权利,而不限制其所转让比例,这意味着法律并不干预权利的全部或部分转让,在让与问题上,由于公共空间权与普通地上权具有同一属性,二者并无明显差异。另外,提高土地的利用效率是空间权产生的重要因素,因此在满足合理利用要求的情形下,不应当对空间权的转让和让与进行限制。在城市地下空间规划中,地下商业街道的建设是在不得限制地下街用途的情形下,将地下空间的一半转让给其他个人或组织开发利用地下街。由此带来部分转让与分配的问题,即空间的部分转让往往会带来复杂化的权利关系以及精细化的空间划分问题,对于这些问题当事人有较大的考虑空间,同时有关政府部门如规划管理部门可以根据情况适当把握。

(二)基于法律行为以外的原因而取得

由于我国《民法典》并未将空间权作为独立的一项用益物权进行讨论,更没有详细阐释其基于法律行为以外的原因而取得的方式,笔者仅以理论学说和其他国家和地区的法学实践为基点展开讨论。

1. 时效取得

时效取得是指在法定期限之后无权利人继续行使权利，从而使原权利人丧失权利，实际占有人取得权利的制度。〔26〕 通过时效取得空间权必须具备一定的条件，这些条件应包括：

第一个条件是占有，即对于不动产空间必须具有事实上的管领力并满足以下条件：其一，从主观角度观之，若要取得不动产空间权，该不动产空间权人须有行使空间权的意思，这主要是从空间权的基本概念角度考虑的。由于空间权是供他人在地表上下一定空间范围内行使的权利，如若在他人空间内建造建筑物或者其他工程设施，必须产生使用他人空间的一种主观意思。其二，从对象角度观之，这同样是结合了空间权的基本概念，需要明确作为客体的空间为行使对象，由此通过时效而取得的空间权应当仅限于他人的空间。其三，和平占有为最重要的因素，占有者只有通过和平的方式占有而非通过胁迫、暴力或其他方式占有，才算取得时效的占有。其四，公然占有也是必要条件，所谓公然占有是指以非秘密的方式占有。从学界的讨论观之，想要通过时效取得不动产所有权，公然占有要求必须满足。而作为不动产物权中的一种空间权也应当符合公然占有之条件，但是何种情形下为公然占有则需由一般的社会观念所确定。其五，占有必须是持续的。也就是说，在法定期限内持续和不间断地占有。

第二个条件是要经过法定期间。关于期间，各国及地区规定不一。

第三个条件是登记。在满足时效取得条件后，该时效利益人仅仅获得空间权的登记请求权，换言之，若要取得空间权，还需向登记机关办理空间权的登记。由此，满足时效取得条件的人应当在法定期间期满之后申请登记，申请登记应当向登记机关提交申请材料并根据相应的登记规则进行空间权登记，空间权才能确定下来。

2. 继承

一般而言，财产权可以通过继承的方式获得，而空间权从其属性上

〔26〕 参见陈祥健：《空间地上权研究》，法律出版社2009年版，第119页。

看可以归类于财产权，由此自然可以作为继承的标的通过继承的方式而获得。但是，如若空间权的存续期间与空间权人的终身挂钩，那么一旦空间权人死亡，空间权也会随之消失，其权利就会消灭，就没有继承可言。类似地，因继承取得空间权的，债权人不得擅自处分。

3. 征收

在部分国家和地区的相关规定中，征收也是空间地上权取得的原因之一。

三、完善公共空间用益物权设立的建议

空间建设用地使用权的客体属于三维空间，应与建设用地使用权适用不同规则。一般而言，在有关土地规划下，建设用地使用权的出让要签订出让协议，并根据一定的程序办理登记手续以及取得有关许可证件。而在设置空间建设用地使用权时应当考虑的因素较为繁多，特别是需要关注建筑物相关的配套设施，具体包含排水、采光、通风、通行等设施。除了相关配套设施，还需要关注其他的邻近建筑设施和地面的工程，这些都会给空间建设用地使用权人造成一定的使用权上的限制，由此，前期的规划显得颇为重要。对于前述问题，我国部分地区已有相关实践，特别是在上海。上海规定了地下空间使用权出售的相关程序，在当事人之间签订转让协议之前，应当先行向有关部门申请批准如建筑、建设用地的许可证。对此做法笔者表示赞同，并期待这种好的经验与做法能够得到推广。同时，由于空间建设用地使用权的特殊性，即客体与具体性质，应当在法律上明确具体的设立程序，例如规划部门应当合理规划，避免空间使用重叠而造成的资源浪费与权利冲突的问题。此外，还要考虑到地理特征与地质条件因素，有关地质勘察部门应当为了安全建设，及时对地貌变化和地质灾害问题进行调查；具体程序设置上，法律应当明确只有经过一定的程序，当事人在申请获得空间建设用地的规划许可之后才能签订出让协议。

为了保护利益相关人的合法权益，可以通过信息公开设定一定的公开时限，公开内容包括拟设立的空间建设用地使用权的客体、位置、具体用途、产生影响以及对此影响所采取的预防措施等，同时增加异议告知程序，对于空间建设用地使用权有异议者可以提出相关意见或者建议；

在权利设置过程中召开听证会,使各方利益诉求得以表达。此外,还应当建立一个完善的事后救济体系,比如行政复议和行政诉讼,以保障相关权利人的合法权益。[27]

---

〔27〕 参见张鹏、史浩明:《论中国空间建设用地使用权的设立》,载《中国土地科学》2012年第1期。

第四节　公共空间用益物权的变动

一、公共空间用益物权的转让

空间权的转让不同于出让,是指土地使用者获得国有土地使用权并将该权利转让给第三方。空间权的转让在理论上可以分为三个层次:第一个层次的转让是连同土地所有权的转让;第二层次,属于建设用地使用权所占用空间和建设用地分开流转;第三层次,独立于建设用地使用权外的可利用空间转让。

第一层次的转让从权利的取得到转让的客体并未发生改变,改变的仅仅是权利人,即从空间所有权人转变为建设用地使用权人,第一层次的转让建设用地使用权与空间权取得极为相似。

而第二层次的转让则更为重要,尤其是其中所涉及的两点:一方面,由于如何界定建设用地使用权人所占有的必要空间有其自身的模糊性,而建设用地使用权人所占有的必要空间的模糊性又进一步受到土地的分层立体利用规则的影响,变得更加模糊。举例说明,如果建设用地使用权人取得了上至地表 200 米、下达地下 80 米的空间权的规划范围,但最终只使用了从地下 20 米到地上 90 米之间的空间,而对于地上 90 米和地下 20 米之外的空间是否会因建设用地使用权人的意志而发生改变? 基于我国国情,在当前的制度下,这种转让似乎难以得到实现。因为,即使抛开规划建设是否会涉及违章建筑这个问题不予讨论,对于建设用地使用权人是否依然可以在本次规划之后保留对剩余部分的空间权利的物权也是尚未得出定论,更不用说法律政策的变动导致情况不断变化得以适用的情况。事实上,没有必要将剩余部分的空间归于空间所有人,如果这样反复回收可能会引起交易安全与稳定的问题,因为此部分的空间本身已由建设用地使用权人管理。另一方面,转让主要发生在建设用地使用权所占用的空间内,此时所面临的问题在于如何解决相邻关系甚至空间地役权的问题,解决此问题有利于推动转让的顺利进行,但是有关此部分问题还有待于理论与实践的探索和完善。

最后一种转让是在空间权的原始取得后单就利用权的转让行为。其与建筑用地使用权的转让相似,但在转让的自由度上却显著地大于土地使用权的流转,不仅仅限于城市建设、交通、科技等领域,而且还可以涉及更多的其他领域,从而实现土地使用权和空间使用权的有机结合。[28]

对于空间权转让可以按照转让的标的组成不同区分为三种典型情况,具体而言:一是空间权本身的转让;二是对于空间建造的建筑物或其他工作物连同空间权转让;三是建筑物或其他工作物与空间权分离而单独转让。[29]

关于第一种情形,即空间权自身的转让问题,大多坚持契约自由原则。如《德国民法典》第1012条、《瑞士民法典》第779条的具体规定,日本的判例及学说均认可空间权可以转让。可见,空间权的转让是其作为物权的必然属性之一。

关于第二种情形,其主要涉及空间建筑物以及在其地表上的设施空间权转让的问题,这也是空间收益权和处分权的重要方式之一,应当在法律中得到明确。但是,在地下空间建造的建筑物转让是否应经土地所有人的同意的问题上,《德国地上权条例》第7条规定:土地所有人无充分理由拒绝同意的,地上权人可向土地所在地的简易法院申请判决以代替同意。《日本借地借家法》第19条规定了可以许可代替借地人的同意。

最后,对于第三种情况,主要涉及地表建筑物或其他设施与空间利用权分离后并转让的问题,对此问题各国以及相关地区有所规定,但这些规定也有所差异。[30]《德国地上权条例》规定建筑物不得脱离空间而单独让与。《日本民法典》虽然规定,建筑物与土地为各自独立的不动产,地下空间利用权多附随建筑物或工作物而让与,但也得仅移转地上

〔28〕 参见李威:《空间利用权:土地分层与空间分层的立体利用》,载《中国社会科学院研究生院学报》2014年第4期。

〔29〕 参见[日]我妻荣著、[日]有泉亨补订:《日本物权法》,台北,五南图书出版公司1999年版,第340页。

〔30〕 参见陈祥健:《空间地上权研究》,法律出版社2009年版,第170页。

物而保留地上权,或仅移转地上权而保留地上物,或将二者一同移转。综上,虽然各国及相关地区规定出于不同的考虑,但都有着类似的核心思想,即均认为两者原则上不得分离让与。

二、公共空间用益物权的登记

一般而言,按照物权公示原则办理登记是不动产物权发生变动的必经手续,同样地,由于空间权作为物权的一种,当然也应按照法定程序进行登记。具体而言,空间权登记指当事人对所取得的空间利用权权属情况包括现状以及变更状况向有权登记机关登记在专用记录本上,在经历了法定程序后,当事人获得有关权利证书。

关于空间权登记的内容,《日本不动产登记法》第 78 条规定,除须登记设定目的、存续期间、地租外,尚须登记上空或地下一定的空间范围及有关土地使用的限制等。《日本不动产登记法》规定应记载地下或空间的上下范围,即要求首先对作为地上权标的的地下或空间的上下范围进行测定,将其视为办理空间权登记的前提。[31]

我国《民法典》第 349 条提出,建设用地使用权的设立必须符合《不动产登记暂行条例实施细则》第 34 条规定的登记要求,并且必须经过严格的审批流程,才能够正式获得建设用地使用权。

从空间权的概念出发,由于空间是立体而非平面的概念,所以在空间权的设立过程中,即签订土地出让协议时,需要关注出让土地的边界以及空间范围,应当注意空间体积而非仅仅关注平面面积。进行登记时,更要注意记载垂直方向的高程,构造出三维的立体图形,以标注出空间权具体的权利范围。[32]

我国空间权利的登记主要是通过对权利人的主体资格、权利性质、权利来源、取得时间、情势变化、土地和空间边界等方面的审查和确认,对空间权利和其他权利进行专门登记,建立登记簿,对登记事项进行编号综合记录。

---

〔31〕 参见陈祥健:《空间地上权研究》,法律出版社 2009 年版,第 146 ~ 147 页。

〔32〕 参见最高人民法院民法典贯彻实施工作领导小组主编:《民法典物权编理解与适用》(下),人民法院出版社 2020 年版,第 760 ~ 766 页。

空间权登记程序是国家加强对城市空间使用权的管理，经过法定程序后确认空间权的效力。当空间权利登记后意味着该空间权受法律保护，任何单位和个人不得侵犯。空间权登记的主体包括自然人、法人和非法人组织，登记机关为各地的市、县土地管理部门和房地产管理部门。申请登记的应当是空间权利人、空间权利变更后的当事人或者在空间权利中有利害关系的人。〔33〕

三、公共空间用益物权的抵押

1962 年，美国联邦住宅局颁布的《国家住宅法》明确规定空间权可以成为抵押权的标的。〔34〕 此外，我国《民法典》第 395 条第 1 款第 2 项规定，债务人或者第三人有权处分的建设用地使用权可以抵押。

其中，关于公共空间用益物权的抵押较为关注的问题为在建设用地使用权抵押过程中，如何理解“房地一体”原则，我国立法向来采取“房随地走、地随房走、房地合一”的原则，这在《担保法》（已失效）第三十六条、《城市房地产管理法》第三十二条均有明确规定。然而，在过去的司法实践中，引发争议的原因在于房产与土地使用权分开抵押，而这种分开抵押通常会带来利益相关方的冲突，同时各地司法裁判的不同会进一步加剧这种冲突。

抵押权的设立目的主要在于抵押物交换过程中以交换价值来实现债权，房产与土地使用权通常涉及不同抵押情形，具体包含分别抵押、单独抵押以及一并抵押，为了实现抵押权的目的，通过拍卖和变卖房产与土地使用权，抵押权人按各部分的金额分配。在这种模式下并未影响抵押权的实现，同时也并不违反“房地合一”的规定，因此对于房地单独或者分别单独抵押情形应当认定为有效。但问题在于，还需要考虑抵押效力问题，由于房产抵押效力与土地使用权抵押的效力互相不及于对方，在实践中，抵押权人不明确抵押权设立先后情况下分别设立和行使抵押

〔33〕 参见魏秀玲：《中国地下空间使用权法律问题研究》，厦门大学出版社 2011 年版，第 75～76 页。

〔34〕 参见林泷嵚、赵怡婷：《立体城市 16丨立体分层发展时代的国外地下空间权概览与启示》，载微信公众号“cityif”，2021 年 12 月 28 日，https://mp.weixin.qq.com/s/zy2U5yTyFp3Plus82hNhYQ。

权。《物权法》(已失效)正是关注到了实践中的争议,在第 182 条第 1 款重述《担保法》(已失效)第 36 条的规定后,在第 2 款明确规定:抵押人未将土地使用权与地上建筑物一并抵押的,未抵押的财产视为一并抵押。该规定明确了在抵押问题上,也坚持"房随地走、地随房走、房地合一"的原则。房地分别抵押可以类比于同一物上设立两个抵押权,如此一来便会产生这两个抵押权如何行使以及其行使的先后顺序的问题。按照抵押权一般原理,登记在先的优于登记在后的,这种处理思路区别于与《物权法》(已失效)施行之前的实务,《民法典》第 397 条完全沿用了《物权法》(已失效)第 182 条的规定,因此可供未来的司法实践参考。

四、公共空间用益物权的查询

有关公共空间用益物权的查询包含土地登记资料、查询主体、查询办法三个方面。

首先,土地登记资料一般有土地登记结果资料和原始登记资料。土地登记结果资料包括土地登记卡和宗地图,原始登记资料包括土地权属来源文件、土地登记申请书、地籍调查表和地籍图。

其次,关于查询主体一般有三类:第一类为权利人或者取得权利人同意的单位与个人,该类人群可以查询土地权利范围内的原始登记资料;第二类为土地登记代理机构,此类机构能查询与其所代理业务有直接联系的原始登记资料;第三类为政府部门与司法机关以及纪检监察部门,其能查询调查处理案件相关的原始登记资料。

最后,关于查询方式,一般情况下,当事人可以查询土地登记信息,而查询土地登记信息的前提在于当事人提供有关身份证明文件以及填写相应的申请表。如若查询者非自然人,应当提交相关单位的证明文件,除前款规定的材料外,对原登记资料有疑问的,还应当按照有关规定提交有关证明文件;取得土地所有人同意的单位和个人,应当提交土地所有人同意书、土地所有人权利书和土地所有人身份证明;国家安全机关、公安机关、检察机关、审判机关和纪检监察部门,应当提交本单位出具的查询证明和执行查询任务的工作人员的工作证明。

第五节　公共空间用益物权与其他权利的冲突与平衡

一、公共空间用益物权与地表物权的权利冲突与平衡

地表建设用地使用权与空间使用权存在冲突，一般而言，土地使用权为空间权提供了一个支点。从空间权来看，空间使用权得以实现依据的是不动产的相邻关系，而相邻关系在理论学界被视为不动产物权之延伸，相邻权人对于他人利用不动产的行为负有法律上和道德上的容忍义务，所以空间权人在以空间建造、改造等方式行使自身权利的时候，不应该侵害地表建设用地使用权人的权利，如若空间权人侵害到地表建设用地使用权人的权利并造成一定损害的情形下，应当对其进行一定的补偿。同时，如若想提升空间权的利用，在相邻关系之外，空间权人与土地所有权人还可以选择通过地役权的方式实现其目的。另外，还可以通过租赁关系实现，但是如果租用者的相关设施诸如出入口、通风口被地表建设用地使用权人破坏之时，租用者可以通过诉讼方式进行救济，但是这种诉讼方式无法通过物权请求权实现，而是通过违约之诉来维护自身的权益。[35]

具体而言，公共空间用益物权与地表物权的权利的平衡可以从公法和私法两个角度解决。

第一，从公法角度出发，需加强规划体系建设。地下建设用地使用权必须依规划取得，确保施工安全且不损害地面建设用地使用权。

第二，从私法角度出发，在先用益物权使用权人取得地下建设用地使用权时，通常需要充分考虑资源环境承载力以及其他使用权人如地表建设用地使用权人的使用情况，这主要是在于使用权的行使过程中容易受到外部因素的干扰而产生极大变动，而且使用权通常还会涉及多方协

---

〔35〕 参见郑莉：《空间建设用地使用权设立的法律问题探究》，载《湖南科技学院学报》2015 年第 4 期。

调问题而显得极其复杂。[36] 例如,在建设通道口、支点、消防通道时可能占用地表一定空间范围,对地面建设用地使用权带来一定的影响。[37] 尽管建设用地使用权的建筑物在地下,但是有关通风、采光的附属设施需要经过地表,这就使得事前规划尤为重要,一旦动工完成后就难以扩建或者改造修复,如若在建设之前未对建筑物具体用途和配套设施考虑周全,就难以进行恢复。[38] 因此,资源环境承载力以及地表建设用地使用权人的权益是用益物权人应当关注的重点,否则,有关地下建设用地使用权的不当行为就会损耗在先的用益物权,由此对造成的诸如地表裂开以及塌陷的问题应当承担侵权责任。因此,值得注意的是,要避免因地下空间开发利用而造成地表建设用地使用权人的人身损害与财产损失。

二、公共空间用益物权与相邻物权的权利冲突与平衡

对于空间建设用地使用权之间的冲突与协调,通常表现为如若已经有空间权设定基础上再设定空间权是否需要在先的权利人同意,目前学界有两种观点:一种是否定说,否定说的学者认为当不同权利人在不同空间设置空间使用权之时,如若不存在冲突或者实质利害关系,就不会发生物权排他效力,也就无须经过在先权利人的同意。另一种是肯定说,持肯定说的学者认为如若不同权利人在相邻空间上产生联系,在必要的空间利用程度内不需要征得其他人的同意,如若超过了空间权使用合理限度,应当由土地所有人与空间建设用地使用权人基于私法自治的原则作出约定。

三、公共空间用益物权与在先物权的权利冲突与平衡

建设用地使用权设立后,地下空间利用权可以在权利范围之外再设立。类似地,如前所述土地所有者除了个人还有国家,国家可以先设立

---

〔36〕 See Chengcheng LIU & Zhongxiang YU, *Analysis and Research on Industrial Land Transfer in Heifei City Economic and Technological Development Zone of Anhui Province*, 3Asian Agricultural Research 41(2017).

〔37〕 参见王燕霞:《土地分层利用中的法律问题研究》,载《河北法学》2012 年第 7 期。

〔38〕 参见陈振、欧名豪、姜仁荣、杜荃深:《土地立体化利用过程中建设用地使用权分层设立研究》,载《城市发展研究》2017 年第 1 期。

地下空间利用权而后在该块设立地下空间利用权的上方设立建设用地使用权，也可以先设立建设用地使用权再设立相应的地下空间利用权，无论二者设立的顺序先后，设立的条件大体一致。但是，由此而产生的问题在于新设立的地下空间利用权是否应当取得建设用地使用权所有人的事先同意，该问题还有待于进一步探讨。

比较法上，日本法律对在先权利人与空间权协调有规定，即在先权利人拥有对空间权设立的同意权，值得注意的是，此项规定的使用前提条件在于在先设定权利与空间权的客体有所重叠时在先权利人才享有同意权，如若不存在重叠之处，在先权利人无法行使同意权。〔39〕

对这个问题有正反两种看法。持肯定观点的学者认为，物权所有人可以在物权人范围外自由地行使物权设定的权利，但是所有权人在先设定权人的权利范围之中再设定权利视为无权处分，这也意味着后设定的权利人是无法在先设定人权利范围内取得权利。〔40〕一些学者认为，在考虑到当事人的利益平衡和权益的情况下，应该允许土地所有人支付赔偿金，以获得第三方的同意。然而，如果第三方没有正当理由拒绝支付赔偿金，那么这就是权利的滥用，不应该被允许。〔41〕持否定观点的学者认为，先权利人并不一定有同意权，是因为即使用益物权设定了，土地所有权人也并未失去其所有的物权处分权，而是在设定后，土地上有限定物权为负担或限制。〔42〕而且，“盖因普通地上权的范围虽然及于土地之上下但实际上就某些空间仅只是‘形式上’占有，而非实质占有”，所以当新设立的区分地上权的行使对普通地上权的行使不会造成阻碍的，并不影响二者共存。〔43〕由此可见，持肯定说的学者是从传统物权法理论

---

〔39〕参见［日］我妻荣著、［日］有泉亨补订：《我妻荣民法讲义Ⅱ新订物权法》，罗丽译，中国法制出版社 2008 年版，第 400 页。

〔40〕参见谢哲胜：《民法物权编区分地上权增订条文综合评析》，载《月旦法学杂志》第 4 期（2010 年）。

〔41〕参见谢在全：《民法物权论》（中册），中国政法大学出版社 2011 年版，第 134 页。

〔42〕参见谢在全：《民法物权论》，中国政法大学出版社 2011 年版，第 477 页。

〔43〕参见李淑明：《民法物权》（2010 年增补资料），台北，元照出版有限公司 2010 年版，第 235～236 页。

出发,考虑到权利重叠情形,在权利重叠之时需要得到在先权利人的同意才能设立相应权利,这是基础法学理论的必然要求。而持否定说的学者的论证出发点是基于对所有权人的处分权的保护以及普通地上权人对空间利用的限制,从而得出应该优先保护在先设定的权利,强调后设定权利的行使不应该妨碍在先权利的行使的结论。

综上,从传统物权法理论来看,依据在先登记的不动产物权的效力优先于在后登记之原则,可以得出在后设定的权利不可以损害已经设立的权利的结论,这也是《民法典》第346条之规定。而当土地所有人将地下空间出让给地下空间利用权人时,考虑到在先设立的建设用地使用权因受合同的限制,其权利范围不能大于出让人,此时也就无须再取得在先设立的建设用地使用权人的同意了。当然,应当注意的是尽管不需要取得在先设立的建设用地使用权人的同意,但是履行告知义务是必要的。

(本章执笔人:陈克宇)

第七章　租赁住房

第一节　租赁住房的背景及现状

2021 年 12 月初,中央经济工作会议在北京召开,连续三年将发展住房租赁市场确定为年度工作重点,强调"坚持租购并举,加快发展长租房市场,推进保障性住房建设"。党的十九大、党的二十大报告强调,加快建立多主体供给、多渠道保障、租购并举的住房制度。[1] 近年来,我国对住房租赁市场的支持力度持续加大。同时,随着流动人口规模的持续扩大,房屋租赁的需求也在不断增加,房屋租赁市场的前景十分光明。

一、租赁住房的内涵

(一)市场化租赁住房

《不动产私募投资基金试点备案指引(试行)》(中基协发〔2023〕4号)认为市场化租赁住房是指,不以分拆产权销售为目的、长期对外进行市场化租赁运营,但未纳入保障性租赁住房体系的租赁住房。[2] 参照《南京市市场化租赁住房建设管理办法》,市场化租赁住房是指采用市场化运作、由企事业单位投资、用于租住的新建或改建房屋,不包括政府筹建的公共租赁住房、廉租房等租赁住房。[3] 此外,房屋租赁市场中个人对外出租的住房占有较大一部分比重,但随着近年来住房租赁企业的快速增长和住房租赁市场的规模化发展,个人直接或通过中介对外出租住房的比例有所降低。

从房屋属性的角度出发,我国租赁市场中用于出租的住房包括商品性房屋和非商品性房屋。商品性房屋指由房地产开发公司投资建造的,经政府相关部门审批,用于市场出售出租的房屋。非商品性房屋是指房

---

〔1〕 参见《习近平:高举中国特色社会主义伟大旗帜　为全面建设社会主义现代化国家而团结奋斗——在中国共产党第二十次全国代表大会上的报告》,载中国法院网,https://www.chinacourt.org/article/detail/2022/10/id/6979112.shtml。

〔2〕 参见《不动产私募投资基金试点备案指引(试行)》第 3 条第 3 项。

〔3〕 参见南京市政府《关于印发南京市市场化租赁住房建设管理办法的通知》第 2 条第 1 款(宁政规字〔2019〕9 号),2019 年 9 月 3 日发布。

地产开发企业以外的单位或个人自建、参建或委托建造的房屋。

（二）国家调控下的政策性租赁住房

国家调控下的政策性租赁住房是指政府组织推动和实施的，就供应对象、租金标准、建设标准或销售价格等方面条件，有社会保障作用的租赁住房。从国务院发布的《关于加快发展保障性租赁住房的意见》这一文件来看，公租房、保障性租赁住房，包括最早推行的廉租房等均属于国家调控下的政策性租赁住房，是住房保障体系的重要组成部分。

1. 廉租住房

廉租住房简称廉租房，是我国最早的出租型保障房。廉租房制度是一项从保障居民住房方面建立的社会保障制度，在该项制度下，国家通过租金调减、住房补贴、实物廉租住房等方式，向无力购买住房的城镇低收入群体提供住房保障。

1998 年发布的《关于进一步深化城镇住房制度改革加快住房建设的通知》（国发〔1998〕23 号）规定，最低收入家庭租赁由政府或单位提供的廉租住房。[4] 这是我国首次在国家政策层面提出“廉租住房”这一概念，不过该文件并未对廉租住房的管理办法做出具体规定。1999 年 4 月发布的《城镇廉租住房管理办法》（已失效）将廉租住房定义为，政府向城镇常住居民户口的最低收入家庭提供的租金低廉的，具有保障职能的普通住房，[5] 主要具有“政府提供”“最低收入家庭”“租金低廉”“保障职能”等特点。此后，国家相关部门发布了《城镇最低收入家庭廉租住房管理办法》（2004 年实施，已失效）、《城镇最低收入家庭廉租住房申请、审核及退出管理办法》（2005 年实施，现行有效）、《廉租住房保障办法》（2007 年实施，现行有效）、《关于加强廉租住房管理有关问题的通知》（2010 年实施，现行有效）等系列配套制度，建立起相对完善的廉租房制度。

---

〔4〕 参见《关于进一步深化城镇住房制度改革加快住房建设的通知》（国发〔1998〕23 号），1998 年 7 月 3 日发布。

〔5〕 参见《城镇廉租住房管理办法》第 2 条第 1 款，中华人民共和国建设部令第 70 号，1999 年 4 月 22 日发布。

2. 公共租赁住房

公共租赁住房属于租赁型保障房。根据2012年颁布的《公共租赁住房管理办法》的规定，公共租赁住房是指面向符合条件的城镇中等偏下收入住房困难家庭、新就业无房职工和在城镇稳定就业的外来务工人员出租的，限定建设标准和租金水平的保障性住房。〔6〕

2010年，住房和城乡建设部等七部门联合出台了《关于加快发展公共租赁住房的指导意见》，旨在解决无法申请廉租住房，又没有商品住房购买能力的城市“夹心层”群体的住房问题。〔7〕 为了加强对公共租赁住房的管理，2012年住房和城乡建设部又进一步发布了《公共租赁住房管理办法》，细化规定了公共租赁住房的保障对象、申请与审核等内容。2013年住房和城乡建设部、财政部、国家发展和改革委员会发布《关于公共租赁住房和廉租住房并轨运行的通知》，宣告公共租赁住房与廉租住房的并轨运行，统称为公共租赁住房。公共租赁住房制度在政府支持下不断完善。

3. 保障性租赁住房

2021年7月出台的《关于加快发展保障性租赁住房的意见》提出“完善以公租房、保障性租赁住房和共有产权住房为主体的住房保障体系”〔8〕。区别于公租房主要针对中低收入住房困难群体，保障性租赁住房则主要针对住房困难的新市民、青年人等，且实施区域主要在省级人民政府确定的城市和人口净流入的大城市。

根据该意见，保障性租赁住房是指由政府给予政策支持，多主体投资、多渠道供给，面向城市中新市民、青年人等群体出租的具有限定建设标准和低于市场租金水平的保障性住房，顺应了新时期经济转型和包容性发展对于住房保障的新诉求，注重保障的普惠性。

---

〔6〕 参见《公共租赁住房管理办法》第3条第1款，住房和城乡建设部令第11号，2012年5月28日发布。

〔7〕 参见郎启贵、施勤俭、吴步昶：《我国公共租赁房运作模式的实践与探索——基于部分城市公共租赁房运行情况的比较分析》，载《中国房地产》2011年第20期。

〔8〕 《关于加快发展保障性租赁住房的意见》，国办发〔2021〕22号，2021年6月24日发布。

为了实现"住有所居"的目标,不仅需要政府推动实施下的政策性租赁住房的发展,还需要进一步规范住房租赁市场,倚赖市场化租赁住房的良性、健康发展。

二、租赁住房的时代背景与发展历程

租赁住房是我国住房保障制度中的重要组成部分,是促进实现"住有所居"的重要举措。租赁住房与国家经济体制以及住房所有权的发展密切相关,相关经济政策将直接影响到租赁住房的发展。我国租赁住房制度经过了70余年的发展,历经"公房低租""重购轻租""以保促租""租购并举"四个时期。[9] 下文主要介绍我国在计划经济体制向市场经济体制转型的过程中租赁住房的变迁过程。

(一)1949~1978年:"公房低租"时期

1949~1957年,国家承认住房私有权,公共房产与私人房产并存,公私并举。第一个五年计划时期,成立房地产交易所,建设城市住房租赁市场。中央针对公共住房的建设提出"六个统一"的方针,即"统一规划、统一投资、统一设计、统一施工、统一分配和统一管理"[10]。

1958年开始实施私有出租房屋社会主义改造,《关于目前城市私有房产基本情况及进行社会主义改造的意见》文件出台背景下,国家经租房机制占据重要地位,即对城市房屋占有者用类似赎买的方式逐步改变所有制性质。该时期的住房公有化也促成了我国早期的住房租赁制度。[11]

随着住房公有化的发展,开始施行泛福利化的住房政策。住房是一种福利,而不是商品,只能由政府或者单位来分配。很长时间里,我国实行城镇住房实物分配、低租金使用的福利性住房制度。由于计划经济体制下住房困难问题越发突出,国家就此进行了一系列的住房改革。

---

[9] 参见吴宾、张杰:《中国住房租赁政策的发展与变革:基于间断均衡理论的分析》,载《上海房地》2023年第1期。

[10] 李国庆、钟庭军:《中国住房制度的历史演进与社会效应》,载《社会学研究》2022年第4期。

[11] 参见国务院住房制度改革领导小组办公室等编著:《中国住房制度改革》,改革出版社1996年版。

（二）1979～1997年："重购轻租"时期

随着经济体制改革的推进，城镇住房制度也在向市场化转变，住房自有化、私有化成为住房改革的重点。1980年，邓小平对住房改革作出了指示，包括4个重点：第一，城市居民可以买房，也可以建房；第二，新房可以出售，老房子也可以出售；第三，提高租金，促使人们更多地转向买房；第四，房租的上涨导致一些收入低的人租不起，就要给予补贴。以上指示，极大地促进了我国住房私有化、商品化的进程，奠定了住房私有化的改革方向。公房租赁制度在我国住房体系中由主转辅。

1988年发布的《关于分期分批在全国范围内推行住房制度改革的实施意见》，进一步要求在全国范围内提高5年以内的住房租金。1998年7月《关于进一步深化城镇住房制度改革加快住房建设的通知》正式出台，住房分配转向货币化，1958年以后一直延续的福利住房制度得以终结。

此后，我国全面开启住宅商品化的时代，单位福利分房彻底退出了历史舞台。

（三）1998～2014年："以保促租"时期

至此，中国已经进入了商品住房繁荣发展的时期，在此期间市场住房租赁仍然得到蓬勃发展，但国家将力度主要集中在住房保障领域。

随着城市化的快速发展和员工流动的加速，我国房屋租赁市场在这一时期发展迅速，但相关部门并没有给予太多关注。2003年《关于促进中国房地产行业可持续健康发展的通知》的出台，提出加强租赁合同备案登记和规范住房租赁市场的发展。

2000年后，市场上的房地产价格大幅上涨，商业住房价格超出了低收入群体的能力，价格控制已成为住房体系的重要内容。社会福利体系住房下基本平均水平群体的城市住房群体开始分化，中高收入群体居住条件有所改善，低收入群体住房问题日益突出。2009年后，受金融危机的影响，国家对房地产市场进行了全面刺激，导致市场迅速变暖，房价水涨船高，住房问题也逐渐成为一个亟待解决的社会问题。为了应对这一问题，住房和城乡建设部等七部门联合出台《关于加快发展公共租赁住房的指导意见》，发展保障性租赁住房成为完善住房保障体系的重要支柱之一，保障住房的融资、建设、分配和管理等详细规定也随之一并出台。

每次调控，租赁房都成为抑制房价的政策工具。从 1998 ~ 2010 年作为房地产市场健康发展的“补充”到 2010 ~ 2014 年作为城镇住房“保障”基本政策，租赁房的重要性和覆盖面逐渐提升。

（四）2015 年至今：“租购并举”时期

这一阶段国家大力鼓励发展住房租赁，租售并举上升为国家战略，政府出台了一系列政策支持住房租赁市场的发展，租赁市场的重要性不言而喻。2016 年两会发布的“十三五”规划纲要指出，租房市场作为住房领域的组成部分，与购房市场同等重要。党的二十大提出“加快建立多主体供给、多渠道保障、租购并举的住房制度”。在中央和地方政策的指导下，房屋租赁市场发展迅速，大量房屋租赁公司迅速崛起。通过发展出租住房，改变了之前家庭出租主导的状况，进一步提高了出租住房的管理水平，使出租住房的管理和使用在一定程度上迎头赶上，逐渐实现租购同权。

三、租赁住房的发展现状与发展趋势

只有通过发展住房租赁市场，才能实现和落实“租购并举”住房制度，不断探索新房地产模式的方向。

（一）租赁住房的发展现状

1. 租赁住房市场规模明显增长

近年来，我国对于住房租赁市场给予了很大的政策支持，使之日渐活跃，规模明显增长。2021 年我国住房租赁市场规模与 2019 年相比增幅达到 122.90%，在两年之内实现了规模的翻番。从住房租赁市场发展的十个重点城市来看，成都租赁住房规模增长 253.60%，位居我国第一；深圳租赁住房规模增长 175.90%，位居我国第二；广州租赁住房规模增长 135.70%，位居我国第三（见图 7－1－1）。

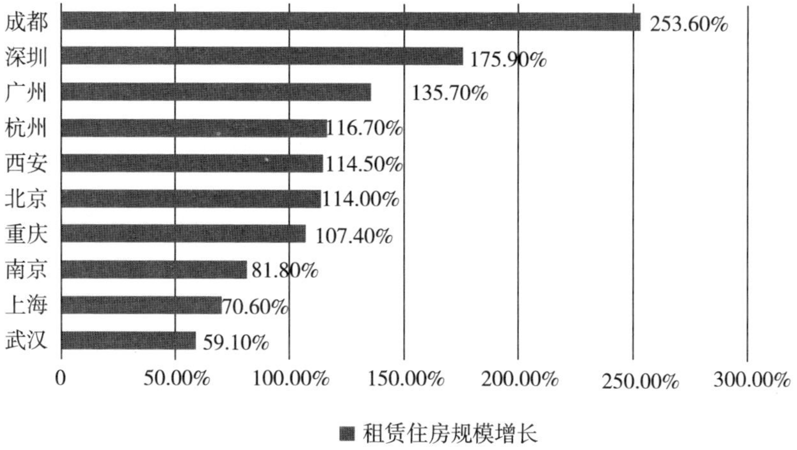

图 7-1-1　2019~2021 年中国十个重点城市租赁住房规模增长情况

（资料来源：ICCRA、智研咨询）

2. 租赁住房融资多渠道打通

租赁住房行业的市场主体较为活跃，企业合作及市场化项目增多。住房租赁融资多渠道打通，产业基金、不动产投资信托基金、银行贷款发力。2017 年 12 月 14 日，新派公寓“权益型房托资产支持专项计划”正式在深交所敲钟，成为国内首支挂牌的类不动产投资信托基金。2018 年原中国银保监会在开放“险资”进入后，以平安不动产为代表的企业开始布局资产收购，上海浦锦路 1266 号商办改长租公寓是其重资产收购代表性项目。2015 年以来，大量企业和社会资本进入租房市场，以“自如”“蛋壳”“青客”为代表的分散式互联网平台企业，以“万科泊寓”“龙湖冠寓”“旭辉领寓”为代表的地产开发系公寓运营商，以及以“城家”“魔方”为代表的连锁酒店背景创业公司，分别占据了行业的头部位置。2019 年“青客”登陆纳斯达克。[12]

---

〔12〕 汪维：《中国租赁居住简史》，载《中国房地产业》2020 年第 25 期。

3. 保障性租赁住房发展迅猛

目前,通过国家政策的大力支持,我国保障性租赁住房发展势头迅猛。根据住房和城乡建设部的统计数据显示,自 2021 年 6 月以来,全国共有 330 万套保障性租赁住房开始建设,可以为近 1000 万新市民和青年人提供住房。

住房和城乡建设部明确“十四五”期间,全国计划筹集建设保障性租赁住房 870 万套,预计可帮助 2600 多万新市民、青年人改善居住条件。2023 年以来,地方政府纷纷响应国家号召,设定租赁住房供应目标,并推进政策细则的落地和实施,在土地、税收、融资等多领域提供支持。在中央及地方政策的有力支持下,保障性租赁住房在制度和现实层面均得到迅速发展。[13]

4. 青年公寓类型的租赁住房占据市场大头

按照租赁住房产品类型分布统计,2021 年我国租赁住房类型整体呈现“金字塔”形态(见图 7－1－2),满足年轻人需求的青年公寓占比最大,达到 81.00%,是租赁住房供给的稳定基石;租赁式社区占比 10.70%;宿舍型公寓占比 6.90%;高端公寓占比仅为 1.40%。

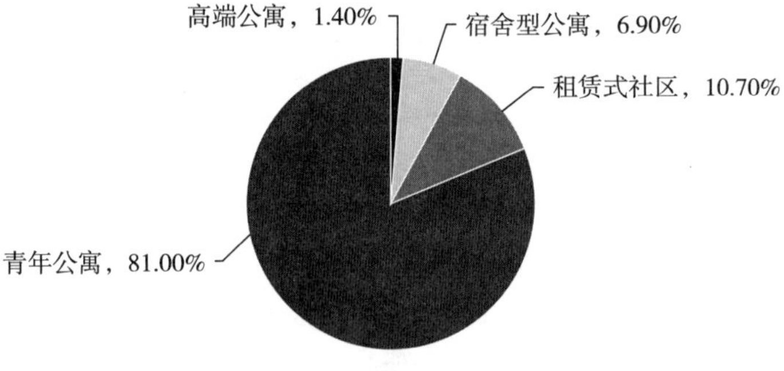

图 7－1－2　2021 年我国租赁住房产品类型分布

以 2021 年北京、上海、广州、深圳四个一线城市为例,在各种类型的

---

〔13〕 参见夏金彪:《推进保障性租赁住房　更好惠及新市民、青年人》,载《中国经济时报》2023 年 4 月 18 日,第 4 版。

租赁住房中,青年公寓这一类型明显具有市场优势。2021 年北京服务式公寓占比 1.80%;生活方式型公寓占比 0.50%;青年公寓 - 紧凑型占比 83.00%;青年公寓 - 舒适型占比 3.70%;租赁式社区占比 1.60%;宿舍型公寓占比 5.20%。上海服务式公寓、生活方式型公寓、青年公寓 - 紧凑型、青年公寓 - 舒适型、租赁式社区、宿舍型公寓分别占比 1.20%、1.70%、61.50%、11.10%、11.40%、13.10%。广州服务式公寓、生活方式型公寓、青年公寓 - 紧凑型、青年公寓 - 舒适型、租赁式社区、宿舍型公寓分别占比 1.20%、0.00%、78.70%、3.40%、15.60%、1.10%。深圳服务式公寓占比 0.20%;生活方式型公寓占比 3.50%;青年公寓 - 紧凑型占比 64.20%;青年公寓 - 舒适型占比 8.30%;租赁式社区占比 18.30%;宿舍型公寓占比 5.60%。

(二)租赁住房的发展趋势

受支持政策的影响,租赁住房在未来一段时间内仍将处于快速发展时期,租赁市场的活跃度将继续保持上升的态势。

1. 租房政策红利持续释放

住房租赁支持政策预计将长期持续实行。一方面,党的二十大报告再次明确"租购并举"的住房制度建设目标,随着住房制度建设的持续深化,相关政策预计将进一步完善。另一方面,"十四五"时期保障性租赁住房计划筹集规模扩大,相关政策预计将持续出台,政策红利或将持续释放。

租赁市场监管政策预计将进一步完善,公募不动产投资信托基金政策有望迎来新的突破。市场监管方面,我国住房租赁市场已步入快速发展期,加强行业规范与市场监管势在必行。公募不动产投资信托基金方面,预计未来几年公募不动产投资信托基金政策有望迎来新的突破,市场化租赁项目或将被纳入公募不动产投资信托基金的范围。

2. 租房需求有增加空间

长期来看,我国住房租赁需求规模仍有增长空间。住房租赁需求与经济社会发展、流动人口规模等因素密切相关,2021 年我国流动人口规模约达 3.85 亿人,住房租赁市场规模约 2.2 万亿元。根据第七次人口普查数据,2020 年我国城镇租房家庭户占比约为 21.1%,较德国、美国等租赁市场发展较为成熟的国家仍有差距。随着新型城镇化的推进,我国流动人口规模仍有望扩大,核心一线、二线城市租房比例或将进一步提高,城市住房租赁需求将迎来新的增长空间。

短期来看,未来住房租赁需求有望恢复增长。2020 年至 2022 年,受新冠疫情反复、经济下行压力加大等因素影响,人口流动受到一定限制,居民收入预期不确定性增大,住房租赁需求有所减少。随着疫情防控政策的逐步调整,社会经济的逐步复苏,人口流动性有望提升,住房租赁需求也将逐步释放。[14]

3. 租房供给不断增加,品质持续升级

从供给规模来看,2023 年保障性租赁住房的筹集规模仍将保持在较高水平。从已公布的 2023 年保障性租赁住房筹集计划来看,西安、成都、沈阳、海口等城市将维持 2022 年的计划筹集规模,郑州、青岛、济南等城市 2023 年计划筹集规模虽略有下降,但整体数量仍然庞大,极大满足目标群体需求。

从筹集渠道来看,2023 年存量转化或成为保障性租赁住房筹集的主流渠道。第一,2022 年很多城市积极施策创新保障性租赁住房筹集渠道与方式,多个城市鼓励居民存量住房转化为保障性租赁住房或回购商品房转化为保障性租赁住房,2023 年预计有更多城市积极出台保障性租赁住房存量转化的相关政策。第二,在“两集中”供地的 22 个重点城市中,2022 年涉租赁用地的成交规划建筑面积不足 500 万平方米,较 2021 年的超千万平方米出现大幅下降。随着新增租赁用地规模下降,保障性租赁住房筹集也将更加依赖存量转化渠道。

从产品品质来看,租赁住房的品质将逐渐提升。一方面,随着越来越多长租公寓的入市,租赁市场的供给结构将有所优化,整体的产品品质将得到提升。同时,对于长租公寓项目而言,产品力将显著影响其溢价能力,提供符合目标客户需求的高品质产品将会是长租公寓项目的必

〔14〕《住房租赁市场 2022 总结与 2023 展望》,载百度百家号“中指研究院”2023 年 1 月 12 日,https://baijiahao.baidu.com/s?id=1754777652819729329&wfr=spider&for=pc。

然选择。另一方面,居民对住房品质提出了更高的要求,"房屋质量差"仍是很多租客的痛点问题,租客群体的要求不断提升,也将推动租赁住房市场持续升级。[15]

[15] 《住房租赁市场 2022 总结与 2023 展望》,载百度百家号"中指研究院"2023 年 1 月 12 日,https://baijiahao. baidu. com/s? id = 1754777652819729329&wfr = spider&for = pc。

第二节　租赁住房的基础理论及法律依据

一、租赁住房的基础理论

（一）住房的基本属性

1. 住房的经济属性：商品性

住房具有的商品性是住房行为所具有的经济属性，产生于住房生产、流通过程中。[16] 住房的商品性伴随着计划经济的落幕和市场经济的到来。在市场经济体系下，国家并不绝对限制房屋所有权、使用权的转移，住房的经济属性由其经济特性所决定，除国家、集体所有的公共房产外，均属私人财产，应该作为商品按市场法则来生产和流通。

2. 住房的社会属性：福利性

住房具有的福利性是住房行为的社会属性，是在再分配领域对住房进行补贴或转移支付。在住房领域，既有的生产、流通和初次分配机制对社会福利系数的偏离，得以通过政府再分配进行纠正，从而解决中低收入群体的住房问题、提升社会福利系数。

（二）住房保障的理论基础

1. 凯恩斯的国家干预理论

1936 年，现代西方经济学的创始人凯恩斯发表了《就业、利息和货币通论》，提出政府干预的理论和政策主张。他认为政府应当积极干预经济，推行扩张性的财政政策。在扩大政府支出实行赤字财政方面，除了减税鼓励投资以外，政府还要兴办公共工程扩大社会福利支出，扩大总需求并推动充分就业。凯恩斯提出政府干预经济、扩大福利支出等理论，为住房保障制度建立了经济学的理论依据。[17]

---

〔16〕 参见孟春主编：《中国保障房：建设 · 运营 · 管理》，中国财政经济出版社 2013 年版。

〔17〕 参见徐微：《保障性住房制度的经济学理论基础分析》，载《现代商业》2012 年第 34 期。

2. 庇古的福利国家理论

福利经济学理论的开山鼻祖庇古提出福利经济学的目标是研究如何促进世界或国家的经济福祉。他认为,政府向富人征税,向穷人提供补贴,是转移收入的重要方法。可采取建立各种社会服务设施、养老金、免费教育和提供住房补贴等来进行补贴。庇古的福利经济学成为建立社会保障体系的重要理论基础之一。

3. 恩格斯的相关理论

恩格斯明确提出,伴随着急速的城市化,一方面大城市人口急剧增加,另一方面住房却因城市化而大量拆除,从而导致了大城市的住房短缺。[18] 另外,恩格斯运用政治经济学理论提出了住宅的商品属性,即住宅同时拥有使用价值和交换价值,住宅本质上是一种商品。恩格斯的理论也是住房保障理论的重要理论基础。

二、租赁住房的法律依据

(一)法律类

《民法典》

《城市房地产管理法》

《土地管理法》

《城乡规划法》

《消防法》

《建筑法》

(二)司法解释类

最高人民法院《关于审理城镇房屋租赁合同纠纷案件具体应用法律若干问题的解释》

(三)行政法规类

国务院办公厅《关于加快发展保障性租赁住房的意见》

《建设工程质量管理条例》

---

〔18〕 参见栾美娇:《恩格斯住宅思想及其当代价值研究——以〈论住宅问题〉为文本依据》,山东大学2022年硕士学位论文。

（四）部门规章类

《商品房屋租赁管理办法》

《公共租赁住房管理办法》

（五）地方性法规

《广东省城镇房屋租赁条例》

《广州市房屋租赁管理规定》

深圳市人民代表大会常务委员会《关于加强房屋租赁安全责任的决定》

（六）部门规范性文件

财政部、税务总局《关于公共租赁住房税收优惠政策的公告》

财政部、住房城乡建设部《关于印发〈公共租赁住房资产管理暂行办法〉的通知》

原国土资源部办公厅、住房城乡建设部办公厅《关于沈阳等11个城市利用集体建设用地建设租赁住房试点实施方案意见的函》

原国土资源部、住房城乡建设部《关于印发〈利用集体建设用地建设租赁住房试点方案〉的通知》

住房和城乡建设部《关于并轨后公共租赁住房有关运行管理工作的意见》

财政部《关于做好公共租赁住房和廉租住房并轨运行有关财政工作的通知》

住房和城乡建设部、财政部、国家发展和改革委员会《关于公共租赁住房和廉租住房并轨运行的通知》

住房和城乡建设部、国家发展和改革委员会、财政部等《关于加快发展公共租赁住房的指导意见》

原中国银保监会、住房和城乡建设部《关于银行保险机构支持保障性租赁住房发展的指导意见》

（七）部门工作文件

住房和城乡建设部办公厅《关于集中式租赁住房建设适用标准的通知》

自然资源部办公厅、住房和城乡建设部办公厅《关于福州等5个城

市利用集体建设用地建设租赁住房试点实施方案意见的函》

住房城乡建设部《关于发布行业标准〈公共租赁住房运行管理标准〉的公告》

财政部、原国土资源部、住房城乡建设部等《关于运用政府和社会资本合作模式推进公共租赁住房投资建设和运营管理的通知》(已失效)

中国证监会办公厅、国家发展改革委办公厅《关于规范做好保障性租赁住房试点发行基础设施领域不动产投资信托基金(REITs)有关工作的通知》

第三节　租赁住房法律服务

一、租赁住房之诉讼法律服务

由于我国住房租赁市场的规模日益发展扩大，房屋租赁案件数量繁多，并呈现逐年增多的态势；同时，房屋租赁与当事人日常生活息息相关，不仅涉及诸多遗留问题，如租赁物交付的情况、租金的支付情况、违约责任的约定情况，还涉及租赁期间与房屋相关的双方矛盾累积爆发的问题，如房屋的装修情况、房屋的质量问题、房屋的改建扩建是否合规、房屋租期内转让的问题等，容易带来纠纷隐患。

民商事争议解决往往具有较强的针对性，在房屋租赁纠纷诉讼中，律师从维护当事人利益出发，可以提供以下专业代理服务：

服务阶段包括诉前和解与调解、诉讼立案、诉讼一审、诉讼二审、诉讼发回重审、诉讼再审、诉讼抗诉、仲裁程序、撤销仲裁裁决、不予执行仲裁裁决等阶段。服务内容不限于：①法律分析、案例检索与诉讼思路的确定；②与法院诉前、诉中、诉后沟通协调工作；③证据采集，对方当事人背景和财产线索调查取证；④按照实际需要做好财产保全；⑤准备诉讼文书，申请立案，参加一审、二审、再审、执行程序；⑥做好调解预案，判决（裁决）后申请执行等。

（一）房屋租赁合同纠纷的概况

以广东省为例，在“威科先行”法律信息库中开展案例检索，将案由限定为“房屋租赁合同纠纷”，案件类型限定为“民事”，审判程序限定为“一审、二审、再审”，文书类型限定为“判决书”，审判日期限定在《民法典》施行之后（2021 年 1 月 1 日之后），截至检索日[19]，共检索到 18 604 份判决书。基于检索到的判决书样本，统计情况如下：

1. 审理年份

2021 年 1 月 1 日至 2023 年 5 月 14 日的裁判文书数据显示，2021 年

---

〔19〕 检索日为 2023 年 5 月 14 日。

审结的案件数量为 12 406 件,2022 年审结的案件数量不到 2021 年的一半,为 5977 件(见图 7－3－1)。

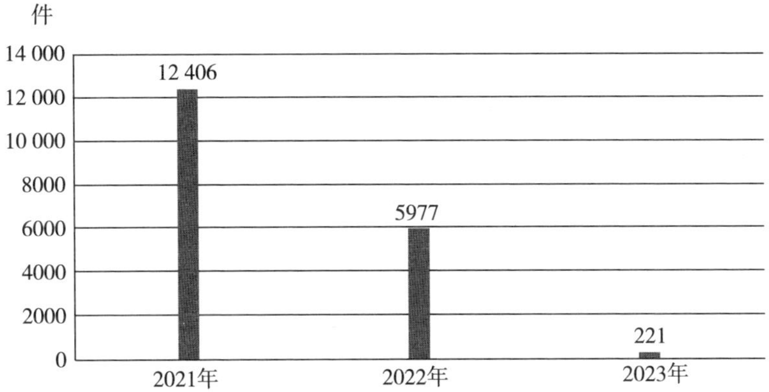

图 7－3－1　审理年份情况

2. 审理级别

从审理法院级别分布来看(见图 7－3－2),租赁住房类案件中 71.12% 为一审,28.68% 进入二审程序,再审率虽仅为 0.20%,但在案件基数大的情况下,约有 3720 件,每年 1860 件左右,从案件数量上来看,也并不少。

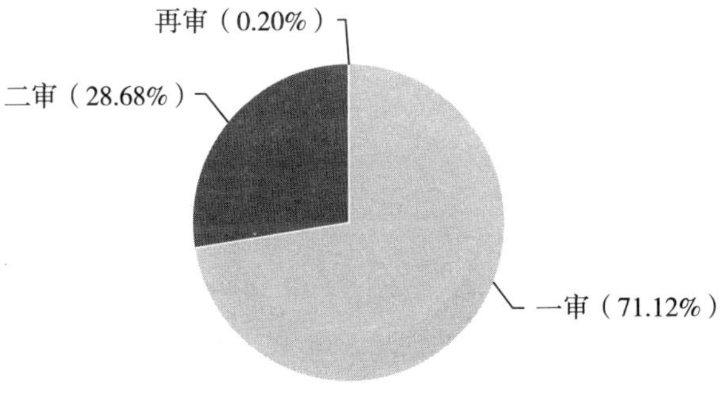

图 7－3－2　审理级别分布

3. 法院级别

从法院级别分布来看(见图7－3－3),租赁住房类案件中71.07%的案件由基层人民法院审理,28.90%的案件由中级人民法院审理,与上述一审、二审法院比例基本相同,即大部分一审案件由基层人民法院审理。

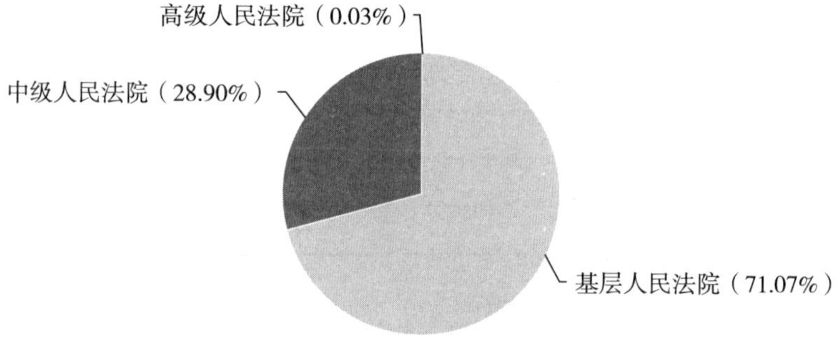

图7－3－3　法院级别分布

4. 标的额

从标的额上来看,近一半的广东省房屋租赁合同纠纷案件标的额低于10万元,近80%的案件标的额低于50万元,大部分案件标的额较小(见图7－3－4)。

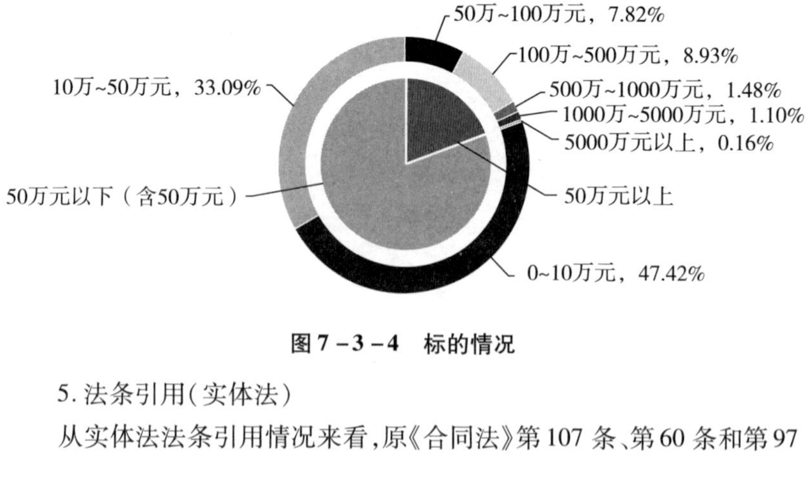

图7－3－4　标的情况

5. 法条引用(实体法)

从实体法法条引用情况来看,原《合同法》第107条、第60条和第97

条被引用最多，主要是针对不履行合同义务以及合同解除的法律规定。（见图 7－3－5）实践中案件情形多为房屋租赁合同未履行或未完全履行、依法或依约解除房屋租赁合同等。

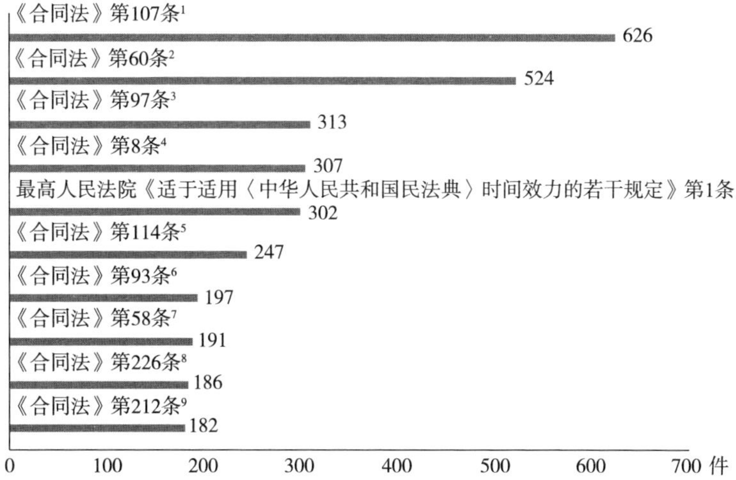

1.现为《民法典》第577条。　　2.现为《民法典》第509条第1款、第2款。
3.现为《民法典》第566条第1款。　　4.现为《民法典》第119条、第465条第9款。
5.现为《民法典》第585条。　　6.现为《民法典》第562条。
7.现为《民法典》第157条。　　8.现为《民法典》第721条。
9.现为《民法典》第703条。

图 7－3－5　法条适用情况

（二）房屋租赁合同纠纷的典型案例

实践中，按照纠纷发生的事由，大致可分为以下类型：一是租赁合同有效性纠纷；二是租赁合同履行适当性纠纷；三是承租人优先购买权纠纷；四是房屋租后买卖、抵押纠纷等。

1. 租赁合同有效性纠纷

双方订立合法有效的房屋租赁合同是成立租赁合同关系的基础，租赁合同的有效性是审理租赁合同纠纷时所应查明的重要基础事实。《民法典》第 140 条、第 146 条至第 151 条等条款规定了合同的无效或可撤销事由，最高人民法院《关于审理城镇房屋租赁合同纠纷案件具体应用法律若干问题的解释》（2020 年修正，以下简称《城镇房屋租赁合同纠纷解释》)等司法文件中同样规定了租赁合同的无效事由。如不存在法律法规、司法解释等规定的无效或可撤销事由,租赁合同应为合法有效。

【典型案例一】杨某与柯某房屋租赁合同纠纷〔20〕

【争议焦点】

房屋存在未取得建设工程规划许可证等法定情形的,租赁合同是否无效

【基本案情】

2021 年 10 月 20 日,柯某(甲方、出租方)与杨某(乙方、承租方)签订房屋租赁合同,约定甲方将涉案房屋出租给乙方作居住使用,并就租金标准、租赁期限等进行了约定。但涉案房屋未取得建设工程规划许可证,也未经过主管部门批准建设。

【裁判观点】

由于涉案房屋未取得建设工程规划许可证,也未经主管部门批准建设,根据《最高人民法院关于审理城镇房屋租赁合同纠纷案件具体应用法律若干问题的解释》第 2 条的规定,杨某和柯某签订的房屋租赁合同无效。

【典型案例二】梁某 1、梁某 2 与莫某房屋租赁合同纠纷〔21〕

【争议焦点】

公租房擅自转租合同是否无效

【基本案情】

原告、被告双方于 2018 年 10 月 16 日签订了房屋租赁合同,租赁期限自 2018 年 11 月 1 日起至 2020 年 10 月 30 日止。2020 年,原告于 2019 年 10 月左右从店铺邻里得知此房屋产权属房管局,被告属于违规转租,且被告疫情期间房管局有减免租金政策,因此,原、被告协商减免租金事宜。后双方协商提前解除合同,因押金退还产生纠纷。

---

〔20〕 参见广东省广州市花都区人民法院(2022)粤 0114 民初 15377 号民事判决书。

〔21〕 参见广东省江门市新会区人民法院(2020)粤 0705 民初 2331 号民事判决书。

【裁判观点】

本案属房屋租赁合同纠纷。依据《民法典》第 153 条[22]、《公共租赁住房管理办法》第 27 条[23]规定,原、被告签订的租赁协议书违反了公租房不得转租的规定,应属无效合同。

2. 租赁合同履行适当性纠纷

司法实践中大部分房屋租赁合同纠纷,均系由一方(或双方)未履行或未完全履行合同约定、法律规定的义务而引发。关于租赁合同未履行或未完全履行,主要可分为以下几种情形(不完全列举):物业交付不符合合同约定,包括房屋的规划、用途、质量、交付方式、交付时间等方面;出租方物业维护不尽责;承租方装修房屋不合规;承租方拖欠租金费用;承租人违反约定对外转租;物业的交还不符合合同约定等。依据《民法典》第 510 条等规定,双方履行合同违反合同约定或法律规定的,按照合同约定、法律规定或交易习惯等确定。

【典型案例三】钟某与黄某房屋租赁合同纠纷[24]

【争议焦点】

房屋存在质量问题影响使用,承租人可否提前解除合同

【基本案情】

黄某(甲方、出租方)与钟某(乙方、承租方)于 2020 年 5 月 10 日签订了租赁合同,约定钟某承租黄某房屋用于居住,并就租赁期限、租金标准、押金、违约责任等进行了约定。合同签订后,钟某通过微信向黄某支付了房租押金及租金、电费、物业管理费等费用。入住期间,房屋存在漏水、异味等质量问题,双方无法就解除合同协商一致,钟某搬出房屋,并要求退还押金。

---

[22] 《民法典》第 153 条规定:违反法律、行政法规的强制性规定的民事法律行为无效。但是,该强制性规定不导致该民事法律行为无效的除外。违背公序良俗的民事法律行为无效。

[23] 《公共租赁住房管理办法》第 27 条第 1 款规定:"承租人有下列行为之一的,应当退回公共租赁住房:(一)转借、转租或者擅自调换所承租公共租赁住房的……"

[24] 参见广东省广州市黄埔区人民法院(2021)粤 0112 民初 34155 号民事判决书。

【裁判观点】

本案租赁合同存在提前解除的情形，本案的争议焦点在于原被告对于合同提前解除是否存在过错。对于钟某，其承租涉案房屋后均有向黄某支付租金、电费及物业管理费等费用。涉案房屋渗漏并非钟某的原因所致，该瑕疵部位确会对钟某及其家人使用涉案房屋造成影响，钟某基于楼上做防水产生的噪声、渗漏部位的臭味、天花板修复时的装修材料可能会对其年幼的小孩儿造成较大影响等因素考虑，进而提出提前解除合同情有可原，并无明显的过错……综合全案案情，法院酌定黄某向钟某退还押金 7200 元，钟某额外要求黄某支付 7500 元违约金的诉请缺乏事实和法律依据，法院依法不予支持。

3. 承租人优先购买权纠纷

依据《民法典》第 726 条〔25〕的规定，就租赁房屋承租人享有以同等条件优先购买的权利，但该优先购买权劣后于按份共有人的优先购买权，在出租人将房屋卖给近亲属的情况下也无权行使。同时法律规定承租人期限内未明确表示购买即视为放弃行使该权利。

关于优先购买权行使的主体。优先购买权的行使主体应当适格，即承租人应当基于合法有效的租赁合同才能主张权利。

关于优先购买权行使的情形。承租人应当在出租人出卖房屋的情形下行使，出租人无偿处分房屋的，不适用优先购买权。依据《最高人民法院关于审理城镇房屋租赁合同纠纷案件具体应用法律若干问题的解释》第 15 条〔26〕的规定，出卖人与抵押权人协议折价变卖房屋的，仍属于“出卖”房屋的范畴，承租人有权行使优先购买权。承租人应当在同等条件下行使，该同等条件的限制保护了其他主体购买房屋的权利，也

〔25〕《民法典》第 726 条规定：出租人出卖租赁房屋的，应当在出卖之前的合理期限内通知承租人，承租人享有以同等条件优先购买的权利，但是，房屋按份共有人行使优先购买权或者出租人将房屋出卖给近亲属的除外。出租人履行通知义务后，承租人在 15 日内未明确表示购买的，视为承租人放弃优先购买权。

〔26〕《最高人民法院关于审理城镇房屋租赁合同纠纷案件具体应用法律若干问题的解释》第 15 条规定：出租人与抵押权人协议折价、变卖租赁房屋偿还债务，应当在合理期限内通知承租人。承租人请求以同等条件优先购买房屋的，人民法院应予支持。

保障了出租人处分房屋的利益,该同等条件主要指的是价格条件,此外还应当适当考虑支付方式是否实际影响到出卖人的经济利益、房屋的使用用途等因素,例如,如果优先购买权人无法与其他购买人一样一次性付款,一般认定为不构成同等条件。优先购买权应当在合理期限内行使,承租人在收到通知后,应在法律规定的15天期限内作出购买房屋的明确表示,否则可能导致出卖人错失出售时机,损害出卖人的利益。

关于优先购买权的排除情形。因为按份共有人的优先购买权系基于物权产生的优先购买权,而承租人的优先购买权系基于债权产生的优先购买权,物权的行使天然优先于债权的行使,因此,按份共有人的优先购买权优先于承租人的优先购买权,在按份共有人行使优先购买权时,承租人无权行使其优先购买权。此外,法律还规定了出租人将房屋出卖给近亲属时,亦可以排除承租人优先购买权的行使。《民法典》规定的"近亲属"包括:配偶、父母、子女、兄弟姐妹、祖父母、外祖父母、孙子女、外孙子女。实践中将房屋以低于市场价的价格出售给近亲属的情形比比皆是,此种情形下难以确认何为"同等条件",如不排除承租人的优先购买权,也有损于出租人及其近亲属的利益。

【典型案例四】王某与龚某等房屋租赁合同纠纷〔27〕

【争议焦点】

承租人的优先购买权未在法定期限内行使的,如何认定

【基本案情】

2019年7月26日,龚某、杨某(甲方、出租人)、王某(乙方、承租人)、某公司(经纪方)签订《租赁合同》,约定甲方将案涉房屋出租给乙方使用,用途住宅,并就租赁期限、租金标准、承租人享有优先购买权等事宜作出约定。龚某、杨某于2021年3月22日将案涉房屋登记至案外人名下,王某以未通知其出卖房屋为由主张其优先购买权受到损害。

【裁判观点】

经查,龚某、杨某确认将案涉房屋出售予案外人前并未告知王某,但结合王某提交的录音内容,龚某曾于2020年11月19日向王某表示可

---

〔27〕 参见广东省广州市中级人民法院(2021)粤01民终24287号民事判决书。

以将案涉房屋卖给王某,但王某对此并未作出明确回复,后案涉房屋在2021年3月22日登记至案外人名下。综上,虽然龚某、杨某在出售案涉房屋前并未告知王某,但其在案涉房屋过户给案外人前已向王某作出了可以按照与案外人同等的价格出售予王某的表示,但王某并未在合理的期限内明确答复龚某、杨某,一审法院据此认定王某放弃优先购买权的行使,并无不当,一审法院予以确认。故在王某已放弃优先购买权的情况下,龚某、杨某将案涉房屋过户给案外人,并无侵害王某的优先购买权,王某上诉请求龚某、杨某赔偿10万元,缺乏事实和法律依据,二审法院不予支持。

4. 房屋租后买卖、抵押权实现纠纷

依据《民法典》第405条[28]的规定,抵押权设立晚于租赁关系成立的,原租赁关系仍受法律保护。按照《民法典》第725条之规定,承租人依据租赁合同占有租赁物期间,租赁物发生所有权变动的,租赁合同的效力不受影响。如房屋系带租约转让,或房屋抵押权设立在租赁关系成立之后从而带租约拍卖的,买受人无权要求原承租人腾退。

【典型案例五】张某与秦某等房屋租赁合同纠纷[29]

【争议焦点】

房屋抵押权设立在租赁关系成立之后从而带租约拍卖的,买受人是否有权就原租赁合同关系诉请承租人腾退

【基本案情】

2018年3月20日,案外人曹某、陆某(甲方、出租人)与秦某(乙方、承租人)签订《广州市房屋租赁合同》,约定曹某、陆某同意将案涉房屋出租给乙方作住宅使用,并就租赁期限、租金标准等作出约定。该租赁合同已办理登记备案手续。后秦某丈夫程某与曹某、陆某签订协议书,约定陆某、曹某同意在2029年2月28日前,不得单方解除案涉《广州市房屋租赁合同》或终止租赁关系,租金已支付完毕,出租人不得另行主张

---

〔28〕《民法典》第405条规定:抵押权设立前,抵押财产已经出租并转移占有的,原租赁关系不受该抵押权的影响。

〔29〕参见广东省广州市中级人民法院(2021)粤01民终26937号民事判决书。

租金,同意房屋对外转租等。2019 年 11 月 7 日,广州市中级人民法院发出拍卖公告,拟将案涉房屋进行拍卖,并列明了房屋的租赁期限、承租人等租约情况。张某作为竞买人最终拍得案涉房屋,并以房屋用途不符合约定为由向秦某发出解约通知,秦某不同意解除合同。因此张某诉至法院要求承租人予以腾退。

【裁判观点】

张某作为案涉执行标的的买受人,并不是执行标的异议的适格主体。张某作为买受人,其对案涉标的物上附着的租约可能存在虚假问题,应当在执行过程中予以处理。而执行拍卖公告中也已明确,案涉标的物带租约拍卖。竞买人一旦作出竞买决定,即表明已完全了解并接受标的物的现状和一切已知及未知的瑕疵。故张某无权再就案涉标的物上附着的房屋租赁合同关系提起民事诉讼……广东省高级人民法院印发《关于进一步规范司法拍卖不动产移交工作的指导意见(试行)》第 10 条则列明了 4 种不清场移交的情形,同时在第 11 条规定,如符合第 10 条第 1 项情形的要在拍卖公告中注明租赁期限及租金收取人,并特别告知期限届满前买受人不得提起物权保护诉讼请求腾退。案涉标的物现经执行机构确认,秦某的租赁权不受案涉标的物买卖影响。张某无权通过提起民事诉讼的方式,要求秦某搬离案涉房屋。

二、租赁住房之非诉讼法律服务

参照中华全国律师协会《律师提供房屋租赁合同诉讼和仲裁法律服务操作指引》,律师接受当事人委托,就房屋租赁可提供以下非诉讼法律服务。

(一)合同订立前对租赁合同的当事人、租赁物的审查

房屋租赁合同订立前律师的审查工作,包括对合同相对方的主体资格、履约能力、租赁物的合法性等相关事项进行审核和调查。

律师为租赁合同一方提供法律服务时,应对合同相对方的基本情况、履约能力、租赁物的出租合法性等内容进行审核和调查。

1. 服务对象为承租人

为承租人提供法律服务时,主要审查出租人及出租房屋的具体情况,审查内容包括:出租人是否适格,出租的房屋权属是否清晰,所出租

房屋是否符合安全、规划、环保、卫生等要求,所出租的房屋能否保证承租人的租赁需求。具体包括以下几项审查事项。

第一,出租人是否具有出租资格。

出租人一般指拥有房屋所有权的自然人、法人、其他组织或依法、依约有权出租该房屋的主体。律师在为承租人提供法律服务时,可从以下几个方面审核出租人是否具有出租资格:(1)出租人是否已经取得合法的权属证明,是否与出租房屋所有权证上的名称一致;(2)共有房屋出租的,是否有其他所有共有权人同意出租的证明;(3)委托出租的,出租房屋所有权证上的名称是否与房屋所有人一致,受托人与房屋所有人是否有委托出租合同,受托人是否在受托权限内行使相应权利。

出租人系转租的,还需审查转租是否经原出租人同意。审查中,审核时应要求出租人提供相应文件资料的原件。

第二,对出租的房屋进行审查,包括房屋是否具备出租条件和有无禁止出租的情形。

出租的房屋一般应当具备下列条件之一:(1)出租房屋的所有权应当已进行依法登记并已取得房屋所有权证。(2)未取得房地产权证的房屋,有下列权属证明的也可出租:单位或者自然人购买的商品房,持有商品房预售合同或者商品房买卖合同;单位建造的构筑物、地下建筑物,持有建设工程规划许可证、建设工程施工许可证和竣工验收合格证明;单位建造的临时建筑,持有临时使用土地批准文件,并在允许的临时建筑使用年限范围内的。(3)将房屋用途由住宅改变为经营性用房的,应得到具有利害关系的业主同意并符合国家法律法规、地方性法规及规范性文件的要求。

根据《商品房屋租赁管理办法》等的有关规定[30],有下列情形之一的房屋不得出租:(1)属于违法建筑的;(2)不符合安全、防灾等工程建设强制性标准的;(3)违反规定改变房屋使用性质的;(4)法律、法规规定禁止出租的其他情形。

此外,有条件的还应对租赁房屋及附属设施、设备现状、租赁房屋是

---

〔30〕《商品房屋租赁管理办法》第6条。

否列入拆迁范围、是否设立抵押或进行买卖合同网签备案等事项进行审查,无法获取相关审查材料的,应对相关风险进行提示。

第三,房屋租赁合同订立时是否存在导致合同无效或者可撤销的情形。

律师应结合调查的信息,为承租人出具完备的法律意见,提示承租的可能性及法律风险,供承租人决策参考。

2. 服务对象为出租人

服务对象为出租人时,主要审查房屋用于出租及出租形式是否合法、承租人的主体资格、履约能力、承租人使用房屋的用途等。

第一,因房屋租赁合同中,一般对承租人的审查以承租人自行提供的资料为准,由于承租人可能提供虚假信息、资料、证件以骗租房屋,承租人的资信、诚信度无法予以有效核实,存在虚假的可能,故应尽最大可能对承租人的基本信息、履约能力予以核实,以免造成履约不能。

第二,对出租人出租的房屋,律师应进行审核其用于出租是否合法、出租形式是否违反规定(如群租房),审查是否存在可能导致房屋租赁合同无效的情形。

第三,对拟签订的租赁合同,应对签订时是否具有无效或可撤销情形等事项进行审查。如,承租人的代理人不具备合法授权,导致房屋租赁合同效力瑕疵的风险。

律师应当结合审查内容出具法律意见,向出租人提示潜在的法律风险和相应的应对策略。

(二)房屋租赁合同的审查

对房屋租赁合同进行审查,是房屋租赁中非诉讼法律服务的重要内容。重点审查以下内容。

1. 房屋租赁合同的形式

房屋租赁合同的形式要求,主要涉及两个方面:一是书面形式要求;二是备案登记形式要求。

(1)书面形式

租赁期限6个月以上的,应当采用书面形式,否则应视为不定期租赁。[31] 据此,法律规定中租赁合同的生效并不严格局限于书面形式,但未采用书面形式的,双方当事人之间的具体约定并不明确,容易引发纠纷。

《城市房地产管理法》明确规定[32],房屋租赁应当签订书面合同,并向房产管理部门登记备案。从书面形式上开展审查的,应注意以下事项:

①租赁期限在6个月以下的,可采用口头形式;

②租赁期限超过6个月的,则应采用书面形式,否则可能被认定为不定期租赁,但并非直接否定租赁关系的成立,同时还可能因约定不明引发纠纷,造成损失。

(2)登记备案形式

依据《城市房地产管理法》[33]《商品房屋租赁管理办法》[34]等规定,签订、变更、终止租赁合同的,应向房屋所在地市、县人民政府房地产管理部门办理登记备案。出租房屋没有登记或者备案的,由相关部门实施责令限期整改、处以罚款等行政处罚措施。

但依据《民法典》第706条的规定,当事人是否依法办理登记备案,并不影响租赁合同本身的效力。在我国目前的法律和行政法规中亦未规定未经备案的合同无效,未经备案的不得对抗第三人,但对合同双方当事人仍具有约束力。

2. 房屋租赁合同的主要条款

(1)合同对租赁房屋基本情况的约定

租赁房屋的基本情况包括但不限于房屋权属情况、权属受限情况、坐落、建筑结构、层高、总层数、所在层数、建筑面积、房屋规划用途、土地

---

〔31〕《民法典》第707条。

〔32〕《城市房地产管理法》第54条。

〔33〕《城市房地产管理法》第54条。

〔34〕《商品房屋租赁管理办法》第14条、第23条。

使用年限、房屋平面图等,实践中租赁合同一般对房屋用途、权属情况、建筑面积、具体房间号等作出明确约定。律师所提供的非诉法律服务内容主要包括审查房屋租赁合同的相应条款,提示相关风险并提出修改意见,视需要参加租赁双方的签约谈判。

涉及合同约定的房屋情况,律师可重点审查以下内容:

①租赁面积是否超出出租人可出租范围,是否涉及出租人无权处分的公用部位。据现行法律规定及司法实践一般观点,无权处分不直接导致合同无效或效力待定,但可能影响合同的正常履行,如因无权处分致使合同无法履行,承租人可要求出租人承担违约责任。如承租人对于出租人无权处分而出租的情形系明知,则租赁合同可能因双方恶意串通损害房屋所有权人的利益而被认定为无效。

②查看该租赁房屋是否有独立的产权证书,核对出租房屋的坐落、建筑结构、层高、总层数、土地规划用途、建筑面积、平面图等是否符合产权证书记载的内容,审核房屋租赁期限是否超过土地使用年限,如超过是否约定相关解决措施。由于在房屋所有权证或不动产权证中往往会载明房屋的地点、面积、用途和结构等,且产权证书在司法实践中往往被认为更具权威性,因此建议将产权证书复印件作为房屋租赁合同的附件。针对住房,往往出租人提供家具、电器等设施设备,因此房屋原有设施设备情况都应在合同中以附件的形式予以明确。

(2)合同对租期、房屋交付及返还的约定

租赁合同应约定租赁期限以及双方在租期结束时或续租时的权利和义务。根据《民法典》第705条的规定,租期不得超过20年,否则超过部分无效。租赁期限届满,租赁双方续订合同的,自续订之日起租赁期限不得超过20年。

租赁合同中有时会约定免租期,免租期可分布在租期的各个阶段或分布在租期之初。免租期间,通常承租人无须支付租金,但需要支付物业管理费、水电费等费用。

提供法律服务时,可重点审查以下内容:①租赁期限的约定是否符合法律规定;②租赁期限的起始日与终止日有无歧义表述;③出租人与承租人有无对房屋交付标志的约定;④约定的交付验收标准是否明确、可操作，承租人是否有权拒绝接受并推迟租金计算期间；⑤对公用部分及房屋所在物业区域共用设施的使用情况是否作出明确约定；⑥房屋返还时，对于超出合理损耗范围，房屋或配套设施设备受到毁损的，应约定出租人可解除合同并要求赔偿损失；⑦约定承租人逾期返还的违约责任，包括给付逾期租金、违约金或赔偿损失，并负担逾期返还期间房屋意外毁损、灭失的风险；⑧约定出租房屋时应缴纳税费的承担主体。

(3)合同对租金、保证金等费用及支付方式的约定

租赁合同应约定租金标准、保证金数额及费用的支付方式等事项。为承租人提供法律服务时，应向承租人指明租金、保证金、定金以及其他费用的区别，并提醒承租人在合同中应明确各项费用的金额及支付方式。

提供法律服务时，应重点审查以下内容：

①合同中对租金及各项费用的支付金额、付款方式和付款期限的约定是否明确、具体、没有歧义，通过转账方式支付的，应明确双方收、付款账号，账号主体最好与合同当事人主体保持一致，代收代付的应出具书面说明，为保留租金支付凭证、减少双方争议，最好采用转账方式支付；②租金的起算日及何种情况下顺延应约定明确，免租期内需要支付哪些费用，以及提前退租是否还享受免租待遇等也应明确约定；③租赁合同中通常会要求支付押金(租赁保证金)以保障出租人权益，数额通常为月租金的1~3倍，除具体数额外，还应约定交纳方式、抵扣方式和返还方式；④租赁房屋及屋内设施设备是否购买保险，应明确约定房屋的保险费承担主体；⑤是否约定出租人向承租人提供收据或发票。

(4)合同对房屋使用要求及维修责任的约定

租赁合同应对使用房屋的用途、装修的要求、房屋的维护和修理等事项作出约定。提供法律服务时，可重点审查以下内容：①对房屋用途的约定是否违反房屋登记用途，是否符合承租人使用房屋的需求，是否符合出租人的要求；②就房屋约定用途，房屋的适用性是否满足要求，出租人是否对房屋已经存在或潜在的数量瑕疵、质量瑕疵及权利瑕疵等作出担保；③对出租人维修房屋的责任是否进行约定，是否明确维修事由归责于出租人或承租人的判断标准；④出租人对房屋进行大修而致承租

人无法使用房屋时，是否可解除租赁合同，是否约定大修期间的房屋使用或租金减免问题；⑤承租人就房屋开展装修的，是否应就具体装修方案取得物业管理企业及出租人的同意，如未取得，违约责任如何承担。

（5）合同解除的约定

租赁合同应对合同解除权行使的情形作出约定。

租赁合同约定承租人可以行使解除权的情形为：①出租人未按期交付租赁房屋且超过一定期限；②出租人经催告仍不履行修缮义务；③出租人交付的房屋不符合合同约定的装饰装修标准、使用用途的。

约定出租人可以行使解除权情形为：①承租人无正当理由未支付或迟延支付租金；②承租人擅自转租或调换的；③承租人损坏房屋或设备而不维修、不赔偿的；④承租人承租房屋期间实施违法行为有损公共利益；⑤承租人擅自变动房屋建筑主体或承重结构或扩建，合理期限内拒不恢复原状。

（6）合同对违约责任的约定

租赁合同应约定违约应承担的法律责任，通常，租赁合同将约定迟延支付租金、管理费、其他费用，迟延交付房屋以及任何一方擅自解除合同的违约责任。

租赁合同中可约定出租人违约的主要情形包括：①房屋基本情况和用途与事实不符的；②没有按照约定时间交房；③没有按照约定的交付条件交房；④交付的房屋没有达到与承租人约定的装饰装修标准；⑤出租人在承租人装修时不提供房屋供电、供水、排烟、排水及其他公共系统的有关资料；⑥出租人对房屋及提供的设施没有按约定进行定期维修保养，以保证房产及设施的安全和正常使用；⑧出租人其他违反合同约定的义务的行为。

租赁合同中可约定承租人违约的主要情形包括：①未按约定时间接收房屋的；②未按约定及时、足额支付租金和其他应交费用的；③对房屋使用不当，以致出租人房屋或设施出现损坏或发生故障的；④承租人利用房屋从事违法违规活动的；⑤承租人擅自改变房屋用途的；⑥承租人在对房屋装修时进行改变房屋承重结构等违规装修行为的；⑦承租人擅自转租的。

根据上述不同的违约情形，约定相应的继续履行、采取补救措施、赔偿损失或支付违约金等责任承担方式，如约定逾期交付期间的违约金等。

3. 房屋租赁合同的效力审查

(1)房屋租赁合同的生效

为承租人提供法律服务时，应仔细审查房屋租赁合同的合法性与完整性，包括审查出租人的主体资格、合同条款内容、生效时点及程序等。

为出租人提供法律服务时，应审查对方当事人的主体资格、合同条款内容、生效时点及程序和承租人提供的合同文件是否齐全等。

重点审查内容为：在合同生效要件上，如果合同为附条件、附期限的，律师应提请承租人注意生效的条件或期限是否已经成就或届至；如果双方约定登记备案生效的，律师应提请或代为承租人办理相应的登记备案等手续。

(2)房屋租赁合同的无效

①租赁合同无效或部分无效的情形

根据《民法典》及《最高人民法院关于审理城镇房屋租赁合同纠纷案件具体应用法律若干问题的解释》等法律法规、司法解释规定，房屋租赁合同无效的情形包括：第一，房屋租赁合同本身无效〔35〕；第二，房屋

〔35〕 房屋租赁合同无效的情形包括：(1)无民事行为能力人签订的租赁合同无效；(2)行为人与相对人以虚假的意思表示签订的租赁合同无效；(3)违反法律、行政法规的强制性规定，或违背公序良俗的租赁合同无效；(4)行为人与相对人恶意串通，损害他人合法权益签订的租赁合同无效；(5)出租人就未取得建设工程规划许可证或者未按照建设工程规划许可证的规定而建设的房屋，与承租人订立的房屋租赁合同无效，但在一审法庭辩论终结前取得建设工程规划许可证或者经主管部门批准建设的除外；(6)出租人就未经批准或者未按照批准内容建设的临时建筑，与承租人订立的房屋租赁合同无效，但在一审法庭辩论终结前经主管部门批准建设的除外。

租赁合同被撤销的自始无效[36];第三,效力待定的房屋租赁合同,未经权利人、被代理人或法定代理人及时追认的为无效合同[37]。

房屋租赁合同部分条款无效的情形包括:第一,房屋租赁合同免责条款的无效;第二,房屋租赁合同格式条款的无效;第三,房屋租赁合同超过租赁期限条款的无效[38]。

②租赁合同无效的后果

如果房屋租赁合同被确认为无效,第一,首先应分析导致合同无效或合同部分条款无效或可撤销的原因及责任方,判断是否可以采取补救措施,以使合同满足生效要件。第二,若因委托人原因导致合同无效或合同部分条款无效,应提醒委托人注意与对方进行友好协商,确定赔偿金额,尽量减少争议、避免诉讼,减少双方损失。第三,若因对方原因导致合同无效或合同部分条款无效,应提醒委托人注意收集证据,并提示委托人及时履行催告、告知等义务,注意诉讼时效,协助委托人与对方进行友好协商,确定具体的赔偿金额。

4. 房屋租赁合同的履行

就房屋租赁合同的履行提供法律服务时,应尤其注意"一房数租"问题。

"一房数租"指的是出租人就同一房屋与不同承租人订立两份及以

---

〔36〕 房屋租赁合同被撤销的情形包括:(1)因重大误解订立的合同,当事人请求撤销的;(2)合同一方或第三人实施欺诈行为,使另一方在违背真实意思的情况下签订的合同,受欺诈方请求撤销的;(3)合同一方或第三人以胁迫手段,使另一方在违背真实意思的情况下签订的合同,受胁迫方请求撤销的;(4)限制民事行为能力人订立的房屋租赁合同,在被法定代理人追认之前,善意相对人要求撤销的;(5)代理人没有代理权、超越代理权或者代理权终止后以被代理人名义订立的合同,在被代理人追认前,善意相对人要求撤销的。

〔37〕 效力待定的房屋租赁合同包括:(1)限制民事行为能力人订立的合同,未取得法定代理人追认的无效;但纯获利益的合同或者与其年龄、智力、精神健康状况相适应而订立的合同除外;(2)代理人没有代理权、超越代理权或者代理权终止后以被代理人名义订立的合同,未经被代理人追认的,构成表见代理的除外。

〔38〕 包括两种情形:(1)租赁期限超过20年的,超过部分无效;(2)租赁期限超过临时建筑的使用期限,超过部分无效。但在一审法庭辩论终结前经主管部门批准延长使用期限的,人民法院应当认定延长使用期限内的租赁期间有效。

上房屋租赁合同的行为。如果几份合同均被认定为合法有效，且承租人均要求出租人履行合同的，应依据《最高人民法院关于审理城镇房屋租赁合同纠纷案件具体应用法律若干问题的解释》第5条的规定[39]认定租赁权由何承租人取得。

当承租人未获租赁权时，可从以下几方面帮助承租人进行救济：(1)合同法上的救济。可以请求解除合同，并要求出租人承担违约责任，赔偿所受损失。(2)侵权法上的救济。对出租人多重租赁的侵权行为的索赔，主要是赔偿债权损害所造成的间接损失，即受到损害所造成的可得利益的损失。

5.房屋租赁合同的解除与终止

(1)房屋租赁合同解除的事由

合同一方有权解除合同的主要情形有以下几种：①依约定事由单方面解除合同。可以事先在合同中约定解除合同的条件，当条件成就时，合同即解除。②依法定事由单方面解除合同。③与合同相对方协商一致解除合同。

(2)合同解除阶段非诉法律服务内容

律师在租赁合同解除阶段，可从以下方面帮助当事人降低法律风险、提供法律服务：

①触发解除合同条款的提示：提醒当事人，在房屋租赁合同成立、生效后，应严格按照合同的约定履行合同，否则可能面临被相对人解除或终止合同的风险。

②在合同相对人提出解除或终止合同的请求时，律师应及时对相对人请求的依据进行实质性的审查和分析判断，并及时反馈给当事人，协助当事人与相对人开展友好协商，将当事人的损失减少到最低限度。

③如果对相对人行使合同解除权存在异议，律师应当分析单方解除

---

[39] 《最高人民法院关于审理城镇房屋租赁合同纠纷案件具体应用法律若干问题的解释》第5条规定："出租人就同一房屋订立数份租赁合同，在合同均有效的情况下，承租人均主张履行合同的，人民法院按照下列顺序确定履行合同的承租人：(一)已经合法占有租赁房屋的；(二)已经办理登记备案手续的；(三)合同成立在先的。不能取得租赁房屋的承租人请求解除合同、赔偿损失的，依照民法典的有关规定处理。"

权是否具有法律依据,并提示当事人在合理期限内按照法定方式行使异议权。

④提醒当事人,房屋租赁合同解除后,尚未履行部分不再履行,因一方的过错造成合同解除的,过错方应承担违约责任;双方均有过错的,应根据过错程度各自承担违约责任;若因不可归责于双方当事人的事由导致房屋租赁合同解除的,应根据公平原则进行处理。

⑤合同解除后就房屋的交接及验收,注意留存双方交接及验收房屋状态证明相关材料。

三、租赁住房之创新性法律服务

现阶段,顺应互联网高速发展的历史潮流,互联网+法律类型的法律服务快速兴起,律师行业专业化发展呈现出法律服务电子化、智能化的新趋势。在租赁住房的法律服务领域,律师也应当顺应大数据高质量算法和人工智能的发展,借助互联网优势不断提升法律服务的质量和效率。目前,"互联网+"法律背景下的创新性法律服务包括诉讼类法律服务工具、法律服务推广产品与模式等。

(一)法律服务工具

在全球范围内,全球科技法律上市公司数量迅速增长,2016 年已增长到 1164 家,工作内容集中于在线法律服务、电子取证、推荐律师、公证工具等领域。国内法律科技市场中,人工智能已广泛应用于法律服务领域,法律人工智能产品逐步进入公众视野。

第一,法律检索智能化、自动化。在人工智能技术的加持下,法律检索正向智能化、自动化迈进。例如,ROSS 是世界上第一个基于 IBM 的 Watson 系统智能检索工具的机器人律师,不同于传统的依靠于关键词进行检索的法律文库检索模式,该机器人律师声称可以为律师提供最相关、最有价值的答案,大大节省了律师的工作量。

第二,法律文件自动化。自动化包括两个层次,第一个层次是法律文件审阅自动化,针对调查取证和合同审核方面帮助律师提高工作效率。第二个层次是法律文件生成自动化,智能机器辅助甚至独立起草法律文件的时代将会到来,律师将从起草者变成审校者。

第三,案件预测智能化。例如伦敦律所 Hodge Jones & Allen 通过

"案件结果的预测模型"来评估人身伤害案件的胜诉可能性,大大降低了诉讼成本。[40] 理论上,人工智能可以预测法律纠纷和程序结果,通过对过去案件的自动化分析、数据挖掘等技术,可以对法官的判案倾向作出一定预测,有助于律师制定相应诉讼策略,形成最有效的法律论证。[41] 这种工具对律师而言意义重大。

第四,咨询服务智能化。例如 DoNotPay(人工智能法律咨询),可以在线帮助用户对交通罚单提出异议申诉。DoNotPay 还扩大了其法律服务范围,包括航班延误索赔和政府住房申请。国内第一个机器人律师"小梨"可以提供签证和离婚咨询等法律服务。

互联网算法及目前正热的人工智能技术在法律服务行业的广泛运用,对律师来说既是机遇亦是挑战。一方面,大数据算法的统计与分析有利于提高工作效率;另一方面,算法取代律师开展基础的检索、统计工作,也从一定程度上减少了委托人对律师的部分工作需求。霍姆斯的名言"法律的生命不在于逻辑而在于经验",在法律界被广为传颂。信息化时代,经验只是大数据背景下遗漏的碎片,运用好互联网和大数据的迅速发展为律师行业和工作带来的巨大便利,将使律师站在巨人的肩膀上眺望远方。

(二)法律服务推广

"互联网 +"对各行业发展的影响在于,不仅拓展了服务半径,还在很大程度上减少了信息不对称。在互联网的迅猛发展加持下,法律服务的范围在时间、地域、内容上都不断拓宽。

1. 法律自媒体

互联网的特征之一便是"去中心化",体现在法律服务层面可能会表现为"去律所化"。创新性法律服务推广模式的一个方式是通过知识管理打造个人品牌,形成群体性认同,进而带来案源。部分法律服务从

---

〔40〕 参见张云燕:《人工智能与数据安全的矛盾统一》,载《上海法学研究》2020 年第 15 卷。

〔41〕 参见侯永宽、张本领等:《给法务管理装上"智慧"大脑》,载《企业管理》2019 年第 2 期。

业者已经在探索这一模式并取得一定成效,例如各大社交平台中的“网络大V”,通过评论热点案例、回答现实问题等方式树立了在互联网上的个人品牌,也有利于广泛拓展客户范围。

2. 法律社区服务平台

在互联网发达、群众需求多元化的今天,法律服务不再仅仅满足于为群众提供咨询的单一方式,法治宣传的形式在不断创新。

贵州省贵阳市南明区持续深入推进公共法律服务信息化建设,建成了“2+e”公共法律服务体系。“2”是指公共法律服务实体平台全覆盖和“一站式”的服务全覆盖;“e”是指“互联网+微便民”,通过公共法律服务网上服务大厅,组建了多个不同层级的公共法律服务工作联络群,通过互联网将各个分散的居民个体紧密联系起来。当市民遇到法律问题时,仅需登录“南明区公共法律服务网上办事大厅”App,就能获得法律咨询、人民调解、法律援助、公证服务、司法鉴定、普法课堂等线上法律服务。

街道将互联网思维融入传统普法工作,拓展了服务半径,填补了传统服务模式相对容易断档的不足。

第四节　租赁住房政策与制度建议

一、租赁住房的主要问题与困境

（一）供给结构性问题凸显

1. 适租房屋供给不足

目前，我国住房矛盾主要集中在人口密集的大城市，体现为新市民、青年人等租用住房短缺，对符合经济能力又满足生活需求的小型出租住房的需求极为迫切。与此同时，现实情况是当前住房租赁市场供应的主要为多居室大户型住房。一方面，中低端租户很难找到面积适中的理想住房，不得不通过"合租"形式租赁多居室住房；另一方面，大户型住房难以获取客户群体，导致大量空置房屋的资源浪费。

2. 租赁产品层次化有限

"集体租赁""打隔断"等混乱租赁现象仍存在于住房租赁市场中，并伴随着公共安全、火灾和其他重大安全风险。其根源在于我国目前住房租赁市场层次化不足，尤其是缺乏小户型租赁住房的供应。迫于经济等各方面压力，部分租户放弃住房质量、生活舒适甚至生命安全，选择"群租房""胶囊房"，从而导致面临各种潜在风险，给租户带来安全隐患。[42]

3. 供给主体监管困难

目前，政府保障性租赁房屋和专业机构出租住房在住房供应中所占比例很小，房源供给主要来自居民闲置的住房。在个人租房供给居多的供应结构下，政府监管租房市场愈加困难，乱象更难得以抑制。

（二）市场运转机制不健全

1. 房屋租赁市场信息记录机制不健全

相对于房屋租赁市场，我国房地产交易市场已经建立了完整的信息

---

〔42〕 参见金朗、赵子健：《我国住房租赁市场的问题与发展对策》，载《宏观经济管理》2018 年第 3 期。

登记制度，通过专门的不动产交易登记中心，可以更全面地了解商品房交易的历史信息。然而，房屋租赁市场的信息记录机制并不完整，也没有明确的管理机构。在这种形势下，租户和房主都缺乏可靠的公共信息渠道，租赁市场的信息壁垒更加牢固，相关部门开展市场监管变得更加困难。

2. 用户端缺乏反馈通道

租房服务长期缺位，是传统租赁行业中的一大难点。租户虽然支付了房屋租金，但在房屋自然损耗的维护与修缮等层面仍处于被动地位，租房体验感较差。租赁中介一般不收取租赁过程中的服务费用，因此普遍缺乏提供房屋租赁服务的动力，租户的体验和权利救济也无法得到重视，缺乏渠道以及平台开展服务评价反馈和权益维护。

（三）法律法规体系不健全

目前，我国尚未制定专门的住房租赁法律，与住房租赁市场相关的法律法规也非常有限。近年来，随着租赁市场的发展，一些新问题亟须法律法规明确。例如，新的租赁住房来源是否存在合法合规问题，包括厂房改建住房用于租赁、农村集体土地上建设住房用于租赁以及商业用地上建设住房用于租赁等。此外，租赁权与所有权的差异导致家庭更倾向于购买住房而不是租赁住房，在住房租赁市场上实施“租售同权”等惠民新政也需要相关立法保障。随着住房租赁市场的不断发展，新问题、新现象层出不穷，迫切需要完善相关立法。

二、租赁住房的政策与制度建议

自 2015 年以来，我国住房租赁市场加速发展，规模不断壮大，但房地产领域许多方面仍然落后于美国等发达国家，如租金规模占比、房屋租赁比例、租金回报率以及租房服务体系的成熟度等方面。过去，中国房屋租赁市场的发展更多地取决于自发运作的市场状况，缺乏统一和系统的管理体系。随着中国房屋租赁市场逐渐成熟，参与者进一步多元化，行业标准更完善，市场价值更大。[43]

---

〔43〕 参见王琰琰：《住房租赁市场的痛点与发展措施》，载《银行家》2020 年第 9 期。

（一）促进多主体保障住房租赁需求

目前，我国住房租赁市场建设主要由国有资本参与，民营资本参与较少，主要是因为存在融资难、融资贵的问题，因此，可以通过降低其融资成本或提供补贴的方式，鼓励民营资产进入住房租赁市场，促进多主体供给。

一是降低民营资本进入住房租赁市场的融资成本。为了给进入住房租赁市场的民营资本提供较低的融资成本，可以为参与住房租赁市场的私营公司发行的房地产投资基金开辟融资渠道。目前，我国只有参与保障性租赁住房的项目可以发行不动产投资信托基金进行融资，促进优质民营企业发行不动产投资信托基金进行融资不仅可以加快我国房地产投资基金市场建设，而且扩大了私人项目融资渠道，分散了融资风险。

二是向进入住房租赁市场的民营资本提供政府补贴或税收优惠。我国可以借鉴欧美国家的相关经验，为民营资本进入租赁住房市场提供政策支持。[44]

（二）完善相关法律制度，保障承租人的利益

对于商品性租赁住房，目前主要由《民法典》和《商品房屋租赁管理办法》进行规范。《商品房屋租赁管理办法》主要依托住房租赁合同关系构建了双方的权利义务，且于2010年出台，在住房市场发展迅猛的情况下，该办法无法解决现有住房租赁市场的问题。而《民法典》在私法规范基础上，针对住房租赁法律关系的特点强化了出租人的适租性义务及双方合同解除权利限制等内容，但在具体制度设计上没有突出对承租人利益的绝对保护。

从国家层面来看，应当构建完备的法律规范体系，为承租人权益保护提供法律依据及保障。在发达国家住房租赁市场，都有围绕以租客权利绝对保护为考虑的制度安排。例如，美国和德国都构建了对住房租赁承租人利益进行全方位保护的法律及政策体系。美国住房租赁法经历

〔44〕 参见蒋身林、程川：《浅析我国住房租赁市场的建设困境及优化路径》，载《西部财会》2023年第4期。

了从出租人优位到承租人优位的转型，在租金管制、押金返还、增加出租人义务等方面优先保护承租人利益；德国住房租赁法律制度则主要包括对原始租金、上涨租金的限制及对出租人租赁合同解除权的阻碍等内容。我国可以借鉴域外立法的有效经验，一方面限制出租人的合同解除权以鼓励长期租赁合同，稳定租赁关系；另一方面，通过租金监管、保障承租人优先购买权、强化租购同权等制度设计全方位保障承租人的利益。

从地方层面来看，北京市和上海市均于2022年出台了有关住房租赁的地方性法规，分别是《北京市住房租赁条例》和《上海市住房租赁条例》。二者在法律法规、部门规章等规范性文件基础上，针对当下房屋租赁中存在的问题作出了积极回应，如增加了对网络信息平台经营者、住房租赁企业、房地产经纪机构等相关主体的权利义务规定等，助力保障住房租赁市场规范健康发展。

（本章执笔人：谭湘玲）

第八章　房地产投资信托基金

第一节 中国房地产投资信托基金的实践

一、房地产投资信托基金对原有房地产融资方式的冲击

（一）房地产投资信托基金的内涵与特点

房地产投资信托基金又称不动产投资信托基金（REITs），是按照信托原则，通过发放收益凭证将一定数量的投资者的资金集中起来，由专门的投资机构进行投资管理，投资管理中获得的利润按一定比例分配给投资者的金融投资产品。[1] 实际上，房地产投资信托基金可归类于股权融资，通过这种融资形式，能够有效调节资产负债率，也利于稳定企业的资金流量，极大提升企业的偿债能力。从 REITs 的形成与发展来看，其最早可追溯到美国。1960 年美国颁布了 REITs 的法案，[2] 而后于 1971 年出现在澳大利亚，自 20 世纪 90 年代以来，部分欧洲国家已发行房地产投资信托基金。[3] 在亚洲市场上，REITs 最早出现于日本，随后新加坡等也相继推出该金融产品。截至 2024 年，全球超过 40 个国家和地区出台了 REITs 制度。REITs 的投资领域十分广泛，从商业写字楼、公寓到主题公园、体育馆等都有其身影。由此，可根据 REITs 的基础资产类别将其分为商业物业 REITs、基础设施 REITs、租赁住房 REITs、物流 REITs 等。本章将在第二节对其中的商业物业 REITs、租赁住房 REITs 展开重点分析。

REITs 作为一种直接金融产品，能够通过交易市场来连接投融资双方，由此，其具有直接金融产品所具备的风险与流动性匹配、强制分红、专业管理与主动管理等特点。[4] REITs 所具的这些优势能够使投资者

---

〔1〕 参见林华主编：《中国 REITs 操作手册》（第 2 版），中信出版集团 2022 年版，第 3 页。

〔2〕 See Real Estate Investment Trust Act of 1960, Pub. L. No. 86－779, §857, 74 Stat. 998, 1003.

〔3〕 See Gianluca Mattarocci, *Anomalies in the European REITs Market*, Palgrave Macmillan, 2014, p. 19－31.

〔4〕 参见蔡建春等：《中国 REITs 市场的建设》，中信出版集团 2020 年版，第一章。

极大地拓宽投资渠道和降低投资门槛,促进房地产等不动产行业高速发展,为我国经济增长提供新动能,提升金融体系的风险分担能力。[5]

(二)房地产投资信托基金的影响

根据房地产投资信托基金的募集和流通特点,可以将其分为私募和公募。公开发行房地产投资信托基金是指通过公开发行的方式向公众投资者募集信托资金的房地产投资信托基金,投资者人数以及每个投资者的最低投资额一般不受限制。公募房地产投资信托基金是国际资本市场上房地产金融产品的主要形式,与股票一样具有较高的流动性,可以上市交易,而私募房地产投资信托基金是指以非公开方式向特定投资者筹集房地产投资信托资金,以房地产投资信托基金作为投资对象。私募房地产投资信托基金要求投资者具有较高的风险承受能力,监管相对宽松。各国和地区的法律法规明确限制了私募房地产投资信托基金持有人的最高人数和投资者的资格要求,否则不得设立私募不动产投资信托基金。[6]

当前我国房地产投资信托基金是以基础设施领域作为主要投资方向的。根据中国证券监督管理委员会于2020年8月6日发布、2023年10月20日修改后重新发布的《公开募集基础设施证券投资基金指引(试行)》的规定,可以得知我国房地产信托投资基金的总体交易架构为"证券投资基金+专项计划"模式,即"公募基金+ABS"模式。具体而言,房地产投资信托基金项目通常包含"公募基金—专项计划—项目公

〔5〕 See Chiuling Lu & Chou - Yen Wu, *Review of REIT and MBS in Lee*, CF., Lee, A. C. (eds) Encyclopedia of Finance, Springer, Cham, 2021, p. 1 - 10.

〔6〕 参见林华主编:《中国REITs操作手册》(第2版),中信出版集团2022年版,第3页。

司”三级基本架构。[7]

在公募基金层面，投资者及原始权益人认购公募基金份额，公募基金募集资金的80%以上投资于公募基金对标的基础设施ABS，当投资于该基础设施ABS时应当持有其全部份额；公募基金的剩余资金根据《公开募集基础设施证券投资基金指引（试行）》第26条的规定，应当依法投资于利率债，AAA级信用债，或货币市场工具。

在专项计划层面，基础资产为项目公司“股权+债权”。“股+债”结构的构建多为降低公募REITs的税收成本。截至目前，已有公募REITs项目由专项计划直接向目标项目公司或SPV公司进行放款，大大便利了负债结构的搭建。

在项目公司层面，项目公司应享有基础设施项目完全的所有权及经营权，使公募基金能够通过投资于ABS间接取得基础设施项目完全所有权或经营权。[8]

这种新发展下的房地产投资信托基金作为一种新型投资模式会对原有房地产投资造成一定冲击，主要表现在三个方面：首先，过去的融资产品通常为MBS、类REITs、信托或者明股实债，即发行人通过设立结构化资产管理产品的债券融资，投资人认购产品，享受固定利息收入及到期还本。而公募REITs作为股权融资的一种能够在封闭期内一直持有并享受定期分红，解决了债权的到期偿付本息的问题。其次，过去的融资方式通常表现为私募形式，即往往是短期的定向融资或者结构化融资。而公募REITs发行后使投资人变得多元且不定向，在公开市场上由

〔7〕 参见刘柏荣、许苇等：《我国基础设施公募REITs项目实务过程中的核心问题探讨》，载威科先行2020年12月24日，https://law.wkinfo.com.cn/professional-articles/detail/NjAwMDAxMDEyNTc%3D?q=%E6%88%91%E5%9B%BD%E5%9F%BA%E7%A1%80%E8%AE%BE%E6%96%BD%E5%85%AC%E5%8B%9FREITs%E9%A1%B9%E7%9B%AE%E5%AE%9E%E5%8A%A1%E8%BF%87%E7%A8%8B%E4%B8%AD%E7%9A%84%E6%A0%B8%E5%BF%83%E9%97%AE%E9%A2%98%E6%8E%A2%E8%AE%A8&module=&from=editorial&searchId=46142a9fd7724c3c928c4804fd6d3d18。

〔8〕 参见《中伦〈公募REITs法律文集：行业研究洞察〉正式发布》，载微信公众号“中伦视界”2022年4月30日，https://mp.weixin.qq.com/s/fu8V4DbCTmODnSqsdEmO3w。

投资者进行认购与交易，且具有公募融资性质的 REITs 对于基础资产而言标准更为严格，管理也更透明，融资更为市场化且富有流动性。最后，实现了从对外融资到资产管理的转变。值得注意的是，以往的债权融资仅是阶段性的投资，往往注重阶段性的流动性和还本付息能力。而公募型的 REITs 上市后使投资人投资期限更长久，同时需要综合考量标的资产质量、管理人的运营能力各方面，REITs 管理人的运营能力对于分红派息与资产增值有重要的作用。

二、房地产投资信托基金发展历程的机遇和挑战

（一）房地产投资信托基金在我国的发展历程

1. 私募 REITs 在我国的发展

我国最早发展的房地产投资信托基金是具有私募性质的基金。

2004 年 1 月 31 日，国务院发布了《关于推进资本市场改革开放和稳定发展的若干意见》（国发〔2004〕3 号）（已失效），标志着我国对资产证券化业务探索的开启。

2005 年，香港证券及期货事务监察委员会修改《房地产投资信托基金守则》吸收接纳非香港物业组成的 REITs 后，促成了我国最早于 2005 年 12 月 21 日在香港联合交易所上市的越秀房地产投资信托基金，可以说香港新兴的房地产投资信托基金市场具有“巨大的增长潜力”。[9]

2007 年，中国人民银行、中国证监会和原中国银监会分别成立 REITs 专题研究小组，开始着手中国境内 REITs 市场的建设工作。

随后，2010 年 6 月，我国住房和城乡建设部、发展改革委、财政部、原国土资源部、中国人民银行、国家税务总局，原中国银监会联合发布了《关于加快发展公共租赁住房的指导意见》（建保〔2010〕87 号），提出“探索运用保险资金、信托资金和房地产信托投资基金拓展公共租赁住房融资渠道”。

2014 年 5 月，我国首单交易所类 REITs 产品——中信启航专项资产管理计划（中信启航类 REITs）在深交所发行，我国类 REITs 产品的探索

〔9〕 See John Goldsworth, *Hong Kong*: *SFC Chief sees* “*huge potential*” *in REIT market*, 10 Trusts & Trustees 9(2006).

由此展开。

2016 年 12 月,国家发展改革委、中国证监会联合印发《关于推进传统基础设施领域政府和社会资本合作(PPP)项目资产证券化相关工作的通知》(发改投资〔2016〕2698 号),提出"共同推动不动产投资信托基金(REITs),进一步支持传统基础设施项目建设"。

截至 2023 年 5 月 22 日,我国国内成功发行的类 REITs 产品达 168 单,发行规模 3561.62 亿元。[10]

2. 公募 REITs 在我国的发展

2018 年 4 月,中国证监会、住房和城乡建设部发布了《关于推进住房租赁资产证券化相关工作的通知》,该通知强调要重点支持住房租赁企业发行以其持有不动产物业作为底层资产的权益类资产证券化产品,积极推动多类型具有债权性质的资产证券化产品,同时还要积极开展发行 REITs 的试点工作。

2020 年 4 月,国家发展改革委和中国证监会发布的《关于推进基础设施领域不动产投资信托基金(REITs)试点相关工作的通知》(证监发〔2020〕40 号)标志着中国境内公募 REITs 市场正式开启。该通知明确了房地产投资信托基金基础设施试点的基本原则、试点项目的要求和试点项目的工作安排,表明我国基础设施领域的公募房地产投资信托基金试点已经正式启动,房地产投资信托基金在我国的发展促进了基础设施资产的盘活,加强了资本市场服务实体经济,进一步丰富了资本市场投融资工具。

2021 年 5 月,中国证监会、上海证券交易所以及深圳证券交易所审核通过了首批公募基础设施 REITs 项目。同年 6 月,首批公募基础设施 REITs 完成资金募集并成功挂牌上市交易。而后,为推动 REITs 试点扩展到全国,2021 年 7 月,国家发展改革委发布了《关于进一步做好基础设施领域不动产投资信托基金(REITs)试点工作的通知》(发改投资〔2021〕958 号),该通知不仅注重与国家重大战略接轨,即在重点支持区

---

〔10〕 参见中国资产证券化分析网,https://www.cn-abs.com/index.html? page=home#/home,2023 年 5 月 22 日访问。

域中增加了黄河流域生态保护和高质量发展国家重大战略区域，还将能源基础设施，停车场项目市政基础设施，保障性租赁住房，具有供水、发电等功能的水利设施和具有较好收益的旅游基础设施加入试点行业。

此后，国家层面陆续发布《关于做好基础设施领域不动产投资信托基金(REITs)试点项目申报工作的通知》(发改办投资〔2020〕586号，已失效)、《公开募集基础设施证券投资基金指引(试行)》、《关于建立全国基础设施领域不动产投资信托基金(REITs)试点项目库的通知》等一系列政策文件，规范基础设施领域房地产投资信托基金试点工作。2021年1月，上海证券交易所、深圳证券交易所还出台了关于基础设施领域公募REITs的配套规则，即《上海证券交易所公开募集基础设施证券投资基金(REITs)业务办法(试行)》和《深圳证券交易所关于发布公开募集基础设施证券投资基金配套业务规则的通知》(部分失效)，具体产品审核、交易及持续监管规则相应落地。

值得注意的是，2021年6月，国家发展改革委在其所发布的《关于进一步做好基础设施领域不动产投资信托基金(REITs)试点工作的通知》中扩大了试点行业的范围，明确将保障性租赁住房作为单独一类行业纳入基础设施REITs项目，为我国REITs开拓了新市场。

(二)房地产投资信托基金发展历程中的机遇

1. 私募REITs的机遇

我国私募REITs和不动产证券化市场的诞生是具有时代背景和条件的，是公募REITs诞生遇到阻力以及面临市场需求情况下的次优选择。类REITs产品的实际应用表明，它们不仅能够满足市场的需求，而且为公募基金的发展奠定了良好的基础。

首先，私募REITs的发展为我国公募REITs的产品结构奠定了基础。从2014年中信启航项目到后续一系列的创新产品，完善出了一种经过市场和监管机构检验，各方都认可并能达成共识的产品模式。由此，在符合我国当前的法律法规的基础上，以“公募基金+资产证券化”的方式来推动公募REITs是最快、最可行的路径。

其次，私募REITs促进了多方市场主体的参与，从金融机构、监管机构的磨合，到原始权益人、证券公司、基金与资管公司、律师事务所、银行等机构的协作,这些都为后续推动公募 REITs 奠定了良好的合作平台。在拓展底层资产的种类,并为最终探索出以基础设施作为底层资产的 REITs 试点作出了贡献。

最后,随着私募房地产投资信托基金的不断发展,投资者的选择也越来越多,投资者主要是具有较强风险识别能力的专业机构投资者,为公开发行阶段培育了投资者资源。随着债权产品向股权产品的过渡,逐步出现了相关资产服务机构和专业投资者。[11]

2. 公募 REITs 的机遇

在基础设施 REITs 出台之前,我国基础设施项目缺乏盘活资金的手段,这就使得基础设施投资无法退出,前期专业投资者的资金在存量项目上不断沉积而后续投资资金匮乏,存量项目资产负债率高,高杠杆一方面消耗了基础设施所产生的现金流,另一方面也积累了金融风险。公募 REITs 的启动具有良好的发展机遇,体现在两方面:一方面,能够通过发行公募 REITs 盘活资产并产生稳定的现金流;另一方面,REITs 具有良好的退出机制有利于推动项目的发展,可以较为精确地通过模型测算建设和运营期投资的回报水平,既有利于投资者更好地选择投资项目或进行成本控制、绩效优化,又能吸引更多的投资者参与到基础设施的前期开发与运营投资中。[12]

总言之,可从发起人与投资者角度来看公募 REITs 发展历程中的机遇。对于发起人来说,与传统的房地产投融资模式相比,房地产投资信托基金可以提供更长期的权益性资本,从而有效缓解当前资金短缺的问题,并优化资源配置。就投资者而言,房地产投资信托基金投资的是挂钩地区发展以及对抗通胀的优质基础设施,是在当前低市场利率的环境下难得的优质资产。此外,REITs 投资可在二级市场交易,这也为项目提供了有效的退出渠道,极大地解决了过去基础设施投资周期过长的

---

〔11〕 参见林华主编:《中国 REITs 操作手册》(第 2 版),中信出版集团 2022 年版,第一章。

〔12〕 参见《2022 年中国 REITs 市场投资研究报告》,载微信公众号“艾瑞咨询”2022 年 6 月 18 日,https://mp.weixin.qq.com/s/OmPBATzp5DlVSVOCyQzkpQ。

问题。[13]

（三）房地产投资信托基金发展历程中的挑战

1. 税务问题

首先，我国针对公募 REITs 产品出台的专门的税收法规缺失。由于 REITs 所包含的纳税主体和环节相对较多[14]，例如，从设立、运作到终止，纳税主体包括原始权益人、项目公司、REITs、投资者等，纳税环节包括了资产剥离、收购项目公司股权、项目公司运营、退出等交易行为。与此同时，我国境内并没有针对公募 REITs 产品出台专门的税收法规。尽管在公募基金层面不征收投资者的所得税，但基于比较法视角，在 REITs 市场较发达的国家和地区，REITs 是典型的税收优惠驱动型产品，而我国境内还没有针对 REITs 出台税收优惠政策。[15]

其次，经营范围包括了房地产开发的原始权益人，可能面临巨额的土地增值税。部分持有基础设施资产的企业为了在基础设施上建造房屋还申请了房地产开发的资质，而鉴于税务机关可能采取形式重于实质的审查标准，这将导致其面临巨额的土地增值税；而且土地增值税适用超额累计税率，这导致持有时间越长、增值空间越大的资产发行公募 REITs 产品的成本反而越高。

最后，《公开募集基础设施证券投资基金指引（试行）》第 18 条[16]规定的不低于 20% 的战略配售使得税务问题更为突出。从实际融资的效果看，原始权益人只实现了基础设施资产 80% 的收益，却承担了

---

〔13〕 参见德勤 Deloitte：《REITs 发展报告》，载微信公众号“德勤 Deloitte”2021 年 10 月 28 日，https://mp.weixin.qq.com/s/n7qJPnAbQpPbJDybMn75XA。

〔14〕 参见李雪灵、王尧：《基础设施投资管理中的 REITs：现状、问题及应对策略》，载《山东社会科学》2021 年第 10 期。

〔15〕 See Chiou, D, *Scenarios of Real - Estate - Backed Securitization and Financing*. In: Wang, B, Just, T. (eds) Understanding China's Real Estate Markets, Springer, Cham. 2021.

〔16〕《公开募集基础设施证券投资基金指引（试行）》第 18 条第 1 款第 1 句规定：“基础设施项目原始权益人或其同一控制下的关联方参与基础设施基金份额战略配售的比例合计不得低于本次基金份额发售数量的 20%。”

100%的税务成本。[17]

2. 国有资产转让问题

由于基础设施领域多由国有企业投资持有，为了防止国有资产流失，根据《企业国有资产交易监督管理办法》的规定，企业国有资产转让过程中涉及批准国有产权转让的应当取得相关部门的批复[18]、资产评估[19]，进场交易时股权转让原则上应当在产权交易机构公开进行交易[20]等特有程序。特别是在进场交易环节：若项目公司的股权被第三方摘牌或公募 REITs 产品的募集资金低于国有资产的挂牌价，将导致公募 REITs 产品设立失败。而未经批准，直接以非公开协议方式转让的，

---

[17] 参见德勤 Deloitte：《REITs 发展报告》，载微信公众号"德勤 Deloitte"2021 年 10 月 28 日，https://mp.weixin.qq.com/s/n7qJPnAbQpPbJDybMn75XA。

[18] 《企业国有资产监督管理暂行条例》第 23 条规定："国有资产监督管理机构决定其所出资企业的国有股权转让。其中，转让全部国有股权或者转让部分国有股权致使国家不再拥有控股地位的，报本级人民政府批准。"第 31 条规定："国有资产监督管理机构对其所出资企业的企业国有资产收益依法履行出资人职责；对其所出资企业的重大投融资规划、发展战略和规划，依照国家发展规划和产业政策履行出资人职责。"《企业国有资产法》第 53 条规定："国有资产转让由履行出资人职责的机构决定。履行出资人职责的机构决定转让全部国有资产的，或者转让部分国有资产致使国家对该企业不再具有控股地位的，应当报请本级人民政府批准。"

[19] 《国有资产评估管理办法》第 3 条规定："国有资产占有单位（以下简称占有单位）有下列情形之一的，应当进行资产评估：（一）资产拍卖、转让；（二）企业兼并、出售、联营、股份经营；（三）与外国公司、企业和其他经济组织或者个人开办外商投资企业；（四）企业清算；（五）依照国家有关规定需要进行资产评估的其他情形。"《企业国有资产法》第 55 条规定："国有资产转让应当以依法评估的、经履行出资人职责的机构认可或者由履行出资人职责的机构报经本级人民政府核准的价格为依据，合理确定最低转让价格。"

[20] 《企业国有资产法》第 54 条规定："国有资产转让应当遵循等价有偿和公开、公平、公正的原则。除按照国家规定可以直接协议转让的以外，国有资产转让应当在依法设立的产权交易场所公开进行。转让方应当如实披露有关信息，征集受让方；征集产生的受让方为两个以上的，转让应当采用公开竞价的交易方式。转让上市交易的股份依照《中华人民共和国证券法》的规定进行。"《企业国有产权交易操作规则》第 4 条规定："企业国有产权交易应当遵循等价有偿和公开、公平、公正、竞争的原则。产权交易机构应当按照本规则组织企业国有产权交易，自觉接受国有资产监督管理机构的监督，加强自律管理，维护市场秩序，保证产权交易活动的正常进行。"

相关转让协议的法律效力在司法实践中存在一定的不确定性。最高人民法院在相关案件中认为,[21] 进场交易系对履行出资人职责的机构及相关人员行为的规范,是法律对国有资产管理者科以的义务,属规范内部程序的管理性规定,而非效力性强制性规定,不应影响国有企业与第三人签订合同的效力;但上海市高级人民法院在相关案件中则认为合同无效。[22] 因此,如何豁免进场交易而避免公募 REITs 设立失败,同样成为公募 REITs 发行过程中需要重点关注的问题之一。

3. 法律法规有待完善

与世界上一些房地产投资信托基金较为成熟的国家相比,我国尚未出台专门的基础设施房地产投资信托基金法律法规,现行法律法规对基础设施房地产投资信托基金的投资范围、比例和监管相对落后。[23] 虽然我国已经颁布了《信托法》对房地产投资信托基金进行了限制,但大部分都只是框架,在实践中还有一些细节需要进一步完善。例如,在流动性问题上,由于缺乏明确的法律法规规定,投资者在第三方金融机构以市场为导向的经营活动中,将房地产投资信托基金账户转入流动性账户就碰到了障碍。

4. 管理模式可能存在代理成本高的问题并需要磨合

REITs 所采用的多层委托代理关系的架构可能会加重信息不对称以及利益冲突问题。基础设施公募 REITs 采用"公募基金 + 资产支持证券(ABS)"的架构,"公募基金 + ABS"架构下的主要委托代理关系包括:REITs 持有人委托公募基金管理人来进行投资管理、公募基金管理人委托 ABS 管理人进行资产管理及公募基金管理人委托外部管理机构负责底层资产的运营与管理。随着多层委托代理关系的出现,信息不对称、利益冲突以及道德风险的发生率将会显著提升,从而导致代理费用

[21] 参见最高人民法院(2014)民提字第 216 号民事判决书。

[22] 参见上海市高级人民法院(2009)沪高民二(商)终字第 22 号民事判决书。

[23] 参见庞海峰、雷硕:《我国基础设施 REITs 存在的问题及建议》,载《山西财政税务专科学校学报》2022 年第 4 期。

的增长。同时,公募基金是基础设施公募 REITs 的基金管理方,过往投资类 REITs 产品的经验普遍缺乏,相关的团队人员建设、与外部机构的合作机制都需要不断探索和尝试。在首批基础设施公募 REITs 项目中,公募基金、ABS 管理人、原始权益人以及专业的资产管理、物业管理团队的后续磨合及各司其职将决定相关公募 REITs 项目上市后的管理及后续扩募再投资的效率。[24]

三、房地产投资信托基金的发展方向预判

(一)公募基础设施 REITs 将有效支持保障性租赁住房发展

通过引进保障性租赁住房作为 REITs 的试点项目,可以大大提升保障性租赁住房的供给,从而使其成为扩大住房体系的重要手段。目前,我国保障性租赁住房仍是住房系统的主要短板之一。政府部门主导保障性租赁住房建设,在前期通过让渡地价促进土地供应,在后端建立统一的资产运营和管理平台,并最终通过公募基础设施 REITs 实现资产退出回笼财政资金,将有效加快实现供给。公募基础设施 REITs 在这个过程中还可以起到租赁住房产品的价格发现作用,而且在让渡部分收益权的同时不影响管理权的完整保留。

REITs 对于推动我国住房租赁行业的发展具有重要意义。[25] 首先,有利于住房企业盘活租赁住房存量资产,通过经营现金流证券化的方式使企业获得融资。其次,发展租赁住房 REITs,可以带动增量投资,企业运用退出所获融资可以进行进一步的规划与投资,形成住房租赁行业的资金链条闭环,实现投融资良性内循环。再次,租赁住房 REITs 作为权益型成熟的资产持有平台,为企业提供了可持续发展的"开发、运营、盘活"的新模式,提高了住房租赁行业的直接融资比例,可以有效降低行业的杠杆率和金融风险。又次,租赁住房 REITs 的发展和壮大,也

---

〔24〕 参见德勤 Deloitte:《REITs 发展报告》,载微信公众号"德勤 Deloitte"2021 年 10 月 28 日,https://mp. weixin. qq. com/s/n7qJPnAbQpPbJDybMn75XA。

〔25〕 参见张彦春、丁传明、李香花:《保障性住房 REITs 发展路径研究》,载《中南大学学报(社会科学版)》2012 年第 2 期。

有利于推动住房租赁市场的专业化、机构化、规模化发展，解决目前住房租赁市场存在的供给结构失衡问题，提升整体的租赁服务水平。最后，从资产风险频谱的分布来看，REITs 的投资风险介于股票、债券之间，既可以获得有明确预期的现金回报，又可以享受资产增值。从长期回报率来看，REITs 也表现优异，对于降低居民部门住房杠杆水平、平抑炒房预期、防范系统性市场风险也具有重要意义。[26]

(二)未来税收问题仍需要解决

当前，由于 REITs 的产品架构相当复杂，因此，税务部门有必要采取有效措施来解决重复征税以及税负过高的情况，以免影响 REITs 的投资回报。税收问题尽管并非设立 REITs 的先决条件，但对调动各方积极性、推动市场发展壮大至关重要。

通过比较发达国家和地区 REITs 的实践，REITs 成为投资者青睐的投资产品，不仅由于收益率较高且较为稳定，还因为 REITs 在满足特定要求的情况下可就投资人分红收入和份额转让所得享受一定的免税待遇，对于 REITs 上市前重组也给予了特定税收优惠。其中，美国在税法中对符合特定条件的房地产投资公司或契约型基金定义为 REITs 而享受免税政策，其分配给投资者的分红部分可在所得税前予以扣除；此外，新加坡也给予了 REITs 诸多税收优惠政策。然而，当前我国税法下境外投资人取得的 REITs 分红、公司投资人取得的 REITs 份额转让所得以及 REITs 上市前重组的相关税务成本仍较高，亟待相关税收优惠政策的出台。[27]

(三)结合本国实际，对 REITs 进行专项立法

首先，必须要有一项专门的立法保障房地产投资信托基金的法定资格，以及有关股票发售、买卖和融资的合法性要求。国家还应为 REITs

---

〔26〕 参见张程：《REITs 支持公租房融资：现状、风险及发展策略》，载《北方经贸》2020 年第 9 期。

〔27〕 参见张剑青：《我国推进保障性租赁住房公募 REITs 发展的思考》，载《商业会计》2022 年第 17 期。

制定更严格的监管措施，以确保REITs投资者受到充分的保护。其次，国家应根据本国的实际情况，制定REITs的限制性准入要求，以及实施投资战略及投资政策的审查机制等。[28]

---

〔28〕 参见余秀娟、段声涛、吴波：《我国保障性租赁住房REITs融资模式研究》，载《银行家》2023年第3期。

第二节　典型基础资产类别 REITs 分析

一、商业物业 REITs

（一）政策

2014 年 11 月 19 日，中国证监会颁布的《证券公司及基金管理公司子公司资产证券化业务管理规定》及配套的《证券公司及基金管理公司子公司资产证券化业务尽职调查工作指引》和《证券公司及基金管理公司子公司资产证券化业务信息披露指引》中明确商业物业等不动产财产或不动产收益权是基础资产的范畴，要求发起机构开展私募 REITs 业务需要遵循上述基本规定。2014 年 12 月 15 日，中国证券投资基金业协会颁布的《资产证券化业务基础资产负面清单指引》和《资产证券化业务风险控制指引》则对基础资产的准入范围、风险控制进行了明确。[29] 由此我国私募类 REITs 产品开始逐步发展，其中大部分集中在商业物业领域。

如上文所述，2020 年 4 月发布的证监发〔2020〕40 号文标志着我国公募 REITs 市场正式开启。虽然该通知只明确了基础设施 REITs 试点的相关制度，并不涉及商业物业层面。但在试点工作的逐步推进开展后，2023 年 3 月 24 日，国家发展改革委发布《关于规范高效做好基础设施领域不动产投资信托基金（REITs）项目申报推荐工作的通知》（发改投资〔2023〕236 号），中国证监会于 2023 年 3 月 7 日发布《关于进一步推进基础设施领域不动产投资信托基金（REITs）常态化发行相关工作的通知》，这两项新规明确将百货商场、购物中心等商业物业类的消费基础设施纳入试点范围，一改此前不允许发行商场、写字楼等商业地产项目的基础设施公募 REITs 的试点原则，项目土地用途也不再局限于非商业用地。这一转变预示着我国 REITs 市场的进一步扩大，对于吸引多元

---

〔29〕 参见林华主编：《中国 REITs 操作手册》（第 2 版），中信出版集团 2022 年版，第四章。

化的 REITs 投资具有重大意义。[30]

(二)典型项目:中信启航 REITs 项目

1. 概述

中信启航专项资产管理计划是一款以专项资产管理计划为载体,以私募方式发行,在深交所综合交易平台挂牌交易的类 REITs 产品,亦是中国境内第一只私募 REITs 产品,对我国 REITs 的发展有至关重要的作用。

中信启航的原始权益人为中信证券,基础资产是北京中信证券大厦和深圳中信证券大厦。中信启航募资总规模 52.1 亿元,采用结构性设计,针对不同风险偏好的投资人,将产品分为优先级和次级两类。其中优先级规模 36.5 亿元,占比 70.1%,评级为 AAA,预期期限不超过 5 年,优先级份额存续期间获得基础收益,退出时获得资本增值的 10%(浮动收益部分);次级规模 15.6 亿元,占比 29.9%,预期期限不超过 5 年,次级份额存续期间获得满足优先级基础收益后的剩余收益,退出时获得资本增值的 90%(浮动收益部分)。

2. 交易结构

交易结构上,中信启航专项资产管理计划交易架构采用了"专项计划—私募基金(或信托/有限合伙或其他载体)—特殊目的机构(SPV)—项目公司"的交易形式,涉及 4 层交易架构,其中的私募基金与 SPV 是整体交易结构中的重要部分。中信启航项目设立了一个非公募基金来持有两个物业所对应的项目公司的股权,再以专项资产管理计划

[30] 参见刘玲玲:《优先支持百货商场、购物中心发行公募 REITs——发改委、证监会 REITs 新规解读》,载威科先行 2023 年 4 月 21 日,https://law.wkinfo.com.cn/professional-articles/detail/NjAwMDAyMTE4MTc%3D?q=%E4%BC%98%E5%85%88%E6%94%AF%E6%8C%81%E7%99%BE%E8%B4%A7%E5%95%86%E5%9C%BA%E3%80%81%E8%B4%AD%E7%89%A9%E4%B8%AD%E5%BF%83%E5%8F%91%E8%A1%8C%E5%85%AC%E5%8B%9FREITs%E2%80%94%E2%80%94%E5%8F%91%E6%94%B9%E5%A7%94%E3%80%81%E8%AF%81%E7%9B%91%E4%BC%9AREITs%E6%96%B0%E8%A7%84%E8%A7%A3%E8%AF%BB&module=&from=editorial&searchId=894146fe2a114133a18da94d9976ab34。

认购其非公募基金份额。中信金石基金作为管理人对该非公募基金进行管理。

该计划中的标的资产,即底层资产,是中信证券旗下的两栋分别位于北京和深圳的大厦。两座标的资产同属于中央商务区,依托地区特有的商圈优势,可实现稳定的现金流入,地产本身也具有高价值性。该REITs由中信证券作为计划管理人发起并设立专项资产管理计划,其二级全资子公司——中信金石基金管理有限公司作为私募基金管理人设立并管理私募基金。投资者可享受私募基金的定期分红从而间接享有两座大厦带来的增值收益和租金流入,中信证券作为标的资产的原始权益人也认购了10%的次级份额作为劣后级投资者。待资金募集结束后,中信证券向私募资金出资认购全部基金份额,与中信金石基金建立契约型私募股权投资基金。之后再由中信金石基金设立SPV公司,中信证券设立天津京证以及天津深证两家项目公司并将所持两栋大厦的物业资产入股项目公司。最后SPV公司收购天津京证和天津深证100%的股权,最终实现对底层资产的所有权。

3. 退出机制

中信启航项目以上市房地产投资信托基金的形式设计了退出方案。退出时,非公募基金将持有100%的房产,并将出售给上市的房地产投资信托基金发起的中信金石基金。其中,75%将以现金形式收到,25%将以房地产投资信托基金股份的形式由该基金持有,锁定期限为1年。根据这项安排,占投资总额约70%的高级投资者将以现金形式退出,而二级投资者将获得现金和房地产投资信托基金股票的组合。除了以房地产投资信托基金退出外,该基金还可以以市场价格出售给第三方以退出。〔31〕 如前所述,优先级投资者在退出时除收回全部投资本金外,还可以获得10%的地产增值收益;剩余90%将分配给次级投资者。值得注意的是,由于中信证券本身承担了10%的次级份额,其又是物业资产的原始权益人,这就意味着中信证券将从自己的资产增值中受益。这样的

〔31〕 参见《〈中国公募REITs发展白皮书〉全文发布》,载北京大学光华管理学院网2017年7月4日,https://www.gsm.pku.edu.cn/info/1327/15766.htm。

安排将激励中信证券通过两家项目公司谨慎地维护建筑条件并提供专业良好的物业管理。

倘若无法以 REITs 方式退出，那么投资物业所在的北京、深圳的中央商务地区，在未来几年内都会有较好的租金和售价的升值空间。2002 年至 2017 年，以北京、上海为代表的一线城市商品房的销售价格持续走高，同时在此时段，中国一线城市由于其成熟且全面的经济结构而对全国各地的外来人口都具有较强的吸引力。由于人口稳定流入这些城市，住房需求尚未得到满足，因此在当时，这些城市的房价尤其是位于成熟商圈的优质物业资产价格始终处于看涨阶段。这些 REITs 的“原始股”持有人，也可通过将物业资产转让给第三人获得资产增值收益。因此，出售给第三方是除 REITs 退出方式外的重要补充。[32]

4. 评析

中信启航是国内第一个与房地产投资信托基金标准产品具有一定相似性的私募“类房地产投资信托基金”产品，被誉为我国第一个以私募为基础的房地产投资信托基金产品，但是由于其仅适用于合格投资者，不符合房地产投资信托基金公开发行的流动性要求。因此，中信启航专项资产管理计划并没有充分反映房地产投资信托基金的金融性质。该案例所代表的产品对中国房地产投资信托基金市场的开拓具有重要意义，尽管其并非真正意义上的标准房地产投资信托基金。[33]

（三）主要法律风险

1. 交易结构复杂导致多重征税问题

由于中信启航 REITs 在设立和运营的过程中并没有明确的税收优惠政策，这就使该计划在设立过程中面临麻烦的征税问题。具体而言，中信启航为后续 REITs 产品的探索奠定了坚实的基础，但其 3 ~ 4 层的交易架构可能会导致多重征税问题，进而进一步提高了交易成本。而这

---

〔32〕 参见薛瑞锋、殷剑峰主编：《私人银行：机构、产品与监管》，社会科学文献出版社 2015 年版，第五章。

〔33〕 参见《〈中国公募 REITs 发展白皮书〉全文发布》，载北京大学光华管理学院网 2017 年 7 月 4 日，https://www.gsm.pku.edu.cn/info/1327/15766.htm。

种高昂的税负会使企业参与 REITs 的积极性大打折扣；对于投资人而言，由于项目公司的税收占据了租金收入的较大比例，从而导致分红收益率显著下降，进而削弱了对投资者的吸引力。

对比国外 REITs 市场较成熟的国家，如美国、新加坡等国，均通过税收制度及优惠政策为金融创新提供了助力。美国税法对于 REITs 遵从并实行"限制严格和政策优惠"的大方针，在 REITs 层面，出售物业环节以及项目公司缴纳所得税环节，都规定用于分红的部分予以免税。新加坡作为亚洲第二大 REITs 市场，政府也在税收方面给予了 REITs 极大的支持，比如从 REITs 层面出售物业所得利益免税；从投资者层面，出售 REITs 份额免税。

中信启航 REITs 产品作为国内第一支权益型私募类 REITs 产品，在 SPV、基金、专项资产管理计划三个层面分别经历税收，实际上并没有发挥国际成熟 RETIs 产品的避税优势，可以说是在汲取国外成熟 REITs 产品经验的同时，结合当时国内税收和监管背景作出的产物。倘若未来规模化发展 REITs 产品，从私募类 REITs 走向公募标准化 REITs，需要及时出台相应的税收制度和优惠政策等配套政策。[34]

2. 风险隔离措施欠缺

中信启航 REITs 产品严重依托专项资产管理人或基金管理人本身的信用评价，且在实际 REITs 产品交易架构上并未设置有效的风险隔离措施。一方面，从产品的参与主体来看，物业资产运营、实际专项计划管理以及具体私募基金投资决策环节都缺乏第三方监管，这就有可能在交易的过程中由于信息不对称而产生道德风险。另一方面，在中信启航 REITs 项目中，专项计划管理人、标的物业的所有者均为中信证券，但中信证券本身也是所持物业资产的主要租户；基金管理人中信金石基金是中信证券的二级全资子公司；托管行又是中信银行，各主体之间存在明显的关联性、缺乏相互之间独立性的安排，这会影响标的资产的营运性

〔34〕 参见石玮宇：《中国私募类 REITs 产品研究及发展思考——基于中信启航专项资产管理计划的案例分析》，载新财富，https://www.xcf.cn/article/8e48c1304a5b11eb8e250c42a1b68ab6.html。

现金流,从而损害投资者的利益。在监管层面,这样的交易架构也涉及关联交易的风险。

反观国外,与国内契约型架构不同,国外成熟的 REITs 产品在法律模式上主要以公司型架构为模板,其核心架构充分围绕"资产隔离"的思想进行组建。在物业资产原始权益人发起 REITs 项目并将所持物业资产所有权转交给 REITs 后,物业资产所有权与原始权益人实现了分割,同时该物业资产所对应的或有收益也与原始权益人完全分割。美国市场上的 REITs 更像是普通公募或私募基金,直接将不动产资产组合与不动产投资人紧密结合在一起。这样的简单架构使投资人、基金管理人和不动产产权人这三个参与主体的责任和义务更加明确,有效降低了多层投资风险和多重征税的可能性。基金管理人所在层级的存在将投资人与不动产产权人各自存在的自身风险相隔离,影响投资收益率的主要因素集中于不动产组合本身。[35]

(四)国家发展改革委、中国证监会 REITS 新规解读

在本章的第一节我们提到了 2023 年 3 月 24 日国家发展改革委和中国证监会的两项新政策,本部分我们将聚焦于这两项政策,对其展开重点解读。

首先,这两项政策明确了消费基础设施的范围。2020 年 9 月 16 日国务院办公厅发布的《关于以新业态新模式引领新型消费加快发展的意见》(国办发〔2020〕32 号)中一项重要的议题为"加快新型消费基础设施和服务保障能力建设",该议题所列举的消费基础设施类型包括:百货商场、购物中心、便利店、农贸市场等城乡商业网点,城市社区邻里中心和农村社区综合性服务网点。同样地,《关于进一步推进基础设施领域不动产投资信托基金(REITs)常态化发行相关工作的通知》也开宗明义,第 1 条"拓宽试点资产类型"明确指出:"贯彻落实中央经济工作会议关于着力扩大国内需求,优化政策措施,充分发挥消费的基础作用,把

〔35〕 参见石玮宇:《中国私募类 REITs 产品研究及发展思考——基于中信启航专项资产管理计划的案例分析》,载新财富,https://www.xcf.cn/article/8e48c1304a5b11eb8e250c42a1b68ab6.html。

恢复和扩大消费摆在优先位置的决策部署,研究支持增强消费能力、改善消费条件、创新消费场景的消费基础设施发行基础设施 REITs。优先支持百货商场、购物中心、农贸市场等城乡商业网点项目,保障基本民生的社区商业项目发行基础设施 REITs。"由此可以看出,这两个文件对于消费基础设施的列举基本一致,按照大类区分可以分为百货商场、购物中心、农贸市场、社区商业。[36]

这与此前试点范围并不相同,根据此前的证监发〔2020〕40 号文和发改投资〔2021〕958 号文的规定,允许发行基础设施公募 REITs 的底层资产类型主要为:交通基础设施,能源基础设施,市政基础设施,生态环保基础设施,仓储物流基础设施,园区基础设施,包括数据中心类、人工智能项目等的新型基础设施,保障性租赁住房,并明确酒店、商场、写字楼等商业地产项目不属于试点范围。项目土地用途原则上应为非商业用地。

消费基础设施的范围确定后,不可避免地会面临下一个问题,不同的消费基础设施有何区别? 百货商场、购物中心、农贸市场、社区商业并非法定概念,而是从通识的角度进行区分。与此同时,还要根据《零售业态分类规范意见(试行)》《关于继续实行农产品批发市场农贸市场房产税城镇土地使用税优惠政策的通知》《关于加快我国社区商业发展的指导意见》《土地利用现状分类》等文件,将不同类别消费基础设施的特点汇总如下(具体仍需结合省市地方的规定予以确定)。

1. 百货商场:是一种以购买各种各样的时尚产品为目标的零售模式,它位于一个巨型的建筑中,营业面积通常较大(如 5000 平方米以上)。土地性质通常一级分类属于"05 商服用地",二级分类属于"0501 零售商业用地"。

2. 购物中心:购物中心是一种具有多元化业态的综合性建筑,它以百货店/商场或超级市场为主要建筑,并融入各种专业店、专卖店、快餐

〔36〕 参见陶章启、李文敏、彭馥:《消费基础设施的四月天——从资产端聊聊公募 REITs 新规》,载微信公众号"金杜研究院"2023 年 4 月 13 日,https://mp.weixin.qq.com/OUoZqbOxZ7wRes_F3U40IA。

店等，以满足消费者的需求，而且其建筑面积一般不会超过购物中心总面积的80%；主要建筑的面积一般不超过购物中心面积的80%。土地性质通常一级分类属于“05 商服用地”，二级分类属于“0501 零售商业用地”。

3. 农贸市场：指经工商登记注册，供买卖双方进行农产品及其初加工品现货批发或零售交易的场所。土地性质通常一级分类属于“05 商服用地”，二级分类属于“0502 批发市场用地”。

4. 社区商业：指在城市社区设立的超市、便利店、标准化菜店、餐饮店、洗衣店。其作为居住小区及小区级以下的配套的服务设施，土地性质通常一级分类属于“05 商服用地”，二级分类属于“0507 其他商服用地”，实务中也有基于其作为居住小区附属业态而分类为“住宅用地”的案例。

此次拓宽公募 REITs 试点资产类型的新政策有利于推进恢复和扩大我国内需，充分发挥消费的基础作用，促进消费基础设施建设。这一转变也预示着我国 REITs 市场的进一步扩大，对于吸引多元化的 REITs 投资具有重大意义。

二、租赁住房 REITs

（一）政策

租赁住房 REITs 与前述商业物业 REITs 所发布的政策相似，有关租赁住房 REITs 除了遵循上述的政策文件外，也有其专属的政策规范。2010 年住房和城乡建设部等部门联合发布的《关于加快发展公共租赁住房的指导意见》提出运用房地产投资信托基金作为公共租赁住房的重要融资渠道之一。[37] 此外，国务院办公厅于 2016 年 5 月发布《关于加快培育和发展住房租赁市场的若干意见》及住房和城乡建设部、国家发展改革委等九部委于 2017 年 7 月发布的《关于在人口净流入的大中城市加快发展住房租赁市场的通知》均提到推进“房地产投资信托基金（REITs）试点”，为住房租赁市场提供金融支持。租售并举已成为国家

---

〔37〕 参见肖忠意、刘炼：《我国公租房融资模式探究——以重庆市引入房地产投资信托基金为例》，载《价格理论与实践》2014 年第 6 期。

重要政策，各地政府也纷纷在国土、财税、金融等层面作出积极政策响应。[38]

(二)典型项目：保利租赁住房 REITs 项目

2017 年 10 月 23 日，保利地产宣布中联前海开源—保利地产租赁住房一号资产支持专项计划(以下简称保利租赁住房 REITs)获得上交所审核通过，开创了租赁住房资产证券化新篇章，为促进租赁住房市场发展提供了重要的参考和借鉴。

该产品以保利地产的自持租赁住房作为底层物业资产，采取储架、分期发行机制，是全国首单央企租赁住房 REITs 及首单储架发行 RETIs。保利租赁住房 REITs 由中国保利集团公司的控股公司保利房地产(集团)股份有限公司联合中联前源不动产基金管理有限公司共同实施。该产品的总规模 50 亿元，其中第一期产品的发行规模为 17.17 亿元，产品期限预期为 3 +3 +3 +3 +3 +3 年(可提前结束)，优先级、次级占比为 9:1，优先级证券评级 AAA。该单产品的成功落地，验证了"以 REITs 打通租赁住房企业退出渠道、构建租赁住房完整商业模式闭环"的可行性，为租赁住房资产证券化树立了优质榜样。[39]

(三)主要法律风险

根据《中联前海开源—保利地产租赁住房一号资产支持专项计划说明书》的内容，保利租赁住房 REITs 项目的法律风险主要集中在以下几点。

1. 部分物业资产无法办理用途变更的风险

物业资产中的长沙国际广场项目、长沙麓谷林语项目、重庆林语溪项目的规划用途为办公，沈阳溪湖林语项目的规划用途为商业建筑，广州天悦的规划用途为办公楼，但根据《整租协议》的约定，上述物业资产

---

〔38〕 参见《首单房企租赁住房 REITs 保利地产 – 中联前海开源租赁住房 REITs 成功获批》，载人民网 2017 年 10 月 25 日，http://house.people.com.cn/n1/2017/1025/c164220–29608653.html。

〔39〕 参见《首单房企租赁住房 REITs 保利地产 – 中联前海开源租赁住房 REITs 成功获批》，载人民网 2017 年 10 月 25 日，http://house.people.com.cn/n1/2017/1025/c164220–29608653.html。

均将用作租赁住房进行经营。北京西山林语项目由北京市海淀区和喜会老年公寓承租用于开展养老服务机构业务,但北京西山林语项目所占土地在用地性质上不属于养老服务设施用地,且建筑功能规划亦不属于养老服务设施。

如果物业拥有者没有按照要求进行必要的修缮和重新设计,从而让该房屋的功能和性质发挥最大的效益,那么它就无法满足当前的需求,从而给房地产市场带来负面的影响。比如说,它的房屋无法满足居民的居住需求,也无法满足政府的法律法规要求,从而给房地产市场带来严重的后果。

2. 管理人、托管人、基金管理人、基金托管人尽责履约风险

由公司管理人、托管人、基金管理人和托管人共同努力,确保了该专项计划的顺利实施,但也不可忽视其中可能出现的各种潜在风险,如:管理人违约违规风险、托管人违约违规风险、基金管理人违约违规风险、基金托管人违约违规风险。当上述机构未能尽责履约,或者其内部作业、人员管理及系统操作不当或失误,可能会给资产支持证券持有人造成损失。

3. 法律、政策环境改变的风险

资产支持专项计划目前尚是证券市场的创新产品,与其运作相关的法律、政策和制度等还有待完善,如该专项计划存续期间,相关政策、法律法规的变化,可能会对专项计划产生不利影响。同时,国家或地方相关政策,如货币政策、产业政策、财政政策、投资政策、税收政策及相关配套法规的调整与变化,可能会影响专项计划项下的投资回报水平。

(四)保障性租赁住房公募 REITs

我国保障性租赁住房作为基础设施建设的重要一环是参考并借鉴 REITs 融资模式。2022 年 2 月 16 日,原中国银保监会、住房和城乡建设部发布的《关于银行保险机构支持保障性租赁住房发展的指导意见》中提出“鼓励银行业金融机构运用银团贷款加大对保障性租赁住房项目的融资支持。鼓励银行保险机构在依法合规、风险可控的前提下,参与基础设施领域不动产投资信托基金(REITs)”。同年 5 月,国务院办公厅发布的《关于进一步盘活存量资产扩大有效投资的意见》强调,盘活存

量规模较大、当前收益较好或增长潜力较大的基础设施项目资产，特别是保障性租赁住房项目。同时，中国证监会办公厅、国家发展改革委办公厅《关于规范做好保障性租赁住房试点发行基础设施领域不动产投资信托基金(REITs)有关工作的通知》提出，要充分认识保障性租赁住房发行基础设施 REITs 的重要意义，深入落实房地产市场平稳健康发展有关要求，严格规范回收资金用途，压实参与方监督职责。同年 6 月，深圳证券交易所发布的《关于进一步支持企业发展服务实体经济的通知》中也指出，支持基础设施公募 REITs 加快发行上市。支持保障性租赁住房等行业企业发行基础设施公募 REITs。支持上市 REITs 通过扩募、购买资产等方式做优做强。同时，上海证券交易所发布的《关于进一步发挥资产证券化市场功能支持企业盘活存量资产的通知》鼓励和支持保障性租赁住房等行业主体，以基础设施的未来收益作为基础资产，或以持有的基础设施等商业物业不动产作为基础资产，发行类 REITs 等不动产类资产支持证券，增强存量资产流动性，降低企业融资成本。而后于同年 7 月，上海证券交易所以及深圳证券交易所分别发布《上海证券交易所公开募集基础设施证券投资基金(REITs)规则适用指引第 4 号——保障性租赁住房(试行)》以及《深圳证券交易所公开募集基础设施证券投资基金业务指引第 4 号——保障性租赁住房(试行)》，为保障性租赁住房的发展作出了具体指引。2022 年 11 月 11 日，中国人民银行、原中国银保监会发布的《关于做好当前金融支持房地产市场平稳健康发展工作的通知》中提出，要拓宽住房租赁市场多元化融资渠道，稳步推进房地产投资信托基金试点。

当前已成功在交易所上市的底层资产为保障性租赁住房的有 4 只产品，分别是 2022 年 8 月 31 日首批上市的 3 只产品“中金厦门安居 REIT(508058. SH)”、“华夏北京保障房 REIT(508068. SH)”和“红土创新深圳安居 REIT(180501. SZ)”，以及 2022 年 12 月 9 日上市的首只市场化机构运营产品“华夏基金华润有巢 REIT(508077. SH)”。

保障性租赁住房公募 REITs 具有重要的优势。从企业角度来看，其持有保障性租赁住房项目，一方面可为企业提供有效的退出方式，有利于盘活存量资产，回收资金用于新的保障性租赁住房项目建设，扩大供应规模，促进形成投融资的良性循环和可持续发展。另一方面，也有利于吸引社会资本参与，拓宽融资渠道和保障性租赁住房建设的资金来源，增加企业的抗重大风险能力。最重要的是，作为保障性租赁住房REITs底层资产的保障性租赁住房，近年来政策利好频出，加之租赁市场需求的不断提升，保障性租赁住房在全国范围内都将得到得天独厚的发展环境，反之也为保障性租赁住房REITs市场提供了优质的底层标的，推动保障性租赁住房REITs板块的健康稳定发展，也将为发行企业带来良好回报。[40]

---

〔40〕 参见余秀娟、段声涛、吴波：《我国保障性租赁住房REITs融资模式研究》，载《银行家》2023年第3期。

第三节　REITs 法律实务

一、法律尽职调查

公募 REITs 申报流程包含国家发展改革委审核、中国证监会交易所审核、募集发行三个阶段。在此过程中需要对 REITs 项目进行合法合规性的审查,在审查中需要关注基础设施项目、项目公司以及转让过程中所涉及的法律相关事项。

(一)基础设施项目的合法合规性

基础设施项目的合法合规性的法律核查要点包括:(1)基础设施项目的权属、资产范围以及权属登记核查;(2)基础设施项目的抵押、质押等权利限制核查;(3)基础设施项目的投资与建设核查;(4)经营许可资质的核查。

1. 基础设施项目的权属、资产范围以及权属登记核查

首先,对于权属核查,在国家发展改革委、中国证监会、交易所、基金业协会等监管机构所发布的相关规定中,均明确要求基础设施项目权属清晰、资产范围明确,且原始权益人依法合规直接或间接拥有项目所有权、特许经营权或经营收益权。其中,中国证监会、交易所、基金业协会还要求基础设施项目不存在重大经济或法律纠纷。

其次,对于资产范围的法律核查,需涵盖基础设施资产、附属设施以及对应占用范围内的土地使用权情况,以明确资产范围。对于权属及权属登记的核查一般要求项目公司提供相应的"国有土地使用权证",同时由原始权益人和项目公司等主体出具说明函,确认项目公司已提供的"国有土地使用权证"能够覆盖基础设施资产的占地范围。[41] 同时,依据《民法典》的规定,不动产物权设立和变动具有要式性,需依法进行登记,未经登记,不发生效力。由此可见,对于基础设施项目资产权属及权属登记核查,通常需要对基础设施资产、附属设施以及其对应占用范围

---

〔41〕 参见林华主编:《中国 REITs 操作手册》(第 2 版),中信出版集团 2022 年版,第七章。

内的土地使用权分别进行核查。

2. 基础设施项目的抵押、质押等权利限制核查

根据《公开募集基础设施证券投资基金指引(试行)》第 8 条第 1 项[42]、《上海证券交易所公开募集基础设施证券投资基金(REITs)规则适用指引第 1 号——审核关注事项(试行)》(以下简称《审核关注事项》)第 11 条第 3 项[43]、《公开募集基础设施证券投资基金尽职调查工作指引(试行)》(以下简称《尽职调查指引》)第 17 条第 1 项[44]等规定要求,基础设施项目不得存在如抵押、质押等他项权利设定,但基础设施基金成立后能够解除他项权利的除外。由此,在法律核查过程中,需要重点关注所涉土地相关证照、收费权批复中是否有限制性条款,以核查基础设施相关的收益权等权利上是否设置有质押等第三方权利负担。同时,还应在基础设施资产所在地的土地主管部门查询相应的土地登记档案,并调取资产范围内的房屋建筑对应的不动产登记信息,以核查基础设施项目是否存在任何抵押、查封、扣押和冻结等他项权利和权利限制情况。

3. 基础设施项目的投资与建设核查

国家发展改革委办公厅《关于做好基础设施领域不动产投资信托资金(REITs)试点项目申报工作的通知》、《审核关注事项》、《公开募集基

---

[42] 《公开募集基础设施证券投资基金指引(试行)》第 8 条第 1 项规定:“基础设施基金拟持有的基础设施项目应当符合下列要求:(一)原始权益人享有完全所有权或经营权利,不存在重大经济或法律纠纷,且不存在他项权利设定,基础设施基金成立后能够解除他项权利的除外。”

[43] 《上海证券交易所公开募集基础设施证券投资基金(REITs)规则适用指引第 1 号——审核关注事项(试行)》第 11 条第 3 项规定:“基础设施项目应当符合下列条件:……(三)不存在抵押、质押等他项权利设定,基础设施基金成立后能够解除他项权利的除外。”

[44] 《公开募集基础设施证券投资基金尽职调查工作指引(试行)》第 17 条第 1 项规定:“调查基础设施资产安全性及投资价值,包括但不限于以下内容:(一)基础设施资产账面价值和评估价值情况及账面价值与评估价值差异情况;法律权属及抵押、查封、扣押、冻结等他项权利限制和应付未付义务情况;已经担保的债务总余额以及抵押、质押顺序;担保物的评估、登记、保管情况,并了解担保物的抵押、权利质押登记的可操作性等情况。”

础设施证券投资基金指引（试行）》以及《尽职调查指引》对其作了规定。由此，有关项目的投资与建设核查，需要遵循国家发展改革委办公厅《关于做好基础设施领域不动产投资信托资金（REITs）试点项目申报工作的通知》附件3《项目开展基础设施REITs试点证明材料》中所列明的法律尽职调查中需核查的项目有关材料明细。同时，对于基础设施资产开发建设流程中竣工验收、证照和手续办理等事项需要遵循交易所在《审核关注事项》中所提出的明确要求。此外，《公开募集基础设施证券投资基金指引（试行）》及《尽职调查指引》也对基础设施的投保情况作出了需核查基础设施项目是否已购买保险、承保范围、保险金额及保险期限等情况的明确要求。

4. 经营许可资质的核查

主要核查特殊业态基础设施项目是否具备相应的经营许可资质，比如收费公路项目需要依据《公路法》第60条、《收费公路管理条例》第十四条及《市政公用事业特许经营管理办法》的规定，持有公路资产需要项目公司拥有特许经营权或公路资产的收费权，且特许经营权或收费权需能够覆盖公募REITs项目期限。

（二）项目公司的合法合规性的法律核查要点

有关项目公司的合法性核查，中国证监会《尽职调查指引》、《审核关注事项》中主要对项目公司的合法合规性及核查标准提出了明确要求，其重点关注项目公司的设立、存续、股东出资、增资出资、重大重组、内部制度、独立性、商业信用等，以核查项目公司是否具备成为基础设施基金的项目公司的主体资格和条件。[45]

第一，项目公司设立需对项目公司的设立程序进行关注，重点核查其工商注册登记的合法性、真实性，是否依法设立并合法存续。第二，就项目公司股东出资及增资情况而言，需关注项目公司股东人数、住所、出资比例等是否符合法律、法规及其他有关规定，以及股东合法拥有出资资产的权属、项目公司重大股权变动的合法合规性等情况。第三，就项目公司重大重组而言，需注意项目公司设立后发生过的对投资者做出投

〔45〕 参见林华主编：《中国REITs操作手册》（第2版），中信出版集团2022年版，第七章。

资决策具有重大影响的重组事项情况。第四,就项目公司的内部制度、组织结构及治理机构而言,需关注项目公司的财务会计制度和财务管理制度是否规范,项目公司组织机构、有权机构授权情况是否符合章程要求,以及组织机构是否健全、清晰。第五,项目公司资产独立性核查的重点包括财产所有权文件和实际占有的核查,商标权、专利权等权利期限的调查,核实是否存在重大的经济、法律或潜在的资产纠纷,调查其他应收款和预付款账户、交易记录、资金流量等,核实是否存在项目公司资产被原始利益相关者及其关联方控制和占有的情况。

(三)关于转让的合法有效性的法律核查要点

关于转让的法律核查可以分为常规转让的法律核查和非常规转让的法律核查。

1. 常规转让

针对项目公司的股权转让,通常需从法律层面及协议层面核查相应股权的可转让性。

(1)法律法规层面。有关股权转让通常在《公司法》、发改办投资〔2020〕586 号文以及《申报要求》中有相关规定。根据《公司法》第 84 条的规定,"股东向股东以外的人转让股权的,应当将股权转让的数量、价格、支付方式和期限等事项书面通知其他股东,其他股东在同等条件下有优先购买权。股东自接到书面通知之日起三十日内未答复的,视为放弃优先购买权"。特别地,就开展公募 REITs 而言,发改办投资〔2020〕586 号文的附件 1《项目开展基础设施 REITs 试点基本情况材料》,明确发起人(原始权益人)情况包括"相关股东同意转让的意见"。《申报要求》在基础设施项目具有可转让性中进一步明确,发起人(原始权益人)、项目公司相关股东已履行内部决策程序,并协商一致同意转让。由此,在国家发展改革委就该条规定作出进一步释明或豁免前,原始权益人及项目公司股东针对基础设施 REITs 试点项目需出具内部决议文件。〔46〕

(2)协议层面。需重点核查相应协议层面(包括但不限于项目公司

〔46〕 参见林华主编:《中国 REITs 操作手册》(第 2 版),中信出版集团 2022 年版,第七章。

或其股东、实际控制人签署的投资协议、土地出让/转让协议及手续、特许经营权协议、园区管理办法或其他项目合同文件）是否存在限制股权转让的条款，包括直接限制或禁止股权转让的条款以及明确相应股权转让需事先取得相关当事方事先同意的条款等。如存在相应的限制条款，则需根据相应条款要求解除相关限制。

2. 非常规转让

国有企业的股权转让除上述常规法律核查要点外，还需满足包括《企业国有资产法》《企业国有资产交易监督管理办法》《企业国有资产评估管理暂行办法》等在内的相关规定。根据上述相关规定，国有企业股权转让主要包括公开转让、非公开协议方式转让和无偿划转 3 种方式。

项目公司属于外商投资企业的，其股权的转让可以采取下列方式：（1）直接转给资产支持专项计划；（2）转让至境内主体后再转给资产支持专项计划。无论以何种方式转让，相应的转让流程均涉及“外资转内资”。其中，“外资转内资”需要遵循《外商投资法》的第 4 条[47]、第 34 条第 1 款[48]规定。一般而言，股权转让先由买卖双方根据《公司法》的相关规定签订股权转让协议，完成公司内部股东名册的变更，并需公司其他股东放弃行使优先购买权，再根据《市场主体登记管理条例》的规定进行变更登记，股权即完成变更。

二、法律意见书

（一）主要参与机构及任职条件和资质

主要参与机构包括基金管理人、基金托管人、外部管理机构、专业中介机构、原始权益人。其任职条件和资质属于法律意见书中必须发表意见的事项，对基金管理人、基金托管人除了符合《证券投资基金法》《公

---

〔47〕《外商投资法》的第 4 条规定，国家对外商投资实行准入前国民待遇与负面清单结合的管理制度，即在投资准入阶段给予外国投资者及其投资不低于本国投资者及其投资的待遇。

〔48〕《外商投资法》第 34 条规定：“国家建立外商投资信息报告制度。外国投资者或者外商投资企业应当通过企业登记系统以及企业信用信息公示系统向商务主管部门报送投资信息。”

开募集证券投资基金运作管理办法》规定的对基金传统的法律核查事项之外,就基础设施 REITs 法律意见书律师还需要额外就二者是否分别符合《公开募集基础设施证券投资基金指引(试行)》第 5 条第 1 款规定的 6 项条件以及第 6 条第 1 款规定的 5 项条件发表意见。

(二)募集基础设施基金的条件

律师要从基础设施 REITs 的投资方向、运作方式、基金的类别和品种、规范性文件、基金名称、投资者适当性安排、基金管理制度 7 个方面是否符合《公开募集基础设施证券投资基金指引(试行)》等规定以及基金管理人募集基金是否依照公司章程履行了必要的程序发表意见。如基金投资方向需要满足:80% 以上基金资产投资于基础设施资产支持证券,并持有其全部份额;基金通过基础设施资产支持证券持有基础设施项目公司全部股权。基金通过资产支持证券和项目公司等载体取得基础设施项目完全所有权或经营权利;基金运作方式为封闭式运作,收益分配比例不低于合并后基金年度可供分配金额的 90% 。对包括基金合同、托管协议、招募说明书、运营管理协议等在内的规范性文件是否符合法律法规的要求发表意见。

(三)基础设施项目及项目公司的合法合规性

法律意见书应当参照《公开募集基础设施证券投资基金指引(试行)》《审核关注事项》《尽职调查指引》,尤其以《审核关注事项》为主从三个方面论述:第一方面,基础设施项目的合法合规性,其应当符合《审核关注事项》第 1 条规定的权属清晰,资产范围明确,原则上应当依照规定完成相应权属登记,不存在法定或约定的限制转让、抵押、质押等条件;第二方面,项目运营与现金流的情况,基础设施项目现金流应当符合《审核关注事项》第二章第三节的规定;第三方面,基础设施项目公司的合法合规性,如入市资产是特许经营权,实践中可能存在权属登记不完备的情况,这需要律师依据项目渊源或者历史情况加以充分论证并发表意见。

(四)基础设施项目转让的合法有效性

法律意见书应当从以下四个方面论述:(1)基础设施项目、股权转让不存在法定或约定的限制;(2)转让合法有效、对价公允;(3)转让是否获得原始权益人合法有效的授权;(4)法律法规规定基础设施项目、股权转让应当办理批准、登记手续的是否依法办理。由于基础设施领域不动产往往价值巨大,项目公司多为国有企业,要实现基础设施资产支持证券持有项目公司100%的股权,绕不开国有资产进场交易的问题,如未进场交易,则法律意见书中应当就转让的合法合规性专门予以论述。如在"浙商证券沪杭甬高速封闭式基础设施证券投资基金"申报稿的法律意见书中就明确记载"原始权益人已经取得相关国资监管部门同意将项目公司的全部股权以非公开协议方式转让给基于公募REITs需要设立的特殊目的载体的有效批复"。〔49〕

(五)内部治理安排的合规性

虽然《尽职调查指引》没有明确规定需要核查本项,但《公开募集基础设施证券投资基金指引(试行)》第46条第1款规定,证券交易所应当比照公开发行证券要求建立基础设施资产支持证券挂牌及基金上市审查制度,制定基础设施基金份额发售、上市、交易、收购、信息披露、退市等具体业务规则,强化对相关参与主体的自律管理。

因此,律师应当核查基础设施REITs基金、基金管理人的职权是否符合《基金法》《公开募集基础设施证券投资基金指引(试行)》等的相关规定;设置基金持有人大会日常机构、基金管理人运营决策委员会(或同等职能机构)等其他机制参与治理的,机制设置是否合法合规、赋权是否有效,是否符合基金或基金管理人治理方面的相关规定;项目公司的治理机制等是否符合《公司法》等法律法规及其他规范性文件的要求。基金管理人、外部管理机构、项目公司的权利义务约定是否符合《公开募集基础设施证券投资基金指引(试行)》等相关规定;外部管理机构的更换安排是否符合《公开募集基础设施证券投资基金指引(试行)》等相关规定。

(六)关联交易、同业竞争、对外借款等其他事项

关于关联交易,律师应当核查项目公司与原始权益人及其控股股

---

〔49〕《浙商证券沪杭甬高速封闭式基础设施证券投资基金招募说明书(草案)》,载上海证券交易所,http://static.sse.com.cn/bond/bridge/information/c/202104/cd85599fea614b368f54095046fae74b.pdf。

东、实际控制人等关联方之间是否涉及关联交易。如涉及，说明关联交易是否符合法律法规的规定和公司内部管理控制要求，关联交易定价依据是否充分，定价是否公允，与市场交易价格或独立第三方价格是否有较大差异。

关于同业竞争，律师应当核查原始权益人、基础设施外部管理机构相关业务是否与项目公司存在同业竞争，如存在同业竞争，是否已采取充分、适当的措施避免可能出现的利益冲突。[50]

关于对外借款，基础设施项目存在对外借款的，律师应当对借款安排是否符合《公开募集基础设施证券投资基金指引（试行）》规定的相关条件发表意见。

三、诉讼及应对策略

（一）REITs 投资者权益纠纷属于消费者公益纠纷

在 REITs 交易中，当众多 REITs 投资者的权益因 REITs 管理人违反信义义务而遭受损害时，可以适用公益诉讼进行救济。根据《民事诉讼法》第 58 条第 1 款的规定，民事公益诉讼适用的客观范围必须是因损害社会公共利益而引起的纠纷，虽然该条款列举了污染环境、损害消费者权益两种情形，但其并不局限于此。

此外，根据中国人民银行《金融消费者权益保护实施办法》第 2 条第 3 款对金融消费者的定义以及学界理论界定，[51]“金融消费者是指购买、使用银行、支付机构提供的金融产品或者服务的自然人”，且学界认为，与专业化、实力强大、相对垄断的金融机构相比，个人投资者的弱势地位十分明显，确立个体中小投资者的金融消费者地位是必要和合理

---

〔50〕 参见杜炳富、李聪：《基础设施 REITs 法律意见书六大关注要点》，载威科先行 2022 年 7 月 4 日，https://law. wkinfo. com. cn/professional - articles/detail/NjAwMDAxNzkxNTc%3D? q = % E5% 9F% BA% E7% A1% 80% E8% AE% BE% E6% 96% BD-REITs% E6% B3% 95% E5% BE% 8B% E6% 84% 8F% E8% A7% 81% E4% B9% A6% E5% 85% AD% E5% A4% A7% E5% 85% B3% E6% B3% A8% E8% A6% 81% E7% 82% B9&module = &from = editorial&searchId = 692669e0e7fd4ac58dbc2f68d017296a。

〔51〕 参见邢会强：《金融消费者的法律定义》，载《北方法学》2014 年第 4 期；杨东：《论金融消费者概念界定》，载《法学家》2014 年第 5 期。

的。[52] 因此，房地产投资信托基金是一种由信托公司发起，经中国证监会批准，在证券交易所上市、交易的金融证券产品，而购买这种产品的众多投资者理应成为金融消费者。并且，根据中国人民银行《金融消费者权益保护实施办法》第 1 条的规定，《消费者权益保护法》乃是其制定的依据，金融消费者也应属于消费者的范畴，属于《消费者权益保护法》的保护对象，亦即 REITs 投资者也受该法的保护。

在现代金融市场领域，学者们很早就提出："所谓公共利益就是当代社会中具有专业化倾向的大型组织对社会经济生活的控制越来越多时，经济社会网络中所有与这些大型组织有联系的个人，都可以在其'不受大型组织欺诈和压迫'的基础上，形成一种符合公共利益的基于共识的集体权利。"[53] 房地产投资信托基金投资者作为金融消费者，其经济实力、专业能力和获取信息的能力都弱于房地产投资信托基金管理人，其盈利能力完全取决于房地产投资信托基金管理人。在这种高度不平等的金融市场环境下，许多房地产投资信托基金投资者的权益不再仅仅反映在与国家利益二元对立下的私益，而是一种建立在"不受大型金融机构欺诈压迫"基础上的集体权益，即社会公共利益。

公益诉讼的核心在于保护公共利益，而 REITs 诉讼中涉及的金融带有明显的公益属性，这主要是因为金融机构的违法行为损害的权益包含个体金融消费者以及不特定多数消费者的整体权益。无论是个体消费者还是不特定多数的消费者群体，在大型金融机构诸如信托公司面前是弱小的，这些弱小的金融消费者的权利主张无法对抗大型金融机构的侵害行为，由此国外很多法律将对金融消费者的保护作为消费者权益保护的对象。[54]

在国内，关于金融消费者权益保护问题，汤维建教授建议，应完善《消费者权益保护法》，加大检察机关提起消费公益诉讼的力度，完善消

〔52〕 参见于春敏：《金融消费者的法律界定》，载《上海财经大学学报》2010 年第 4 期。

〔53〕 张春丽：《证券交易中的个人投资者保护——以公共利益理念的回归为核心》，载《法学》2011 年第 6 期。

〔54〕 参见张春丽：《证券交易中的个人投资者保护——以公共利益理念的回归为核心》，载《法学》2011 年第 6 期。

费者权益保护的司法渠道，消费者协会以及其他具有公益性质的社会组织应有权提起团体诉讼。[55] 同时，也有学者认为，从"公共利益的角度来看，证券市场的中小投资者作为证券市场的主体，其合法权益受到证券违法行为的侵害时会直接影响整个证券市场的稳定和投资者的信心，对社会公共利益会造成损害，所以从保护公共利益出发，也应当将中小投资者权益保护归于公益诉讼的保护范围"。总之，"证券公益诉讼所涉及的案件多属于现代型诉讼，其危害性一般都是双重的，也即既会侵犯特定个人利益，又会侵害社会公共利益"[56]。

因此，对于房地产投资信托基金管理人行为的规制极为重要，其违反信托义务而进行关联交易或者与金融消费者产生其他利益冲突的行为都会损害金融消费投资者，同时由于房地产投资信托基金管理人上述不当行为的曝光具有一定滞后性，也会影响其他潜在有意购买 REITs 的消费投资者，最重要的是破坏市场公平、稳定与安全，破坏整个金融市场的社会公共利益。

故 REITs 管理人作为金融市场经营者，进行利益冲突交易等违反信义义务的金融服务行为时，会造成损害众多不特定 REITs 投资者受益权的情形，亦应符合最高人民法院《关于审理消费民事公益诉讼案件适用

---

〔55〕 参见《"第六届金融 315 高峰论坛"聚焦个人隐私信息保护》，载中国新闻网 2019 年 3 月 21 日，https://www.chinanews.com/business/2019/03-21/8786339.shtml。

〔56〕 周亚洲：《论证券公益诉讼制度的构建——以注册制改革为背景》，载《证券法律评论》2016 年第 1 期。

法律若干问题的解释》第 2 条第 5 项的适用情形。[57]

(二)REITs 投资者公益诉讼适格原告的确定

REITs 公益诉讼适格原告的问题是 REITs 投资者公益诉讼首要解决的问题。关于这一点,我国《民事诉讼法》第 58 条第 1 款[58]似乎已给予回应,但该条款仅是一项原则性规定,而非制度性规定。[59] 因此,有关金融领域的规定还需参见其他单行法律,根据我国《消费者权益保护法》第 47 条[60]的规定可以得知,金融领域若有投资者的合法权益受损,相关消费者协会可以作为原告提起公益诉讼。

鉴于 REITs 流通性强的特点,其持有主体通常会在不同消费者之间转换,同时由于 REITs 发行量大,募集资金多,这些消费者分布地域和范围广泛,甚至可能会出现多个消费者协会起诉同一个 REITs 管理人的情形。根据《最高人民法院关于适用〈中华人民共和国民事诉讼法〉的解

---

〔57〕 最高人民法院《关于审理消费民事公益诉讼案件适用法律若干问题的解释》第 2 条规定:“经营者提供的商品或者服务具有下列情形之一的,适用消费者权益保护法第四十七条规定:(一)提供的商品或者服务存在缺陷,侵害众多不特定消费者合法权益的;(二)提供的商品或者服务可能危及消费者人身、财产安全,未作出真实的说明和明确的警示,未标明正确使用商品或者接受服务的方法以及防止危害发生方法的;对提供的商品或者服务质量、性能、用途、有效期限等信息作虚假或引人误解宣传的;(三)宾馆、商场、餐馆、银行、机场、车站、港口、影剧院、景区、体育场馆、娱乐场所等经营场所存在危及消费者人身、财产安全危险的;(四)以格式条款、通知、声明、店堂告示等方式,作出排除或者限制消费者权利、减轻或者免除经营者责任、加重消费者责任等对消费者不公平、不合理规定的;(五)其他侵害众多不特定消费者合法权益或者具有危及消费者人身、财产安全危险等损害社会公共利益的行为。”

〔58〕 《民事诉讼法》第 58 条规定:“对污染环境、侵害众多消费者合法权益等损害社会公共利益的行为,法律规定的机关和有关组织可以向人民法院提起诉讼。人民检察院在履行职责中发现破坏生态环境和资源保护、食品药品安全领域侵害众多消费者合法权益等损害社会公共利益的行为,在没有前款规定的机关和组织或者前款规定的机关和组织不提起诉讼的情况下,可以向人民法院提起诉讼。前款规定的机关或者组织提起诉讼的,人民检察院可以支持起诉。”

〔59〕 参见张卫平:《民事公益诉讼原则的制度化及实施研究》,载《清华法学》2013 年第 4 期。

〔60〕 《消费者权益保护法》第 47 条规定:“对侵害众多消费者合法权益的行为,中国消费者协会以及在省、自治区、直辖市设立的消费者协会,可以向人民法院提起诉讼。”

释》第 283 条[61]以及最高人民法院《关于审理消费民事公益诉讼案件适用法律若干问题的解释》第 3 条和第 7 条[62]有关管辖的规定，有管辖权的一审法院为 REITs 管理人住所地中级人民法院，其可以按照时间的先后顺序，将后续有资格起诉的消费者协会列为共同原告，一同参加诉讼。如此便解决了因 REITs 投资者人数众多且不特定导致各地适格的消费者协会纷纷起诉同一被告的问题。

鉴于此，消费者协会可以根据法定诉讼担当理论成为房地产投资信托基金投资者公益诉讼的适格原告，同时这些消费者协会还需要满足其在人员构成、经济能力、协会宗旨、社会信用等方面的基本条件。如果多个适格的消费者协会同时起诉房地产投资信托基金管理人，那么他们可以被列为共同原告。[63]

（三）REITs 投资者公益诉讼原告诉讼请求的范围

REITs 公益诉讼的原因通常源自 REITs 管理人违反信托义务而作出不当管理行为，这种行为既会带来投资财产的损失，又会对单个 REITs 消费者的私人利益产生不利影响，最重要的是还会影响在众多不特定 REITs 投资者之上的社会公共利益。

---

〔61〕《最高人民法院关于适用〈中华人民共和国民事诉讼法〉的解释》第 283 条规定："公益诉讼案件由侵权行为地或者被告住所地中级人民法院管辖，但法律、司法解释另有规定的除外。因污染海洋环境提起的公益诉讼，由污染发生地、损害结果地或者采取预防污染措施地海事法院管辖。对同一侵权行为分别向两个以上人民法院提起公益诉讼的，由最先立案的人民法院管辖，必要时由它们的共同上级人民法院指定管辖。"

〔62〕最高人民法院《关于审理消费民事公益诉讼案件适用法律若干问题的解释》第 3 条规定："消费民事公益诉讼案件管辖适用《最高人民法院关于适用〈中华人民共和国民事诉讼法〉的解释》第二百八十五条的有关规定。经最高人民法院批准，高级人民法院可以根据本辖区实际情况，在辖区内确定部分中级人民法院受理第一审消费民事公益诉讼案件。"

第 7 条规定："人民法院受理消费民事公益诉讼案件后，依法可以提起诉讼的其他机关或者社会组织，可以在一审开庭前向人民法院申请参加诉讼。人民法院准许参加诉讼的，列为共同原告；逾期申请的，不予准许。"

〔63〕参见曾江华：《契约型 REITs 投资者公益诉讼问题研究（上篇）》，载微信公众号"人和人律师事务所"2020 年 10 月 21 日，https://mp.weixin.qq.com/s/MLy0wx5_-YJQ3FVBLgZC9Q。

从原告来看，REITs 公益诉讼因原告并非具体争议的民事法律关系的一方主体，而是救济众多不特定 REITs 投资者的合法权益，并且基于信托财产独立性，消费者协会亦只能根据《信托法》第 22 条、第 26 条、第 27 条以及第 28 条的规定，[64]请求 REITs 管理人恢复信托财产原状和承担赔偿责任。

赔偿的范围可以包括：(1)因 REITs 管理人违反信义义务所造成的信托财产价值的任何损失或贬值；(2)REITs 管理人通过违反信义义务所获得的任何利益；(3)REITs 管理人在没有违反信义义务的情形下信托财产将增加的任何利益。[65] 为全面保护众多不特定 REITs 投资者的合法权益，不仅应要求 REITs 管理人赔偿信托财产的直接损失，还应要求其承担增值损失(间接损失)赔偿责任。如此方能践行全面赔偿原则，切实救济不特定众多 REITs 投资者的利益，以实现保护社会公共利益的目标。

除请求 REITs 管理人承担赔偿责任外，根据我国最高人民法院《关于审理消费民事公益诉讼案件适用法律若干问题的解释》第 13 条第 1

---

〔64〕《信托法》第 22 条规定："受托人违反信托目的处分信托财产或者因违背管理职责、处理信托事务不当致使信托财产受到损失的，委托人有权申请人民法院撤销该处分行为，并有权要求受托人恢复信托财产的原状或者予以赔偿；该信托财产的受让人明知是违反信托目的而接受该财产的，应当予以返还或者予以赔偿。前款规定的申请权，自委托人知道或者应当知道撤销原因之日起一年内不行使的，归于消灭。"

第 26 条规定："受托人除依照本法规定取得报酬外，不得利用信托财产为自己谋取利益。受托人违反前款规定，利用信托财产为自己谋取利益的，所得利益归入信托财产。"

第 27 条规定："受托人不得将信托财产转为其固有财产。受托人将信托财产转为其固有财产的，必须恢复该信托财产的原状；造成信托财产损失的，应当承担赔偿责任。"

第 28 条规定："受托人不得将其固有财产与信托财产进行交易或者将不同委托人的信托财产进行相互交易，但信托文件另有规定或者经委托人或者受益人同意，并以公平的市场价格进行交易的除外。受托人违反前款规定，造成信托财产损失的，应当承担赔偿责任。"

〔65〕参见姚朝兵：《美国信托法中的谨慎投资人规则研究》，法律出版社 2016 年版，第 197～205 页。

款、第17条和第18条的规定[66],REITs投资者公益诉讼中,民事责任的承担方式通常为停止侵害、排除妨碍、消除危险、赔礼道歉等,消费者协会可以要求REITs管理人承担上述民事责任,同时在诉讼中所产生的调查取证费用、鉴定费、律师代理费也可由REITs管理人承担。由此,在明确了REITs投资者公益诉讼原告的诉讼请求范围后,应当全面维护REITs消费者的合法权益,请求REITs管理人全面赔偿并根据其具体行为而承担相应的民事责任。

(本章执笔人:邱培杰)

---

〔66〕《最高人民法院关于审理消费民事公益诉讼案件适用法律若干问题的解释》第13条规定:"原告在消费民事公益诉讼案件中,请求被告承担停止侵害、排除妨碍、消除危险、赔礼道歉等民事责任的,人民法院可予支持。经营者利用格式条款或者通知、声明、店堂告示等,排除或者限制消费者权利、减轻或者免除经营者责任、加重消费者责任,原告认为对消费者不公平、不合理主张无效的,人民法院应依法予以支持。"
第17条规定:"原告为停止侵害、排除妨碍、消除危险采取合理预防、处置措施而发生的费用,请求被告承担的,人民法院应依法予以支持。"
第18条规定:"原告及其诉讼代理人对侵权行为进行调查、取证的合理费用、鉴定费用、合理的律师代理费用,人民法院可根据实际情况予以相应支持。"

第九章　征收补偿

第一节 征收补偿概述

一、土地征收与补偿

(一)土地征收与补偿的定义

土地征收,即集体土地所有权的征收与补偿,是指为了公共利益,依照合法程序和权限,将农民集体所有的土地转变成国有土地,同时,依法进行被征地的农村集体经济组织和农民的合理补偿和妥善安置的行为。

我国实行土地二元所有制,即城市的土地归国家所有,农村的土地归农民集体所有,此外,不存在其他的土地所有权主体。因此,所谓的土地征收,实际上仅指国家对归集体所有的那部分土地的征收,借助征收这种行为,使得所有权本不属于国家的那部分土地发生所有权的转移。[1]

(二)土地征收与补偿的主体

土地征收的主体只能是国家。如上文所述,我国实行土地二元所有制,对于集体土地的征收,只能由国家实施。国家征收土地是以国家强制力来实现土地所有权的依法转移的,只有法定的政府机关才能行使这项权力,非法定的机关和单位,如企事业单位、个人,都不是征收土地的法定主体,无权实施征收。

(三)土地征收的条件

1. 土地征收必须是为了公共利益

《土地管理法》第 45 条明确规定,应在“为了公共利益的需要”,确需征收集体所有土地时才可以实施征收。公共利益是国家可以强制取得其他所有制土地的正当性依据和唯一的合法理由。

公共利益的界定这一问题十分重要,它是衡量一项具体土地征收行

---

〔1〕 参见张理:《土地征收基本问题研究》,知识产权出版社 2013 年版,第 18 页。

为能否开展的基础条件,《宪法》[2]《民法典》《土地管理法》虽然未对公共利益的含义进行清晰界定,[3]但《土地管理法》第45条列举了为公共利益需要征收集体土地的几类情形,实践中可参照适用。

2. 土地征收必须给予公平合理的补偿

土地征收是发生在政府和农民集体之间土地的所有权转移问题,为了公共利益的需要,农民集体所有的土地变为国家所有,农民的利益有所减损,国家在依照法律规定进行征收后,应当支付给被征收主体的对价,即征地补偿。《宪法》第10条第3款、《民法典》第117条、《土地管理法》第2条第4款均规定了征收集体土地应当给予补偿。

3. 土地征收必须遵循正当程序

土地征收的程序也即征收土地过程的步骤,通过程序设计正当合理的土地征收程序可以限制土地征收权力的滥用,规范行政机关的行为,保证行政权力的公正合理行使,同时也有利于保障原土地权利人的利益,使得土地交易制度能够平稳健康地持续发展。[4]

(四)土地征收的情形

《土地管理法》第45条对土地使用权征收的情形进行了列举,主要包括以下情形:军事和外交需要用地的;由政府组织实施的基础设施建设需要用地的;由政府组织实施的公共事业需要用地的;由政府组织实施的扶贫搬迁、保障性安居工程建设需要用地的;在土地利用总体规划确定的城镇建设用地范围内,经省级以上人民政府批准由县级以上地方人民政府组织实施的成片开发建设需要用地的;法律规定可以征收集体土地的其他情形。

---

〔2〕《宪法修正案(2004)》第20条规定:"宪法第十条第三款'国家为了公共利益的需要,可以依照法律规定对土地实行征用。'修改为:'国家为了公共利益的需要,可以依照法律规定对土地实行征收或者征用并给予补偿。'"

〔3〕参见张理:《土地征收基本问题研究》,知识产权出版社2013年版,第41页。

〔4〕参见李集合:《土地征收征用法律制度研究》,中国政法大学出版社2008年版,第91~93页。

二、国有土地使用权的收回与补偿

(一)国有土地使用权的收回的定义

国有土地使用权的收回,是指国有土地的所有权人即国家在一定情形下,依法将原土地使用权人通过出让或划拨方式取得的土地使用权收回的法律行为(本章仅针对合法取得的国有土地使用权)。

(二)国有土地使用权的收回与补偿的方式

实践中,国有土地使用权的收回存在不同的方式和法定程序,包括:在征收房屋时一并收回土地使用权,即“地随房走”;因旧城区改建及其他公共利益需要收回土地使用权;改变工业土地用途用于经营性用途导致土地使用权被收回等。

1. 因公共利益需要收回土地使用权

《土地管理法》第58条规定了政府相关部门经批准收回国有土地使用权的几种情形,并明确规定“为实施城市规划进行旧城区改建以及其他公共利益需要,确需使用土地”而收回国有土地使用权的,对土地使用权人应给予适当补偿。而对于土地使用期限届满未续期、单位原因停止使用原划拨用地等3种情形,并未规定对土地使用权人依法给予补偿。

拟收回土地使用权的国有土地上不存在建(构)筑物的,无法适用《国有土地上房屋征收与补偿条例》,可适用《土地管理法》及其实施条例等收回国有土地使用权。但《土地管理法》及其实施条例并未就此规定具体的适用程序,也没有关于补偿方式和补偿标准的规定,通常行政机关应当遵循“程序正当”原则作出收回决定并给予合理补偿。

2. 通过房屋征收收回土地使用权

《国有土地上房屋征收与补偿条例》第13条第3款规定:“房屋被依法征收的,国有土地使用权同时收回。”实践中,如拟收回土地上存在的建(构)筑物,一般通过房屋征收的方式一并收回国有土地使用权。

3. 政府原因闲置土地导致收回土地使用权

《土地管理法》第38条第2款和《闲置土地处置办法》规定了闲置国有建设用地使用权的收回。其中分为两种情况:一是因政府、政府有关部门的行为造成土地闲置的情形,包括政府未按照合同或划拨决定书交付土地,土地利用总体规划、城乡规划依法修改等原因,[5]处理方式包括协议有偿收回土地使用权;[6]二是因非政府、政府有关部门的行为造成土地闲置的情形,未动工开发满两年的,国土资源主管部门经批准有权无偿收回土地使用权,不给予补偿。

4. 土地用途改为经营性用途而收回土地使用权

根据《城镇国有土地使用权出让和转让暂行条例》第 18 条的规定,对于改变土地用途的国有土地,土地使用权人应当经过法定程序批准并重新签订出让协议,并调整土地使用权出让金。《关于进一步落实工业用地出让制度的通知》则针对以招标拍卖挂牌方式出让的国有工业用地,用途改为商业、服务业等经营性用途的,存在特别规定,须收回土地使用权重新进行招标拍卖挂牌。[7] 而对于以协议方式出让的工业用地改为经营性用途的,根据《协议出让国有土地使用权规定》(中华人民共和国国土资源部令第 21 号)第 16 条的规定,则未规定政府强制收回土地使用权。

(三)国有土地使用权的收回与补偿的主体

根据相关规定,国有土地的所有权人为国家,其对国有土地享有占有、使用、收益、处分的权利,即国家有权收回国有土地。根据相关法律规定,政府是收回国有土地使用权行为的具体实施主体。至于非法定的机关和单位,如企事业单位、个人等,都不是收回国有土地使用权的法定主体。

因国有土地使用权的收回方式和程序的不同,实践中代表国家具体实施征收的政府机关也不同。如通过征收房屋同时收回土地使用权的方式,由市县级人民政府负责本行政区域内的征收补偿工作,房屋征收部门组织实施,对于房屋征收与补偿的具体工作,房屋征收部门可以委托房屋征收实施单位;因公共利益需要确需使用土地而收回国有土地使

---

〔5〕 参见《闲置土地处置办法》第 8 条。

〔6〕 参见《闲置土地处置办法》第 12 条。

〔7〕 参见《关于进一步落实工业用地出让制度的通知》(国土资发〔2009〕101 号)第 1 条第 5 款。

用权的，一般适用《土地管理法》的规定，由原批准用地的人民政府或有批准权的人民政府批准，有关人民政府自然资源主管部门负责实施；因政府、政府有关部门行为导致国有建设用地闲置的，经市、县人民政府批准，市、县自然资源主管部门负责实施；[8]因招拍挂出让的国有工业用地改为经营性用地的，收回国有土地使用权由市、县国土资源行政主管部门负责实施。

三、土地上房屋的征收与补偿

土地上房屋的征收与补偿，从土地性质角度进行区分，包括国有土地上房屋的征收与补偿及集体土地上房屋的征收与补偿。

（一）国有土地上房屋的征收与补偿

1. 定义

国有土地上房屋的征收与补偿，是指为了公共利益，市、县级人民政府依法强制取得国有土地上的房屋所有权，同时收回国有土地使用权，并对被征收房屋所有权人给予公平补偿的活动。[9] 目前，针对国有土地上房屋的征收与补偿的规范，已形成较为完整的法律法规体系和司法裁判规则，包括《城市房屋拆迁管理条例》（已失效）、《国有土地上房屋征收与补偿条例》、最高人民法院《关于办理申请人民法院强制执行国有土地上房屋征收补偿决定案件若干问题的规定》等。

根据《国有土地上房屋征收与补偿条例》的规定，房屋征收主体为市县级人民政府，房屋征收的实施主体为市、县级人民政府确定的房屋征收部门，而房屋征收实施单位可以由房屋征收部门进行委托。

2. 适用范围

《国有土地上房屋征收与补偿条例》第 2 条规定的适用范围为国有土地上的房屋。与此前的规定相比，发生了较大变化。

1991 年发布的和 2001 年修改过的《城市房屋拆迁管理条例》（均已失效），其第 2 条规定的适用范围是城市规划区内的国有土地上的房屋，

---

〔8〕 参见《闲置土地处置办法》第 8 条、第 12 条、第 13 条。

〔9〕 参见褚建好等：《国有土地上房屋征收与补偿实务指南》，中国政法大学出版社 2012 年版，第 24 页；《国有土地上房屋征收与补偿条例》第 2 条。

对城市规划区域外的国有土地上实施房屋拆迁并未作出明确规定，存在立法上的空白，实践中一般是参照《城市房屋拆迁管理条例》执行，但仍不可避免地出现同为国有土地上的房屋拆迁安置而补偿差异较大的情形。《国有土地上房屋征收与补偿条例》将城市规划区域外的国有土地上的房屋征收一并纳入了适用范围，从制度上解决了这一问题。

（二）集体土地上房屋的征收与补偿

集体土地上房屋的征收，是指为了公共利益，依照合法程序和权限，将农民集体所有的土地转变成国有土地，同时，依法进行被征地的农村集体经济组织和农民的合理补偿和妥善安置的行为。

集体土地上房屋的征收与补偿，尚未出台相对完整的针对性实施条例，相关规定零散见于《民法典》《土地管理法》等法律法规中。集体土地上房屋的征收必然伴随着集体土地征收，集体土地征收针对的是土地，地上房屋随集体土地一并征收并予以补偿，系集体土地征收的环节之一，即“房随地走”，一般不适用《国有土地上房屋征收与补偿条例》。但符合最高人民法院《关于审理涉及农村集体土地行政案件若干问题的规定》第 12 条第 2 款规定情形的，可参照国有土地上房屋征收补偿标准。

第二节　征收补偿的历史演变过程

一、土地征收补偿的历史演变

土地征收的范围是农民集体所有的土地。我国农村土地经历了两个时期，即土地改革中的土地没收时期和农村集体化中的土地归公时期，才形成现行的农村土地集体所有制。而城市化进程中的集体土地征收，也就是现阶段一般意义上的土地征收，可分为三个阶段，计划分配阶段、多元安置阶段和社会保障阶段。

（一）计划分配阶段：1956～1998 年

1956 年农民土地所有制改为农村集体所有制后，征地的对象就变为了集体所有的土地。1958 年《国家建设征用土地办法》（已失效）第 7 条第 1 款规定，征用土地，应该尽量用国有、公有土地调剂，无法调剂的或者调剂后对被征用土地者的生产、生活有影响的，应该发给补偿费或者补助费。[10] 该条例构建了我国农村土地征收补偿政策的框架。1986 年颁布的《土地管理法》（已被修改）将该法规的内容提高到国家法律法规层面，强调国家非农建设土地征用权的垄断性、强制性。1988 年修正的《土地管理法》（已被修改）允许转让土地使用权，但未调整补偿标准。在这个阶段，所有土地补偿费都支付给了村集体，实际上，失地农民只得到了青苗补助费等少部分补偿。在分配补偿过程中，主要由政府完成征收土地补偿的分配，由集体村庄管理集体土地的补偿，农民处于弱势地位，失去土地后的收入等得不到保障。

（二）多元安置阶段：1999～2005 年

此阶段的征用补偿政策已从计划分配转变为市场导向，逐步采用市场化方法，安置方式更加多样化。为保障农民利益，1998 年颁布的《土地管理法》（已被修改）进一步提高补偿标准，首次提出了社会保险安置。1999 年发布的《关于加强征地管理工作的通知》（已失效）提倡市场

---

〔10〕 参见《国家建设征用土地办法》第 7 条第 1 款。

导向,采取多样化的安置方法,包括货币安置、社会保障、土地入股安置等。但被征地农民的生活并未得到改善,城乡居民的收入差距不断扩大。2004 年发布的国务院《关于深化改革严格土地管理的决定》取消了补偿的上限。随后发布的《关于完善征地补偿安置制度的指导意见》(已失效)中的规定提高了补偿标准,同时失去土地的农民还可以获得土地补偿和安置补偿费。

(三)社会保障阶段:2006 年至今

该阶段,征收补偿政策进一步完善,提高了对农民的补偿。农民社会保障问题越发得到关注,社会保障成为基本安置途径。2006 年国务院《关于加强土地调控有关问题的通知》将拆迁补偿费列为单独一项,提高了失地农民的补偿。2011 年修改后的《土地管理法实施条例》(已被修改)要求自征地补偿、安置方案批准之日起 3 个月内全额支付征地费用,失地农民的利益得到了更多保障。2012 年发布的国家发展改革委《关于印发全国农村经济发展"十二五"规划的通知》首次提到确保土地增值收益全部返还农村。2013 年的中央一号文件要求提高农民在土地增值收益中的分配比例。2019 年再次修正的《土地管理法》规定,土地征收补偿主要表现为土地补偿费、安置补助费、地上附着物及青苗补偿费、社会保障费用。

二、房屋拆迁补偿的历史演变

城市化进程中如何平衡各方的利益,是每一个国家在其发展过程中所面临的一个严峻的社会问题。我国自 20 世纪 90 年代以来,一直处于快速的城市化进程之中,由此产生大规模的旧城区改造和基础设施建设活动,客观上就要求国家对城市房屋拆迁行为进行管制与规范。

(一)随着房屋商品化、私有化,被拆迁人和补偿方式发生了变化

为适应城市房屋拆迁工作管理需要,国务院于 1991 年颁布了《城市房屋拆迁管理条例》,从立法上正式确定了我国房屋拆迁制度。此时的房屋拆迁有以下特点:一是被拆迁人包括房屋所有权人和房屋使用人。这是由于当时我国房屋制度改革刚刚开始,房屋所有权大多归国家或单位所有,为了保护房屋使用人的居住权,条例明确规定了房屋使用人也是房屋被拆迁人,实施房屋拆迁应当对房屋使用人进行安置。二是拆迁

补偿以安置和产权调换为主，以作价补偿为辅。这是由于当时房屋尚未商品化，作价补偿后被拆迁人无法在别处购买房屋，同时当时也无房地产价格评估机制，无法对被拆迁房屋价值进行准确的估价。三是被拆迁人不能选择补偿方式。四是作价补偿是按房屋重置价格结合成新计算。由于当时尚未建立房地产价格评估机制，此时作价补偿并不是按市场价进行，而是按照房屋重置价格结合成新计算。

随着我国城市房屋逐渐商品化、私有化，旧的房屋拆迁制度已不能适应社会发展的需要。国务院于2001年6月13日颁布了新的《城市房屋拆迁管理条例》。按照新的规定，此阶段房屋拆迁有以下特点：一是明确了房屋所有权人为被拆迁人。房屋拆迁实质上是对房屋的处分，而房屋处分权当然应当归房屋所有权人享有，因此，新的规定将房屋所有权人明确为被拆迁人。二是拆迁人可以选择补偿方式。根据新的条例规定，房屋拆迁补偿有货币补偿和产权调换两种，被拆迁人有权选择拆迁补偿方式。三是货币补偿按照市场评估确定。房屋的市场价格真正反映了房屋的实际价值，按照等价原则，拆迁人对被拆迁人的补偿应当按照房屋实际价值进行补偿。房屋的实际价值由房地产评估机构通过市场评估确定。

我国房屋拆迁制度在城市建设和发展中发挥了重要作用，但房屋拆迁制度也存在着不规范、不明确、与其他法律冲突等问题。

（二）相关制度设计立法理念转变，在程序控制、补偿标准和救济制度等层面愈加完善

为彻底改革传统滞后的城市房屋拆迁制度，落实《宪法》、原《物权法》以及《城市房地产管理法》有关因公共利益进行房屋征收的规定，切实保护城市房屋被拆迁人的合法权益，国务院于2007年启动了《国有土地上房屋征收与补偿条例》的起草工作。经过3年多的不懈努力，《国有土地上房屋征收与补偿条例》于2011年公布实施。《国有土地上房屋征收与补偿条例》的制定与实施既减少了因征收房屋拆迁补偿不公或权力滥用而带来的社会冲突，又保障了工业化、城镇化的发展需要和需求，同时还能在一定程度上避免工业化、城镇化建设中的盲目性和不计成本的现象，有利于推动城镇房屋征收制度的理性发展。《国有土地上房屋征

收与补偿条例》体现了立法理念和设计模式的转变:从“拆迁”到“征收”,法规名称的变化体现了从名称上将国有土地上的房屋征收列入行政征收法律范畴的理念转变,强化了其政府职能属性,规范了历史上严重为人诟病的暴力拆迁现象,同时在模式设计上,新条例对国有土地上房屋征收的程序控制、补偿机制以及救济制度都进行了不同程度的完善。

第三节　征收的前期准备与主要程序

一、集体土地征收的前期准备与主要程序

（一）集体土地征收的前期准备

县级人民政府在完成下列征地前期工作后，方可提出征收土地申请。

1. 发布征收土地预公告

县级以上人民政府首先应当审查土地征收是否属于《土地管理法》第45条规定的为了公共利益的需要确需进行土地征收的情形。如果认为属于规定情形，需开展土地征收，则应当发布征收土地预公告。预公告发布后，任何单位和个人不得再抢栽抢建，该抢栽抢建部分不属于应当补偿的范围。[11]

2. 开展拟征收土地现状调查和社会稳定风险评估

社会稳定风险评估必须进行综合研判，评估对社会稳定的风险，确定风险点，制定风险预防措施和预案。参与人员包括农村集体经济组织及其成员、村委会和其他利害关系人。当前土地状况的调查结果和对社会稳定风险的评估，是实施土地征收和确定补偿安置方案的重要依据。

3. 拟定征地补偿安置方案

征地补偿安置方案由县级以上人民政府依据社会稳定风险评估结果，结合对土地现状的调查，组织有关部门进行拟定。内容应当包括征收范围、现状、征收目的、补偿方式和标准、安置对象、安置方式、社会保障等。[12]

4. 发布征地补偿安置方案公告

县级以上地方人民政府对征收补偿方案的公告时间应不少于30日，并听取被征地的农村集体经济组织及其成员、村委会和其他利害关

---

〔11〕 参见《土地管理法》第47条和《土地管理法实施条例》第26条。

〔12〕 参见《土地管理法实施条例》第27条。

系人的意见。公告内容除了征地补偿安置方案外，还包括办理补偿登记的方式、期限、异议反馈渠道等。

5. 组织征地补偿安置方案听证

大多数被征收土地的农村集体经济组织成员认为征收补偿安置方案不符合法律规定时，县级以上地方人民政府应当组织听证，并根据法律、法规的规定和听证会情况修改安置补偿方案。[13]

6. 签订征地补偿安置协议

县级以上地方人民政府根据法律规定和听证会情况等确定征地补偿安置方案后，应组织有关部门与征地所有权人、使用权人就补偿安置等签订协议。[14]

(二)集体土地征收的主要程序

根据《土地管理法》《土地管理法实施条例》等的规定，集体土地征收主要有以下程序。

1. 土地征收的前期准备工作

土地征收报批前，县级人民政府应完成上述征地前期工作，包括发布征收土地预公告、开展土地现状调查和社会稳定风险评估、确定征地补偿安置方案等。

2. 农用地转用审批手续

将农用地征收作为建设用地使用的，必须办理农用地转用审批手续。集体土地征收大部分情形下会涉及农用地转用，应先行办理农用地转用审批。《土地管理法》规定不同情形下审批手续的批准主体包括国务院、省、自治区、直辖市人民政府、原批准土地利用总体规划的机关或

〔13〕 参见《土地管理法》第47条和《土地管理法实施条例》第28条。

〔14〕 参见《土地管理法》第47条和《土地管理法实施条例》第29条。

者其授权的机关。[15]

3. 征地审批手续

我国实行土地征收分级限额审批制度，土地征收申请由县级人民政府提出。[16] 依据《土地管理法》第 46 条的规定，永久基本农田、超过 35 公顷的耕地、超过 70 公顷的其他土地等土地征收，须经国务院批准；其余土地征收由省、自治区、直辖市人民政府批准。办理农用地转用审批时未超过征地批准权限的，可一并办理征地批准权限。

4. 征收土地的公告与实施

征地方案获得批准后，县级以上地方人民政府自收到批准文件之日起 15 个工作日内发布征收土地公告。对个别未达成征地补偿安置协议的，应当作出征地补偿安置决定。[17] 被征地人在法定期限内不申请行政复议或者提起行政诉讼，仍拒不交出土地的，县级以上人民政府可以自期限届满之日起 3 个月内申请人民法院强制执行。[18]

二、房屋征收的前期准备与主要程序

（一）国有土地上房屋征收的前期准备与主要程序

《国有土地上房屋征收与补偿条例》对国有土地上房屋征收与补偿的相关程序进行了详细规定。

1. 国有土地上房屋征收的前期准备

在国有土地上房屋征收决定作出前，政府应完成以下前期准备

---

〔15〕《土地管理法》第 44 条规定："建设占用土地，涉及农用地转为建设用地的，应当办理农用地转用审批手续。永久基本农田转为建设用地的，由国务院批准。在土地利用总体规划确定的城市和村庄、集镇建设用地规模范围内，为实施该规划而将永久基本农田以外的农用地转为建设用地的，按土地利用年度计划分批次按照国务院规定由原批准土地利用总体规划的机关或者其授权的机关批准。在已批准的农用地转用范围内，具体建设项目用地可以由市、县人民政府批准。在土地利用总体规划确定的城市和村庄、集镇建设用地规模范围外，将永久基本农田以外的农用地转为建设用地的，由国务院或者国务院授权的省、自治区、直辖市人民政府批准。"

〔16〕参见《土地管理法实施条例》第 30 条。

〔17〕参见《土地管理法实施条例》第 31 条。

〔18〕参见《土地管理法实施条例》第 62 条、最高人民法院《关于审理涉及农村集体土地行政案件若干问题的规定》第 14 条、最高人民法院《关于适用〈中华人民共和国行政诉讼法〉的解释》第 155 条。

工作。

(1)编制房屋征收计划

房屋征收部门编制并上报国有土地上房屋征收计划,相关部门审查其是否符合经济和社会发展规划、土地利用总体规划、城乡规划和专项规划。

(2)启动房屋征收程序

房屋征收部门组织对征收范围内的房屋进行调查登记并公布调查结果。

房屋征收范围确定后,房屋征收部门向征收范围内的房屋所有人和房屋使用人发出告知书,告知被征收人不得实施新建、改建、扩建和改变房屋用途等行为,同时向有关单位发出通知,暂停办理相关手续,载明暂停期限(不得超过1年)。

(3)拟定征收补偿方案

由房屋征收部门拟定征收补偿方案,报市、县级人民政府进行方案论证。房屋征收委员会听取各成员单位意见,然后进行方案论证和修改。

(4)公布征收补偿方案并征求公众意见

政府在房屋征收范围内公布论证和修改后的房屋征收补偿方案,并征求公众意见(不少于30日),通过召开代表座谈会、入户了解等形式,就产权调换房屋的地点、建设标准、户型面积等问题广泛沟通交流。

(5)征求意见后再次公布征收补偿方案并视情况组织听证

政府在期满后公布征求意见及根据公众意见修改后的征收补偿方案。多数被征收人认为方案不符合法律规定时,应当组织听证会并相应修改征收补偿方案。

(6)评估社会稳定风险

房屋征收是重大项目,应当由项目的主管部门组织社会稳定风险评估,出具社会稳定风险评估报告,还需要落实风险问题的化解措施、突发群体性事件应急处理预案,评估结论可以包括:实施的评估意见、暂缓实施的意见、不予实施的评估意见。

(7)征收补偿费用足额到位、专户存储、专款专用

评估机构根据调查结果进行预评估,房屋征收部门据此编制房屋征收补偿费用预算;财政部门对房屋征收补偿相关费用预算进行审核后,将费用足额汇入银行专户存储。

2. 国有土地上房屋征收的主要程序

国有土地上房屋征收的程序主要分为三大部分,分别是征收决定程序、征收补偿程序、搬迁程序。

(1)征收决定程序

政府在征收决定作出前应完成上述前期准备工作。在完成一系列准备工作后,政府作出房屋征收决定并及时发布征收决定公告,同时收回国有土地使用权。如被征收人不服房屋征收决定可以申请行政复议或提起行政诉讼。

(2)征收补偿程序

①选定评估机构

政府进行公告程序后,会对被征收人的房屋及财产进行评估。由被征收人协商选定评估机构。但对于评估机构的选择时点,《国有土地上房屋征收与补偿条例》和《国有土地上房屋征收评估办法》没有明确规定,但只要依法保障了被征收人协商选定评估机构的权利,且评估机构能够依法独立、客观、公正地开展评估工作,则无论是在作出征收决定之前,还是在之后的补偿程序中选定评估机构,都不影响房地产价值的评估,不违反《国有土地上房屋征收与补偿条例》的规定。

②送达评估结果及提出异议

房地产评估机构对被征收房屋的价值进行评估并将分户评估报告向被征收人送达。对评估结果有异议的,可以向评估机构申请复核评估。对复核结果仍有异议的,可以向评估专家委员会申请鉴定。

③选择补偿方式

补偿方式可以是货币补偿,也可以是房屋产权调换。选择房屋产权调换的,由政府提供用于产权调换的房屋,并计算、结清差价。

④签订房屋征收补偿协议并履行

房屋征收部门与被征收人订立补偿协议,政府对被征收人给予补

偿,包括但不限于被征收房屋的价值补偿、搬迁费、临时安置费或提供周转用房;造成停产停业损失的,支付停产停业损失补偿;支付政府对被征收人的补助和奖励。被征收人在约定期限内完成搬迁。

(3)搬迁程序

被征收人在约定期限内完成搬迁。政府作出征收补偿决定后,被征收人在法定期限内不复议或者不提起诉讼也不搬迁的,政府可以申请法院予以强制执行即司法强拆。

(二)集体土地上房屋征收的程序

集体土地上房屋的征收不单独开展,作为征收土地的环节之一,适用集体土地的征收程序,房屋拆迁补偿费用纳入集体土地征收补偿费。

第四节 征收补偿方案的确定

一、集体土地征收补偿安置方案的确定

（一）一般内容

根据《土地管理法》和《土地管理法实施条例》的相关规定，征地补偿安置方案一般包括土地现状、范围、目的、标准、安置方式、社会保障等内容。[19]

（二）确定主体

根据《土地管理法实施条例》第29条第1款的规定，由县级以上地方人民政府根据法律、法规规定和听证会等情况确定征地补偿安置方案，即县级以上地方人民政府是确定征收补偿方案的主体。

（三）补偿安置标准

根据《土地管理法》第48条第3款的规定，补偿安置标准应当根据是否征收农用地而有所区分。征收农用地的补偿标准由省、自治区、直辖市通过制定公布区片综合地价确定，应当综合考虑原用途、资源条件、产值、区位、供求关系、人口以及经济社会发展水平等因素。[20]

（四）征地补偿方案确定的法定程序

1. 拟定征地补偿安置方案

由县级以上人民政府组织有关部门，依据社会稳定风险评估结果和土地现状调查情况拟定征地补偿安置方案。

2. 发布征地补偿安置方案公告

县级以上地方人民政府应当公告补偿方案，听取农村集体经济组织及其成员、村委会和其他利害关系人的意见。

3. 组织征地补偿安置方案听证

多数被征地的农村集体经济组织成员认为方案不符合法律规定时，

---

〔19〕 参见《土地管理法》和《土地管理法实施条例》第27条。

〔20〕 参见《土地管理法》第48条。

县级以上地方人民政府应组织听证，并根据法律规定和听证会情况修改安置补偿方案。[21]

4. 确定征地补偿安置方案

县级以上地方人民政府根据法律规定和听证会等情况确定补偿安置方案。

二、国有土地上房屋征收补偿方案的确定

（一）房屋征收补偿方案的一般内容

房屋征收补偿方案主要包括补偿方式、补偿金额、安置房的地点和面积、支付期限、搬迁期限、过渡期限等。

1. 补偿方式。可以选择货币补偿、房屋产权调换或者货币补偿与房屋产权调换相结合的补偿方式。

2. 补偿金额。被征收人选择货币补偿方式时，由房屋征收部门向被征收人支付的金钱的数额为补偿金额。补偿金额应分项计算，在补偿协议中分别规定被征收房屋价值的补偿金额、补助和奖励的金额等。

3. 安置房的地点和面积，如建筑面积、使用面积或者居住面积、安置面积的误差。

4. 支付期限。补偿费用原则上应当一次性支付，但当事人约定分期支付的除外，当事人可以分别约定不同补偿费用的支付期限。由于法律明确规定先补偿后搬迁，因而支付的期限约定的最后时点应在搬迁开始时点之前。

5. 搬迁期限。房屋征收部门应当给予被征收人合理的搬迁期限，不得造成被征收人仓促迁出，利益受损。无论是货币补偿还是房屋产权调换，都存在一个搬迁期限的问题，因此对搬迁期限的约定是所有补偿协议的必备条款。

（二）征收补偿方案确定的法定程序

1. 房屋征收部门依据社会稳定风险评估结果和土地现状调查情况拟定征收补偿安置方案，并报市、县级人民政府批准。

2. 市、县级人民政府组织有关部门进行方案论证。

---

〔21〕 参见《土地管理法》第47条第3款和《土地管理法实施条例》第28条第3款。

3. 市、县级人民政府公布方案并征求公众意见(不得少于30日)。

4. 市、县级人民政府根据征求意见、听证会等情况修改方案并再次公布。

三、征收补偿方案确定过程中的常见争议列举

(一)对已纳入城市规划区的农村集体土地上的房屋进行征收,可否按照城市土地房屋进行补偿?

针对实践中有的农村集体土地虽已被批准征收,但政府相关部门迟迟未对农村集体土地上的房屋进行补偿,当有关部门进行补偿安置时,房屋所在地已纳入城市规划区的情况,此时若仍按集体土地上的房屋标准补偿,则无法保障农民的权益。但按照土地性质,针对农村集体土地上房屋的征收补偿又不能直接适用《国有土地上房屋征收与补偿条例》。根据最高人民法院《关于审理涉及农村集体土地行政案件若干问题的规定》第12条第2款的规定,〔22〕此种情况下若权利人主张参照执行国有土地上房屋征收补偿标准,人民法院一般应予支持,即参照《国有土地上房屋征收与补偿条例》的补偿标准予以补偿。〔23〕

(二)因旧城区改建征收商住房,被征收人能否选择回迁?

《国有土地上房屋征收与补偿条例》第21条第3款针对回迁问题作了规定,理解该规定需要把握以下几点:其一,在适用的范围上,回迁仅适用于政府依法对危房集中、基础设施落后等地段进行旧城区改建的情形;其二,征收的标的限于个人住宅,对非个人住宅房屋进行征收的,被征收人无权请求依该规定要求回迁;其三,回迁地点不要求一定是原房屋坐落的地点,只要是用于产权调换的房屋位于原被征收房屋的同一地

---

〔22〕 最高人民法院《关于审理涉及农村集体土地行政案件若干问题的规定》第12条第2款规定:"征收农村集体土地时未就被征收土地上的房屋及其他不动产进行安置补偿,补偿安置时房屋所在地已纳入城市规划区,土地权利人请求参照执行国有土地上房屋征收补偿标准的,人民法院一般应予支持,但应当扣除已经取得的土地补偿费。"

〔23〕 参见赵大光、杨临萍、马永欣:《解读〈关于审理涉及农村集体土地行政案件若干问题的规定〉》,载人民法院出版社编:《解读最高人民法院司法解释(含指导性案例)》(行政·国家赔偿卷),人民法院出版社2019年版。

段或者就近地段即可。“就近地段”是指与改建地段直接毗邻的地段，在居住环境、基础设施、交通状况等方面与改建地段相同或近似。此时，若被征收人兴建的是商业经营性而非公共设施用房，其要求回迁的请求就不能得到支持。当然，对于非个人住宅的征收，被征收人虽然无权选择回迁，但有权请求进行房屋产权调换。[24]

（三）被征收房屋产权存在争议的情况下，如何进行补偿安置？

根据《国有土地上房屋征收与补偿条例》第 26 条第 1 款的规定，被征收房屋所有权人不明确的，由房屋征收部门报请市、县级人民政府作出补偿决定并予以公告。在被征收房屋产权存在争议的情况下，征收管理部门不能与争议的任何一方签订征收补偿协议，只能由政府依法作出征收补偿决定，并将征收补偿款及补偿安置房屋予以提存。该争议依法解决后，由政府依照生效的法律文书向权利人进行补偿安置。

〔24〕 参见广州市木器公司与广州市城市复建有限公司房屋拆迁纠纷案，广东省广州市中级人民法院（2004）穗中法民四终字第 3437 号民事判决书。

第五节　征收补偿安置协议之主体和权利义务

一、土地征收补偿安置协议的签订

（一）主体

根据《土地管理法》第 47 条第 4 款的规定，由县级以上地方人民政府与拟征收土地的所有权人、使用权人签订征收补偿安置协议，即签订主体是县级以上地方人民政府和被征收土地的所有权人、使用权人。

（二）权利及义务

1. 被征收人

（1）权利

补助费用：被征收人有权获得土地补偿费、搬迁补偿费、临时安置费、安置补助费及其他地上附着物和青苗补偿费等。

安置方式：被征地范围内有个人住宅的被征收人，有权选择重新安排宅基地建房、提供安置房或者货币补偿等安置方式。

（2）义务

①被征收人不得阻碍征收人依法开展土地征收。

②被征收人不得在拟征收土地上抢栽抢种抢建。

③被征收人应自行妥善解决与第三方在拟征收土地范围内的土地纠纷。

④被征收人应在协议规定时间之前将被征收地交付征收人，交回土地所有权权属证明材料并办理土地权属变更或注销手续。

⑤被征收人应依照有关规定和程序合理分配土地征收补偿安置费用，并在集体经济组织内部予以公示。

2. 征收人

（1）权利

强制征收：若被征收人阻碍征收人依法开展土地征收，那么县级以上人民政府有权责令其交出土地，拒不执行的，可申请法院强制执行。

(2)义务

①对于征收土地范围内的村民住宅,应尊重农村村民意愿,按照先补偿后搬迁、居住条件有改善的原则,采取提供安置房或者货币补偿等方式予以安置。

②征收人应当在协议规定时间内支付相关费用。逾期应承担违约责任。

③征收人应当依法做好征收土地补偿安置有关法律政策宣传工作。

④征收人应当依照法律法规规定及时做好土地征收申请批准工作。

二、房屋征收补偿安置协议的签订

(一)主体

根据《国有土地上房屋征收与补偿条例》第25条第1款的规定,由房屋征收部门与被征收人订立补偿协议,即签订主体是房屋征收部门和被征收人。

(二)权利及义务

依法保障被征收人的合法权益,是制定《国有土地上房屋征收与补偿条例》的核心内容。《国有土地上房屋征收与补偿条例》规定以市场评估价为基准让被征收人得到公平合理的补偿,并保证其居住水平不降低,较好地保障了被征收人的权益。

1. 被征收人

(1)权利

被征收人在房屋征收补偿安置协议中最重要的权利就是选择权,包括补偿方式、安置地点、过渡方式等内容的选择权。

①补偿方式:被征收人享有补偿方式的选择权,补偿方式一是货币补偿,二是产权调换。

②补偿安置:被征收人有权要求征收人在约定时间内支付货币补偿金额或者进行房屋产权调换。若涉及旧城区改建的回迁问题,被征收人有权要求征收人提供改建地段或就近地段的房屋。

③过渡方式:被征收人选择产权调换的,可以选择自行周转或由征收方提供周转房的临时过渡方式。

补助费用:被征收人有权要求征收人支付搬迁补偿费、临时安置费、停产停业损失补偿费及其他补助和奖励费用。

(2)义务

①被征收人应当按期腾退被征收房屋及结清水、电、气、暖、物业管理等有关费用,办理完交验房手续。

②被征收人应当在征收人通知期限内办理产权调换房屋安置手续。

③被征收人应当在协议规定的搬迁期限内自行搬迁。逾期搬迁的应当承担违约责任。

2. 征收人

(1)权利

征收人有权要求被征收人在协议规定的搬迁期限内自行搬迁。在一定条件下,作出房屋征收决定的市、县级人民政府有权依法申请人民法院强制执行。

(2)义务

①征收人应当按时支付补偿款,逾期支付的应承担违约责任。

②征收人应当按照被征收人请求在规定时间内进行房屋产权调换。若涉及旧城区改建的回迁问题,征收人应根据被征收人要求决定是否提供改建地段或就近地段的房屋。

③征收人应当在交付产权调换用房之前取得房屋竣工验收合格手续,交付的产权调换房屋标准应符合征收方案的标准。

④征收人应当支付搬迁补偿费、临时安置费、停产停业损失补偿费及其他补助和奖励费用。

⑤征收人不得采取暴力、威胁或者断水、断电、断热、断气等非法方式迫使被征收人搬迁。

第六节 征收补偿的权利救济

一、开展权利救济的法律基础

本节主要探讨在土地征收的行为侵害被征收人权益的情形下被征收人所能开展的权利救济,主要包括行政复议和行政诉讼。“没有救济就没有权利”是公认的正当程序原则,应通过规定救济手段来保障权利真正落到实处。《宪法》第 41 条规定了申诉权、控告权、检举权。《土地管理法》第 7 条也规定,被征收人有权对违法行为提出检举和控告。以上法律规定从制度层面肯定了被征收人开展救济途径的法律基础。

2014 年《土地管理法实施条例》第 25 条第 3 款规定了政府协商、裁决的争议解决方式,但 2021 年修改的《土地管理法实施条例》将该条款删除,不再规定政府协商的救济方式。

二、土地征收补偿的权利救济

(一)行政复议

关于征收土地决定的行政复议。对于国务院或省级人民政府作出的征地决定,属于法律规定的最终裁决行为,不具有可诉性,只能通过行政复议的方式开展权利救济。

关于征地补偿、安置方案的行政复议。依据国务院原法制办公室《关于依法做好征地补偿安置争议行政复议工作的通知》(国法〔2011〕35 号)第 1 条的规定,对征地补偿安置方案不服要求裁决的,应当依照行政复议法律法规的,规定向上一级地方人民政府提出申请,即对于征地补偿的标准、安置方案等存在异议的,被征收人有权通过行政复议的方式寻求救济。

(二)行政诉讼

依据《行政诉讼法》第 12 条第 1 款第 5 项的规定,对征收、征用决定及其补偿决定不服的属于法院应当受理的诉讼。土地征收涉及多级政府多个部门的多个行政行为,区分其中的行政行为是否具有可诉性,是否应经行政裁决、行政复议等前置程序,如何进行法律救济,是被征收人寻求救济的重要内容。

1. 关于土地补偿标准、安置标准等的行政诉讼

根据最高人民法院《关于审理涉及农村集体土地行政案件若干问题的规定》第10条的规定，土地权利人对土地补偿有异议，应先申请行政机关裁决。对裁决结果不服的，方可向法院提起行政诉讼。

2. 关于征收补偿协议的行政诉讼

根据《行政诉讼法》第12条第1款第11项的规定，认为行政机关不依法履行、未按照约定履行土地房屋征收补偿协议等协议的属于法院的受理范围。就已达成的征收补偿协议，行政机关未依法、依约履行或者违反变更、解除协议的，被征收人可以提起行政诉讼。

3. 关于政府强制拆除行为的行政诉讼

根据《土地管理法实施条例》第62条的规定，对于被征收人拒不交出土地的行为，县级以上人民政府可以责令交出土地，或者申请人民法院强制执行，但行政机关强制拆除不具有法律基础，依据人民法院的协助执行通知书实施的行为除外。

根据《行政强制法》和最高人民法院《关于行政机关根据法院的协助执行通知书实施的行政行为是否属于人民法院行政诉讼受案范围的批复》（已失效）的规定，行政机关申请法院强制执行，法院依法作出准予执行的裁定后，行政机关据此实施的强制拆除房屋行为，不属于行政诉讼的受案范围。但如果当事人能够证明行政机关扩大了范围或违法采取措施，则可以提起行政诉讼。

三、房屋征收补偿的权利救济

关于集体土地上房屋的拆迁，可通过土地征收救济的方式寻求救济。对于国有土地上房屋的征收与补偿，被征收人可通过行政复议、行政诉讼等方式实现权利的救济。

（一）关于房屋征收决定的救济

从程序上看，对于被征收人权利有直接影响的首要行政行为要属"房屋征收决定"。

1. 作出房屋征收决定的合法性要求

依据《国有土地上房屋征收与补偿条例》的规定，市、县级人民政府

作出房屋征收决定应当满足公共利益需要、符合相关规划计划、履行房屋调查、社会风险评估、拟定房屋征收补偿方案并征求意见、修改方案、选定评估机构开展评估、征收补偿费足额到位专款专用等条件。若房屋征收决定的作出不满足法定条件和程序,则被征收人可依法申请行政复议或提起行政诉讼。

2. 关于被申请人或被告的主体问题

依据《国有土地上房屋征收与补偿条例》第 8 条的规定,房屋征收决定由市、县级人民政府作出。对房屋征收决定申请行政复议的,作出该房屋征收决定的行政机关,即市、县人民政府为被申请人;提起行政诉讼的,作出该房屋征收决定的行政机关,即市、县人民政府为被告。但如果经过行政复议程序且维持原决定的,则市、县人民政府与复议机关为共同被告。

(二)关于补偿决定的救济

在无法与被征收人达成征收补偿协议的情况下,行政机关有权通过作出补偿决定的方式直接确定对被征收人房屋的征收补偿。《国有土地上房屋征收与补偿条例》第 26 条规定:"被征收人对补偿决定不服的,可以依法申请行政复议,也可以依法提起行政诉讼。"对于补偿决定同样可以通过行政诉讼和行政复议的途径予以救济。

1. 产生争议的一般情形

实践中,关于补偿方式和标准,可能产生争议的情形包括以下 4 种:

(1)行政机关在作出补偿决定时,没有给被征收人选择补偿方式的机会而径直加以确定;

(2)被征收人认为补偿标准明显低于法定的"类似房地产的市场价格";

(3)房地产价格评估机构确定并未经过被征收人协商选定程序;

(4)评估结果未送达被征收人。

2. 关于被申请人或被告的主体问题

《国有土地上房屋征收与补偿条例》第 26 条第 1 款规定:约定期限内达不成协议或被征收房屋所有权人不确定的,补偿决定由房屋征收部门报请作出房屋征收决定的市、县级人民政府依照该条例的规定,按照征收补偿方案作出补偿决定。依据《行政复议法》第 10 条、《行政诉讼法》第 26 条的规定，对补偿决定申请复议或提起诉讼的，作出该补偿决定的行政机关，即市、县级人民政府为被告，但如果经过行政复议程序且维持该决定的，则房屋征收部门与复议机关为共同被告。

（三）关于政府机关强制执行的救济

《国有土地上房屋征收与补偿条例》第 28 条第 1 款规定："被征收人在法定期限内不申请行政复议或者不提起行政诉讼，在补偿决定规定的期限内又不搬迁的，由作出房屋征收决定的市、县级人民政府依法申请人民法院强制执行。"因此，对于应予搬迁的被征收人，应由行政机关向人民法院申请强制执行，而非自行强制拆迁。但行政机关在没有严格履行征收程序，或在补偿未到位的情况直接拆除房屋强制进行搬迁，比起以上情况更为常见，历史上"强制拆迁"、"暴力拆迁"，是一个较为突出的社会问题和现象。在这种情况下，被征收人有权起诉相应机关就财产损失获得赔偿。

（四）关于征收补偿协议之行政诉讼

1. 关于征收补偿协议的性质问题

依据最高人民法院《关于审理行政协议案件若干问题的规定》第 2 条第 2 项"公民、法人或者其他组织就下列行政协议提起行政诉讼的，人民法院应当依法受理：……（二）土地、房屋等征收征用补偿协议"之规定，房屋征收补偿协议的法律性质为行政协议，因为此协议产生纠纷，属于人民法院行政诉讼的受案范围。

2. 关于征收补偿协议之诉的被告主体问题

房屋征收补偿协议系由房屋征收部门与被征收人签订。最高人民法院《关于适用〈中华人民共和国行政诉讼法〉的解释》第 25 条第 1 款规定，"市、县级人民政府确定的房屋征收部门组织实施房屋征收与补偿工作过程中作出行政行为，被征收人不服提起诉讼的，以房屋征收部门为被告"。

3. 关于征收补偿协议的履行问题

《国有土地上房屋征收与补偿条例》第 25 条第 2 款规定："补偿协议订立后，一方当事人不履行补偿协议约定的义务的，另一方当事人可以依法提起诉讼。”

征收补偿协议签署后，若征收部门不按协议约定履行征收补偿义务，如不提供回迁安置房、不支付过渡期补助费、不支付货币补偿款、不办理回迁房产权登记手续等，被征收人均有权依据补偿协议向人民法院提起行政诉讼，要求征收部门履行协议、解除协议等。

第七节 征收补偿的法律责任

一、土地征收补偿的法律责任

《土地管理法》就非法批准征收，非法侵占、挪用征地补偿款，工作人员失职等行为的法律责任作出了明确规定。

（一）非法批准征收的法律责任

对于无权批准征收、使用土地而非法批准占用土地，或超越批准权限而非法批准占用土地，或违反法定程序批准占用、征收土地的行为，首先，其批准文件无效；其次，对直接负责的主管人员和其他直接责任人员给予处分，构成犯罪的，根据《刑法》第410条，国家机关工作人员“非法批准征收、征用、占用土地，或者非法低价出让国有土地使用权。情节严重的，处三年以下有期徒刑或者拘役；致使国家或者集体利益遭受特别重大损失的，处三年以上七年以下有期徒刑”的规定论处；再次，非法批准、使用的土地应当收回，有关当事人拒不归还的，以非法占用土地罪论处；最后，非法批准征收、使用土地，对当事人造成损失的，应当承担赔偿责任。

（二）非法侵占、挪用征地补偿款等有关费用的法律责任

对于非法侵占、挪用征地补偿费用和其他有关费用的行为，构成犯罪的，根据《刑法》第271条“公司、企业或者其他单位的工作人员，利用职务上的便利，将本单位财物非法占为己有，数额较大的，处三年以下有期徒刑或者拘役，并处罚金；数额巨大的，处三年以上十年以下有期徒刑，并处罚金；数额特别巨大的，处十年以上有期徒刑或者无期徒刑，并处罚金。国有公司、企业或者其他国有单位中从事公务的人员和国有公司、企业或者其他国有单位委派到非国有公司、企业以及其他单位从事公务的人员有前款行为的，依照本法第三百八十二条、第三百八十三条的规定定罪处罚”的规定论处；对于非法侵占、挪用征地补偿费用和其他

有关费用的行为，尚不构成犯罪的给予行政处分。[25]

（三）失职的法律责任

自然资源主管部门、农业农村主管部门的工作人员玩忽职守、滥用职权、徇私舞弊，构成犯罪的，依法追究刑事责任；尚不构成犯罪的，依法给予处分。[26]

二、国有土地上房屋征收与补偿的法律责任

国有土地上房屋征收与补偿的法律责任主要包括工作人员失职，暴力强拆，贪污、挪用、拖欠补偿款等法律责任。

（一）失职的法律责任

在房屋征收与补偿工作中，市、县级人民政府及房屋征收部门工作人员不履行自身职责，或滥用职权、玩忽职守、徇私舞弊的，由上级人民政府或者本级人民政府责令改正，通报批评；造成损失的承担赔偿责任；对直接负责的主管人员和其他直接责任人员给予处分；构成犯罪的追究刑事责任。[27]

（二）暴力强拆的法律责任

如果相关工作人员在房屋征收过程中采取暴力、威胁或者违反规定中断供水、供热、供气、供电和道路通行等非法方式迫使被征收人搬迁，对造成的损失承担赔偿责任；直接负责的主管人员和其他直接责任人员，构成犯罪的追究刑事责任；尚不构成犯罪的依法给予处分；构成违反治安管理行为的给予治安管理处罚。[28]

（三）贪污、挪用、拖欠补偿款的法律责任

如果相关工作人员在房屋征收过程中贪污、挪用、私分、截留、拖欠征收补偿费用，责令改正，追回有关款项并限期退还违法所得，对有关责任单位通报批评、给予警告；造成损失的承担赔偿责任；直接负责的主管人员和其他直接责任人员，构成犯罪的追究刑事责任；尚不构成犯罪的，

---

〔25〕 参见《土地管理法》第 80 条。

〔26〕 参见《土地管理法》第 84 条。

〔27〕 参见《国有土地上房屋征收与补偿条例》第 30 条。

〔28〕 参见《国有土地上房屋征收与补偿条例》第 31 条。

依法给予处分。[29]

（四）妨碍依法进行的房屋征收与补偿工作的法律责任

不仅征收人要遵循法律责任的规定，被征收人也应当遵循相应规定。对于被征收人而言，采取暴力、威胁等方法阻碍依法进行的房屋征收与补偿工作，构成犯罪的，依法追究刑事责任；构成违反治安管理行为的，依法给予治安管理处罚。[30]

（五）违法评估的法律责任

另外，《国有土地上房屋征收与补偿条例》对于房地产价格评估机构和房地产估价师的评估工作也进行了规范。如果房地产价格评估机构或房地产估价师出具虚假或有重大差错的评估报告，由发证机关责令限期改正，给予警告，对房地产价格评估机构并处 5 万元以上 20 万元以下罚款，对房地产估价师并处 1 万元以上 3 万元以下罚款，并记入信用档案；情节严重的，吊销资质证书、注册证书；造成损失的承担赔偿责任，构成犯罪的追究刑事责任。[31]

---

〔29〕 参见《国有土地上房屋征收与补偿条例》第 33 条。

〔30〕 参见《国有土地上房屋征收与补偿条例》第 32 条。

〔31〕 参见《国有土地上房屋征收与补偿条例》第 34 条。

第八节　征收补偿的法律适用

一、征收补偿相关案件常见争议及裁判思路

（一）关于行政诉讼的主体是否适格

1. 特定被诉行政行为被告是否适格问题

（1）已确定房屋征收部门为房屋征收与补偿工作的组织实施者，被征收人因国有土地上房屋被征收未获补偿，诉请履行征收补偿职责的，该市、县级人民政府是否为适格被告？

第一种观点认为，根据最高人民法院《关于适用〈中华人民共和国行政诉讼法〉的解释》第25条第1款的规定，市、县级人民政府确定的房屋征收部门组织实施房屋征收与补偿工作过程中作出行政行为，被征收人不服提起诉讼的，以房屋征收部门为被告。[32] 因此，被征收人认为其国有土地上房屋被征收而未获补偿的，应以房屋征收部门为被告，作为征收主体的市、县级人民政府并非适格被告。第二种观点认为，根据《国有土地上房屋征收与补偿条例》第4条第1款、第2款规定，市、县级人民政府负责本行政区域的房屋征收与补偿工作，其既是房屋征收主体，又是法定补偿主体，可以确定房屋征收部门组织实施具体征收工作，但并不免除市、县级人民政府征收补偿的法定职责。被征收人因国有土地上房屋被征收而未获补偿，诉请作为征收主体的市、县级人民政府履行征收补偿职责的，该市、县级人民政府才是适格被告。[33]

最高人民法院在相关判例中有相关裁判观点。国有土地上房屋征

---

〔32〕最高人民法院《关于适用〈中华人民共和国行政诉讼法〉的解释》第25条第1款规定："市、县级人民政府确定的房屋征收部门组织实施房屋征收与补偿工作过程中作出行政行为，被征收人不服提起诉讼的，以房屋征收部门为被告。"

〔33〕《国有土地上房屋征收与补偿条例》第4条规定："市、县级人民政府负责本行政区域的房屋征收与补偿工作。市、县级人民政府确定的房屋征收部门（以下称房屋征收部门）组织实施本行政区域的房屋征收与补偿工作。市、县级人民政府有关部门应当依照本条例的规定和本级人民政府规定的职责分工，互相配合，保障房屋征收与补偿工作的顺利进行。"

收与补偿的法定主体为市、县级人民政府，其通常会确定房屋征收部门组织具体实施征收补偿工作，但这并不会免除市、县级人民政府征收补偿的法定职责，市、县级人民政府仍为征收补偿的法定主体。被征收人因国有土地上房屋被征收而未获补偿，诉请履行征收补偿职责的，市、县级人民政府是适格被告。[34]

（2）在国有土地上房屋征收过程中，被征收房屋由非行政主体拆除，如何认定实施强制拆除行为的适格被告？

根据《国有土地上房屋征收与补偿条例》第 4 条第 1 款、第 2 款和第 5 条的规定，市、县级人民政府负责本行政区域的房屋征收与补偿工作；市、县级人民政府确定的房屋征收部门组织实施本行政区域的房屋征收与补偿工作；房屋征收部门可以委托房屋征收实施单位，承担房屋征收与补偿的具体工作；房屋征收部门对房屋征收实施单位在委托范围内实施的房屋征收与补偿行为负责监督，并对其行为后果承担法律责任。

从上述规定可以看出，在国有土地上房屋征收过程中，有且仅有市、县级人民政府及其确定的房屋征收部门才具有依法强制拆除合法建筑的职权，建设单位、施工单位等民事主体并无实施强制拆除他人合法房屋的权力。民事主体自行强制拆除他人合法房屋，构成故意毁坏财物罪的，权利人可以依法请求公安机关履行相应职责。行政诉讼的适格被告应当根据“谁行为，谁被告；行为者，能处分”的原则确定。通常情况下，行政行为一经作出，该行为的主体就已经确定，但在某些特殊情况下，行政行为的适格主体在起诉时难以确定，只能通过审理并运用举证责任规则作出判断。根据职权法定原则，在国有土地上房屋征收过程中，被征收房屋的附着物被拆除、损毁，在没有相反的证据证明系其他行政机关或者组织所为的情况下，房屋征收部门应被推定为被告。

2. 特定被诉行为的原告适格问题

房屋已经被强制拆除，拆除后原房屋产权人与其他人在法院通过民事调解达成房屋产权转让的约定，此时得到房屋产权的人是否有权对征

〔34〕 参见姜伟主编：《最高人民法院第四巡回法庭疑难案件裁判要点与观点》，人民法院出版社 2020 年版。

收人的强制征收行为提起诉讼?

在房屋强制征收纠纷的司法实践中,经常会出现被征收人提起行政诉讼,请求撤销行政机关作出的房屋强制征收具体行政行为的情况。对此类案件的处理,首先应当认定的是被征收人是否具有提起行政诉讼的主体资格。根据最高人民法院《关于适用〈中华人民共和国行政诉讼法〉的解释》的规定,被征收人是否具有提起诉讼的原告主体资格取决于其与被诉行政行为是否具有法律上的利害关系,法律上的利害关系是指某一行为是否对公民、法人或其他组织的权利义务进行了调整或产生了影响。一般而言,认定存在利害关系必须同时具备以下三个要件:一是具体行政行为已经付诸实施;二是行政相对人受法律保护的权益受到了实际的损害;三是该具体行政行为与行政相对人的合法权益受损之间具有因果联系。当房屋被强制拆除时,其物权已归于消灭。此后,通过民事调解确认取得该房屋产权的当事人,实质上获得的是因房屋被拆除而享有的补偿安置权,而不享有房屋的物权,即民事调解书不能产生物权变动的法律效力。因此,根据最高人民法院《关于适用〈中华人民共和国行政诉讼法〉的解释》的规定,该当事人与强制拆迁行为不具有法律上的利害关系,不具备对强拆行为提起诉讼的原告主体资格。[35]

(二)关于征收或拆除房屋的行为是否合法

行政机关实施的强制拆除行为属于行政强制行为,对于行政机关强制拆除房屋的行为的合法性问题,司法实践中普遍认为行政机关强制执行应满足如下要求:一是实施强制拆除前要有合法执行依据,例如依法依规取得征地批复、作出房屋征收决定、法院出具的执行裁定等;二是强制拆除前必须确保未处于被征收人依法享有的申请行政复议或者行政诉讼的法定期间;三是拆除房屋前必须确保相关征收补偿已经落实到位,即遵循"先补偿,后搬迁"的原则;四是强制拆除前必须履行催告程序,事先催告当事人履行义务,同时告知当事人依法应享有的陈述权、申辩权等权利;五是强制拆除必须申请法院执行,作出准予执行裁定,且执

〔35〕 参见人民法院出版社、《法律家》实践教学编委会编:《房屋拆迁、土地纠纷案例精选与参考适用》,人民法院出版社2018年版。

行的时间、手段必须合法。

1. 若缺乏征地批复作为依据，强制拆除行为应确认为违法

行政机关在实施强制拆除前一定要有合法执行依据，取得相关行政审批批复文件是项目后续推进的首要条件，例如政府开展征地实施的前提是取得征地批复文件或作出房屋征收决定。强制拆除工作实际上是项目推动过程中的工作之一，其合法有效的前提是必须按照法定程序取得相应的批准手续文件。如果行政机关尚不满足取得征地批复等首要条件，未做到“先补偿，后搬迁”，那么拆除涉案房屋属违法行为。

2. 被征收人在法定期限内就征收补偿决定申请行政复议或提起行政诉讼的，无法直接进入强制执行环节，此时若有强制拆除行为应确认为违法行为

根据《国有土地上房屋征收与补偿条例》第 26 条第 3 款和第 28 条第 1 款的规定，被征收人收到征收补偿决定后，在法定期限内有权申请行政复议或提起行政诉讼；只有在被征收人超过法定期限既申请复议或不提起行政诉讼又不搬迁的情况下，才能直接进入强制执行环节。涉案房屋被拆除时，被征收人如果已经就征收补偿决定提起行政诉讼，处于行政诉讼程序中，则不具备强制执行的条件。

3. 行政机关与被征收人仅就过渡问题签订过渡协议，但尚未就补偿方式、补偿金额、安置地点和面积等主要条款签订安置补偿协议，即使过渡补偿协议中约定了拆除房屋的内容，在征收机关完成安置补偿工作之前，也不能作为拆除被征收房屋的合法依据

无论是征收集体土地还是征收国有土地上的房屋，均应在完成补偿安置工作的情况下由行政机关申请人民法院强制执行。在既没有依法作出责令交出土地决定，也没有依法申请人民法院强制执行，且没有完成安置补偿工作的情况下，直接对涉案房屋实施强制拆除行为，违反法律规定。

4. 行政机关在实施强制执行时应履行催告程序，明确告知当事人依法应享有的陈述权、申辩权及提起行政复议或行政诉讼的权利

《行政强制法》第 34 条规定：“行政机关依法作出行政决定后，当事人在行政机关决定的期限内不履行义务的，具有行政强制执行权的行政

机关依照本章规定强制执行。”第35条规定:“行政机关作出强制执行决定前,应当事先催告当事人履行义务。催告应当以书面形式作出,并载明下列事项:(一)履行义务的期限;(二)履行义务的方式;(三)涉及金钱给付的,应当有明确的金额和给付方式;(四)当事人依法享有的陈述权和申辩权。”第36条规定:“当事人收到催告书后有权进行陈述和申辩。行政机关应当充分听取当事人的意见,对当事人提出的事实、理由和证据,应当进行记录、复核。当事人提出的事实、理由或者证据成立的,行政机关应当采纳。”

根据上述法律的规定,征收集体土地过程中,县级以上人民政府即使在土地行政管理部门获得了人民法院准许强制执行的裁定,仍需根据《行政强制法》上述规定,履行催告等法定程序,保证被征收人的陈述申辩权,才能最终实施强制拆除行为。

5. 行政机关在未依法申请人民法院强制执行的情况下强制拆除房屋,缺乏法律依据,违反法定程序,构成违法

根据《国有土地上房屋征收与补偿条例》第28条的规定,征收集体土地过程中,县级以上人民政府通过依法申请人民法院强制执行,才能强制被征收人交出土地。在法院作出准许强制执行裁定前,土地行政管理部门等行政机关不具有拆除房屋强收土地的权利。

(三)关于征收补偿决定是否合法

1. 征收项目是否是为了公共利益

一般而言,无论是集体土地征收还是国有土地征收,其征收目的必须是因公共利益的需要,如果违反了这一点,那么征收就不合法。

根据《国有土地上房屋征收与补偿条例》第8条的规定,为了保障国家安全、促进国民经济和社会发展等公共利益的需要,确需征收房屋的,由市、县级人民政府作出房屋征收决定,包括国防和外交的需要;由政府组织实施的能源、交通、水利等基础设施建设的需要;由政府组织实施的保障性安居工程建设的需要等。

2. 征收项目是否符合各项规划和计划

土地征收、房屋征收除了征收目的是因公共利益的需要之外,还要符合相关的规划和计划。根据《国有土地上房屋征收与补偿条例》第9

条第 1 款的规定，确需征收房屋的各项建设活动，应当符合国民经济和社会发展规划、土地利用总体规划、城乡规划和专项规划。保障性安居工程建设、旧城区改建，应当纳入市、县级国民经济和社会发展年度计划。

3. 补偿安置方案是否公布，是否征求公众意见

根据《国有土地上房屋征收与补偿条例》第 10 条的规定，房屋征收部门拟定征收补偿方案，报市、县级人民政府。市、县级人民政府应当组织有关部门对征收补偿方案进行论证并予以公布，征求公众意见。征求意见期限不得少于 30 日。

如果征收方违反了上述法律规定，既未发布征收补偿安置方案，也没有征求公众意见，侵害了被征收人的知情权和提意见的权利，则征收行为不合法。

4. 是否有举行听证会

《土地管理法》和《国有土地上房屋征收与补偿条例》对此有明确规定。对于土地征收，根据《土地管理法》第 47 条第 3 款的规定，多数被征地的农村集体经济组织成员认为征地补偿安置方案不符合法律、法规规定的，县级以上地方人民政府应当组织召开听证会。对于国有土地上房屋征收，根据《国有土地上房屋征收与补偿条例》第 11 条第 2 款的规定，因旧城区改建需要征收房屋，多数被征收人认为征收补偿方案不符合本条例规定的，市、县级人民政府应当组织听证会。反之，倘若征收方未按照法定程序组织被征收人或是公众代表参加听证会，则属于程序违法。此时，被征收人可以直接拒绝签订补偿协议，向法院提起行政诉讼。

5. 补偿费用是否专款、专用、足额到位

无论是土地征收还是房屋征收，在作出土地征收公告或是房屋征收决定之前，给予被征收人的各项补偿费用必须保证足额到位、专户存储、专款专用。

实践中，如果征收方在补偿没有真正落实到位的情况下就强行占用土地，让被征收人搬迁、交出房屋，则属于程序违法，此时被征收人可以根据实际情况向人民法院提起行政诉讼，要求撤销征收决定。

（四）关于征收补偿安置协议是否合法有效

对于征收补偿安置协议这样的行政协议，应当把它作为一种特殊类型的行政行为进行合法性审查，对行政协议效力的判断应当适用《行政诉讼法》关于行政行为效力的规定。同时行政协议作为体现双方合意的产物，又可在不违反《行政诉讼法》的情况下适用民事法律规范中关于合同效力的规定。

1. 在征收拆迁项目中，经常出现以村委会、居委会、社区名义与被征收人签订安置补偿协议的情形，这种情况下征收补偿安置协议是否因该类自治组织得到了县级人民政府的授权而有效？

《行政诉讼法》第 75 条规定："行政行为有实施主体不具有行政主体资格或者没有依据等重大且明显违法情形，原告申请确认行政行为无效的，人民法院判决确认无效。"《行政诉讼法》第 75 条所称的"行政主体"是指具有行使行政管理职能，能够以自己名义作出行政行为和独立承担法律后果的行政机关或法律、法规、规章授权的组织。对于国有土地上的房屋征收，有权决定征收其地上房屋的应该是县级人民政府，根据《国有土地上房屋征收与补偿条例》规定，房屋征收的主体是县级人民政府，而村委会、居委会、社区显然没有这类行政管理职能。

那么县级以上人民政府作出了征收补偿决定，是否可以直接授权给村委会、居委会、社区，然后由该类组织以自己的名义进行征收补偿工作，进而与被征收人签订安置补偿协议呢？行政授权是指法律、法规、规章直接将某项行政职权授予其他组织或者行政主体依据法律、法规、规章的规定将自己拥有的行政职权授予其他组织，由被授权的组织独立行使职权并承担相应责任的法律行为。县级政府对征收安置补偿工作的职责，没有相关的法律、法规、规章允许其向基层自治组织授权的规定。也就说即使该类自治组织拿到了县级政府的授权，也会因为没有相关法律、法规、规章的依据而归于无效。

2. 征收补偿协议是否需经征收部门与全部共有人签订才有效？

对于征收补偿协议是否需要征收部门与全部共有人签订才有效的问题，目前我国行政诉讼法及其相关司法解释并未作出相关规定，根据法律规定，法院审理行政协议案件，可参照适用民事法律规范关于民事合同的相关规定。

《民法典》第301条规定："处分共有的不动产或者动产以及对共有的不动产或者动产作重大修缮、变更性质或者用途的，应当经占份额三分之二以上的按份共有人或者全体共同共有人同意，但是共有人之间另有约定的除外。"因此对于征收补偿协议是否需要征收部门与全部共有人签订才有效的问题，应区分为两种情形进行具体分析：(1)在被征收房屋属于共同共有时，征收补偿协议需要征收部门与全部共有人签署后才有效；(2)在被征收房屋属于按份共有时，占份额2/3以上的按份共有人同意才有效，也就是说即便未经剩余1/3共有人同意，与征收部门签署的征收补偿协议亦有效。

3. 被征收人就其合法所有的房屋与征收部门签订补偿安置协议，但房子被拆除后发现该房屋不在征收范围内，那么补偿安置协议还是否有效？

人民政府因集体土地征收与当事人签订被诉补偿安置协议，但是当事人宅基地并不在征地批复所批准征收的范围之内，那么该签订协议的行为没有依据，违反了法律强制性规定，属于行政诉讼法规定的"重大且明显违法"的情形，依法应当确认无效。

主要法律依据：

《民法典》第153条第1款第1句规定，"违反法律、行政法规的强制性规定的民事法律行为无效"。

《土地管理法》第47条第1款规定，"国家征收土地的，依照法定程序批准后，由县级以上地方人民政府予以公告并组织实施"。

《行政诉讼法》第75条规定，"行政行为有实施主体不具有行政主体资格或者没有依据等重大且明显违法情形，原告申请确认行政行为无效的，人民法院判决确认无效"。

4. 被征收家庭个别成员签订的《安置补偿协议》是否有效？

一般而言，在集体土地征收过程中，户主有权代表家庭对宅基地及地上的房屋进行处分，应当认可户主具有代表其家庭接受行政机关履行保障义务的权利。户主在《安置补偿协议》上签字，应视为代表整个家庭作出的决定，对其效力应予认可。

判断难点在于非户主家庭成员签订的《安置补偿协议》的效力。这一问题难以从行政法律规范中找到直接依据，可以参照适用民事法律规范予以认定。非户主家庭成员是地上房屋的共同所有权人，但没有像户主那样拥有基于习惯形成的天然代表家庭其他成员进行重大民事活动的地位，也不具有单独对家庭重大财产的处分权利，无权单独就征收补偿事项签订《安置补偿协议》。但是，如果有证据证明其他家庭成员知晓非户主家庭成员签订的《安置补偿协议》且未提出异议，基于家庭成员之间高度紧密的身份关系，可以将“沉默”推定为民法上的追认行为；如果《安置补偿协议》签订后被征收家庭交出了房屋，由相关部门拆除，或者其他家庭成员享受了安置补偿利益且未提出异议，也可推定《安置补偿协议》得到了其他家庭成员的追认；如果平时生活中，农村家庭的对外重大财产处分事项均由协议签订人负责处理，则可以推定协议签订人签订《安置补偿协议》已经获得其他家庭成员的许可；如果其他家庭成员之间确就安置补偿事项存在不同意见，行政机关为了推进征收的进行，私自与个别家庭成员签订协议，其他家庭成员又拒绝进行追认的，可认定协议无效。

最高人民法院相关判例中直接指出，“被征收集体土地上同住成年家属，代表其家庭户签订涉案《补偿安置协议》不属于导致行政协议无效的情形”[36]。该案中，被征收集体土地上同住成年家属虽然不是户主，但其签订《安置补偿协议》后，其家庭已经领取补偿款并搬离被征收的宅基地，应当认定被征收家庭的其他成员对此知情且未予反对，应当认定其家庭成员已经知晓协议内容且未提出异议，基于家庭成员之间的特殊关系，可认定该签订《安置补偿协议》的行为已经得到了其家庭成员的追认。

---

〔36〕 最高人民法院（2019）最高法行申 13735 号行政裁定书。

二、征收补偿典型案例

(一)被征收人在法定期限内就征收补偿决定提起行政诉讼，不具备强制执行的条件：魏某1、魏某2再审审查与审判监督行政裁定书

【案件名称】

某1、魏某2、魏某3诉山东省济南市市中区人民政府行政强制违法案

【基本案情】

魏某1、魏某2、魏某3持有济南市直管公有房屋租赁合同，三人租赁的涉案房屋坐落于济南市市中区××村××号，公房租赁费已交至2016年9月。2015年11月9日，市中区人民政府作出济(市中)征字〔2015〕13号房屋征收决定书以及济(市中)征告字〔2015〕13号房屋征收决定公告(以下简称13号征收公告)、房屋征收补偿方案，决定征收××村旧城更新项目规划用地范围内国有土地上房屋。征收补偿安置方案规定，房屋征收部门为济南市市中区城乡建设委员会，房屋征收实施单位为济南市市中区房屋征收服务中心。魏某1、魏某2、魏某3的涉案房屋位于该征收决定的征收范围内。三人与房屋征收部门在房屋征收与补偿安置方案规定的期限内未签订补偿安置协议。三人不服13号征收公告，向济南市人民政府提出行政复议，2016年2月2日，济南市人民政府作出济政复决字〔2015〕325号行政复议决定书，决定维持市中区人民政府作出的13号征收公告及征收补偿方案的具体行政行为。

2016年5月9日，市中区人民政府对魏某1、魏某2、魏某3的涉案房屋分别作出济(市中)征补字〔2016〕20号、21号、22号房屋征收补偿决定书，并于2016年7月11日进行了留置送达。2016年7月14日，市中区人民政府还在济南时报进行了公告。征收补偿决定中，告知三人若不服征收补偿决定，可在60日内申请行政复议或在6个月内提起行政诉讼。三人不服，在法定期限内向济南市中级人民法院对征收补偿决定提起行政诉讼。据三人诉称，在2016年8月17日凌晨两点前后，1小时左右的时间里，三人的涉案房屋被强制拆除。魏某1、魏某2、魏某3等共8人向山东省济南市中级人民法院起诉，请求判令市中区人民政府强行拆除其房屋的行政行为属违法行为，并追究其法律责任。

案件再审审理查明，三人房屋已被拆除，涉案房屋所在土地的国有土地使用权已于2016年10月17日被进行了招拍挂拍卖成交。

【裁判观点】

关于强制拆除行为合法性的问题。根据《国有土地上房屋征收与补偿条例》第26条第3款和第28条第1款的规定，魏某1等人于2016年7月11日收到征收补偿决定后，在法定期限内有权申请行政复议或提起行政诉讼。只有在魏某1等人超过法定期限不申请复议或不提起行政诉讼又不搬迁的情况下，才能进入强制执行环节。涉案房屋被拆除时，三人已经就征收补偿决定提起行政诉讼，处于行政诉讼程序中，不具备强制执行的条件。另外，根据《国有土地上房屋征收与补偿条例》第27条第1款、第2款的规定，市中区人民政府应当给予被征收人相应补偿后才能实施搬迁。

（二）被征收房屋系集体土地上的房屋，该房屋与商品房在土地性质、小区环境与配套设施、房屋本身的建筑结构、质量及附属设施以及投资成本和开发利润等方面均存在较大差别，因此被征收房屋的补偿价格与商品房市场价格存在差距具有合理性：何某诉贵州省遵义市汇川区人民政府行政补偿协议纠纷

【案件名称】

何某诉贵州省遵义市汇川区人民政府行政补偿协议纠纷案

【基本案情】

2016年3月31日，何某作为乙方，与甲方遵义A投资建设有限公司签订了《某大道道路工程项目房屋征收补偿安置协议》（编号：新—180，以下简称《补偿协议》），主要内容为：（1）乙方同意被征收房屋面积、装饰装修、附属设施及建（构）筑物按贵州省B工程测绘有限责任公司和高坪镇园区办工作人员测绘的数据为准。（2）乙方为支持项目建设需要，被征收房屋同意按（汇府复〔2015〕13号）文件进行补偿安置，并于2016年4月15日前自行搬迁完毕将房屋交予甲方拆除。（3）乙方被征收的经营性住房自愿选择货币补偿安置。（4）乙方被征收住宅自愿选择产权调换安置。甲方将坐落于新黔棚户区还房区域的房屋产权调换给乙方。（5）甲方在乙方签订协议并拆除房屋后将下列相关项补偿

款共计751 977.53元一次性补偿兑现给乙方。明细为:①房屋、附属设施、装修装饰、建(构)筑物征收安置补偿款164 015.74元。②住宅房屋搬迁补助费1609.86元。③占地补偿费5539.57元。④临时周转过渡费24 565.68元。⑤拆迁奖励:签订协议并搬迁拆除的奖励15 000元。⑥甲方应补乙方面积差19.17平方米,折合人民币金额30 288.60元。⑦经营性房屋货币补偿、搬迁补助费、停产停业补助费及证照补助共计510 958.08元。(6)违约责任。乙方签订协议后未按规定时间腾空房屋的,每超出一天支付违约金100元。甲乙双方及委托实施单位高坪镇人民政府在协议书上签字盖印。上述协议书中约定的被征收房屋已依约交由甲方拆除,甲方已依协议书向乙方支付了全部补偿费用和搬迁奖励15 000元。

何某提出再审申请,请求撤销一审、二审行政判决,撤销何某与汇川区人民政府签订的《补偿协议》,并判令汇川区人民政府赔偿何某被征收房屋市场价与征收价的差额4 985 564元。

【裁判观点】

根据一审、二审法院查明的事实,何某的被征收房屋系集体土地上的房屋,该房屋与商品房在土地性质、小区环境与配套设施、房屋本身的建筑结构、质量及附属设施以及投资成本和开发利润等方面均存在较大差别,因此何某被征收房屋的补偿价格与商品房市场价格存在差距具有合理性,汇川区人民政府按照《安置指导方案》和《补偿方案》与其签订《补偿协议》,不存在显失公平的问题。

最高人民法院《关于审理涉及农村集体土地行政案件若干问题的规定》第12条第2款规定,“征收农村集体土地时未就被征收土地上的房屋及其他不动产进行安置补偿,补偿安置时房屋所在地已纳入城市规划区,土地权利人请求参照执行国有土地上房屋征收补偿标准的,人民法院一般应予支持,但应当扣除已经取得的土地补偿费”。该条规定的适用前提是行政机关征收农村集体土地时未履行安置补偿义务,实际补偿安置时房屋所在地已纳入城市规划区。由于该案汇川区人民政府系对何某的房屋和土地一并进行征收补偿,不存在政府怠于履行补偿义务的问题,故何某要求按照国有土地上房屋征收补偿标准对其被征收房屋进行补偿,法院不予支持。

(三)对国有土地上被征收房屋给予公平补偿的两个维度及核心要义

【案件名称】

王某诉山东省日照市东港区人民政府行政赔偿案

【基本案情】

王某在日照市东港区东关北路96号舒斯贝尔商业街拥有房屋。1991年12月10日,日照市人民政府就该房屋为王某颁发了房屋契证。该契证记载:平(瓦)房4间,厢房7间。2012年2月13日,东港区人民政府作出东政征字〔2012〕1号(《关于征收东关北路改造区域内房屋的决定》)文件(以下简称1号征收决定)。该决定载明,根据城市总体规划要求,东港区人民政府决定对该区域实施改造并进行配套建设,依法征收该区域内的房屋。同日,东港区人民政府作出东政字〔2012〕7号(《关于印发东关北路改造区域内房屋征收补偿安置方案的通知》)文件。王某的房屋位于东关北路改造区域内,王某与房屋征收部门未达成安置补偿协议。2015年11月15日,王某所有的涉案房屋被东港区人民政府组织实施强制拆除。2017年11月,王某向东港区人民政府提出国家赔偿申请。2018年1月12日,东港区人民政府以未对王某作出房屋征收补偿决定书和未实施违法强制拆除行为为由,作出2号赔偿决定,决定对王某不予国家赔偿。2018年4月2日,东港区人民政府对王某要求履行法定职责的申请作出《履行法定职责申请答复书》,告知王某可自收到该答复书之日起60日内到日照市东港区房屋征收与补偿管理办公室(东关北路区域改造项目房屋征收部门)签订补偿协议,并答复对王某的营业损失申请不予国家赔偿。王某对2号赔偿决定不服,提起该案诉讼。

【裁判观点】

该案涉及多个争议点,其中裁判理由阐释了关于涉案房屋价值的认定,具有重要参考价值。

依照《国有土地上房屋征收与补偿条例》第2条"为了公共利益的需要,征收国有土地上单位、个人的房屋,应当对被征收房屋所有权人(以下称被征收人)给予公平补偿"的规定,公平补偿系一般原则。通常认为,公平补偿包括两个维度:在横向维度上,比较被征收房屋价值的补偿和房屋征收决定公告之日被征收房屋类似房地产的市场价格,对被征收房屋价值的补偿应当不低于房屋征收决定公告之日被征收房屋类似房地产的市场价格;在纵向维度上,比较被征收房屋价值的补偿和被征收人在实际获得补偿安置时购买类似房地产的市场价格,保障被征收人在实际获得补偿安置时能够在市场上购买到类似房地产。在这两个维度上判断补偿是否公平,核心要义是保障被征收人生产、生活水平不降低。

(四)被征收人因国有土地上房屋被征收未获补偿,诉请履行征收补偿职责的,市、县级人民政府为适格被告:王某诉被申请人甲县人民政府履行征收补偿职责案

【案件名称】

王某某诉被申请人甲县人民政府履行征收补偿职责案

【基本案情】

案涉房屋于2006年9月12日登记在王某某名下,2015年被拆除。王某某2017年通过政府信息公开得知,因甲县人民政府实施棚户区改造,王某某前妻、儿子已与作为房屋征收部门的乙镇人民政府就案涉房屋签订征收补偿安置协议。王某某认为其系案涉房屋所有权人,故起诉请求甲县人民政府履行征收补偿职责。

【裁判观点】

国有土地上房屋征收与补偿的法定主体为市、县级人民政府,其通常确定房屋征收部门组织具体实施征收补偿工作,但并不免除市、县级人民政府征收补偿的法定职责,其仍为征收补偿的法定主体。被征收人因国有土地上的房屋被征收未获补偿,诉请履行征收补偿职责的,市、县级人民政府是适格被告。

(五)合法外出务工农民工属于应被安置人员,应享受相应安置补偿待遇:刘某诉淮北市烈山区人民政府土地行政征收安置补偿纠纷

【案件名称】

刘某诉淮北市烈山区人民政府土地行政征收安置补偿纠纷案

【基本案情】

2011年初,因安徽省淮北市经济开发区建设需要,淮北市人民政府委托烈山区人民政府作为征收实施单位,对淮北市烈山区古饶镇刘庄等自然村的房屋及附着物实施征收。刘某于1969年12月出生于平山村,1993年出嫁至古饶镇况楼村陈路口庄,其离婚后冒用他人的身份证长期外出打工。1996年刘庄生产队调整土地时,刘某的承包地全部被收回。自1996年以后,刘某未在刘庄村正常居住生活,在该村无房产和土地。2012年12月,淮北市公安局经调查了解刘某基本情况后,于2013年11月5日为刘某补办了户籍。

一审法院认为:烈山区人民政府受淮北市人民政府的委托作为征收实施单位,负责对被征收人的补偿工作,是该案适格的被告主体。根据淮北市人民政府下发的《淮北市经济开发区新区建设土地房屋征收补偿方案》(淮政办〔2011〕19号)及附件的规定,征收补偿标准按人口核算安置面积为每人20平方米,人口核查登记截止日期之前的公安机关在册的常住农业人口。因刘某户籍系于2013年11月5日补办登记,刘某近20年没有经常居住在刘庄村,且无房产和承包地,故根据淮政办〔2011〕19号补偿方案,刘某不属于登记在籍的常住农业人口,不应享有征收安置补偿待遇,其诉讼请求无事实和法律依据。二审法院判决驳回上诉,维持原判。

【裁判观点】

农民进城务工对我国现代化建设作出了重大贡献。一直以来,党中央、国务院都高度重视农民工问题,并制定了一系列保障农民工权益和改善农民工就业环境的政策措施。其中,国务院于2006年出台的《关于解决农民工问题的若干意见》中明确指出,要保障农民工依法享有的民主政治权利,农民工户籍所在地的村委会,在决定涉及农民工权益的重大事务时,应及时通知农民工,并通过适当方式行使民主权利。该意见虽非行政法规,但其明确传递出,即使农民工长期在外务工,也不能因此以非"常住"为由,剥夺其所应享有的村民待遇的政策导向。

该案争议焦点为刘某是否应当享有征收安置补偿待遇。对此,淮政办〔2011〕19号(《淮北市人民政府办公室关于印发淮北市经济开发区新区建设土地房屋征收补偿方案的通知》)的附件规定,涉案征收项目的登记人口范围为:“人口核查登记截止日期之前的公安机关在册的常住农业人口。”该案中,淮北市公安局于2013年11月5日为刘某补办了户籍。该时间虽然晚于征收补偿方案中规定的“人口核查登记截止日期”,但从淮北市公安局古饶派出所于2015年6月26日出具的《关于刘某户籍情况说明》的相关内容看,该户籍补办行为,系对刘某出生于平山村,且户籍一直未予迁出事实的确认,而非将其作为新迁入人口创建户籍。故而,该补办行为具有对刘某所拥有的平山村户籍溯及既往的追认效力。因此,虽然刘某的户籍补办行为发生在征收补偿方案中规定的“人口核查登记截止日期”之后,但原审法院以此认定刘某系从户籍补办之日起方具有平山村户籍,并因此否认刘某被安置人员的身份,殊为不当,法院予以指正。

(本章执笔人:任丹)

第十章　历史遗留问题建筑

第一节　历史遗留问题建筑概述

一、历史遗留问题建筑的定义

“历史遗留问题建筑”并非一个明确的法律概念，在狭义的法律体系内，没有这一概念，亦没有可以体现相关含义的法律条文。但是，历史遗留问题建筑并非一个虚构名词或特殊个案，而是普遍存在的一种客观社会现象。根据有关学者的研究，可对“历史遗留问题建筑”作出一个基本的定义，其是指在我国城乡社会发展的历史进程中，由于土地规划和建设管理制度的变迁，一些过去已经建成存在的建筑物，并不符合后来更为完善的制度要求，或者不符合后来的土地规划方案，从而成为“问题建筑”的一种社会现象。[1]

二、历史遗留问题建筑的特征

（一）形成的历史性

这是历史遗留问题建筑物的本质特征，这类建筑并非当下建造的，其建造的时间相对久远，一般而言长达十几年或几十年。同时，历史性还意味着这类建筑在建造或建成时期，当时的社会环境在一定程度上给其提供了存在的条件，因此这一建造行为在当时并未被禁止，或建成后并未被社会管理者处理。

（二）成因的复杂性

这类建筑物在当时被建造并长期存留下来，最终演变成当今城乡社会治理中的顽疾，具有复杂的历史因素，可能来自社会个体，也可能源自社会治理或社会制度层面，而不能简单将其归于一个方面的因素。

（三）性质的争议性

就当今的城乡社会治理而言，这类建筑物或多或少地存在一定“问题”，被归属于“问题建筑”，但这一“问题建筑”在性质界定上存在较大

---

〔1〕 参见梁兴国：《城乡社会治理需要精细化的法治思维——以“历史遗留问题建筑物”的责任承担问题切入》，载《探索与争鸣》2021年第5期。

争议。有人认为“历史遗留问题建筑”直接等同于“违法建筑”,只不过是存在时间较长的“违法建筑”;也有人认为,“历史遗留问题建筑”与违法建筑存在差异,不能简单地以违法建筑论处。

第二节 历史遗留问题建筑的制度现状

一、历史遗留问题建筑的制度概况

(一)中央关于历史遗留问题建筑的相关法规政策

在北大法宝输入“历史遗留”“建筑”“不动产”等关键词进行检索,可以发现中央层面对历史遗留问题建筑的规制并不多,主要有《城乡规划法》和2021年自然资源部出台的《关于加快解决不动产登记若干历史遗留问题的通知》(自然资发〔2021〕1号),前者包含历史遗留问题建筑在内的城乡规划进行整体规范,后者旨在解决因历史遗留问题导致的不动产“登记难”问题。

(二)地方关于历史遗留问题建筑的相关规范性文件

1. 自然资源部《关于加快解决不动产登记若干历史遗留问题的通知》出台前各地制定的关于历史遗留问题建筑的规范性文件

在自然资源部出台自然资源部《关于加快解决不动产登记若干历史遗留问题的通知》前,部分地区已经出台了有关历史遗留建筑物的相关规范性文件,对历史发展进程中这类建筑物产生的相关问题提出了一定的解决方案,如武汉市人民政府出台《关于妥善解决全市“城中村”改造还建房项目规划建设手续及不动产登记历史遗留问题的意见》(武政规〔2019〕5号),广东省自然资源厅出台《加快处理不动产登记历史遗留问题指导意见的通知》(已失效)等,对历史遗留问题建筑物进行了规制。更多的地方关于历史遗留问题建筑的规范性文件详见表10-2-1。

表10-2-1 地方关于历史遗留问题建筑的规范性文件(自然资源部《关于加快解决不动产登记若干历史遗留问题的通知》出台前)

序号	发布时间(年/月/日)	地区	文件名
1	2002/2/25	深圳	《〈深圳经济特区处理历史遗留生产经营性违法建筑若干规定〉实施细则》(市政府令第112号)

续表

序号	发布时间（年/月/日）	地区	文件名
2	2014/9/17	杭州	杭州市人民政府关于印发《杭州市市区违法建筑处置办法的通知》（杭政函〔2014〕139号）
3	2018/11/30	广东	广东省自然资源厅关于印发《加快处理不动产登记历史遗留问题指导意见的通知》（粤自然资规字〔2018〕5号）（已失效）
4	2018/10/26	哈尔滨	哈尔滨市人民政府办公厅印发《关于加快推进历史遗留建设项目不动产权证手续办理工作方案的通知》（哈政办规〔2018〕41号）
5	2019/1/28	武汉	武汉市人民政府《关于妥善解决全市“城中村”改造还建房项目规划建设手续及不动产登记历史遗留问题的意见》（武政规〔2019〕5号）
6	2019/3/19	海南	海南省人民政府关于鼓励存量商品住宅用地转型利用和解决有关历史遗留问题的实施意见（琼府〔2019〕12号）
7	2020/7/2	新疆生产建设兵团	新疆生产建设兵团自然资源局印发《〈关于妥善解决兵团不动产登记历史遗留问题的指导意见〉的通知》（兵自然资发〔2020〕31号）

其中，最具代表性的城市是深圳，深圳在农村城市化进程中形成了大量的违法建筑，其历史遗留问题非常突出，这也成为深圳市发展中无法回避的紧迫问题，为此，深圳出台了一系列规范性文件解决这一问题，具体如表10－2－2所示。

表 10－2－2　深圳市出台的有关历史遗留问题建筑的规范性文件

序号	发布时间（年/月/日）	文件名
1	2002/2/25	《〈深圳经济特区处理历史遗留生产经营性违法建筑若干规定〉实施细则》
2	2002/2/25	《〈深圳经济特区处理历史遗留违法私房若干规定〉实施细则》
3	2002/4/18	《深圳市处理历史遗留违法私房和生产经营性违法建筑工作程序》
4	2015/5/15	《深圳市非原村民所建住宅类历史遗留违法建筑临时使用管理办法（试行）》
5	2009/5/27	深圳市人民代表大会常务委员会《关于农村城市化历史遗留违法建筑的处理决定》（已被修改）
6	2018/9/4	《深圳市人民政府关于农村城市化历史遗留产业类和公共配套类违法建筑的处理办法》
7	2019/9/5	深圳市人民代表大会常务委员会《关于农村城市化历史遗留违法建筑的处理决定》
8	2019/11/13	《深圳经济特区处理历史遗留生产经营性违法建筑若干规定》
9	2019/11/13	《深圳经济特区处理历史遗留违法私房若干规定》

2.《关于加快解决不动产登记若干历史遗留问题的通知》出台后各地制定的关于历史遗留问题建筑的规范性文件

在自然资源部出台《关于加快解决不动产登记若干历史遗留问题的通知》后，部分地区在这一文件的指导下出台了相应的地方规范性文件，具体如表 10－2－3 所示。

表 10－2－3 地方关于历史遗留问题建筑的规范性文件(《关于加快解决不动产登记若干历史遗留问题的通知》出台后)

序号	发布时间(年/月/日)	地区	文件名
1	2021/6/30	湖北	湖北省自然资源厅办公室关于印发《湖北省不动产登记领域开展“我为群众办实事”实践活动工作方案的通知》(鄂自然资办函〔2021〕31 号)
2	2021/8/12	海南	海南省自然资源和规划厅、海南省财政厅、海南省住房和城乡建设厅、国家税务总局海南省税务局《关于不动产登记历史遗留问题处理意见的通知》(琼自然资规〔2021〕7 号)
3	2021/6/16	河南	河南省自然资源厅《贯彻落实〈自然资源部关于加快解决不动产登记若干历史遗留问题的通知〉的意见》(豫自然资发〔2021〕34 号)
4	2022/7/18	天津	市规划资源局关于印发《加快解决我市历史遗留项目不动产登记问题意见的通知》(津规资登记发〔2022〕126 号)
5	2022/8/2	吉林	《关于加快解决不动产登记历史遗留问题的意见(征求意见稿)》
6	2023/3/14	浙江	浙江省自然资源厅印发《〈关于加快解决不动产登记若干历史遗留问题的指导意见〉的通知》(浙自然资规〔2023〕3 号)
7	2024/7/22	天津	天津市规划资源局等 11 部门关于印发盘活存量资产解决历史遗留项目规划土地及不动产登记问题意见的通知(津规资名城发〔2024〕127 号)

二、历史遗留问题建筑的具体规定

(一)中央关于历史遗留问题建筑的规定

在当前的《城乡规划法》中,将建设工程规划许可证作为认定违法建筑的唯一要件,[2]即当前的违法建筑的认定标准为“是否具有建设工程规划许可证或是否按照许可证的规定进行建设”,这确定了建筑物违法与否的界限。而对于大部分历史遗留问题建筑而言,其生成时间早于《城乡规划法》的实施时间,根据“法不溯及既往”原则,尽管这些建筑物缺少建设工程规划许可证,但并不具有真正的违法性。

2021年,自然资源部出台《关于加快解决不动产登记若干历史遗留问题的通知》,对国有土地上已经出售的城镇住宅的历史遗留问题进行了一定的规制。第一,由政府主导的安置房、棚改房、经济适用房等项目,土地手续不完善的,可按照划拨、协议出让等方式补办用地手续。第二,国家机关、企事业单位利用自有土地建设房改房、集资房的,可按划拨方式补办用地手续。第三,对于众多历史遗留的问题建筑,能够补办规划验收手续的,应当依法依规处理并在补办相关手续后办理不动产登记,对确因建成时间较早等原因不具备补办条件的,在符合国土空间规划的前提下,按现状出具认定或核实意见。第四,开发企业或有关单位灭失的,由承继单位或上级主管部门办理;没有承继单位和上级主管部门的,可由政府指定机构或组织代办。开发企业或有关单位灭失的,首次登记与转移登记可一并办理,已办理首次登记的,购房人可单方申请办理转移登记。第五,因房屋所有权多次转移、土地使用权未同步转移导致房屋、土地权利主体不一致的,权属关系变动清晰且无争议的,由房屋所有权人单方申请办理房地权利主体一致的不动产登记。这一自然资源部文件对国有土地上的历史遗留问题建筑进行了具体的规制,对于几类不同属性的建筑物提出了相应的解决方式,对历史遗留问题导致的不动产“登记难”,化解国有土地上已经出售的城镇住宅的历史遗留问题提供了有益指导。

---

〔2〕《城乡规划法》第64条规定:“未取得建设工程规划许可证或者未按照建设工程规划许可证的规定进行建设的,由县级以上地方人民政府城乡规划主管部门责令停止建设;尚可采取改正措施消除对规划实施的影响的,限期改正,处建设工程造价百分之五以上百分之十以下的罚款;无法采取改正措施消除影响的,限期拆除,不能拆除的,没收实物或者违法收入,可以并处建设工程造价百分之十以下的罚款。”

(二)地方关于历史遗留问题建筑的具体规定

1. 自然资源部文件出台前的地方规范性文件

(1)认定标准

通过比对各地相关规范性文件,仅武汉市、杭州市对历史遗留问题建筑的认定确立了时间标准。根据武汉市人民政府《关于妥善解决全市“城中村”改造还建房项目规划建设手续及不动产登记历史遗留问题的意见》的规定,在处理“城中村”改造中的问题时,对《武汉市城乡规划条例》实施前(2014 年 7 月 1 日前)已建成并交付使用或者“城中村”改造项目用地已挂牌成交且已开工建设的改造建房项目进行处理。而其他地区的文件未确立明确的时间标准。《杭州市市区违法建筑处置办法》则根据建成的不同年份,区分了不同的认定标准。[3] 而其他的地区未对认定标准予以较为明确的规定。

(2)处理方式

在处理方式上,基本都采取了分类处理的方式,具体来看,主要对如下几类进行了具体规制。第一,取得房屋所有权证但未办理土地登记的处理。主要区分是否有合法的土地权属来源进行处理。第二,合法宗地上的房屋所有权多次转移,转移链条清晰且相继取得房屋所有权属证

〔3〕《杭州市市区违法建筑处置办法》第 4 条规定:“城管执法部门经初步调查发现上城区、下城区、江干区、拱墅区、西湖区、杭州高新开发区(滨江)、杭州经济开发区、杭州西湖风景名胜区、杭州之江度假区国有土地上属历史遗留问题的未登记建筑,应当征求建设、城乡规划、国土资源、房管等部门意见,经确认属于下列情形的,不列入违法建筑认定与查处范畴。(一)1983 年 12 月 10 日前已建成的房屋(任何单位和个人在非本单位或个人的用地范围内搭建的未登记建筑除外)。(二)1983 年 12 月 10 日至 1992 年 8 月 13 日期间建成,取得建设许可证并按照许可内容明确的层次、面积及房屋用途进行建设的房屋或已领取土地使用权证但因历史原因审批手续不完整而未登记的房屋。(三)1992 年 8 月 13 日至 1999 年 12 月 31 日期间建成,因历史原因审批手续不完整而未登记的房屋。1. 已取得建设工程规划许可证并按照许可内容明确的层次、面积及房屋用途建设但未经相关部门验收的;2. 已取得建设用地规划许可或土地使用权证,且已经按照规定缴纳城市基础设施配套费的;3. 已领取土地使用权证,且已经相关部门罚款处罚的。萧山区、余杭区根据本地城乡规划的实施情况,明确相应的政策界限。本条第一款规定的区域在上述期限内原属于萧山区、余杭区的,按照萧山区、余杭区的政策处理。”

书,但未办理土地登记的。第三,有合法的房地产开发建设手续,但在开发建设中存在违法规定的行为的。第四,因原开发建设单位已经灭失的。第五,不动产统一登记实施前的。除此之外,武汉市还对其他的情况进行了规制,如建设项目是否压占“五线”(城市道路规划控制红线、城市各类绿地控制绿线、历史文化街区和历史建筑保护紫线、城市地表水体保护和控制蓝线以及城市市政设施用地控制黄线),分类处理。

2. 深圳市有关历史遗留问题建筑的具体规定

(1)认定标准

深圳市人大常委会制定的最新的《关于农村城市化历史遗留违法建筑的处理决定》对历史遗留问题建筑进行了准确的定义。第一,原村民非商品住宅超过批准面积的违法建筑。第二,1999 年 3 月 5 日之前所建的符合《深圳经济特区处理历史遗留违法私房若干规定》和《深圳经济特区处理历史遗留生产经营性违法建筑若干规定》(以下简称“两规”)处理条件,尚未接受处理的违法建筑。[4] 第三,1999 年 3 月 5 日之前所建不符合“两规”处理条件的违法建筑。第四,1999 年 3 月 5 日之后至 2004 年 10 月 28 日之前所建的各类违法建筑。第五,2004 年 10 月 28 日

〔4〕《深圳经济特区处理历史遗留违法私房若干规定》第 2 条规定:“本规定所称历史遗留违法私房(以下简称违法私房),是指《深圳市人民代表大会常务委员会关于坚决查处违法建筑的决定》公布实施以前,即 1999 年 3 月 5 日以前违反法律、法规所建的下列私房:(一)原村民非法占用国家所有的土地或者原农村用地红线外其他土地新建、改建、扩建的私房;(二)原村民未经镇级以上人民政府批准在原农村用地红线内新建、改建、扩建的私房;(三)原村民超出批准文件规定的用地面积、建筑面积所建的私房;(四)原村民违反一户一栋原则所建的私房;(五)非原村民未经县级以上人民政府批准单独或者合作兴建的私房。本规定所称原村民,是指原特区内截止 1993 年 1 月 1 日公安机关登记在册并参加本村劳动分红的农村集体经济组织成员。本规定所称一户一栋原则中的一户,是指原特区内截止 1993 年 1 月 1 日公安机关登记在册并参加农村集体经济组织劳动分红的户籍单位。”

《深圳经济特区处理历史遗留生产经营性违法建筑若干规定》第 2 条规定:“本规定所称历史遗留生产经营性违法建筑(以下简称违法建筑),是指《深圳市人民代表大会常务委员会关于坚决查处违法建筑的决定》公布实施以前,即 1999 年 3 月 5 日以前违反规划、土地等有关法律、法规的规定,未经规划国土资源部门批准,未领取建设工程规划许可证,非法占用土地兴建的工业、交通、能源等项目的建筑物及生活配套设施。”

之后至该决定实施之前所建的除经区人民政府批准复工或者同意建设外的各类违法建筑。也就是说,符合上述认定标准的历史遗留问题建筑属于"违法"建筑,依据《关于农村城市化历史遗留违法建筑的处理决定》的规定,根据土地利用总体规划、城市规划和土地利用计划的要求分别采用确认产权、依法拆除或者没收、临时使用等方式进行处理。

(2)处理方式

第一,符合确认产权条件的,在平衡原村民以及原农村集体经济组织利益的基础上,区分违法建筑以及当事人的不同情况,经处罚或补收地价款后办理不动产登记。

第二,1999 年 3 月 5 日之前所建的"违法建筑",符合"两规"处理条件的继续按照"两规"处理,即在符合特定情况下不予确认产权,[5]除此之外依据违建面积的差异进行分类处理。[6]

---

〔5〕《深圳经济特区处理历史遗留违法私房若干规定》第 4 条规定:"下列违法私房不予确认产权:(一)占用道路、广场、绿地、高压供电走廊和压占地下管线或者其他严重影响城市规划又不能采取改正措施的;(二)占用农业保护区用地的;(三)占用一级水源保护区用地的;(四)非法占用国家所有的土地或者原农村用地红线外其他土地的。前款不予确认产权的违法私房依照《中华人民共和国土地管理法》《中华人民共和国城乡规划法》《深圳经济特区规划土地监察条例》和其他有关法律、法规的规定予以查处。"《深圳经济特区处理历史遗留生产经营性违法建筑若干规定》第 4 条规定:"下列违法建筑不予确认产权:(一)占用道路、广场、绿地、高压供电走廊和压占地下管线或者其他严重影响城市规划又不能采取改正措施的;(二)占用农业保护区用地的;(三)占用一级水源保护区用地的;(四)非法占用国家所有的土地或者原农村用地红线外其他土地的。前款不予确认产权的违法建筑按照《中华人民共和国土地管理法》《中华人民共和国城乡规划法》《深圳经济特区规划土地监察条例》和其他有关法律、法规的规定予以查处。"

〔6〕《深圳经济特区处理历史遗留违法私房若干规定》第 5 条规定:"除本规定第四条第一款所列情形外,违法私房按照以下规定处理:(一)原村民在原农村用地红线内所建违法私房符合一户一栋原则、总建筑面积未超过四百八十平方米且不超过四层的,免予处罚,由规划和自然资源部门确认产权。建房者申请补办确认产权手续时,应当补签土地使用权出让合同,免缴地价。(二)原村民在原农村用地红线内所建违法私房符合一户一栋原则、总建筑面积在四百八十平方米以上六百平方米以下或者四层以上七层以下的部分,由规划土地监察机构按照建筑面积每平方米二十元以上五十元以下的标准处以罚款,规划和自然资源部门确认产权。建房者申请办理确认产权手续时,应当补签土地使用权出让合同,免缴地价。(三)原村民在原农村用地

第三，符合以下特定情况的违法建筑应当予以拆除：①存在严重安全隐患，又不能整改消除的；②非法占用已完成征、转地补偿手续的国有土地，严重影响城市规划，又不能采取措施加以改正的；③占用基本农田的；④占用一级水源保护区用地的；⑤占用公共道路、广场、绿地、高压供电走廊、公共设施和公益项目用地；⑥压占地下管线或者其他严重影响城市规划，又不能采取措施加以改正的。其中后三种情形在拆除时应当予以补偿。

第四，符合以下特定情形的，应当予以没收：①非法占用已完成征、

红线内所建违法私房符合一户一栋原则、总建筑面积超过六百平方米或者超过七层的部分，由规划土地监察机构按照建筑面积每平方米五十元以上一百元以下的标准处以罚款，规划和自然资源部门确认产权。建房者申请办理确认产权手续时，应当补签土地使用权出让合同，免缴地价。（四）原村民按照原县、镇人民政府批准文件在原农村用地红线内所建违反一户一栋原则的违法私房的多栋部分，免予处罚，由规划和自然资源部门确认产权。建房者申请补办确认产权手续时，应当补签土地使用权出让合同，出让地价按照现行地价减免百分之七十五。（五）原村民未经原县、镇人民政府批准在原农村用地红线内所建违反一户一栋原则的违法私房的多栋部分，由规划土地监察机构按照建筑面积每平方米五十元以上一百元以下的标准处以罚款，规划和自然资源部门确认产权。建房者申请办理确认产权手续时，应当补签土地使用权出让合同，出让地价按照现行地价减免百分之七十五。（六）非原村民在原农村用地红线内所建违法私房，由规划土地监察机构按照建筑面积每平方米一百元以上一百五十元以下的标准处以罚款，规划和自然资源部门确认产权。建房者申请办理确认产权手续时，应当补签土地使用权出让合同，出让地价按照现行地价减免百分之七十五。（七）原村民与非原村民合作所建违法私房，按照其各自所占份额分别处理。"

《深圳经济特区处理历史遗留生产经营性违法建筑若干规定》第5条规定："除本规定第四条第一款所列情形外，违法建筑由规划土地监察机构按照以下规定处理：（一）原农村集体经济组织的违法建筑，按照建筑面积每平方米十元的标准处以罚款；（二）原农村集体经济组织和其他企业或者单位合作兴建的违法建筑，按照建筑面积每平方米二十元的标准处以罚款；（三）其他企业或者单位的违法建筑，按照建筑面积每平方米三十元的标准处以罚款。违法建筑行为人缴纳罚款后，应当补办征地手续，补签土地使用权出让合同，由规划和自然资源部门确认产权，出让地价按照现行地价减免百分之七十五；前款第一项原农村集体经济组织的违法建筑免缴地价，政府不再另行支付征地补偿安置费用。兴建本条第一款第二项、第三项所列违法建筑发生的非法转让农村集体土地使用权的行为免予处罚，其他企业或者单位已支付给原农村集体经济组织或者其成员的费用视为征地补偿安置费用。"

转地补偿手续的国有土地,建筑物使用功能不违反城市规划,或者违反城市规划但是可以采取改正措施加以利用的;②超过区人民政府批准复工用地范围的工业及配套类违法建筑。

同时,该规定对处理深圳市历史遗留问题建筑的原则、法律原则等都予以了具体规定。

3. 自然资源部文件出台后的地方规定

总体而言,在《关于加快解决不动产登记若干历史遗留问题的通知》的指引下,地方发布的有关不动产登记历史遗留问题文件的内容基本与中央文件差异不大,当然,部分地区根据实际情况,在中央文件的基础上进行了更加丰富、更加具体的规制。如浙江省自然资源厅印发的《关于加快解决不动产登记若干历史遗留问题的指导意见》的通知中将"关于未通过建设工程规划核实的问题"具体到"因历史原因未办理规划核实手续或手续不完备",着重强调了对历史遗留问题建筑的处理;天津市规划和自然资源局《关于加快解决我市历史遗留项目不动产登记问题的意见》中对规划核实进行了更为详细的规定,同时以附件形式对核实文件模板予以确定,[7]使得文件的操作性更强。

---

〔7〕 天津市规划和自然资源局《关于加快解决我市历史遗留项目不动产登记问题的意见》第3条规定:"三、关于建设工程规划手续不齐全的问题。对于未突破生态保护红线和永久基本农田保护红线,在城镇开发边界内,且已取得国有土地权属证书或已办理用地批准手续的建筑,按以下程序办理:(一)经区规划资源主管部门审核,现状建筑符合控制性详细规划(以下简称控规)的,报经区政府同意后,可予以保留,并按以下方式出具规划核实意见函(附件2):1. 现状建筑取得阶段性规划许可的,区规划资源主管部门依法履行处罚程序后,出具规划核实意见函。2. 现状建筑未取得阶段性规划许可的,区规划资源主管部门函告相关执法部门,相关执法部门依法履行处罚程序后,区规划资源主管部门出具规划核实意见函。"

第三节　历史遗留问题建筑的认定和处理

根据上文检索结果可知，当前，中央层面的法律法规、政策文件未就历史遗留问题建筑的认定提出明确的标准，即未规定历史遗留问题建筑在何种情况下应当予以处理。依据当前的《城乡规划法》，基本所有的历史遗留违法建筑都会因为缺少“建设工程规划许可证”或未按照建设工程规划许可证建设而被认定为违法建筑。从第一节有关历史遗留问题建筑的分析可知，历史遗留问题建筑与违法建筑不能画等号，其中大多数建筑物本身不具备违法性，而是因为后续的政策法规的变化而被动成为“违法建筑”，因此应当对这类建筑进行区分，将符合标准的历史遗留问题建筑予以适当的处理从而去除其“违法性”，而不符合这一标准的建筑则无须处理，或通过一定的手段转化为“合法建筑”。因此，这一标准如何确定就是认定历史遗留问题建筑的关键步骤。

一、以时间为标准

以时间为标准，即以一定的时间作为区分，分别采取不同的处理手段。在上述的检索过程中也已经提及，部分地区采取了这一做法，以固定规范施行的时间为标准，在此时间之前的采取一定的途径将其合法化，在此时间之后的则以当前的认定标准即有无建筑工程许可证作为标准认定其是否违法而采取相应的措施。具体而言，以时间为标准主要有以下两种类型。

（一）建造时有无城市规划

根据第二节的检索结果，深圳市就采取了这一标准。依据《关于农村城市化历史遗留违法建筑的处理决定》第 2 条第 5 款的规定，将时间标准实际上划定为 2004 年 10 月 28 日，在此之前建造的各类“违法”建筑均属历史遗留问题建筑，仍存在确权的可能性，可依据专门规定进行处理；而在此时间节点后建造的各类建筑物，则不属于“历史遗留违法建筑”，建设工程规划许可证成为其违法与否的唯一标准。为什么以此时间节点为历史遗留违法建筑和违法建筑的分水岭呢？从深圳城市化发展的时间轴来看，主要是因为2004年9月深圳市城市化工作基本完成，城市规划统一建立。城市化工作完成之后，违法建筑均属于违反城市规划的范畴，而在此之前就情况不一了。[8]

（二）建造时有无禁止性规定

上述的第一种情形是以城市规划出现时间作为时间节点的，依据检索结果，部分地区将具体禁止性规定出台时间作为时间节点。如《关于农村城市化历史遗留违法建筑的处理决定》第2条第2款至第4款的规定，将"1999年3月5日"作为时间节点。这是因为，1999年3月5日是《深圳市人民代表大会常务委员会关于坚决查处违法建筑的决定》的生效时间，且该规范首次对"违法建筑"进行了界定。虽然在此之前，规范建设行为可以依据的法规范有《土地管理法》、《城市规划法》（已失效）、《深圳市城市规划条例》、《深圳经济特区规划土地监察条例》，但并未正式对"违法建筑"进行界定。因此，此时规定以1999年3月5日为分界点，之前建造的为"历史遗留违法建筑"，之后的便属于"违法建筑"。

总的来说，以时间节点进行划分，主要依据在于特定时间点出现的事件具有一定法律意义，如上述的城市规划或是具体的禁止性规范。

二、以结果为标准

以结果为标准，即以历史遗留问题建筑物在功能意义上的违法状态为标准。具言之，对于一些在结果上未严重影响当前规划或者城市发展的建筑，可以通过补办手续使之合法化的建筑应被视为"历史遗留问题建筑"。概言之，以效果为标准的要件主要是将违法建筑在功能上的违法性程度与对其的处理效果联结在一起。

（一）是否影响规划

《深圳经济特区处理历史遗留违法私房若干规定》第4条第1款第1项规定，对于严重影响城市规划又不能采取改正措施的违法私房，不确认产权。《深圳经济特区处理历史遗留生产经营性违法建筑若干规定》第4条第1款第1项存在相同的规定。《关于农村城市化历史遗留

---

〔8〕 参见叶俊红：《历史遗留违法建筑的构成要件》，华东师范大学2019年硕士学位论文。

违法建筑的处理决定》第 9 条规定了应当依法拆除的违法建筑的情形，其中前 5 项均属于严重影响城市规划或违反土地规划无法采取改正措施的情形。[9] 上述做法就属于将是否影响规划作为确定历史遗留问题建筑如何处理的标准，严重影响规划又不能采取改正措施消除影响的历史遗留问题建筑，其在功能上属于“严重违法”的状态，只能予以拆除。

对于未影响或未严重影响规划的，在地方实践中，可以采取改正措施或者补办手续使之合法化或予以没收。《嘉兴市违法建筑认定与处置办法》中就对属于未严重影响规划的历史遗留问题建筑的处理进行了具体规制，即未严重影响规划尚可采取改正措施的责令限期改正，消除违法性。[10]

（二）是否处于非农建设用地范围内

基于我国城乡二元土地所有制的背景，以历史遗留问题建筑物所占用的产权属性为标准，可以分为国有土地上的、集体土地上的和集体土地征（转）过程中的历史遗留问题建筑。针对集体土地征（转）过程中的历史遗留问题建筑，以占用土地性质为标准，可以分为占用合法非农建设用地的、占用已完成征（转）地补偿手续用地的和占用未完成征（转）地补偿手续用地的历史遗留问题建筑。

对于非法占用原农村红线外的土地进行建设的，不存在确权可能

---

〔9〕《关于农村城市化历史遗留违法建筑的处理决定》第 9 条规定：“具有下列情形之一的违法建筑应当依法拆除：（一）存在严重安全隐患，又不能整改消除的；（二）非法占用已完成征、转地补偿手续的国有土地，严重影响城市规划，又不能采取措施加以改正的；（三）占用基本农田的；（四）占用一级水源保护区用地的；（五）占用公共道路、广场、绿地、高压供电走廊、公共设施和公益项目用地，压占地下管线或者其他严重影响城市规划，又不能采取措施加以改正的；（六）其他依法应当拆除的情形。具有前款第三项、第四项、第五项情形之一的违法建筑，其建设行为发生在土地用途依法确定前的，拆除时应当予以适当补偿。具体补偿办法由市人民政府另行制定。”

〔10〕《嘉兴市违法建筑认定与处置办法》第 9 条规定，“（一）1990 年 4 月 1 日至 2007 年 12 月 31 日期间建成，未严重影响建设时城市规划且符合消防、质量安全等相关强制性标准和规范的，或无法查实是否严重影响建设时城市规划的；（二）开发利用地下空间资源，且符合相关安全要求的；（三）符合土地利用总体规划，被依法没收后的。对依法可以补办规划许可手续的，城乡规划主管部门应当根据当事人的申请补办相关规划许可手续”。

性。根据《深圳经济特区处理历史遗留违法私房若干规定》第 4 条第 1 款第 4 项的规定,对于“非法占用国家所有的土地或者原农村用地红线外其他土地的”违法私房不予确认产权。该规定第 5 条是关于违法建筑符合或违反一户一栋原则时的具体确权规则,但是每一项都存在一个前提性规定,即只有在原农村红线内所建违法私房,在符合或违反一户一栋原则下,才有资格按照一定的标准罚款、补缴地价及确权。

针对合法非农建设用地,主要处理思路为罚款和对超标建筑补缴地价后确权。合法非农建设用地主要是指原农村非农建设用地红线内的土地,是集体土地转为国有土地时,国家对集体经济组织的一种特殊补偿。占用这类土地的历史遗留问题建筑有被确权的可能性,主要通过罚款和超标补缴后进行确权。

总体而言,当前主要以时间和效果为标准,判断历史遗留问题建筑在法律状态上和功能意义上的“违法性”。一般而言,先以时间为标准,判断在建造时是否已经存在城市规划或具体的禁止性规定;在满足时间标准后,再以结果为标准,将违法要件与处理效果联系起来,对规划的影响程度不大或在非农建设用地红线内的,可以通过补办手续合法化。

第四节　历史遗留问题建筑的司法现状

一、历史遗留问题建筑的司法概况

（一）案件数量

经笔者在北大法宝检索可知，2016～2023年有关历史遗留问题建筑的司法案例数量呈现先增长后递减的趋势，在2020年达到峰值。案件数量的变化趋势可能与城市发展进程相关，在城市快速发展时，城市更新节奏加快，大量历史遗留建筑面临拆除风险，因此相关纠纷数量也就较多。在2020年后，我国城市化程度已经达到了较高的水平，相应的案件数量也就减少。具体变化情况如图10－4－1所示。

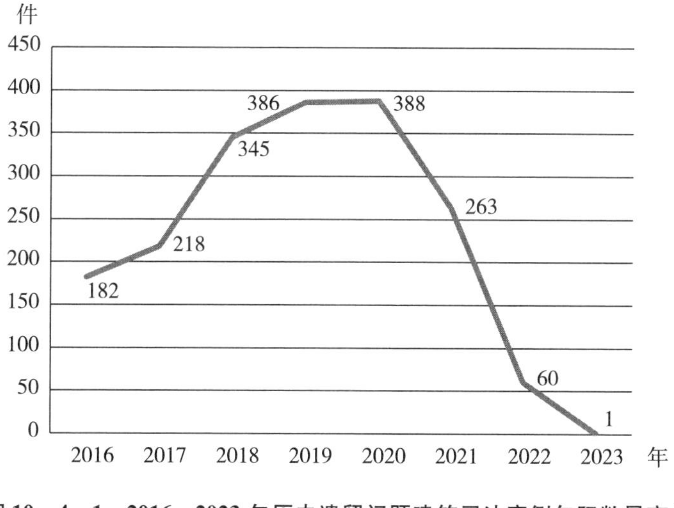

图10－4－1　2016～2023年历史遗留问题建筑司法案例年际数量变化

（二）地域分布

就历史遗留问题建筑案件的地域分布来看，全国案件分布不均，大部分地区相关案件数量较少，普遍来看在5件以下；但是广东地区的相关案件数量众多，其数量是其他地区的千倍以上，可以说，历史遗留问题建筑的相关案件集中在广东地区，其中深圳在发展过程中所面临的历史遗留问题建筑最为突出。

(三)审理程序

根据检索结果可知,历史遗留问题建筑案件的上诉率较高,达到82.31%,说明这类案件案情一般相对复杂,相关争议比较繁复,双方难以通过一审获得满意的诉讼结果,往往选择上诉。详见图10-4-2。

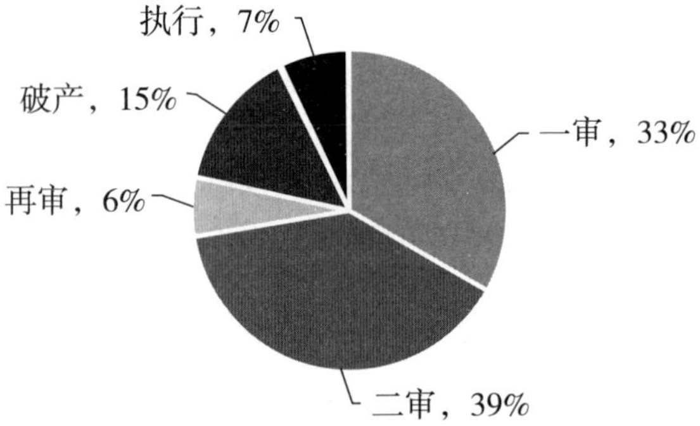

图10-4-2 历史遗留问题建筑案件审理程序

(四)案由分布

根据检索结果可知,包含"历史遗留问题建筑""历史遗留违法建筑"的刑事案件,"建筑"本身并非争议焦点,其通常仅为辅佐证明犯罪事实的相关证据,因而,研究价值较低,因此,案由分布的统计样本主要为民事案件和行政案件。

就民事案件来看,以合同、准合同纠纷为案由的案件最多,占比一半以上,是历史遗留问题建筑案件的主要争议类型,详见图10-4-3。

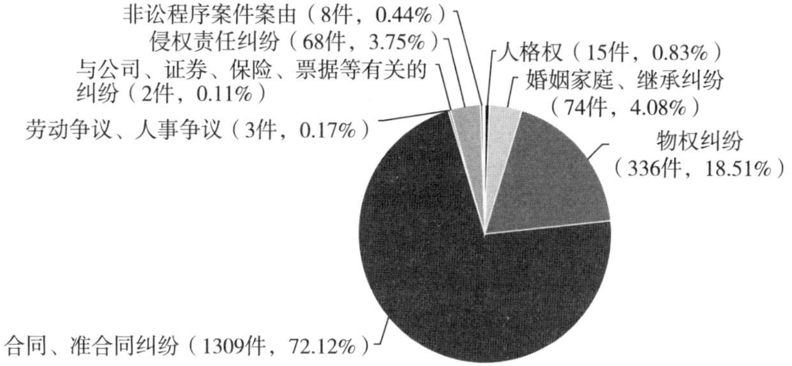

图 10－4－3　历史遗留问题建筑民事案件案由分布

从行政案件来看，行政处罚案由案件数量最多，其次为行政复议以及行政规划（详见图 10－4－4），其原因是历史遗留问题建筑主要涉及城市规划，若影响城市规划则可能面临行政处罚问题，在进行相应的行政行为后，行政相对人可能会就特定行政行为提起复议。行政案由分布与历史遗留问题建筑的特征密切相关。

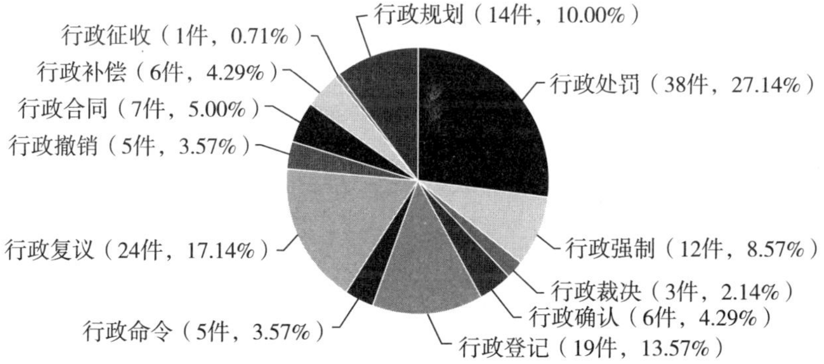

图 10－4－4　历史遗留问题建筑行政案件案由分布

二、历史遗留问题建筑的典型案例

(一)历史遗留问题建筑的认定标准

1. 直接适用《城乡规划法》的要件

在这一类型的案件中,法律依据基本为《城乡规划法》第40条和第64条。其中,从处理结果来看,第64条将未取得建设工程规划许可证及未按照建设工程规划许可证建设的建筑分为两类:(1)尚可采取改正措施消除对规划实施的影响的,限期改正,并处罚款;(2)无法采取改正措施消除影响的,限期拆除,不能拆除的,没收实物或者违法收入,并处罚款。

在司法实务中,法院通常将历史遗留违法建筑直接认定为第二类,并支持行政机关作出的限期拆除决定。但这一方式是不妥当的,使得第一类的内容形同虚设。

【案件名称】

合肥A电镀厂、合肥市庐阳区城市管理行政执法局城乡建设行政管理:其他(城建)案〔11〕

【裁判观点】

一审中,法院依据《城市规划法》第32条、《城乡规划法》第40条第1款、第64条的规定,认为合肥A电镀厂无法出示案涉建筑取得了建筑工程规划许可证,且依据行政机关的认定,案涉建筑被认定为违法建筑。二审法院依据《城乡规划法》第40条第1款和第64条的规定,认定案涉建筑未取得建筑工程规划许可,并由此认定其为违法建筑,指出了一审时法院适用法律存在的问题,但是依旧认为《城市规划法》和《城乡规划法》对违法建筑的认定均适用相同的标准,即是否取得建设工程规划许可证。

2. 建造时是否具有相关规定

在这类案件中,法院以许可规定出台的时间节点为标准,对于建造行为发生时虽存在关于规划的禁止性规定但未规定具体许可程序的无证建筑,并不是单一地以有无或违反建设工程规划许可证来认定是否构

〔11〕 参见安徽省合肥市中级人民法院(2017)皖01行终142号行政判决书。

成违法建筑,而是查明无证建筑的具体建造时间,对于因建造时并无许可程序而未取得许可证的建筑,法院会进一步审查是否获得用地审批。

【案件名称】

楼某某与诸暨市人民政府暨阳街道办事处行政强制案〔12〕

【基本案情】

楼某某未经相关规划和用地管理部门审批,在其承包的诸暨市暨阳街道某村集体土地上,建设养猪场用于养猪,并称其于"1996 年在村集体非耕地上建造养殖场进行生猪养殖,当时并无法律规定建设行为必须取得规划许可及用地审批手续"。

【裁判观点】

原告于 1999 年建造涉案房屋时,并无法律规定须取得规划许可。一审法院指出涉案建筑物搭建在被告所辖区域的村属集体土地上,原告未提供证据证明其养殖场已依法取得规划许可或用地审批手续,故应当将案涉建筑物认定为违法建筑。一审法院在认定养猪场是否属于违法建筑时,除考查是否取得建设工程规划许可证以外,还引入了是否取得用地审批因素,也即如因历史原因导致未取得建设工程规划许可证,但若曾获得过用地审批,则可能不被认定为违法建筑。

二审法院参照原国土资源部、原农业部《关于完善设施农用地管理有关问题的通知》(已失效)的规定,以行政相对人未能举证证明涉案房屋的建设已办理相应用地审批手续,或提供已得到相关部门妥善处理的证明为由,认为涉案建筑尚不能被认定为合法建筑。

3. 建筑物是否具有特殊属性

如果建筑物属于特殊类型的产权房屋,则其不受规划许可的限制。

【案件名称】

周某某与桐庐县城市管理综合行政执法局规划行政处罚案〔13〕

【裁判观点】

一审法院依据《城乡规划法》第 40 条第 1 款、第 64 条的规定,以周

〔12〕 参见浙江省绍兴市中级人民法院(2016)浙 06 行终 245 号行政判决书。

〔13〕 参见浙江省杭州市中级人民法院(2015)浙杭行终字第 353 号行政判决书。

某某建造的房屋未取得建设工程规划许可证为由,认为该建筑属于无法采取改正措施消除对规划影响的房屋,应当限期拆除。

周某某不服一审判决,上诉称"该房屋是1983年由上级军区拨款,人武部负责建造,是专门以上诉人名义建造的军队离休干部待遇房"。二审法院以其中一处建筑物建造时间未查清,加之该建筑在土地使用权登记的用地范围内,故可能是县人武部先前建造的,不属于原告后期扩建的为由,撤销了原一审判决和行政处罚决定书。

4. 是否进行过历史遗留违法建筑申报

《关于农村城市化历史遗留违法建筑的处理决定》生效后,深圳市在2009年集中开展历史遗留违法建筑申报工作,以"违法建筑申报—分类甄别—罚款—补缴地价—确权登记"的基本模式解决了一部分历史遗留违法建筑的处理确权工作。因此在2009年之后处理历史遗留违法建筑时,法院首先会审查涉案建筑是否进行过历史遗留违法建筑申报,对于未申报的涉案建筑,主要以未取得建设工程规划许可为要件认定为违法建筑。

【案件名称】

深圳市某高尔夫俱乐部有限公司与深圳市规划土地监察局,深圳市规划和国土资源委员会处罚类案〔14〕

【裁判观点】

因该纠纷发生于2015年,在历史遗留违法建筑申报工作结束之后,因而,法院首先审查涉案建筑是否进行过历史遗留违法建筑申报,在得出否定性结论后,依据《城乡规划法》第40条第1款和第64条的规定,以未取得建设工程规划许可证为由认定涉案建筑为违法建筑。

(二)历史遗留问题建筑登记

1. 案件受理问题

依据最高人民法院《关于房地产案件受理问题的通知》(法发

〔14〕 参见广东省深圳市宝安区人民法院(2015)深宝法行初字第342号行政判决书。

〔1992〕38 号)第 3 条的规定,[15]有观点认为凡是涉及房地产登记历史遗留问题的纠纷均不属于人民法院主管工作的范围,人民法院应依法不予受理或驳回起诉。实际上,因房地产登记历史遗留问题的类型复杂多样,当事人之间的法律关系及原告的诉讼请求不一,不宜简单一刀切地做上述结论。

法院考虑到房地产登记历史遗留问题的复杂性及行政机关的职责安排,在处理涉及房地产登记历史遗留问题的房地产纠纷时,一方面会结合当事人之间的法律关系及原告的诉讼请求,另一方面会重点考虑自然资源部门及不动产登记机构的意见。如当事人之间的纠纷显然属于"因行政指令而调整划拨、机构撤并分合等引起的房地产纠纷,因单位内部建房、分房等而引起的占房、腾房等房地产纠纷",则法院一般会直接裁定驳回起诉。

【案件名称】

A(集团)股份有限公司与深圳市 B 有限公司房屋买卖合同纠纷案[16]

【基本案情】

1988 年,原建科中心(甲方)与原开发公司(乙方)签订了一份《协议书》,约定乙方投资,与甲方合作建设在市建筑科学中心范围内所建房屋中的 8 套。《协议书》签订后,原开发公司依约向原建科中心支付了上述投资建房工程款,原建科中心依约交付了房屋。1991 年,原开发公司与案外人分别签订了 8 份《深圳经济特区职工住房买卖合同》,约定原开发公司将涉案的 8 套房屋作为福利商品房出售给案外人,原开发公司主张上述 8 份合同的买方均系原告的员工。上述合同签订后,原开发公司

---

〔15〕 最高人民法院《关于房地产案件受理问题的通知》(法发〔1992〕38 号)第 3 条规定:"凡不符合民事诉讼法、行政诉讼法有关起诉条件的属于历史遗留的落实政策性质的房地产纠纷,因行政指令而调整划拨、机构撤并分合等引起的房地产纠纷,因单位内部建房、分房等而引起的占房、腾房等房地产纠纷,均不属于人民法院主管工作的范围,当事人为此而提起的诉讼,人民法院应依法不予受理或驳回起诉,可告知其找有关部门申请解决。"

〔16〕 参见广东省深圳市福田区人民法院(2019)粤 0304 民初 15718 号民事裁定书。

员工依约向原开发公司支付了全部价款,原开发公司也将涉案房屋交付给其员工使用至今。1991 年 7 月 8 日,原开发公司向深圳市人民政府住房制度改革办公室申请将包含涉案的 8 套房屋在内的房屋办理房改手续。原开发公司主张 8 套房屋均办理了房改手续,其中 601 房于 1991 年 7 月 2 日经上述改革办公室批准房改给张某。1995 年 3 月 17 日,原深圳市 B 有限公司办理了涉案 3 套房屋所在的 7 层综合楼的《房地产证》,该《房地产证》载明宗地号为 ×,土地位置位于福田区 x 路,所有权性质为国有,使用权来源为行政划拨土地,用途为综合楼。原开发公司诉求涉案 8 套房屋归其所有。

【裁判观点】

法院认为,原开发公司以房屋买卖合同纠纷提起本案诉讼,并主张已将与原建科中心签订的合作建房协议书中约定的涉案 8 套房屋通过企业内部分房方式分配给其员工占有使用至今,该案实质上要求完成企业内部分房程序,属于企业内部房屋腾退纠纷,依照最高人民法院《关于房地产案件受理问题的通知》的规定,该案不属于人民法院受理案件的范围。对于原开发公司的起诉,法院予以驳回。

2. 相关协议效力问题

涉及房地产登记历史遗留问题的合同纠纷主要是房屋买卖合同纠纷及房屋租赁合同纠纷。

第一,涉及房地产登记历史遗留问题的房屋买卖合同纠纷。涉及历史遗留问题建筑的房屋合同是否有效,在司法实践中存在争议。

有些法院直接以涉案房屋不得买卖为由认定房屋买卖合同无效。如在"罗某某等与郑某等确认合同无效纠纷案"中,[17] 深圳市中级人民法院认为,罗某某与郑某某、郑某签订的《房屋转让协议书》系双方真实意思表示,但涉案房产是刘某某、杜某某、罗某某的自建房,只有所有权证,没有办理房地产证,依法不得买卖,虽然深圳市不动产登记中心复函称根据现有法律法规规定,在完善用地手续、办理房地产初始登记后可以换发不动产权证书,但是截至该案法庭辩论终结前,涉案房产并没有

---

〔17〕 参见广东省深圳市中级人民法院(2016)粤 03 民终 8807 号民事判决书。

换发不动产权证书，因此涉案合同在行政机构处理前仍为无效合同。

有些法院认为是否存在房地产登记历史遗留问题不必然影响房屋买卖合同的效力。如"廖某某确认合同无效纠纷再审审查与审判监督案"中，[18]广东省高级人民法院认为"涉案房屋于1992年已经取得原宝安县人民政府核发的房屋所有权证，根据本案审理过程中深圳市不动产登记中心的答复，该证件为有效证件，表明涉案房屋属于合法且权属清晰的财产。廖某某与周某某于2011年办理离婚手续时就约定该房屋归周某某所有，此项约定对廖某某有法律约束力……可以进行转让的不动产并非仅限于商品房，故涉案房屋是否属于商品房、是否经申报并认定为存在登记历史遗留问题的房产，此不影响涉案合同效力的认定"。

第二，涉及房地产登记历史遗留问题的房屋租赁合同纠纷。依据最高人民法院《关于审理城镇房屋租赁合同纠纷案件具体应用法律若干问题的解释》第2条的规定，应审查涉案房屋是否办理了建设工程规划许可证，以及房屋建设是否符合建设工程规划许可证的规定。如涉案房产未办理建设工程规划许可证或建设不符合建设工程规划许可证的规定，则认定涉案房屋租赁合同无效。[19]

---

〔18〕 参见广东省高级人民法院(2019)粤民申11124号民事裁定书。

〔19〕 参见广东省深圳市龙岗区人民法院(2016)粤0307民初5756号民事裁定书。

第五节　历史遗留问题建筑领域的法律服务方向

一、历史遗留问题建筑非诉领域的法律服务建议

（一）熟悉有关历史遗留问题建筑的制度文件

在提供历史遗留问题建筑的法律服务之前，需掌握历史遗留问题建筑的相关法律法规、规范性文件等，除《城乡规划法》外，尤其要关注所在地区出台的专门规范性文件，譬如深圳形成了相对完善的处理历史遗留问题建筑的制度体系，为处理相关问题提供了指引和方向。

（二）全面分析历史遗留问题建筑的处理情形

依据当前历史遗留问题建筑的制度规定，行政机关区分不同情形，考虑规范制度、土地利用规划及城市规划等，可以采用确认产权、依法拆除或者没收、临时使用等方式，对历史遗留问题建筑进行不同处理。因此，在进行历史遗留问题建筑法律服务时，必须对所处理的历史遗留问题建筑进行时间因素、结果因素等多方面的分析，以辨明特定历史遗留问题建筑究竟适用何种处理方式。

（三）依据不同处理情形灵活处理

在确定历史遗留问题建筑的处理方式后，需要依据不同种类的处理方式提供对应的法律服务。如分析该历史遗留问题建筑是否有确权可能性，除掌握历史遗留问题建筑的相应规定外，还需了解当地有关不动产登记的相应规定，特别是有关历史遗留问题建筑的相应规定，帮助客户进行申报，处理相应确权手续等。如能够确权，则需关注被确权的历史遗留问题建筑是否存在确权补偿的可能性。如果不具有确权可能性，则可告知客户相应的处理方式，尽量灵活处理以减少损失。

二、历史遗留问题建筑诉讼领域的法律服务建议

（一）行政复议的方式

历史遗留问题建筑被行政机关确认为违法建筑后，首先，可以帮助客户提起行政复议，向相应行政机关提出复议申请。其次，在复议过程中，分析历史遗留违法建筑在时间标准、效果标准等方面的可抗辩事由，

以为客户争取相应利益。

（二）司法诉讼的方式

如果行政复议路径无法解决问题，可以采取诉讼的方式。在司法程序中，注意案涉历史遗留问题建筑的属性、建成时间、当时的法律法规等，提出合法合理的代理意见，尽量降低案涉建筑被认定为违法建筑的风险。

（本章执笔人：杨正华）

第十一章　房地产企业系统风险应对

第一节　房地产企业系统风险概述

一、市场环境及政策风险

（一）疫情影响下的房地产行业“寒冬”

自2020年新冠疫情以来，全球经济持续下滑，根据联合国历年出具的《世界经济形势与展望》，2021年全球经济增长5.5%，2022年和2023年全球经济增长预测会降至3%和1.9%。[1] 而中国市场也不例外，作为中国市场经济支柱产业的房地产行业，未来亦充满变数：中国居民的可支配收入增速进一步下降，当这种可支配收入增速的下降累积到一定程度并影响预期时，将会削弱中国房价上涨的动力。

回看过去数年，疫情、国际冲突以及国内房产市场的“行业地震”给房地产市场带来了双向冲击，体现在作为需求端的住房消费和作为供给端的建筑施工“双受限”。

一方面，由于消费场景受限以及居民消费意愿下降，房地产销售受到了不小的影响。自2022年年初以来，全国疫情多点散发，特别是长三角、粤港澳、京津冀等重点地区的疫情反复出现，房地产市场正常运行受到了较大的干扰。如房企促销活动无法进行，房地产中介机构关门倒闭，房屋购买者无法实地看房、签约等情况屡见不鲜，诸如此类的影响导致了楼盘交易停滞、供需循环放缓，房屋销售面积出现较大幅度下滑。以15家上市房企为例，40%的房企2022年5月销售面积同比下降超过50%，其中主要布局于长三角地区的正荣地产2022年5月销售面积同比降幅更是达到83.75%。同时，数据显示2022年12月住户贷款同比增速仅为5.38%，已经达到历史最低点，而住户存款同比增幅为17.4%，国民消费意愿下降明显，房地产市场需求疲软。2016年1月至2022年10月住户贷款与存款同比变化趋势如图11-1-1所示。

---

[1] 数据来源：国家发展和改革委员会网站。

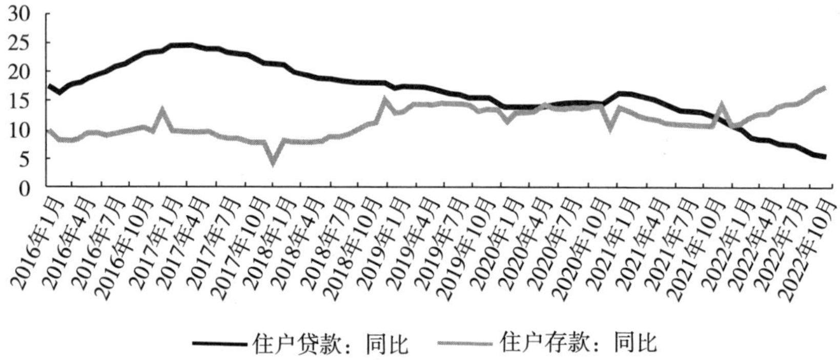

图 11-1-1　2016 年 1 月至 2022 年 10 月住户贷款与存款同比变化趋势

（数据来源：Wind，中诚信国际整理）

另一方面，建筑施工因疫情受限，制约了房地产投资的进行。由于新冠病毒传播力强、防控难度大，在疫情严重地区，许多开发商不得不暂时停工或延迟复工，在短期内房地产供给端受到了明显的冲击。据测算 2022 年 1 月至 5 月，全国房屋净停工面积达到 9.4 亿平方米，较 2021 年同期上升 34.5%。另据国家统计局统计，2022 年 1 月至 5 月，全国房地产开发投资同比下降 4%，其中 5 月全国房地产开发投资同比下跌 7.8%。

如今，尽管新冠疫情的阴霾已经逐渐消散，但是疫情期间给房地产行业造成的较大影响，仍需要交由市场进行长时间的自行调节，以及国家的宏观调控政策来“治愈”。但在疫情逐渐消散的同时，国际局势的骤然生变都进一步导致我国外部经济环境的剧变，外来资金流入量下跌严重，又使房地产行业在疫情余波尚未消散之时再面临新的挑战。

（二）政策影响下逐步增加的房企偿债压力

广东省大部分房地产开发企业的杠杆率过高，债务期限逼近，在巨大的销售回款压力下，只能被动降价。近年来，我国房地产企业的杠杆压力明显加大。2008 年到 2021 年，A 股房地产企业资产负债率中位数由 62.6% 上升到 68.9%。[2] 在过去的几十年间，由于对土地红利的预期较高，因此房地产企业均不畏惧借贷是否可以依约偿付的风险，在负荷高风险的情况下，保持高贷款比重，期待在下一轮房屋销售中取得高额收益以偿还旧债、负担新债，同时在这个过程中赚取高额利润。

但随着国家对房地产行业的政策性调控，为了达到房地产行业去杠杆、去金融化的目标，2020 年下半年住房和城乡建设部、中国人民银行召集房企开会时提出了 3 个与财政指标直接挂钩的监管要求：剔除预收款的资产负债率不得大于 70%、净负债率不得大于 100%、现金短债比大于 1，即"三道红线"，以阻断房企利用借新债还旧债的"滚雪球"套路可能导致的资金流动性危机。

一方面，部分房企在此前市场状况向上时，收购部分位于三线、四线城市或一线城市的高价值土地，却在如今市场下行阶段难以将之出售变现。在房地产开发企业借贷还款期限不断逼近的情况下，为加快回款避免逾期，多数房企只能通过大幅度降价的手段吸引客户购买产品，实现资金回笼，但此手段无异于抱薪救火，难治根本。还有部分房企在拿地阶段，在达到限地价后进入竞自持阶段，为了取得土地自持较大比例房产，自持资产比例较大，也导致其在短期内无法将建设完毕的资产出租盈利，也会对现金流造成压力。

另一方面，由于房地产行业"寒冬期"逼近，诸多债权人均对房企资金状况持不乐观态度。如 2022 年 9 月，作为示范民营房企的旭辉集团无法依约偿还信托，导致其他信托公司以触发对赌条款为理由要求旭辉集团提前回购股权，旭辉集团再次予以拒绝。类似事件相互堆叠，形成连锁反应，债权人、投资人对房地产市场的投资信心发生动摇，从而进一步影响了其他包括示范性房企在内的房地产开发企业的信誉度，进而增大了房企继续融资的难度。

在以上种种因素的影响下，大部分房地产开发企业均面临资金流动性危机，面临较大偿债压力。

---

〔2〕 数据来源：万得数据库。

（三）房企“爆雷”频发导致市场信心不足，加速房价下跌

在政策、市场、疫情、房地产周期性等诸多外部因素叠加企业自身经营管理缺乏的多重影响下，房地产“爆雷”频发。

一方面，“三道红线”提出后，房地产企业贷款越发困难，现金流吃紧，这对于资金密集型的房地产企业来说无异于釜底抽薪；同时，各地区限购、限贷政策出台，从购买端降低了市场热度，新房销售受阻，导致房企失去了主动回款的能力。另一方面，“3年疫情”导致老百姓“钱袋子”收紧，购房能力和意愿降低；“限产限电”导致钢筋、水泥等建筑材料价格激增25%，也在无形中加大了房地产企业项目的建筑成本。

在政策和市场环境的双重制衡下，多家房企，如奥园、恒大、中南建设、景瑞均出现了逾期兑付等问题，融创、绿地等房企甚至因涉及大额债务而被法院强制执行，旭辉也曾对外公告，宣布停止支付全部境外债务本金和利息，更不用说闻名全国的“恒大事件”。一次又一次的房地产行业地震，不仅反复冲击着各房企的市场根基，也导致购房者对各房企的商品房是否可以正常交付心生怀疑，进而对购买预售商品房持更加谨慎及观望的态度，市场信心严重不足，房企开发建设的商品房囤积严重无法变现，引发恶性循环，房价进一步加速下跌。

从房地产企业自身来看，企业内部经营管理上的疏忽是“爆雷”的本质原因。近些年，我国房地产发展势头猛，增收效益明显，导致很多房地产企业一味地以高周转模式占领市场，对市场风险或盲目乐观，或认识不足，忽略了对自身经营管理制度的调整，造成严重的资金浪费。因此，房地产企业的转型迫在眉睫。

二、人口流动风险

人口是地产行业的基础与支撑，既是量的基础、也是价的基础。人口停止增长、负增长都会导致房地产行业萎缩。人口流动也会对房价的升降造成显著的正向或者负向作用，其中人口流入较为明显的城市，其房价也会随之上涨，而持续人口流出的城市，其房价上涨的态势则会相应地受到抑制。简言之，人口流动显著促进房价分化。

受经济发展情况、就业机会、工资水平等因素的影响，未来的城镇化主要表现为人口逐步向少数发达省份、大都市圈和区域性发达城市集

中，中小城市将主要呈现人口流出状态。由于人口流出，二线、三线城市的房产成交量、价双双下挫，对中小城市及一线城市部分地区的房地产开发商而言，如何预防或者规避人口流动带来的风险是房地产企业风险中的一个难点。

三、产能过剩风险

国家统计局数据显示，2024 年 6 月房地产开发景气指数为 92.11，自 2021 年 10 月开始一直保持下滑趋势，此间虽偶有上涨，但总体下行的态势仍在持续。

此外，第七次全国人口普查数据显示，我国家庭户人均居住面积达到 41.76m^2，比 2010 年增加了 10.7m^2，增幅高达 34.45%。

《中国经济时报》载明，我国有房家庭占比高达 81.8%，已经显著高于发达国家的数据：美国住房自有率为 65%，日本和英国约为 60%，韩国和法国约为 58%，而德国仅有 45%。

从以上数据可见，与房地产开发不景气相对的是，我国人均居住面积、有房家庭的占比的持续上升。由此可以看到的一个问题是，目前房地产市场的产能过剩严重，供过于求。

从全国住房总量来看，楼市产能溢出明显。全国房地产数据披露：2021 年的全国住宅施工总面积为 69.03 亿平方米。按照人均 40 平方米面积计算，这些住宅全部竣工后，能够满足目前我国 12% 总人口的住房需求，城镇化率将达到 77% 左右的水平，与 2021 年末统计的 64.72% 的中国常住人口城镇化率相比，提升了 13%。然而上一个 13% 左右的城镇化率提升，耗费了 12 年才达成。更不论根据规律，一个国家的城镇化越到后面进展越慢。因此，从业内披露的数据也可以看出我国住宅总量过剩的问题。〔3〕

任泽平在其发表的《城市存量房产报告》中就直言，所有的城市存量房产加起来，超过 3.11 亿套，任泽平测算指出：城市户均房产保有量达到 1.1 套。中国人民银行在《金融界》发表的“城镇家庭资产负债报

---

〔3〕 参见金蟾：《房地产真的过剩了吗?》，载指股网 2022 年 5 月 28 日，https://www.zhiguf.com/focusnews_detail/742040。

告”中指出：城市的家庭资产平均值为 318 万元，户均房产保有量达到 96%，还有 40% 以上的家庭拥有两套房。

除了总量产能过剩之外，随着房地产行业增长速度放缓，行业改革需求加大。截至 2021 年年底，全国住宅用房的断供房已经激增到 200 余万套，这 200 余万套断供房来源于三个渠道：阿里法拍网平台有 172 万套，京东法拍房平台有 22 万套，其他小的法拍房机构有 6 万余套。而 2017 年全国断供房数量才 7000 余套。也就是说，短短 4 年时间，断供房激增了 285 倍，仅 2021 年就增加了 65 万余套。断供房的大规模出现，意味着楼市住房消费能力减弱，房地产企业存在严重的产能过剩。

四、经营模式及经营能力风险

房地产企业一般情况下是依靠银行借贷和发行债券等方式获取资金。而金融工具的创新带来了许多新模式，如发行房地产投资信托基金或者通过 PPP 拿地运营等创新的投资融资方式，这些都成为房地产运营过程中的重要支撑措施。

就传统角度而言，如遇到自由资金不足，房地产企业往往会选择扩大负债或者增发股票等有效财务手段筹集后续资金。财报显示，中国房企三巨头恒大、碧桂园、万科在 2019 年高峰时期负债总和近 50 000 亿元，头部企业负债率在 80% 以上。高负债势必带来高偿债风险。且房地产行业是一个极易受外部政策因素影响的行业，其资金投入开发周期较长，若有经营不善的情况，则从外部看虽规模庞大，内部却极为脆弱，面对极高的风险时，稍有不慎便会导致财务状况的恶化，倘若处理不慎，严重情况下会影响企业信誉乃至导致企业破产。

同时，高负债率还使得房地产商极易受到利率的影响。对于负债发行债券的房地产企业来说，票面利率决定了到期需偿付的本金与利息，在环境不好的情况下，国内房地产债券利率市场两极分化。大型房地产企业特别容易受到地产风波的影响，其债券评级较低，即便票面利率高也很难获得投资者青睐，且违约风险较高使得企业资金获得难上加难。信用较好的国有房地产企业发行票面利率往往较低，购买风险小，承销机构销售风险较小，容易出售。在向银行贷款时，风险较低的国有企业可以依靠低息获得银行贷款。若企业流动资产较高，收入稳定，则应该增加流动负债;若企业固定资产占比较大且变现能力不强,则应减少流动负债,避免资金链断裂。对于房地产企业来说,负债经营是一把双刃剑,因此企业应该合理规划运营阶段的收支,平衡借贷关系,尽可能以最低的资金支付成本获取最优的企业回报。

第二节　房地产企业系统风险的应对策略之一：事前预防

一、企业发展规划应因市场变化及政策支持相应调整

中央层面,政策聚焦合理住房需求,大力推进全国各地保障房建设,继续支持住房租赁市场快速发展;同时中央亦采取了一系列促进房地产市场平稳健康发展的措施,具体包括保持房地产融资平稳有序、积极做好“保交楼”金融服务、妥善处置受困房地产企业风险以及依法保障住房金融消费者合法权益。

地方层面,地方政府将持续落实各项政策措施,从项目试点向全面执行过渡,稳定市场预期。

根据2020年两会报告中的关键内容,房地产行业所面临的宏观政策环境大致分为以下四点:第一,将稳就业、保民生等作为核心目标,集中精力抓好“六稳”、“六保”,将“六保”作为“六稳”工作的着力点,稳住经济基本盘。第二,坚持“房住不炒”的基调不变,各地因城灵活施策,保障房地产市场平稳运行。第三,中央强调稳健的货币政策更加灵活适度,保持流动性合理充裕,为经济恢复发展提供更加有利的资金环境,促进经济全面回归常态。第四,加快落实区域发展战略,深入推进京津冀协同发展、粤港澳大湾区建设、长三角一体化发展、成渝地区双城经济圈的建设,同时打造高质量发展的长江经济带。

房地产企业对于未来市场发展的走势总结为以下三个方面:第一,规模保持稳定增长。标杆房企对未来的房地产市场基本持乐观态度,多数业内人士认为房地产市场只是在短期内受到了影响,但在长期仍然有发展空间。从部分房企2020年公布的销售目标来看,平均增速约12.2%,去化率设定在60%左右。第二,格局分化愈演愈烈。标杆房企认为疫情下的“巨变”,市场中机遇与挑战并存,对于大中型房企来说,其面临的困境会比较少,抗风险能力也相对较弱,而部分小企业则面临着生死抉择,其需紧随发展形势,抓住窗口期为企业注入“活水”,避免

因为资金断裂而被迫退出市场。第三,市场趋势遵循“三高”原则。标杆房企认为“房住不炒”已成为行业发展趋势,未来房企应将高品质产品、高水平服务、高效率管理作为企业发展的首要任务,促进企业高质量发展。

房地产企业发展应当适应政策及市场,聚焦优质一线、二线城市和强三线城市。房企将更加关注热点城市群及周边潜力城市区域的项目销售,坚持规模与质量并重,实现企业持续稳定、有质量的快速增长。同时专注高质量产品、高品质服务需求,未来房企应把握当下主流需求,加大对产品的研发,满足消费升级,推动社会健康发展。

二、区域差异化拿地

商品房价格从普遍上涨到开始发生分化,一线城市和非一线城市的房价差距进一步拉开,甚至城市群中的不同板块都会发生分化。一线城市邻近地铁站、医院等重要民生地点的房屋属于具有稀缺性的优质地产、购买一线城市的学区房也属于刚性需要。在广东省商品房投资额、销售面积整体下降的趋势下,如广州、深圳等一线城市的商品房市场受到的冲击规模相对较小。但是非一线城市如梅州、汕头、河源等地,就会出现严重的供过于求的市场趋势。从国家统计局和广东统计局公布的数据来看,不难推测房价后续将继续呈分化趋势,一线及新一线城市的房价在市场回温后可能会重新呈现上涨趋势,但非一线城市的房价可能会继续回落或者需要更长的周期才能逐渐回升;一线和非一线城市的房价差距将进一步拉开。因此,不同区域应当进行差异化拿地,收缩投资、回归一线和南方强二线已经是行业内共识。

对于土地市场而言,在优质地块“僧多粥少”的情况下,土地市场竞争仍将加剧。以摇号或竞品质为主的土拍方式,会影响房企的投资策略,但同时也能给中小房企带来机遇。一方面,需要在核心城市补仓的央国企投资周期或将被拉长,而民企整体仍呈现弱复苏的态势,深耕当地的本土民企有了“捡漏”机会。另一方面,焦点地区竞争的加剧会带来注意力转移,房企投资也会从关注核心区域、核心地块的策略延展向城市外围区域,带动整体市场热度提升。

综合而言,当前土地市场热度延续性显著好于新房市场,虽然整体呈现点状回暖、城市分化的格局,但土地的火热在一定程度上重振了市场信心,加快了“投资—销售”的传导效应。预计接下来一线、二线土拍热度会持续,优质地块依旧是房企补仓拿地的焦点。

差异化拿地应当抓住市场修复的机遇,践行新的发展模式,继续走高质量发展之路。

三、提升综合运营能力

(一)拓展融资渠道

房地产企业应先积极拓展融资渠道。大型房企自信度高、融资能力强,且大多同时跟进多个项目,在融资上要从整合企业资源入手,整体把握多个项目资金的筹集和分配。除传统融资外,还可以建立多元化的融资渠道,考虑利用自身优势在市场中获得更多的权益资金,分散资金压力、分担开发风险。而中小型房企一般以自有资金和短期融资为主,应当根据自身能力及需求,积极拓宽融资渠道,也可以考虑合作开发、股权出让等新渠道,从而提高抗风险能力。[4]

此外,还应合理安排资本结构,在股权资本和债权资本之间确定一个合适的比例以确保自身偿债能力。也就是说,房地产企业在融资过程中既要适当加大债权资本在企业资本总额中的比重,从而获得杠杆利益,又要结合自身实际情况如风险承受能力等合理背负债务。

(二)降本增效,精准运营

房地产企业应该围绕公司战略全面推广标准化、工业化、平台化等管理模式,在助力企业规模化发展的同时,实现降本增效。如新城控股探索传统开发向新技术辅助指导开发转型,以科技引领项目开发建设,通过全面监控项目现场、信息化管控项目运营,从而减少低效用工,缩短开发周期,节约开发成本,促进质效提升。

通过组织变革优化内控的方式赋能企业管理,提高管理和决策的速度与效能,提升精准化运营能力。如旭辉集团提出将打造“大平台 + 小集团 + 项目集群”的三级管控架构,将业务管理迁移到区域集团,业务经

---

〔4〕 参见齐国生主编:《房地产项目主要风险及应对》,中国宇航出版社 2013 年版,第 145 ~ 146 页。

营下沉到项目一线，集团变成一个大的资源、研发、资本的平台；招商蛇口全面推进组织变革和创新组织管理模式，将公司五大区域深化细分为九大区域，旨在区域做实，城市做强，实现区域精细化布局。

四、坚持多元化高质量发展

房企可以挖掘强项业务，把握企业基因和产业基础，更多地将发展科技、文化旅游、智慧服务、健康养生等业务领域作为企业利润的增长点，形成领域规模效应。[5] 现提供部分思路如下。

（一）品牌口碑建设

现阶段生存下来的房地产公司应该通过打造优质品牌、创造优秀口碑的方式重塑其在房地产领域的地位。打响品牌的最终目的是提升品牌影响力，而具体方式既可以靠联合也可以靠独创。在打响品牌的同时，应该做好品牌长期经营和建设的准备，沉下心做好每个项目，整理甚至重塑管理理念，聚焦并发扬核心竞争力。这样公司在行业中的竞争优势会不断显现，品牌效应也会持久提升。

（二）发展养老地产

我国人口红利正在快速消减，养老已经成为突出的民生问题。养老地产的发展作为老年人居住和生活需求的基础，将成为如今房地产发展的新领域。在一些老龄化比较严重的国家，如在日本，房地产投资信托基金或者资产证券化工具已经被广泛应用于养老地产领域。尽管发展周期不长，但其模式已经得到了市场的认可从而达到了基本稳固。据统计调查，截至 2018 年，日本房地产投资信托基金养老总规模约为 10 000 亿元，其客观收益加上实际收益，使得其核心养老市场运作形式基本得到日本国内普遍认可。而房地产投资信托基金作为房地产发展领域重要的组成部分，如今已经在房地产项目中被广泛使用，坚持“房住不炒”原则，加快多渠道的体制建设，优化供给侧结构性改革已经成为未来房地产领域的发展方向。

---

〔5〕 参见兰雄海：《新经济新形势下房地产企业健康发展探讨》，载《山西农经》2020 年第 24 期。

(三)运用互联网技术提升管理手段

随着大数据、物联网、云计算等交互技术的成熟,“互联网 + 房地产”的运作模式成为一种新兴交互的业态,以当下“碳达峰、碳中和”的概念为例,在房地产领域,需要从业者通过智慧管理手段计算出碳的排放量,同时将每一种改善建筑碳排放、提升绿色建筑的手段通过新时代的交互方式准确识别,并计算出最低碳、绿色的环保做法。互联网技术不仅能做到精细化控制碳排放,对于当下热门的智慧社区思维也有很好的践行效果,以居民便利为目的打造生态圈,人们的生活及居住更便捷、更舒适,未来房地产领域发展将沿着这条路向着精细化、智能化的方向发展。

第三节 房地产企业系统风险的应对策略之二：事中控制

一、系统性风险的类型化及应对方案概述

房地产业是我国国民经济的支柱产业。与房地产相关的贷款占银行信贷的比重接近40%，房地产业相关收入占地方综合财力的50%，房地产占城镇居民资产的60%。2021年下半年以来，我国房地产市场出现价格和销售急剧下降的现象，房地产企业普遍出现流动性不畅、资产负债表恶化的情况，个别头部企业面临重大风险。房地产领域风险如果处置不当，很容易引发系统性风险，必须及时干预，并做好应对策略。

在事中环节，房地产风险主要发生在建筑、销售、交付等环节，主要可以从风险承担、规避、转移、分散、补偿、控制等方面拟制应对策略。在房地产项目风险被识别出来后，应综合考虑风险偏好、风险承受度，选择合适的风险应对策略，并据此制定相应措施。

二、建设环节的风险及应对

在房地产企业建设施工环节，若施工单位存在违法分包、转包、挂靠的情况，往往会产生与实际施工人相关的纠纷。根据现有法律规定，房地产开发商可以面对实际施工人突破合同相对性向其直接主张工程款项。

（一）实际施工人的概念和权利保护路径

1. 什么是实际施工人？

在农民工大量被拖欠工资的背景下，早在2004年，最高人民法院《关于审理建设工程施工合同纠纷案件适用法律问题的解释》（法释〔2004〕14号）（已失效）中首次提出了实际施工人的概念。司法主流观点是为区别合同法中“施工人”的概念，该司法解释使用了“实际施工

人”的称谓，特指借用有资质的建筑施工企业名义签订施工合同的一方。[6]

实际施工人具备以下几种特征：(1)是无效合同的承包人。(2)是违法承包人。他没有取得相应建设工程施工资质，违反了相关法律法规。(3)与发包人之间不存在直接的建设工程施工合同关系，但实际履行承包人的施工义务，通过筹集资金、购买施工材料、雇佣施工人员等工作组织进场施工，完成整个建设工程或部分建设工程的行为，和发包人形成了事实上的权利义务关系。(4)与上位承包人(非法转包人，违法分包人)是非雇佣关系，如果是上位承包人的组成部门或雇用委托代理人员，则不能称为实际施工人。(5)建设工程必须进行招标而未招标或中标无效的建设工程施工合同的承包人。但不包括承包人的履行辅助人，合法的专业分包工程承包人，劳务作业承包人，即实际施工人必须是基于无效合同产生的。[7]

2. 实际施工人主张工程价款的路径

(1)实际施工人可以依据《关于审理建设工程施工合同纠纷案件适用法律问题的解释(一)》第43条规定要求发包人在欠付转包人或者违法分包人工程价款范围内对其承担责任

《关于审理建设工程施工合同纠纷案件适用法律问题的解释(一)》第43条规定：“实际施工人以转包人、违法分包人为被告起诉的，人民法院应当依法受理。实际施工人以发包人为被告主张权利的，人民法院应当追加转包人或者违法分包人为本案第三人，在查明发包人欠付转包人或者违法分包人建设工程价款的数额后，判决发包人在欠付建设工程价款范围内对实际施工人承担责任。”故依据该条司法解释，实际施工人可以要求发包人在欠付转包人或者违法分包人工程价款的范围内对其承

[6] 秦德平：《常见民商事纠纷裁判规范指引》(建设工程施工合同卷)，法律出版社2020年版，第十四章。

[7] 参见秦德平：《常见民商事纠纷裁判规范指引》(建设工程施工合同卷)，法律出版社2020年版，第十四章。

担责任。据此，实际施工人可以突破合同相对性直接向发包人主张权利。[8]

(2)实际施工人可以依据《民法典》第535条规定，提起代位权诉讼，要求发包人支付工程价款

根据《关于审理建设工程施工合同纠纷案件适用法律问题的解释(一)》第44条“实际施工人依据民法典第五百三十五条规定，以转包人或者违法分包人怠于向发包人行使到期债权或者与该债权有关的从权利，影响其到期债权实现，提起代位权诉讼的，人民法院应予支持”的规定，以及《民法典》第535条“因债务人怠于行使其债权或者与该债权有关的从权利，影响债权人的到期债权实现的，债权人可以向人民法院请求以自己的名义代位行使债务人对相对人的权利，但是该权利专属于债务人自身的除外。代位权的行使范围以债权人的到期债权为限。债权人行使代位权的必要费用，由债务人负担。相对人对债务人的抗辩，可以向债权人主张”的规定，依据该条司法解释，转包人或者违法分包人怠于向发包人行使到期债权或者与该债权有关的从权利，影响实际施工人到期债权实现的，实际施工人可以向发包人提起代位权诉讼，要求发包人支付工程价款。

(3)实际施工人可以其直接前手之外的其他转包人、违法分包人欠付工程款为由向前述转包人、违法分包人主张工程价款

实际施工人直接前手之外的其他转包人、违法分包人欠付工程款的，实际施工人可以向其他转包人、违法分包人主张工程价款。比如在发达控股集团有限公司、吴某某建设工程施工合同纠纷再审审查与审判监督民事裁定书[(2021)最高法民申3670号]中最高人民法院认为，最高人民法院《关于审理建设工程施工合同纠纷案件适用法律问题的解释(二)》(已失效)第24条规定：“实际施工人以发包人为被告主张权利的，人民法院应当追加转包人或者违法分包人为本案第三人，在查明发包人欠付转包人或者违法分包人建设工程价款的数额后，判决发包人在

[8] 参见郑一珺、常东岳：《建设工程施工合同纠纷诉讼实务指南》，法律出版社2021年版，第一章第四节。

欠付建设工程价款范围内对实际施工人承担责任。”该案中，发达控股集团有限公司虽非案涉工程的发包人，但其作为转包人，对张某尚未支付完毕全部的工程款，原审判令其对张某欠付实际施工人的工程款承担连带责任，并未实际损害其利益。

(4)挂靠人可以其与被挂靠人形成了利益共同体为由向发包人主张工程价款

贵州建工集团第十建筑工程有限公司、贵州鑫贵房地产开发有限公司建设工程施工合同纠纷二审民事判决书[(2020)最高法民终 1131 号]中最高人民法院认为，在借用资质承包工程的情况下，挂靠人与被挂靠人在主张工程款债权方面实际上构成了利益共同体，故两者均有权向发包人主张工程款债权。据此，挂靠人可以其与被挂靠人形成了利益共同体为由向发包人主张工程价款。

(二)防范及应对风险建议

《关于审理建设工程施工合同纠纷案件适用法律问题的解释(一)》第 43 条的规定无疑给了实际施工人一把“尚方宝剑”，实践中，众多实际施工人依据第 43 条的规定肆无忌惮地直接向发包人起诉，而房地产企业往往因为不了解事实情况而疲于应对各种实际施工人的纠纷。我们认为，作为发包人的房地产企业可以从以下几个方面有效避免、解决实际施工人纠纷案件。

1. 在招标过程中，房地产企业可以明确规定案涉工程不得转包、违法分包，并严格审查投标人的资质证书是否真实，要求投标人就劳动关系提交相应的材料(如社保明细、劳动合同等)，同时要求项目经理、主工程人员未经发包人同意不得随意更换，如必须要进行更换，则应该重点审查拟更换人员的资质、能力、工作单位等情况。

2. 要求承包方以书面形式承诺不存在挂靠行为并附以违约责任，同时还可以约定如发生转包、违法分包、挂靠情形，承包人除了承担违约责任外，发包人还可以从工程款中直接扣款以支付给实际施工人。

3. 房地产企业可以建设自己的供应商/承包商库，与一大批有资质、能力的建设企业建立良好的合作关系，对于转包、违法分包、挂靠的企业予以打压。

(三)建设工程中工期延误或工程质量问题的相关问题

1. 工期延误

建设环节中,房地产企业最担忧的可能就是承包人是否可以按照合同约定的工期完工,尤其是在疫情冲击下,房地产企业无法如期交房的案例比比皆是。而房地产企业一旦能够证明承包人需要对"因工期延误给发包人造成的相关损失"承担责任,就可以将向业主支付的逾期交房违约金转移至承包人身上。因此,能否被认定为存在工期延误及工期延误的原因,对房地产企业至关重要。

例如,在长业建设集团有限公司、西安鼎咸置业有限责任公司(以下简称鼎咸公司)等建设工程施工合同纠纷民事二审判决书[(2021)最高法民终 375 号]中,鼎咸公司提交证据证明其以抵扣方式一次性向业主支付了逾期交房违约金 1 707 134 元。最高人民法院据此认定,根据案涉合同有关因承包人原因导致工期拖延,承包人一并承担"不超过合同总造价的百分之一"的违约金和"因工期延误给发包人造成的相关损失"之约定,长业建设集团有限公司应承担因其迟延交房给鼎咸公司造成的上述损失。

而根据《建设工程施工合同(示范文本)》(2017 年)的规定,可以被认定为承包人原因导致的工期延误有以下几种情况:[9] 承包人拒不签收发包人的信函;承包人未合理预见进出施工现场的方式、手段、路径等;承包人未提交与项目经理的劳动合同和项目经理缴纳社会保险的有效证明;承包人未充分勘察施工现场和条件;承包人照管期间因承包人原因造成工程、材料和设备损坏;承包人原因造成成品或半成品损坏;承包人原因导致工程质量不合格;隐蔽工程检查或重新检查不合格;承包人私自覆盖隐蔽工程;当事人对工程质量发生争议,经鉴定质量不合格;承包人未对安全文明施工费专款专用,且发包人指令改正后逾期未改正;发生危及工程安全事件的抢救;承包人原因引起环境污染纠纷;承包人原因引起的暂停施工;工程暂停后符合复工条件,承包人无故拖延和

---

〔9〕 参见郑一珺、常东岳:《建设工程施工合同纠纷诉讼实务指南》,法律出版社 2021 年版,第三章。

拒绝复工;承包人采购的材料和工程设备不符合设计或有关标准要求;承包人使用的施工设备不能满足进度计划或质量要求;对材料、设备和工程的重新试验和检验不合格;承包人原因导致的暂估价合同迟延;竣工验收不合格;承包人原因导致工程试车达不到验收要求等。

2. 工程质量问题

除了工期延误,工程质量不合格也是房地产企业在建设环节需要重点关注的问题。

在中天建设集团有限公司(以下简称中天公司)、辽宁金方圆置业有限公司建设工程施工合同纠纷案[(2021)最高法民申 1906 号]中,最高人民法院就认定,因中天公司(承包人)在6年多时间里一直未对不合格工程进行修复,直至该案二审审理期间才最终解决工程质量问题。根据《合同法》(已失效)第 281 条及最高人民法院《关于审理建设工程施工合同纠纷案件适用法律问题的解释》(已失效)第 11 条的规定,同意金方圆公司对要求扣减工程款利息的抗辩。

因此,房地产企业只要举证证明承包人施工的建设工程质量不符合法定或约定的建设工程质量标准,就可以要求承包人对工程质量问题负责并承担赔偿责任。

3. 防范及应对风险建议

(1)工期延误

为避免工期延误和在工期延误的情况下确定责任主体,房地产开发企业可以采取以下措施:

①在建设工程施工合同中约定因承包人原因导致工期延误的情形,并规定由此产生的违约金的数额和计算方法;

②对承包工程进行监督,积极和承包人进行沟通,在可能出现工期延误的苗头时,进一步遏制其延长;

③如确实因工期延误产生纠纷,房地产企业可以出示合同、竣工验收、造成的损失等相关材料文件证明存在工期延误情况。

(2)工程质量风险提示

①应当重视设计责任是由发包人承担的,故而房地产企业必须严把设计质量关,积极履行在施工前将施工设计文件交审查机构审查批准的

义务。若发包人提供的设计存在缺陷,造成建设工程质量缺陷,则需承担过错责任。

②保证发包人的合法发包,拒绝挂靠、转包和违法分包的行为,严格审查承包人的相关资质。在有指定分包的时候,应当派出专门代表或者监理工程师进驻现场严格把关,并在合同中约定承包人对指定分包者的具体管理责任。

③按照《建设工程质量管理条例》的规定,委托有相应资质的工程监理单位或设计单位进行监理、设计。

④保证施工材料符合要求,在施工合同中约定,工程使用的主要建筑材料、建筑构配件和设备的品名、规格、等级、产地、数量、单价,主要材料、设备必须通过的进场试验、试车等检验条件。

三、销售环节的风险及应对

为了增加房地产项目的销量、加快资金回笼,又或者为缓解公司自身人力、财力不足的情形,分散公司开发房地产的风险,许多房地产开发商会因此在房屋销售过程中引入专业的销售代理商进行商品房代理销售。[10] 销售代理对项目存量房源的销售去化具有极大的作用,但基于商品房委托销售代理而产生的法律纠纷近年来越来越多且层出不穷。

(一)相关案例及风险类型总结

1. 中介与开发商之间没有合同,但是实际提供了居间服务的费用的认定问题

【案件名称】

某咨询有限公司等与某集团财务有限公司居间合同纠纷案[11]

【基本案情】

某咨询有限公司为某置业公司寻找客户并居间提供机会和媒介服务,并带领某集团财务有限公司看房,双方签署了《看房确认书》,此后,

---

〔10〕 参见秦凤:《【房地产开发系列】第三篇:关于房地产销售代理相关法律问题的浅析》,载微信公众号“盈熙律师团队”2019 年 6 月 13 日,https://mp. weixin. qq. com/s/RU1kvbWrAdu7I9fGTJtemw。

〔11〕 参见北京市第一中级人民法院(2019)京 01 民终 8039 号民事判决书。

该集团财务有限公司承租了某置业公司的房屋。但该咨询公司与某置业公司之间不存在书面合同,某置业公司拒绝支付佣金。该案的争议焦点为双方之间是否存在居间合同关系,如存在,居间报酬的具体数额该如何确定。

【裁判观点】

当事人未以书面形式或者口头形式订立合同,但从双方从事的民事行为能够推定双方有订立合同意愿的,人民法院可以认定是以原《合同法》第10条第1款中的"其他形式"订立的合同。该案中,原被告双方未签订书面合同,亦无法证明双方有口头合同存在。但某置业公司曾将租赁项目简介发送给某咨询公司,并且同意某咨询公司带客户看房,在沟通中还表示在某咨询公司取得独家委托后可以申请佣金。上述事实可以认定,双方成立事实上的合同关系。居间人促成合同成立的,委托人应当按照约定支付报酬。对居间人的报酬没有约定或者约定不明确,依照原《合同法》第61条的规定仍不能确定的,根据居间人的劳务合理确定。

除了上述案例之外,还存在中介与开发商的居间合同到期后,中介继续介绍客户成交的情形,以及在房屋成交之后,中介与开发商才签订合同,之前的客户并不在合同期内的情形。法院也认为只要能够证明中介公司切实提供了中介服务,房地产企业均应当承担支付中介费的责任。例如粤亿美(广州)房地产有限公司、温某某居间合同纠纷案[(2020)粤01民终588号]、上海富士康有限公司与第一太平戴维斯物业顾问(上海)有限公司中介合同纠纷案[(2021)沪01民终13839号]。

2. 其他销售代理合同常见纠纷及总结

商品房委托代理销售合同案件中,房地产开发企业将房产委托给中介机构代理销售后,往往以受托人未实际提供代理服务、尚未完全履约、无法认定客户系其推介等为由,拒绝支付佣金。受托方因此起诉,要求委托方按照约定支付佣金、违约金、现金奖、销售溢价款等。因此合同履约认定也是一个难点。当事人举证不充分往往导致受托人合同义务完成情况难以认定。实践中法院需要综合考量受托方居间作用大小、合同履行实际情况等,兼顾公平原则和诚实信用原则来确定履约程度。

（二）防范及应对风险建议

1. 订立合同前房地产企业应对销售代理商基本情况进行调查、了解

房地产企业在选择中介公司时，为确保销售代理商有能力履约，应当选择依法设立并取得工商营业执照、资信好、从业人员能力强的房地产中介服务机构，还应考察其团队成员构成、业绩、经验、营销能力、客户资源等背景。

2. 签订合同时应严格把控销售代理合同的条款制定

针对代理服务内容，双方应当签订书面、明确、完整的委托合同，明确约定委托期限及代理服务内容，合理确定销售目标，准确界定中介服务费用及支付方式。

对于中介服务机构对外发布的商品房销售广告的内容和宣传行为，房地产企业应进行严格审查和监督，不得进行虚假广告宣传。

对委托的中介服务机构的商品房销售款的收取应当采取保证金、银行专用账户等安全有效的方式，加强对商品房销售款的监管。明确销售代理商及其团队成员不具有代收款项的权限，例如通过现场公示，或者在与购房者所签署的认购书、商品房买卖合同或其他购房文件（例如：购房须知）中，向购房者明确告知销售代理商及其团队成员无权代收款。

最后，还应该严禁房地产中介服务机构转委托，对转委托行为应当采取单方免责解除委托合同、没收保证金、追究违约责任等方式进行处理。与销售代理商解除合同后也应通过公开渠道及时公示、告知购房人，以此作为推翻构成表见代理条件的证据。[12]

3. 签约后，应在履约过程中及时跟踪和监督，并且严控自身引发的风险

（1）开发商应妥善保管公章和合同专用章，制定严格的用印流程，防止销售代理商偷盖公章，以避免因公章管理不善带来的纠纷及经济损失。

（2）对于开发商委托销售代理商进行代理销售商品房的行为，许多地方的政府主管部门都会要求开发商公示销售代理商的相关信息，如广

---

〔12〕 参见郭家汉：《房地产开发法律风险防范实务》，知识产权出版社2015年版，第六篇。

东省规定开发商委托房地产经纪机构代理销售的,应当公示房地产经纪机构营业执照、备案证明文件、经纪服务授权委托书(包括委托代理的范围、期限和权限,以及被委托人的权利、义务等信息)、房地产经纪机构地址和联系电话;如未按规定公示,政府主管部门将视情节轻重采取书面警示、约谈企业负责人、公开通报批评、暂缓销售网签、列入行业失信企业名单、行政处罚等措施,及时责令整改。[13] 所以,为免被罚,开发商在委托销售代理商后,应及时依规定公示相关信息。

(3)开发商应设置规范的销售流程,把控销售中的各个环节,特别是项目存在多个销售代理机构、多种销售方式的情况,开发商更应严控、采取相关措施,如在销售前做好购房客源归属的书面确认、成交后向实际购房人予以回访再次核实等,防止出现销售人员与销售代理商或中介人员恶意串通损害开发商利益等不当销售行为。

四、交付环节的风险及应对

(一)相关案例

【案件名称】

刘某某与某置业有限公司商品房销售合同纠纷[14]

【基本案情】

2019年6月11日,原告与被告签订《商品房买卖合同》,约定原告购买被告开发的房屋一套,交房时间为2021年12月31日前。除不可抗力或买卖合同及补充协议另有约定外,因出卖人自身原因导致未按照买卖合同及其补充协议约定的时间将商品房交付买受人的,按照下列方式处理:逾期在90日内的(含90日)出卖人每日按照买受人已付购房款的万分之一向买受人支付违约金,合同继续履行;逾期超过90日的,出卖人每日按照买受人已付购房款的万分之二向买受人支付违约金,合同继续履行。原告按约定支付购房款后,2021年12月15日被告取得竣工验收备案表。被告于2022年4月30日发出交房通知书,告知原告应于

---

[13] 广东省住房和城乡建设厅《关于进一步规范商品房销售信息公示的通知》(粤建房函〔2021〕551号)

[14] 参见河南省商丘市梁园区人民法院(2023)豫1402民初3094号民事判决书。

2022年5月5日至5月20日期间办理收房手续。

【裁判观点】

双方当事人签订的《商品房买卖合同》系双方当事人真实意思表示,不违反法律、法规的禁止性规定,双方均应按合同约定全面履行。双方当事人签订的《商品房买卖合同》约定,被告“应于2021年12月31日前向原告交房”,原告按合同约定支付购房款后,被告未按照合同约定时间向原告交付房屋,违约事实清楚,应当承担违约责任,向原告支付逾期交房违约金。被告辩称,因大气污染防治、扬尘管控、疫情防控等情况,应当顺延交房日期,因此被告并未违约交房。法院认为,虽然双方在补充协议中约定,如遭遇不可抗力或其他非因出卖人原因延期交房,出卖人可据实予以延期并无须承担逾期交房责任,但被告公司提供的有关大气污染、扬尘治理而文件没有具体要求被告停工、停工时间的内容且被告未将该情形书面告知原告,因此被告公司主张因大气污染防治、扬尘治理而扣除逾期天数的事实和法律依据不足;但疫情属于不可抗拒的情形,在原告、被告签订房屋买卖合同后,该市共有两次静默管控措施,属于不可抗力,因此综合该案实际情况,法院酌情扣减70天。

(二)对开发商延期交房风险防范的建议

房地产企业延期交房一般需要向业主承担延期交房的赔偿责任,尤其是在疫情背景下,延期交房的案例层出不穷。虽然法院普遍认为疫情可以构成不可抗力,但房地产企业为了避免承担过重的赔偿责任,还是应该采取以下措施。

1. 建立有效的房地产项目开发风险评估机制

房地产企业在房地产开发前,就应充分考虑各环节对交付时间的影响,并据此对交付时间进行合理预估后予以确认。同时在建设工程中,对项目所涉的水、电、气等基础设施及小区绿化、消防等分项的进展情况进行定期统计分析,实时识别有可能引起法律风险的因素,并据此对购房合同的约定作出相应合理调整。

2. 完善合同管理制度与签约流程

建议房地产企业对《商品房买卖合同》的格式条款或不利于购房者的条款采取合理的方式提醒购房者注意,并且与购房者合理地约定违约金标准，尽量把购房合同中购房者逾期付款与开发商逾期交房的违约金标准控制在相当程度，以保持合同的公平性，尽可能将损失降到最低。

3. 加强与政府部门的沟通，以便及时把握政策动向

建议房地产企业在项目开发时，加强与政府部门的沟通，及时了解和把握最新政策的动向，同时合理规划向相关政府部门及其他第三方办理各类审批等手续的时间并确保及时办理，避免办理相关手续因各种原因被拖延。

4. 及时有效地向购房者发出收楼通知

一般而言，及时通知购房者收楼是房地产企业必须履行的相关义务，但在实践中部分房地产企业由于没有做好证据保存工作，导致无法举证证明已及时通知业主收楼，从而加重了需承担的违约责任。因此，建议房地产企业对收楼通知书的发出内容、发出时间、发出方式予以妥善保存。

五、房地产企业承担担保责任的风险及应对

作为最常见的担保方式，抵押与保证在商品房预售背景下，逐渐以预抵押与阶段性担保的形式实现，以保障商品房预售能够顺利进行。

具体而言，就是在房地产行业，大部分的购房人为了向银行贷款买房，而银行为了保障自己的债权得以实现，会要求购房人用所购房屋作为抵押。但因大部分商品房处于预售阶段，只能先行办理预抵押。银行为了进一步保障自己的权益，往往会要求开发商在正式抵押办理之前为购房人的债务提供人保，这就是房地产企业的阶段性担保责任。

但实践中，因法律的缺失，房地产企业承担担保责任出现了较多不一致的判决。这一情形在《民法典》和《关于适用〈中华人民共和国民法典〉有关担保制度的解释》出台后，得到了一定程度上的改善。本节将旨在讨论这种变化背后的原因，并对当下仍然存在的问题予以分析。

（一）《民法典》实施前后房地产企业承担阶段性担保责任的变化

1. 法律规定

在《民法典》出台前，原《物权法》仅在第 20 条提到了“预告登记”，而且也只是作为所有权登记的一个环节予以说明，并未聚焦于司法实践。

《民法典》虽也未就预抵押制度进行规定，但《关于适用〈中华人民

共和国民法典〉有关担保制度的解释》第 52 条第 1 款对抵押预告登记相关的问题进行了规定:“当事人办理抵押预告登记后,预告登记权利人请求就抵押财产优先受偿,经审查存在尚未办理建筑物所有权首次登记、预告登记的财产与办理建筑物所有权首次登记时的财产不一致、抵押预告登记已经失效等情形,导致不具备办理抵押登记条件的,人民法院不予支持;经审查已经办理建筑物所有权首次登记,且不存在预告登记失效等情形的,人民法院应予支持,并应当认定抵押权自预告登记之日起设立。”

2. 重要影响及变化

(1)满足条件,抵押预告登记也可以就房屋主张优先受偿

过去,多数法院认为只办理了预告抵押登记,并不能优先受偿,但《关于适用〈中华人民共和国民法典〉有关担保制度的解释》出台后明确,符合条件的,若预告登记权利人请求就抵押财产优先受偿,则人民法院应予支持。该突破不仅保障了银行的利益,对开发商也有重要意义。[15]

根据《民法典》第 700 条、《关于适用〈中华人民共和国民法典〉有关担保制度的解释》第 18 条第 2 款的规定,开发商承担保证责任后,有权主张债权人对债务人享有的担保物权。这类似于担保人的代位求偿权,不是普通债权,而是可获得原债权人对债务人的担保物权,可优先受偿,也是就说,开发商代偿贷款后,若银行的预告抵押登记满足《关于适用〈中华人民共和国民法典〉有关担保制度的解释》第 52 条规定的条件,则开发商可主张就房屋优先受偿。[16]

(2)《民法典》及《关于适用〈中华人民共和国民法典〉有关担保制度的解释》实施后的相关司法判例

广东省珠海市香洲区人民法院在 2021 年 2 月 5 日作出的(2020)粤

〔15〕 参见尹思雨:《抵押预告登记优先受偿效力的解释论》,载《西南政法大学学报》2022 年第 1 期。

〔16〕 参见尹思雨:《抵押预告登记优先受偿效力的解释论》,载《西南政法大学学报》2022 年第 1 期。

0402 民初 4653 号民事判决书中提到，涉案抵押物已经办理所有权首次登记及抵押预告登记手续，银行对处置涉案房产所得价款，享有优先受偿权。根据《开发商合作及担保协议》，银行的担保期限为自贷款发放之日起至取得抵押登记证明之日止。银行在《开发商合作及担保协议》中的合同目的已经实现，银行仍主张开发商对涉案债务承担连带责任，无异于过分增加开发商负担，有违公平，法院对银行主张开发商对涉案债务承担连带责任的请求不予支持。

而类似的判决倾向在各省市已经出现，这对房地产企业来说显然是个利好消息。

3. "开发商阶段性担保责任"案件的审判现状

在中国裁判文书网中，以"开发商阶段性保证责任"为关键词进行检索，发现各法院在判定所有权是否首次登记上问题不大，但在认定"自能够进行不动产登记之日起未超过 90 日"这一条件时存在理解不一致的现象。[17]

在(2020)沪 0115 民初 71824 号、(2021)沪 0101 民初 12266 号判决中，虽然案涉房屋在诉讼时距离所有权首次登记的时间已超 90 日，但法院并没有因此认定抵押预告登记已经失效。这是因为法院认为"自能够进行不动产登记之日"指的是所有权转移登记完成之日，也就是产权证办妥之日，而不是所有权首次登记完成之日。因此，虽然案涉房屋早已完成了所有权首次登记，但由于购房人一直没有办理产权证，所以办理抵押登记的条件尚未达成，也就更加没有超过 90 日。

但在(2020)沪 0106 民初 54569 号判决中，法院认为案涉房屋进行所有权首次登记之日即"能够进行不动产登记之日"，所以自该日起 90 日后，抵押预告登记失效，开发商需要承担连带清偿责任。[18]

(二)制度变化的原因

探究《关于适用〈中华人民共和国民法典〉有关担保制度的解释》这

---

〔17〕 参见陈大山：《开发商阶段性担保责任实证研究》，载《河北企业》2021 年第 9 期。

〔18〕 参见马芳、赵轶：《【建纬观点】预抵押与阶段性担保制度的立法与实践研究(上)——兼论民法典及司法解释对预抵押制度的推动作用》，载微信公众号"建纬律师"2022 年 9 月 30 日，https://mp.weixin.qq.com/s/Zv25lrcuKGNGbtEmqP9jDg。

一规定变化的原因,笔者认为主要有以下几点:

(1)填补法律空缺,有效避免银行无差别地起诉房地产企业承担连带担保责任,导致房地产企业疲于应诉;

(2)有效激励房地产企业尽快完成房屋建造并办理所有权首次登记,在一定程度上有效减少烂尾楼的出现,促进房地产行业转型;

(3)明晰购房者、银行、开发商三者的权责,改善了此前相关案件判决结果不一致的现象。[19]

(三)房地产企业免除阶段性保证责任之法律服务上的意见

为实现房地产开发企业在阶段性保证责任中的损失最小化,在实践中承办律师针对开发商阶段性担保责任的免除提出了如下建议:

第一,在《商品房买卖合同》中合理设置买受人"断供"的违约责任:买受人通过向银行申请按揭贷款的方式向开发商支付购房款是常见的付款方式,建议在购房合同中明确约定如买受人出现"断供"情形,开发商有权免方免责解除《商品房买卖合同》,收回房屋另行销售,并在合同中明确买受人应配合办理腾退房屋和撤销网签备案手续,以及其他违约责任等。

第二,在办理好所有权首次登记后,积极通知业主及时办理权属证明及正式的抵押登记,并保留相关材料,以保证开发商已经尽到合理的通知义务,对业主怠于办理正式抵押登记不具有过错。

第三,在向银行交付房产证时,应当要求银行签署和提供正式的书面交接清单。在交付房产证后,对于银行长期不办理抵押登记的,应当采取书面的方式进行催告,并注意保留书面的证据。

---

〔19〕 参见马芳、赵轶:《【建纬观点】预抵押与阶段性担保制度的立法与实践研究(上)——兼论民法典及司法解释对预抵押制度的推动作用》,载微信公众号"建纬律师"2022年9月30日,https://mp.weixin.qq.com/s/Zv25lrcuKGNGbtEmqP9jDg。

第四节 房地产企业系统风险的应对策略之三：事后处置

在房地产企业转型阶段，随着中央的宏观调控、紧缩性货币政策以及市场竞争的影响，房地产行业产能过剩，导致部分房地产企业出现资金断链，甚至走向破产。

根据“全国企业破产重整案件信息网”的不完全统计，[20] 截至2023年5月，全国破产企业共10 183家，其中房地产企业1005家，占比9.87%。

一、破产重整及重点法律服务

（一）概述

破产重整是指在破产重整计划草案中，债务人为摆脱财务困境、恢复生产经营所采用的方式和方法。[21] 根据《企业破产法》第70条的规定，债务人及债权人可以直接向法院申请对债务人进行重整。已经进入破产清算程序的，债务人或者出资额占债务人注册资本1/10以上的出资人，可以向法院申请进行重整。

相较于其他的行业，房地产企业因其资金密集型的属性和往往涉及众多法律关系的特点，导致其破产重整更加困难。本节将重点讨论房地产企业的引资式重整模式、破产重整过程中在建工程复工续建的问题。

（二）引资式重整

1. 概念

走向破产重整的房地产企业往往存在“资不抵债”的情况，因此难以依靠再次借款进行重整，而多采取利用其资产转让、股权投资等方式

---

〔20〕 参见全国企业破产重整案件信息网：https://pccz.court.gov.cn/pcajxxw/pctzr/tzrdh?lx=1&sfzmtzr=0。

〔21〕 参见吴正绵：《破产重整操作模式之律师实务探究》，载《法治研究》2010年第2期。

引入投资人注入资金清偿债务、继续经营的重整模式。[22]

其中,资产转让是指将房地产企业的全部资产(包括但不限于完建工程、在建工程、拍得土地等)通过公开拍卖等方式打包处置,由投资人受让并一次性支付现金对价的方式。[23] 而股权投资则指的是,投资人通过股权转让、增资与股权拍卖等方式,收购房地产企业的股权,进而取得对目标企业、房地产项目的控制权。[24]

2. 引入方式

(1)公开招募投资人

实践中,存在通过公开招募方式招募投资人,破产管理人直接采纳债权人或债务人推荐的投资人给出的投资方案的情形。甚至在目标资产较为优质的情况下,法院、债权人会议会主动要求公开招募投资人。

(2)自愿协商——管理人接纳其他投资人作为重整投资人

即便公开招募投资人不是法定的选择投资人的必经程序,但在破产与重整信息公告后,不排除有其他投资人接洽并要求参与重整投资。如果其他投资人给出的投资方案更为优越、能够提高清偿率,管理人可能基于"债权人利益最大化原则"接纳新的投资人并据此制定重整计划。

3. 注意事项

不论公开招募还是自愿协商,引入投资人方案都需要经债权人会议表决通过。所以在会议前,管理人、房地产企业与投资人不能订立具体的投资协议,而只能订立意向性的框架协议。

此外,因房地产行业关乎民生,部分地方的政府、法院或相关职能部门,对于影响较大的房地产企业重整案件较为重视,会积极寻求意向投

---

〔22〕 参见郑小雄主编:《房地产开发企业破产若干法律问题分析》,人民法院出版社2020年版,第二十六章。

〔23〕 参见张芯瑜:《泰和泰研析|论破产房地产企业重整价值最大化的外驱动力》,载微信公众号"泰和泰律师"2022年10月27日,https://mp.weixin.qq.com/s/NnBFHx7ufRjioWoEHH0zEg。

〔24〕 参见树人并购团队《房企重整丨重整河山待新生——房地产企业破产重整中的投资机会》,载微信公众号"树人律师"2022年8月29日,https://mp.weixin.qq.com/s/-eLfnugJ7eLfcrQe9mHcEA。

资人,甚至会直接出面与意向投资人洽谈,以期能够促成重整。但在此时,更应该尊重市场规律和当事人意思自治原则,避免公权对私权的过度干涉。

(三)复工续建

在房地产企业破产的情况下,多数的在建工程暂停建设是因资金链断裂导致的,但是由于在建工程仍是房地产企业的主要财产。因此,在破产重整程序中,讨论复工续建就显得尤为必要了。

1. 复工续建的条件及主要资金来源

(1)复工续建的条件

首先,在房地产企业重整过程中,政府支持是必不可少的条件之一。因此需要提前与政府和有关部门进行沟通,取得政府对于房地产企业重整的实施及项目复工建设的有力支持。

其次,破产管理人应就复建工作和各组债权人提前做好沟通协调,以保证债权人在债权人会议上对复建方案的表决通过。

最后,也是最重要的就是要保障资金的到位,可以通过造价机构评估复建工程的预算,了解复建的成本范围。由破产重整管理人与投资人签署协议,在协议中保证投资人"资金到位"。

(2)复工续建的主要资金来源

复工续建的资金主要来源于以下几种:一是通过向其他方的借款,包括普通借款或抵押贷款;二是直接引入资金复工续建;三是与购房者协商提前交付剩余房款用于复工续建;四是由施工承包单位垫资续建。〔25〕

2. 复工续建的程序

管理人在接管房地产开发企业财产后,房地产在建项目包括在建楼盘,经专业机构商业评估具有复工续建可行性的,管理人应当决定复工续建,复工续建融资可以采取公告方式引入出借人、投资人等,也可以采取直接谈判方式与施工单位、商业银行协商续建融资问题。如果达成初

---

〔25〕 参见郑小雄主编:《房地产开发企业破产若干法律问题分析》,人民法院出版社2020年版,第二十九章。

步融资意向，管理人应当拟定复工续建方案。续建工程项目如需与有关部门衔接，管理人应当与自然资源、住建、规划、环保等部门进行对接，尽快办妥土地、规划等相关手续，管理人拟定复工续建方案后，连同重整计划草案报请债权人会议表决，债权人会议表决通过后，报请法院批准，法院批准后，由管理人和房地产开发企业组织实施。[26]

二、破产清算及重点法律服务

（一）概述

1. 破产清算概念

破产清算是指企业进入破产程序以后，不再给予债务人挽救企业的机会，而是直接通过对债务人的财产进行整理、作价、变卖等活动并按照一定的顺序进行债务的清偿，在债务人所有的财产被分配完毕以后，破产程序终结，债务人企业依法注销，权利人未获清偿的债权部分同时予以了结。

2. 破产清算条件

根据《企业破产法》和最高人民法院《关于适用〈中华人民共和国企业破产法〉若干问题的规定（一）》的相关规定，当企业法人不能清偿到期债务，并且资产不足以清偿全部债务或者明显缺乏清偿能力的，可以进行破产清算。

3. 破产清算主体

根据《企业破产法》第 7 条的规定：债务人有本法第 2 条规定的情形，可以向人民法院提出重整、和解或者破产清算申请。债务人不能清偿到期债务，债权人可以向人民法院提出对债务人进行重整或者破产清算的申请。企业法人已解散但未清算或者未清算完毕，资产不足以清偿债务的，依法负有清算责任的人应当向人民法院申请破产清算。也就是说，破产清算的主体是债务人、债权人及法律规定负有清算责任的人。

---

〔26〕 参见郑小雄主编：《房地产开发企业破产若干法律问题分析》，人民法院出版社 2020 年版，第二十九章。

（二）破产清算之债权清偿

1. 破产债权的含义

破产债权是指在企业破产宣告之前成立的，债权人对破产企业享有的债权，在经过债权人依法申报，管理人审查、债权人会议审核以及人民法院裁定确认后，享有的从破产财产中获得公平清偿的财产请求权。

房地产企业因其特性，导致其破产债权确认繁复且耗时众多。笔者接下来将重点阐释建设工程款破产债权、职工破产债权及债权清偿顺序等问题。

2. 建设工程款破产债权

承包人在房地产企业破产中申报工程款债权的，应提交建设工程结算书。若案涉工程尚未结算，管理人可以暂缓认定直至结算完成，如遇无法结算，管理人可以根据相关证据材料进行审核认定或者申请法院选定有资质的评估机构进行鉴定。

根据《民法典》第807条的规定，承包人享有工程款债权的优先受偿权，该优先受偿权依法可以在破产程序中予以主张。但管理人在审查工程款优先权受偿时仍应该注意：一是优先受偿范围要限于建设工程价款的范围，承包人在工程价款外所产生的债权（如违约所造成的损失等）为普通债权并不享有优先受偿权；二是要限于“该工程折价或者拍卖的价款”，超出的部分只能作为普通债权，参与破产企业的其他财产分配。〔27〕

3. 职工破产债权

职工债权是指破产企业和其职工在法院受理破产申请前因双方劳动关系而发生的劳动债权。主要包括：职工工资，职工的医疗、伤残补助、抚恤费，应当划入职工个人账户的基本养老保险、基本医疗保险费用，《劳动合同法》规定的补偿金，《劳动合同法》规定的赔偿金。

〔27〕 参见郑小雄主编：《房地产开发企业破产若干法律问题分析》，人民法院出版社2020年版，第十章。

同工程款一样，因《企业破产法》的直接规定，[28]职工债权也享有法定的优先受偿权。因此为了保障职工的合法权利，管理人在审查时应该重点对劳动关系和债权数额进行审查，具体包括：一是管理人应该查实每位职工的劳动关系，可以根据破产企业提交的职工花名册、劳动合同、社保明细等进行审查；二是针对职工债权的具体数额，管理人应该以劳动合同为基础，结合业绩考核、提成、福利待遇等情况，查清并认定职工债权的具体数额。尤其是在计算补偿金时，管理人还应该查实清楚职工的工作年限，必要时可以委托会计师事务所进行专项审计。

4. 债权清偿顺序

(1)清偿顺序的基本规则

确定破产债权清偿顺序的基本规则有两类：一类是法定性清偿规则；另一类是解释性清偿规则。[29]

其中，法定性清偿规则主要是依据《企业破产法》第113条的规定确立各债权清偿的先后顺序；而解释性清偿规则，是指由最高人民法院通过司法解释规定指导地方各级人民法院所适用的破产债权清偿规则，[30]主要包括最高人民法院《关于建设工程价款优先受偿权问题的批

---

〔28〕《企业破产法》第113条规定："破产财产在优先清偿破产费用和共益债务后，依照下列顺序清偿：(一)破产人所欠职工的工资和医疗、伤残补助、抚恤费用，所欠的应当划入职工个人账户的基本养老保险、基本医疗保险费用，以及法律、行政法规规定应当支付给职工的补偿金；(二)破产人欠缴的除前项规定以外的社会保险费用和破产人所欠税款；(三)普通破产债权。破产财产不足以清偿同一顺序的清偿要求的，按照比例分配。破产企业的董事、监事和高级管理人员的工资按照该企业职工的平均工资计算。"

〔29〕参见周莹召：《房地产开发企业破产债权的清偿顺序》，载《吉林工商学院学报》2019年第2期。

〔30〕参见郑小雄主编：《房地产开发企业破产若干法律问题分析》，人民法院出版社2020年版，第三十章。

复》(已失效)和《全国法院破产审判工作会议纪要》的相关规定。[31]

(2)各类债权及费用的清偿顺序

房地产企业各类破产债权和费用的清偿顺序安排的主要任务是厘清各类优先受偿债权的顺位,这对“公平清理债权债务,保护债权人和债务人的合法权益”具有重要的意义。根据《企业破产法》和有关司法解释的规定,房地产企业破产各类债权的清偿顺序,应当做如下安排:

第一顺位,破产费用及共益债务。破产费用是法院在受理破产案件后,为保障破产程序(包括重整、和解、清算)的顺利进行而支付的费用,[32]主要规定在《企业破产法》第41条。共益债务是破产程序中为全体债权人的共同利益由债务人财产及其管理人行为而产生的债务,主要规定在《企业破产法》第42条。

在债务人财产不足以清偿所有破产费用和共益债务的情况下,破产费用与共益债务两者的清偿顺序根据《企业破产法》第43条第1款的规定“先行清偿破产费用”。由此可见,破产费用才是真正的第一清偿顺序,而共益债务应当安排在破产费用之后。

第二顺位,拆迁安置债权。

第三顺位,消费购房债权;第四顺位,建设工程款债权;第五顺位,抵押债权。这三种债权的清偿顺序依据的是最高人民法院《针对山东省高级人民法院就处置济南彩石山庄房屋买卖合同纠纷案请示的答复》。

第六顺位,职工劳动债权;第七顺位,税款及部分社保债权;第八顺

---

〔31〕《全国法院破产审判工作会议纪要》(法〔2018〕53号)第28条规定:“破产债权的清偿原则和顺序。对于法律没有明确规定清偿顺序的债权,人民法院可以按照人身损害赔偿债权优先于财产性债权、私法债权优先于公法债权、补偿性债权优先于惩罚性债权的原则合理确定清偿顺序。因债务人侵权行为造成的人身损害赔偿,可以参照企业破产法第一百一十三条第一款第一项规定的顺序清偿,但其中涉及的惩罚性赔偿除外。破产财产依照企业破产法第一百一十三条规定的顺序清偿后仍有剩余的,可依次用于清偿破产受理前产生的民事惩罚性赔偿金、行政罚款、刑事罚金等惩罚性债权。”

〔32〕参见王慧:《论公司破产中的债权人利益保护》,黑龙江大学2010年硕士学位论文。

位，普通债权。这三种债权的清偿顺位由《企业破产法》直接规定。[33]

(三)破产清算之“保交楼”政策

1.政策出现背景

2022年6月，江西景德镇恒大某楼盘的业主因该楼盘自2021年5月停工后一直未复工，项目监管资金耗尽，进入烂尾状态，在多次维权无果后业主们发布了一份宣布集体停贷的公开信，要求该项目在2022年10月底复工，否则将在2022年11月强制停贷，并强调停贷造成的损失由所有违规放贷的银行、资金监管不力的政府相关单位、转移资金的房地产企业、珑庭项目组等相关利益方共同承担。由此开始，全国多地楼盘的业主纷纷效仿并相继宣布强制停贷，引发了全国范围内的风波。随着集体停贷风波持续升级，烂尾楼盘开始成为国家关注的重点问题。[34]

2022年7月28日，在中共中央政治局会议上首次提出了“保交楼”的工作任务，会议强调要稳定房地产市场，坚持“房子是用来住的、不是用来炒的”的定位，要“保交楼、稳民生”。

自此之后，住房和城乡建设部、原中国银保监会、中国人民银行等有关部门相继发布各项通知并出台各种措施，要求支持开发性政策性银行提供“保交楼”专项借款，通过该方式为已逾期且难以尽快交付的住宅项目提供便利。专项借款精准聚焦“保交楼、稳民生”，严格限定用于已售、逾期、难交付的住宅项目建设交付，实行封闭运行、专款专用。

2.“保交楼”专项借款在破产程序中

在“保交楼”政策出台后确实有不少房地产企业借着这股“东风”，充实了资金链并顺利实现交房。但仍有不少房地产企业因前期资金亏空太大，在建项目增量小，不得不申请进入破产程序。

这个时候，针对已进入破产程序的“保交楼”专项资金，通常会作出以下选择：一是以共益债务借款的方式为复工续建提供资金保障；二是

---

〔33〕 参见郑小雄主编：《房地产开发企业破产若干法律问题分析》，人民法院出版社2020年版，第三十章。

〔34〕 参见李贝贝：《“不复工不还贷！”烂尾楼停贷潮蔓延多地，业主抱团发“强制停贷告知书”》，载微信公众号“华夏时报”2022年7月13日，https://mp.weixin.qq.com/s/pidWgKxP_qH-q6fNwZY8Tg。

要求管理人履行债权人会议决策程序，赋予共益债务借款“超级优先权”的性质，即优先于有财产担保债权（含其他优先权）及普通债权，由债务人财产随时清偿；三是可要求债务人或管理人为共益债务借款设定担保。

（本章执笔人：李丹）

第十二章　农村集体建设用地流转

第一节　农村集体建设用地流转概述

一、农村集体建设用地流转的内涵

(一)农村集体建设用地

根据《土地管理法》的规定,我国土地从用途来看,可以分为农用地、建设用地和未利用地;从所有权主体来看,可以分为国家所有的土地和集体所有的土地。其中农村集体建设用地与国有建设用地相对,是指属于农村集体经济组织享有所有权的建设用地。从《土地管理法》的规定来看,集体建设用地包括农村村民住宅用地(宅基地)、乡镇企业用地、乡(镇)村公共设施和公益事业建设用地三种类型。其中,经规划确定为经营性用途并登记的集体经营性建设用地可以进行流转。由于我国实行土地公有制,仅有国家或集体是土地所有权的主体,而集体所有的土地变为国家所有称为土地征收,因而集体建设用地流转仅指使用权的流转。

根据上述概念可知,集体建设用地流转是指在所有权归属集体不变的前提下,农村各类集体经济组织及其他权利主体,依照合法程序将集体建设用地的使用权以出租、出让、转让等法定形式流转给他人的行为。

(二)农村集体建设用地流转

就土地制度而言,我国实行的是土地社会主义公有制,土地所有权主体仅包括国家或集体。集体所有的土地变更为国家所有,被称为土地征收,因而集体建设用地流转指的仅是集体建设使用权流转。集体建设用地流转,是指在所有权归属集体不变的前提下,农村各类集体经济组织及其他权利主体,依照合法程序将集体建设用地的使用权以出租、出让、转让等法定形式流转给他人的行为。

二、农村集体建设用地流转的形式

根据《土地管理法》《土地管理法实施条例》《民法典》的相关规

定,[1]集体建设用地的流转方式,可以分为初次流转和再次流转,包括出让、出租、转让、抵押、出资、互换、赠与等方式。

(一)出让

以出让方式流转是指土地使用者通过向集体土地所有者支付出让对价,从而获得一定期限的集体建设用地使用权的行为,[2]是所有者设立并分离土地使用权的行为。出让的是土地的使用权而不是所有权,使用权人获得的是一种有期限的用益物权,其享有占有、使用、收益的权利和部分处置权。

(二)出租

以出租方式流转是指集体土地所有者或集体建设用地使用权人作为出租人,将集体建设用地租赁给承租人使用,由承租人向出租人支付租金的行为。[3] 包括初次流转的出租和再次流转的出租,前者是指所有者在一定期限内将使用权出租给使用者并收取租金,后者则是土地使用权和其他土地使用者之间的租赁关系。

(三)转让

以转让方式流转是指在集体建设用地使用权剩余期限内,通过书面转让合同将集体建设用地使用权转让给其他人,转让人支付转让费,土地使用权人享有使用权。本质上是已经取得集体建设用地使用权的使用人将其获得的使用权再次转让给新的使用者,是土地使用权再次流转的形式之一。

(四)抵押

以抵押方式流转是指不转移对集体建设用地的占有,土地使用权人以一定期限内的土地使用权作为债务担保的行为。《土地管理法》第63条第3款规定,通过出让等方式取得的集体经营性建设用地使用权在不违反法律规定及合同约定的情形下可以抵押。根据《民法典》的相关规

[1] 参见《土地管理法》第63条,《土地管理法实施条例》第38条、第43条,《民法典》第353条。

[2] 参见《广东省集体建设用地使用权流转管理办法》第12条。

[3] 参见《广东省集体建设用地使用权流转管理办法》第12条。

定，土地上存在建筑物的，集体建设用地使用权不得单独抵押，[4]以乡镇、村企业厂房等建筑物抵押的，其范围内的建设用地使用权一并抵押。[5]

（五）作价入股/出资

以作价入股或出资方式流转是指所有权人或使用权人提供一定年限的集体建设用地使用权作为股权，并成立公司或以联营的方式共同举办企业，由所有权人或使用权人根据份额行使企业管理权，并参与集体建设用地利润分配。

根据《广东省集体建设用地使用权流转管理办法》的规定，[6]以集体建设用地使用权作价入股（出资），与他人合作、联营等形式共同兴办企业的，视同集体建设用地使用权出让。

（六）互换、赠与

以互换、赠与方式流转是指在不违反法律规定及合同约定的情形下，土地所有权人或使用权人将集体建设用地使用权与其他主体的土地使用权进行互换、或将其享有的使用权赠与其他主体。其法律依据是《土地管理法》第63条。

三、农村集体建设用地流转的条件

《土地管理法》第63条和《土地管理法实施条例》第38条对农村集体建设用地的流转条件作出了规定，满足相应条件才能通过出让、出租等方式将集体建设用地流转给单位或个人在一定年限内有偿使用。

（一）该土地是被确定为经营性用途的集体经营性建设用地

根据我国对土地用途下的分类，我国土地分为农用地、建设用地、未利用地，其中流转土地只能是建设用地。如何判断农村集体土地性质是否为集体建设用地，主要看其是否获得了《建设用地批准书》《建设用地规划许可证》。

《土地管理法》第63条规定集体经营性建设用地流转应经规划确定

---

〔4〕 参见《民法典》第397条。

〔5〕 参见《民法典》第398条。

〔6〕 参见《广东省集体建设用地使用权流转管理办法》第12条。

为“工业、商业等经营性用途”,对于是否可以用于住宅建设,各地存在差异。国家层面明确禁止集体建设用地用于商品房房地产开发建设。历年来广东省各地政策也大多禁止集体建设用地流转用于房地产开发和住宅建设。[7] 但上海近年来则试点推行了多宗集体建设用地用于建设租赁住房的案例;而北京密云也积极推进建设共有产权住房落地。[8] 但以上住房建设项目均不属于国家明确禁止的商品房开发建设范畴,而是具有保障性质的住房。

对于利用集体经营性建设用地建设保障性租赁住房的情况,国家目前持鼓励态度。2021 年 6 月发布的《关于加快发展保障性租赁住房的意见》提出探索利用并支持集体经营性建设用地建设保障性租赁住房。广州、南京等十余个省会城市已开展相关试点,建设租赁住房已成为集体经营性建设用地流转的一个重要方向。

(二)该土地经依法登记,即土地具有集体土地所有权证

不动产确权登记是确认土地权属、保障不动产交易进行的基础。基于历史原因,我国农村存在大量未经产权登记的集体土地,因此《土地管理法》第 63 条将“依法登记”作为集体经营性建设用地入市的前提条件。同时,政府也不断推进此前一直开展的集体建设用地使用权确权登记工作。

由于部分地区的集体建设用地确权登记和颁证工作仍在进行中,故

---

〔7〕 如《广东省集体建设用地使用权流转管理办法》(广东省人民政府令第 100 号)第 5 条;《广州市集体建设用地使用权流转管理办法》(穗府办〔2015〕39 号)第 3 条;《东莞市集体建设用地使用权流转管理实施办法》(东莞市人民政府令第 80 号)(已被修改)第 8 条;《佛山市试行农村集体建设用地使用权流转实施办法》(佛府〔2004〕103 号)(已被修改)第 7 条;《珠海市集体建设用地使用权流转实施办法(试行)》(珠府〔2014〕94 号)第 7 条;《肇庆市农村集体建设用地使用权流转实施细则》(肇府〔2007〕61 号)第 7 条;《中山市农村集体建设用地使用权流转管理暂行办法》(中府〔2003〕153 号)第 25 条;《茂名市集体建设用地使用权流转实施办法》(茂府〔2011〕68 号)第 4 条。

〔8〕 参见《大兴分局出具第一个农村集体经营性建设用地建设共有产权房项目“多规合一”平台会商意见》,载北京市规划和自然资源委员会,http://ghzrzyw.beijing.gov.cn/zhengwuxinxi/gzdt/dx/202005/t20200521_1905493.html。

对于已完成确权登记的集体经营性建设用地，其可以入市流转；而对于因历史原因未完成登记的该类用地，尽管目前仍难入市，但也具备了办理登记的政策条件。司法实践中，未经登记为集体经营性建设用地就流转的，存在合同因违反法律的强制性规定而被认定为无效的风险。

（三）经本集体经济组织成员的村民会议 2/3 以上成员或者 2/3 以上村民代表的同意

集体建设用地的流转主体是土地所有权人，由于集体土地所有权大都登记在经济合作社名下，因此流转主体应为经济合作社。通过出让、出租等方式流转集体建设用地使用权时，须经村民会议 2/3 以上成员或 2/3 以上村民代表同意。

（四）流转禁止条件

2023 年 3 月自然资源部开展了深化农村集体经营性建设用地入市试点工作视频培训，正式启动试点工作，明确集体建设用地流转的禁止条件。

1. 不能通过农用地转为新增建设用地入市

《土地管理法》第 23 条规定，土地利用年度计划应当对第 63 条规定的集体经营性建设用地作出合理安排；第 64 条规定，集体建设用地的使用者应当严格按照规划确定的用途使用土地。视频培训中进一步明确，不能通过农用地转为新增建设用地入市。

2. 不能把农民的宅基地纳入入市范围

《土地管理法》并不严格限制农村村民宅基地的流转，但对于已经出卖、出租、赠与住宅后，再申请宅基地的，不予批准。〔9〕根据法律规定，国家允许来到城市定居的农村村民自愿退出宅基地并获得补偿，并鼓励农村集体经济组织及其成员积极利用闲置宅基地和闲置房屋。禁止违背农村村民意愿强制流转宅基地，禁止以农村村民退出宅基地作为在城市定居的条件，禁止强迫农村村民退出宅基地。〔10〕本次修改明确农民宅基地不纳入集体建设用地流转范围。

---

〔9〕 参见《土地管理法》第 62 条第 5 款。

〔10〕 参见《土地管理法实施条例》第 35 条、第 36 条。

3. 符合入市条件的土地不能搞商品房开发

《土地管理法》和《土地管理法实施条例》规定入市途径为国土空间规划确定为工业、商业等经营性用途的集体建设用地。2023 年 2 月发布的《关于印发〈集体经营性建设用地使用权出让合同〉〈集体经营性建设用地使用权出让监管协议〉示范文本(试点试行)的通知》(自然资办发〔2023〕9 号)一文明确,集体建设用地流转可用于工业、商业、保障性租赁住房等,不得用于成套住宅建设。

此外,《广东省集体建设用地使用权流转管理办法》第 4 条对集体建设用地使用权流转作出了部分禁止性规定。[11]

四、农村集体建设用地流转的程序

(一)提出用地规划条件及相关要求

根据《土地管理法实施条例》第 39 条的规定,如果土地所有者要转让或出租集体建设用地,市、县人民政府自然资源主管部门应:根据规划提出集体建设用地的条件,并确定土地边界、面积等指标;会同有关部门提出产业准入和保护生态环境的要求。

(二)编制、表决和上报流转方案

根据《土地管理法实施条例》第 40 条的规定,土地所有权人应编制、表决和上报流转方案,其步骤为:

(1)编制方案:根据规划条件、行业准入、生态环境保护要求等编制出让、出租等方案,应明确土地边界、面积、规划条件、产业准入和生态环境保护要求、入市价格、收益分配等内容。

(2)表决方案:对流转方案表决,形成书面意见。根据《土地管理法》第 63 条第 2 款的规定,该书面意见应经村民会议 2/3 以上成员或 2/3 以上村民代表同意。

(3)上报方案和书面意见:应在出让、出租前不少于 10 个工作日将

---

〔11〕 根据《广东省集体建设用地使用权流转管理办法》第 4 条的规定,以下情形禁止流转:第一,不符合土地利用总体规划、城市规划或村庄、集镇规划的;第二,土地权属有争议的;第三,司法机关和行政机关依法裁定、决定查封或以其他形式限制土地权利的;第四,村民住宅用地使用权。因转让、出租和抵押地上建筑物、其他附着物而导致住宅用地使用权转让、出租和抵押的除外。

方案和书面意见报市、县人民政府,如果认为该方案不符合规划要求或产业准入、生态环境保护等要求,政府应在收到方案后 5 个工作日内提出修改意见。土地所有权人应按照市、县人民政府的意见进行调整。

(三)签订书面流转合同并报主管部门备案

根据《土地管理法实施条例》第 41 条的规定,土地所有权人应以招标、拍卖、挂牌或者协议等方式确定土地使用者,并签订书面合同。未依法将规划条件、产业准入和生态环境保护要求纳入合同的,合同无效,同时应对损失承担民事责任。合同签署后,土地所有权人应将合同报市、县人民政府自然资源部门备案。

(四)支付用地费用,办理登记

在上述手续履行后,根据《土地管理法实施条例》第 42 条的规定,集体经营性建设用地的使用者还应按照约定支付用地价款和相关税费,才能申请就土地使用权及其地上建筑物等所有权办理不动产登记。

第二节　农村集体建设用地流转的历史和探索

一、农村集体建设用地流转的历史变迁

（一）改革开放之前：全面禁止流转

在这一时期，资源分配主要取决于行政命令和指令性计划，土地管理也实行行政配置、无偿使用的模式。计划经济体制下，土地不再具有商品属性，无法出租和买卖，农村土地市场不复存在。这一时期，完全禁止自由转让集体建设用地，从根本上排斥土地的商品属性。由于全面禁止流转集体建设用地不符合市场经济体系框架内生产要素合理流动和优化分配的要求，这一规定必然会随着经济的发展而改变。

（二）改革开放至20世纪末：无序、自发流转

改革开放之后的一段时间内，土地流转仍被诸多法律法规严格限制。〔12〕1988年修改的《宪法修正案》《土地管理法》允许农村集体建设用地在有限范围内流转。然而，国务院没有规定集体土地使用权的流转。在此期间，集体建设用地的流转非常广泛，数量和规模不断扩大，并发展了许多形式，如转让、入股、联营、租赁、抵押等。特别是在经济快速发展和地理位置更好的农村集镇和小城镇，成了集体建设用地流通的集中地。然而，国家法律不允许自由流通，缺乏指导、规范措施，处于混乱流通状态，导致集体建设用地效率低下，土地浪费现象严重。

（三）21世纪初至2020年：地方探索与试点

2004年，国务院《关于深化改革严格土地管理的决定》（国发〔2004〕28号）提出，农民集体所有的建设用地使用权在符合规划的前提下可以依法流转。2005年原国土资源部发布的《关于规范城镇建设用地增加

---

〔12〕 例如1980年《关于中外合营企业建设用地的暂行规定》、1981年《关于制止农村建房侵占耕地的紧急通知》（已失效）、1982年2月《关于发布村镇建房用地管理条例的通知》（已失效）以及5月发布的《国家建设征用土地条例》（已失效）、1983年《关于制止买卖、租赁土地的通知》（已失效），这些法规明确禁止集体建设用地的买卖、出租和违法转让。

与农村建设用地减少相挂钩试点工作的意见》(国土资发〔2005〕207号)(已失效)提出,探索集体建设用地流转,促进挂钩试点工作。在此基础上,各地也发布了具体政策文件,允许"有条件流转"。2005年颁布的《广东省集体建设用地使用权流转管理办法》(广东省人民政府令100号)是我国首部关于集体建设用地流转的地方性法规,其明确集体建设用地使用权可以出让、出租、转让、转租和抵押。[13] 2006年国务院发布的《关于加强土地调控有关问题的通知》(国发〔2006〕31号)提出,农民集体所有的建设用地使用权的流转,必须符合规划并严格限定在依法取得的建设用地范围内。

全国各地对集体建设用地流转制度的创新表明,集体建设用地流转已从自发、不受监管的流转向统一管理过渡,但集体建设用地流转在法律上并非完全得到了认可,实际存在大量自发无序流转和"隐形市场"的情况。法律的狭窄空间与集体建设用地流转的现实需求之间产生了强烈矛盾。

(四)2020年至今:明确规定土地流转制度

地方试点的同时,中央也在不断出台相关文件,逐步放开直至完全放开集体建设土地流转的相关政策。

2008年,中共中央《关于推进农村改革发展若干重大问题的决定》首次提出建立"城乡统一的建设用地市场"的改革目标。2013年,中共中央《关于全面深化改革若干重大问题的决定》提出,在符合规划和用途管制的前提下允许农村集体经营性建设用地入市。2015年2月通过了《关于授权国务院在北京市大兴区等三十三个试点县(市、区)行政区域暂时调整实施有关法律规定的决定》,在全国选取15个市(县),开展农村集体经营性建设用地入市试点工作,后扩大到33个试点县。2020年1月1日,新修订的《土地管理法》正式施行,其允许集体经营性建设用地以出让、出租、转让等方式在市场间进行流转。2021年9月施行的《土地管理法实施条例》进一步细化了集体建设用地入市交易规则。

---

〔13〕 马世领、邹锡兰:《广东农地新政:新中国第四次土地流转改革》,载《中国经济周刊》2005年9月30日。

2023年3月1日，自然资源部开展深化农村集体经营性建设用地入市试点工作视频培训，正式启动试点工作。

二、农村集体建设用地流转的探索创新

（一）《土地管理法》在法律法规层面确立了相关制度

《土地管理法》明确了集体建设用地的流转规则等相关制度，为集体建设用地依法流转奠定了法律基础。

第一，删除原法关于建设项目必须使用国有土地的规定，以便具体规定集体建设用地流转制度。

第二，扩大了集体建设用地的使用范围和方式。在新规定下，集体经济组织可以将经营性集体建设用地通过出让、出租等方式交由个人使用，扩大了其使用范围。另外，《土地管理法》第23条将集体经营性建设用地纳入年度土地利用计划，这表明，集体经营性建设用地不仅包括存量类，还包括经批准转用的新增类。

第三，明确了集体经营性建设用地的使用和管理措施。《土地管理法》明确要求，流转前必须获得2/3以上村民会议成员或2/3以上村民代表的同意；应严格按照规划确定用途进行土地使用；关于最高使用年限、登记等参照同类用途的国有建设用地。

（二）地方探索：各地因地制宜，形成制度上与实践中的创新模式

从流转实践来看，虽然国家立法对我国农村地区的集体土地流通施加了各种限制，但农村地区的集体土地流通却一直存在，其流通实践主要来自基层民间组织，形成了南海模式、芜湖模式、重庆模式、温江模式等流转典型代表。

从地方法律的角度来看，许多地方政府通过规范性文件突破既有规定，对集体建设土地使用权流转进行实际探索，开辟了其法治新道路。1996年，苏州市人民政府制定了《苏州市农村集体存量建设用地使用权流转管理暂行办法》。随后，湖州、佛山、珠海、南京等也发布了相关管理办法，改革实践在全国展开。最新的规定是2023年4月16日通过的《海南自由贸易港土地管理条例》，其特别章节第七章（第51条到第59条）规定了“集体所有土地使用权市场管理”。

从各地创新规定来看，一是流转用途方面，一些地方法律法规允许

将土地用于商业目的，但必须使用招标、拍卖、挂牌等方式，如广东、河南、昆明、南京等省市。[14] 部分地方规定限制用于经营性房地产开发，如安徽、河北、河南、广东、长沙、无锡、盐城等省市。[15] 有些地方允许变相进行房地产开发。[16] 二是流转方式方面，目前绝大部分地方法律法规打破限制，直接规定农村集体建设用地使用权可以单独抵押，[17] 部分地方规范性文件规定可以单独向金融机构进行抵押贷款。[18]

---

〔14〕《广东省集体建设用地使用权流转管理办法》第15条、《河南省农民集体所有建设用地使用权流转管理若干意见》（已失效）第3条、《湖北省农民集体所有建设用地使用权流转管理试行办法》（已失效）第11条、《临沂市集体建设用地使用权流转管理办法》（已失效）第2条、《昆明市集体建设用地使用权流转管理办法》第9条、《成都市集体建设用地使用权流转管理办法》第20条、《南京市集体建设用地使用权流转管理办法》（已失效）第10条、《洛阳市集体建设用地使用权流转管理暂行办法》（已失效）第14条。

〔15〕《安徽省集体建设用地有偿使用和使用权流转试行办法》第21条、《广东省集体建设用地使用权流转管理办法》第5条、《河北省集体建设用地使用权流转管理办法（试行）》（已失效）第25条、《河南省农民集体所有建设用地使用权流转管理若干意见》（已失效）第2条、《无锡市集体建设用地使用权流转管理暂行办法》第8条、《盐城市集体建设用地使用权流转办法》第3条、《长沙市集体建设用地使用权流转管理办法（试行）》第9条。

〔16〕《佛山市南海区集体建设用地使用权流转实施办法》第5章第37~46条。

〔17〕《盐城市集体建设用地使用权流转办法》第11条直接规定，集体建设用地使用权可以抵押。《昆明市集体建设用地使用权流转管理办法》第26条规定，集体建设用地使用权抵押，应当经集体建设用地所有权人书面同意。《南京市集体建设用地使用权流转管理办法》（已失效）第16条规定，符合流转条件的集体建设用地可以设定土地抵押权。

〔18〕如广东省国土资源厅2009年出台的《广东省集体建设用地使用权抵押融资工作规范》，铜陵市国土资源局2012年出台的《铜陵市集体建设用地使用权抵押融资管理办法》，成都市国土资源局2009年发布的《成都市集体建设用地使用权抵押融资管理办法（试行）》等。

第三节 农村集体建设用地流转的主要问题和形成原因及对策建议

一、农村集体建设用地流转的主要问题及形成原因

（一）主要问题

1. 集体建设用地流转市场秩序混乱

目前，市场交易的集体建设用地缺乏统一的定价标准，也没有科学的评估和分类，交易价格处于混乱状态。在转让协议中，土地流转价格是双方直接谈判确定的，没有统一的标准，过于随意。此外，增量土地流转无序导致混乱。目前规定并没有具体说明流转土地是否包括增量土地，但如果仅限于存量土地，将限制集体土地的供应。

2. 集体建设用地流转的收益分配不规范

收益分配主体方面，所有权主体、村民自治组织、经济组织和农民之间的集体土地建设用地权益缺乏统一定义，主体享有土地收益无法律依据。收益分配机制方面，收益分配和监管制度尚未在各地建立，导致主要利益分配不平衡，集体经济组织内部收益分配机制仍需改进，集体经济组织成员的利益缺乏保护。此外，由于收益使用方面，对资金也缺乏有效制度监管，支出随意性较大，农民利益得不到保障。

3. 土地闲置现象严重，用地效率低下

一方面，宅基地流转意愿低导致土地闲置。由于宅基地流转的价值很低，市场上也缺乏合法有效的流转机制，导致许多农民不愿流转。另一方面，集体土地建设的效率很低。以前许多城镇把集体土地以极低的入股价格来吸引投资，导致农村地区的土地严重浪费。一些乡镇企业倒闭，农村集体土地无法进入市场导致闲置。综上，农村集体土地流转制度不健全，导致大量土地闲置，建设用地利用效率低下。

4. 集体建设用地流转缺乏法律机制

《土地管理法》于 2019 年进行了修订，但之前，土地流转一直缺乏法律依据，形成了自发流转。虽然新的《土地管理法》明确规定，集体建设

用地使用权可以入市,但一些细则需要更多相关政策进行规定。

(二)原因分析

1. 市场体系不健全

与国有土地使用权转让市场相比,市场上的集体建设用地从一开始就定位不佳。一是缺乏土地评估、土地融资、土地保险等中介服务组织,而主要由村集体包办,缺乏公正与效率。二是集体建设土地流转市场中价格机制尚未建立,尚未进行土地定级评估,也没有科学的土地价格体系,交易方常协议确定价格。导致土地价格较为随意。

2. 利益分配不规范

进入市场后,形成以政府、农村集体和农民为利益分配主体的新模式。传统模式中政府获得大部分增值收益并不合理,但如果收益全部分配给集体或个人,似乎也不合理。政府通过土地征收制度,限制农业用地的非农交易,以低价获得集体土地,这使得土地资源分配的市场机制无效。进入市场后,政府是否通过交易量直接参与土地分配,或通过税收和其他方式间接参与分配,以及各主体的分配比例等问题尚不清楚,导致集体建设用地流转积极性显著降低。

3. 产权界定不清晰

目前,农村土地所有权不清,影响市场机制正常功能的发挥。第一,主体之间土地所有权界限不明确,甚至有些交叉拥有所有权;第二,集体土地所有权权能不充分,集体土地的最终处置权属于国家,也就是说,国家可以通过直接手段征收集体土地所有权;第三,法律规定农民和集体有权使用集体建设用地,但对使用权范畴没有统一的定义。权利规定不清导致每个人都必须对土地负责,但每个人都有不负其责的现象,导致土地流转损失严重。土地资源分配效率很低。

4. 流转法律制度不完善

尽管《土地管理法》规定了集体建设土地流转的部分内容,但国务院尚未颁布具体的实施办法,流通范围仍然受到严格限制。各地土地流转仅依据地方政策。另外,配套制度也不完善,例如,土地登记、土地价格管理、土地供应计划、村庄自治管理等还有待完善。集体经济组织的法律地位模棱两可,内部经济结构不完善,土地所有权不明确,流通的操作程序不标准，导致法律经济纠纷持续不断，严重影响正常流转。

二、农村集体建设用地流转的对策建议

（一）探索完善城乡统一的建设用地市场运行机制

要实现集体建设土地与国有建设土地真正享有相同权利和市场价格，二者流转必须平等履行税费义务，同权利、同义务，建立城乡统一的收益分配机制。同时，有必要统一农村集体建设用地和国有建设用地的价格与权利，促进流转市场主体的多样化，土地供应方式的多样化。

（二）建立集体建设用地使用权流转评估制度

《土地管理法》保留了农村集体建设用地的流通空间。在不久的将来，确定农村集体建设用地的价格将是一个困难的问题。有必要建立集体建设用地流转的评估制度，防范集体建设用地流转的风险，避免以低价转让集体建设用地使用权，损害集体和农民的利益，因此，建立和完善集体建设用地转让评估制度是促进集体建设用地流转的重要措施。

（三）健全农村集体建设用地流转收益分配制度

在共同繁荣理念下，明晰政府、集体和农民在入市过程中的权利具有十分重要的意义，应探索建立一种考虑到国家、集体和个人土地价值增加的分配机制，确保土地收益在市场上的公平分配。对于政府，应合理确定其参与收益分配的方式；对于集体经济组织，应统一集体和农民之间的收益分配制度，完善收益分配管理机制，避免短期利益行为。另外，应建立和完善收益使用监督机制和财务审计制度，定期组织集体经济组织的资金收支公布，接受群众监督，保护农民权益。

（四）构建合理的集体经营性建设用地产权制度

目前，改革农村土地制度最紧迫的任务是明晰产权。通过土地登记，明确土地所有权、使用权，并颁发确定产权的权利证书。如有必要改变土地使用性质，国家可以根据国家经济发展计划和土地使用总体规划，按照法律规定的程序改变土地性质。

（五）完善集体建设用地流转的相关法律法规

随着《土地管理法》的实施，一系列法律制度，如土地征收制度、集体建设用地流转入市规范等都需要进一步完善。农村集体建设土地流转、农村建设土地流转市场，有利于促进城乡土地健康发展、改善土地资源配置、避免市场混乱。

第四节　农村集体建设用地流转形式——出让

一、含义

集体建设用地使用权的出让是指集体土地所有者在一定时间内将集体建设用地使用权让与使用者，并收取出让金的行为。出让的是土地使用权而非所有权，使用权人获得的是有期限的用益物权。

二、出让方式

根据《土地管理法实施条例》第 41 条的规定，土地所有权人应当依据出让、出租等方案，以招标、拍卖、挂牌或者协议等方式确定土地使用者。各地多规定原则上应参照国有建设用地出让的方式执行，即原则上应通过招拍挂的方式出让，在一定条件下，也可以通过协议方式出让，并应受政府机构的监管。如根据《上海市土地交易市场管理办法》第 11 条的规定，有关集体经营性建设用地使用权招标拍卖挂牌和协议出让、出租交易规则，参照同类用途国有建设用地执行。根据《成都市郫都区农村集体经营性建设用地入市规定》第 25 条第 1 款的规定，农村集体经营性建设用地使用权以出让方式入市，原则上应采取招标、拍卖、挂牌方式确定土地使用权人。

出让人和受让人应当签订书面的出让合同及配套监管协议。根据 2023 年 2 月发布的《关于印发〈集体经营性建设用地使用权出让合同〉〈集体经营性建设用地使用权出让监管协议〉示范文本（试点试行）的通知》（自然资办发〔2023〕9 号），一般情形下，监管人、出让人和受让人构成土地出让的三方主体：出让人为农村集体经济组织，如未设立集体经济组织，则由村民委员会依法代行具体经济组织的职能，与受让人签订土地使用权出让合同；监管人，即出让使用权的土地所在地市县人民政府，与出让人、受让人签订监管协议，行使监管职能。

三、出让期限

各地政府普遍规定，最高年限不得超过国家规定国有建设用地同类土地用途的最高年限。[19] 依据《城镇国有土地使用权出让和转让暂行条例》第12条的规定，商服、旅游等用地最高年限为40年，工矿、仓储等工业用地最高年限为50年，其他营利性教育、科技、文化、卫生、体育等服务设施用地使用年限不得超过50年。因此，集体经营性建设用地出让期限应按照以上相关规定来确定。

四、出让价格的确定

各地关于入市价格的规定可以参考土地专业评估机构的评估结果确定，也可以参照国有建设用地出让相关规定，参考基准地价、标定地价等确定。例如，根据《海南省集体经营性建设用地入市试点办法》第16条的规定，由入市主体委托有资质的单位进行地价评估，并拟定入市方案……市县自然资源和规划主管部门应当会同入市主体根据地块评估价格、产业政策等因素，集体决策确定底价，并予以保密。底价不得低于入市成本，不得低于国家规定的相应国有建设用地出让最低价标准。根据焦作市《农村集体经营性建设用地入市管理办法(试行)》第32条、第33条的规定，市、县(市)人民政府应定期公布集体建设用地基准地价，公开出让的起始价和底价，应参照国有建设用地出让相关规定，出让最低价原则上不得低于出让地块所在地级别基准地价的70%。

〔19〕《广东省集体建设用地使用权流转管理办法》第13条第2款规定：集体建设用地使用权出让、出租的最高年限，不得超过同类用途国有土地使用权出让的最高年限。

第五节　农村集体建设用地流转形式——出租

一、含义

集体建设用地使用权的出租，是指取得农村集体经营性建设用地使用权的人，将集体经营性建设用地在一定期限内出租给承租人使用，承租人支付租金，包括初次流转的出租和再次流转的出租两种形式。初次流转的出租是指集体建设用地的所有权人，一般为农村集体经济组织，将土地使用权租赁给使用者使用，并收取一定的租金的行为；再次流转的出租，即集体建设用地的转租，是指通过土地租赁取得集体建设用地使用权的主体，将该宗地出租给其他主体使用、收取转租费用的行为。

二、出租方式

关于集体经营性建设用地的出租方式，既可以采取公开挂牌方式，[20]也可以采取协议出租方式。以公开挂牌方式出租，一般采取价高者得的原则；实践中，协议出租也是常见的一种方式，可以由出租和承租双方协商确定具体的租赁价格、直接对接谈判，更好地盘活闲置土地资源。

三、出租期限

出租的土地有一定年限要求，根据《土地管理法》第 63 条第 4 款的规定，参照同类用途的国有建设用地执行。

就国有土地出租而言，根据《关于印发〈规范国有土地租赁若干意见〉的通知》（国土资发〔1999〕222 号）第 4 条的规定，对短期租赁的土地，一般不超过 5 年；而对长期使用的土地，租赁期限由租赁合同约定，但不得超过同类用途土地的出让最高年期。《城镇国有土地使用权出让和转让暂行条例》（中华人民共和国国务院令第 732 号）第 12 条规定了

---

〔20〕 例如，广州市增城区永宁街百湖村经济联合社于 2018 年 11 月 23 日委托广州市增城区土地房产交易所挂牌方式出租属于广州增城区永宁街百湖村经济联合社所有（使用）的集体经营性建设用地使用权，土地用途为商业服务业设施用地、宗地面积为 22194 平方米，挂牌起始价为 6 元/平方米/月。

不同用途的土地使用权出让最高年限，如商业、旅游、娱乐用地 40 年，综合或者其他用地 50 年。从以上规定来看，集体土地的出租原则上也可以分为短期租赁和长期租赁。对于短期租赁，一般期限不超过 5 年；对于长期租赁，根据土地用途由租赁合同约定租赁期限，但不得超过同类用途土地的法定最长出让期限。

之前，法院对于租赁期限超过 20 年的集体建设用地租赁合同的有效性裁判观点不一，系基于当时的法律规定作出，但当时并未明确规定集体土地租赁期限，导致产生分歧。认为租赁期限超过 20 年部分无效的观点，系基于当时有效的《合同法》关于“租赁期限不得超过二十年。超过二十年的，超过部分无效”的规定；而认定租赁合同有效，一个原因是基于最高人民法院《关于适用〈中华人民共和国合同法〉若干问题的解释(一)》(已失效)第 1 条的规定，即在 1999 年 10 月 1 日前签订的合同，租赁期限不受最长 20 年的限制；另一个原因则是认为土地租赁具有特殊性，不应受到 20 年租赁期限的限制，从而参照《规范国有土地租赁若干意见》关于土地租赁期限的规定作出。《土地管理法》施行以后，法院大多适用其第 63 条第 4 款的规定，参照适用国有土地租赁期限的规定，认定超过 20 年租赁期限的部分有效，司法实践中的裁判观点基本统一。

第六节　农村集体建设用地流转形式——合作开发

一、含义

农村集体建设用地的合作开发,是指农村集体经营性建设使用权人通过价格评估,将一定年限的农村集体经营性建设用地使用权进行出资或入股的行为。一般来说,在该模式下,集体经济组织提供土地,开发企业提供资金,合作进行开发建设。

二、合作开发的方式——股权合作与协议合作

农村集体建设用地的合作开发,一般存在股权合作与协议合作两种合作开发模式。

农村集体建设用地的股权合作,是指集体经营性建设用地使用权人与社会资本方共同出资设立一家项目公司,负责项目的开发、运营工作。社会资本方提供项目建设运营所需资金,土地使用权人提供土地使用权并转化为共同举办的企业相应的出资额或股份,该企业取得集体建设用地使用权,集体经济组织取得企业股权,项目营利后由项目公司向双方分配收益。

农村集体建设用地的协议合作,一般是指土地使用权人与社会资本方签署合作协议,约定双方合作开发某项目,由土地使用权人提供集体经营性建设用地使用权,社会资本方提供项目建设所需的资金;项目运营阶段,土地使用权人将项目交由社会资本方运营。项目产生的收益,由双方按协议约定分配。此种合作开发模式下,资本方或联营企业可以根据合作开发协议、批准文件使用相应的集体建设用地,但名义上仍以土地使用权人的名义开展建设,集体建设用地使用权一般不发生转移,仍属于土地使用权人。

股权合作与协议合作,二者在执行方式、投资风险和土地权益方面有所区别,具体如下。

1. 执行方式:协议合作一般由土地权利人与开发企业合作共同投资企业,共同经营和共同管理,通过联营形式合作完成开发建设工作;而入股一般由土地权利人将土地使用权转移给开发企业,开发企业携带自有资金进行开发,双方通过股权间接持有标的项目权益,合作关系相对稳定,借助公司治理结构相对更有利于经营决策。

2. 投资风险:集体建设用地的协议合作中,由于土地权利人与开发企业共同承担经营风险,共享项目利益,但也直接对外共同承担项目风险;而股权合作形式中,由于采用成立有限责任公司、出资入股的方式,设置了风险隔离方式,对外承担责任以出资额为限,相对来说投资和经营风险较小。

3. 土地权益:在集体建设用地的协议合作中,原土地使用权人保留土地使用权,不发生使用权的流转;而在入股模式中,土地使用权转移给开发企业,原土地使用权人将土地使用权进行让渡,并应办理使用权人的变更登记。

总的来说,集体建设用地合作的股权合作、协议合作两种合作方式,都是利用集体建设用地资源进行投资和开发,但每种方式都有其投资风险,需要依据项目需求选择合适的方式。

三、出资或入股价格的确定

多地规定入股价格参考专业评估机构的评估结果,或参照基准地价、标定地价等价格进行出资或入股。〔21〕 根据土地评估价格综合考虑土地市场等情况,确定出让、出租、作价出资(入股)土地的底价和投标、竞买保证金。

四、出资或入股的条件

除满足集体经营性建设用地流转的一般性条件以外,将土地作为出资或作价入股开展股权合作,构成集体建设用地的转让,还需满足法律规定的特定条件。

(一)转让年限

部分地方对转让集体建设用地使用权及作价出资或入股的年限作出了限制性规定:转让土地使用权的年限不得高于剩余使用年限,也不

〔21〕 参见焦作市人民政府办公室《关于印发农村集体经营性建设用地入市管理办法(试行)的通知》第 19 条。

得高于同用途的农村集体经营性建设用地使用权的最高出让年限。如根据南京市人民政府《关于印发南京市集体建设用地使用权流转管理办法的通知》（宁政发〔2011〕79 号）（已失效）第 17 条的规定，集体建设用地使用权转让年限不得超过《集体土地使用证》载明的剩余土地使用年限。根据《成都市郫都区农村集体经营性建设用地入市规定》第 22 条第 2 款的规定，作价出资（入股）的使用年限不得超过同用途的农村集体经营性建设用地使用权的最高出让年限。

（二）举办企业进行合作开发应办理政府审批手续

根据《土地管理法》第 60 条的规定，如果集体经济组织使用规划确定的建设用地兴办企业或共同举办企业，应向县级以上地方人民政府自然资源主管部门提出申请并得到县级以上地方人民政府批准。

第七节 农村集体建设用地流转争议的解决和司法裁判

一直以来,土地问题都是国家关注的重点问题。随着土地流转进程的推进,在实际工作中,由于相应制度、政策或法律的滞后,纠纷往往不能得到及时圆满的解决,激发了农村社会矛盾和冲突,农村集体建设用地的流转问题导致的纠纷不断增多。当前农村土地纠纷的主要特点体现在,纠纷形式多样、纠纷主体的群体多样、纠纷原因的多方面等。农村集体建设用地流转纠纷需要具体问题具体分析,不断摸索、总结经验。

一、出让农村集体建设用地的争议焦点与裁判观点

(一)关于村委会擅自出让集体建设用地,合同效力如何,村民如何应对

实践中不乏农村集体经济组织擅自将村集体建设用地出让给他人使用,并签订出让合同的情形。这类出让协议的效力该如何认定呢?

根据《民法典》第 261 条第 1 款的规定:集体所有的不动产和动产属于本集体成员集体所有。土地作为农民赖以生存的资源,涉及村集体成员每一个人的合法权益。如果村委会想要出让经营性建设用地,那么必须经过村民会议的讨论。根据《土地管理法》第 63 条第 2 款的规定,应当经村民会议 2/3 以上成员或者 2/3 以上村民代表的同意。《村民委员会组织法》第 24 条也对村委会处分集体财产进行了程序上的规定,以借贷、租赁或者其他方式处分村集体财产,应经村民会议讨论。也就是说,集体建设用地流转必须获得一定比例村民的同意,擅自将集体土地出让给他人,就侵犯了村民的合法权益,法院通常会以违反法律法规强制性规定为由认定协议无效。因此,集体建设用地可以流转,但必须按照法律规定的程序进行,经村民会议 2/3 以上成员或 2/3 以上村民代表的同意,才能签订土地流转合同并交付他人使用。只有通过这样的表决程序,才能充分体现村民的全体意志和利益。

实践中如果村集体经济组织成员发现村委会有擅自出让、出租集体建设用地的违法、违规行为，可以向县级以上自然资源主管部门举报。根据《土地管理法》第82条的规定，违反该法规定通过出让、出租等方式将集体建设用地交由单位或个人使用，由县级以上人民政府自然资源主管部门责令限期改正，没收违法所得，并处罚款。

（二）关于集体土地出让前未办理转用审批手续，合同效力如何？如何承担责任

为加快经济建设进程，某开发区有关部门与某公司签订《出让土地使用权地块预约协议》将农村集体土地作为国有建设用地的工业用地出让给该公司，并承诺在土地、建设工程手续办妥之前该公司可以先动工建设。此后，某开发区被撤销，承继其权利义务的当地镇行政机关将相关建筑及设施强制拆除。在多次行政诉讼过程中，该公司才知晓该受让地块的土地性质为农村集体建设土地，而非国有建设用地。该公司认为，该市某经济开发区未按照协议约定办理该受让地块的征地手续等准备工作，完成土地性质的变更，已构成违约。故向法院提起诉讼，请求解除协议。

法院认为，首先，应以《出让土地使用权地块预约协议》具备了土地使用权出让合同的实质性条款为由认定该《出让土地使用权地块预约协议》实为本约合同。其次，该《出让土地使用权地块预约协议》违反了法律、行政法规效力性的强制性规定，故应属无效。最后，就合同无效的过错而言，双方都有过错。被告明知涉案土地为集体农用地，在尚未办理转用为建设用地的相关审批手续的情况下，擅自将涉案土地出让给原告用于建设用途，而且在《出让土地使用权地块预约协议》签订后直至涉案土地上的房屋被拆除前，始终未能完成土地转用的相关审批手续，应承担主要过错责任；而自2001年签订《出让土地使用权地块预约协议》至2016年，在未能签订土地出让合同的情况下，原告未及时要求终止履行《出让土地使用权地块预约协议》，而且在涉案土地上建造了房屋，其对损失的扩大亦存在一定的过错，应承担相应的次要责任。

二、出租农村集体建设用地的争议焦点与裁判观点

(一)关于未经村民会议讨论通过,出租农村集体建设用地的合同效力如何

《土地管理法》第63条第2款规定了签订流转合同的必经程序,即经过村民会议2/3以上成员或2/3以上村民代表的同意。对于未经村集体成员民主决策的集体经营性建设用地使用权流转合同的效力如何?这是农村建设用地流转纠纷较为突出的问题,这个问题此前在司法实践中,各地法院的裁判观点不一。

第一种观点认为,未经民主议定程序的农民集体对外合同,违反了法律法规的效力性强制性规定,应认定为无效。[22]

第二种观点认为,未经民主议定程序的农民集体对外合同,违反了法律法规的管理性强制性规定,合同应当认定为有效。[23] 根据最高人民法院《关于审理涉及农村土地承包纠纷案件适用法律问题的解释》第13条的规定,未经发包方同意的转让合同无效。但发包方无法定理由不同意或拖延表态的除外。该规定可以间接说明,虽然在司法解释层面仍坚持违反民主议定程序应当认定行为无效的观点,但是,在现实案件审理中,若一味地将集体内部民主议定程序与其对外行为效力挂钩,过分强调该程序的重要性对善意相对人来说并不公平。邓某某、江门市蓬江区环市街篁边三元股份经济合作社承包地征收补偿费用分配纠纷案中,[24]二审法院在裁判说理部分指出,虽然集体经济组织未提供村民大会民主议定的相关证据,但承包人多年来一直按合同约定交纳租金,集体经济组织成员一直以来并未提出异议,该合同的履行并未损害国家和

---

〔22〕 参见吉林省长春市中级人民法院(2019)吉01民终2977号民事判决书、云南省玉溪市中级人民法院(2019)云04民再4号民事判决书、湖南省郴州市中级人民法院(2019)湘10民终1959号民事判决书、山东省济南市中级人民法院(2019)鲁01民终4252号民事判决书、广东省江门市中级人民法院(2019)粤07民终1099号民事判决书。

〔23〕 参见内蒙古自治区高级人民法院(2019)内民再5号民事判决书、广东省广州市中级人民法院(2012)穗中法民五终字第3230号民事判决书、甘肃省高级人民法院(2010)甘民二终字第65号民事裁定书。

〔24〕 广东省江门市中级人民法院(2022)粤07民终2361号民事判决书。

公共利益，也未损害村集体的利益，根据《民法典》第153条第1款[25]“民事法律行为无效。但是，该强制性规定不导致该民事法律行为无效的除外”的规定，《场地租赁合同书》《补充协议书》为双方当事人真实意思表示，本案并不存在导致合同无效的情形，认定该合同合法有效。

（二）集体建设用地的出租与出让的性质认定

2004年，某地村委会（甲方）和一个公司（乙方）签订《协议书》，约定乙方协助甲方将X街道上部分建筑物进行拆迁。甲方要求乙方配合拆除占地四亩的土地，有偿出租给乙方，乙方按照甲方要求重建综合楼，约定土地使用期60年，每年土地使用费80万元，由甲方协助乙方办理土地使用权证，土地使用权归乙方所有。乙方重建房屋如遇拆迁，拆迁后地上物补偿款全部归乙方所有。2020年，某地村委会提起诉讼要求确认签订的《协议书》有效期至2024年（期限为20年），超过20年之后的部分无效。这种情况下，怎么判断《协议书》确定的是集体土地租赁合同关系还是土地使用权出让合同关系？

法院认为，首先，从涉诉《协议书》签订当时的法律背景来看，应依据的是1998年《土地管理法》，并无参照同类用途国有建设用地执行的规定。其次，从涉诉《协议书》约定的内容来看，其明确约定了土地有偿出租使用，每半年收取一次费用，这些内容符合租赁合同法律关系。最后，《协议书》约定“办理土地使用权证”“土地使用权归乙方所有”等内容，但在履行方式上，双方约定了“每年使用费80万元”以及“每半年交付一次”，这反映了租赁土地占有使用与租金给付之间在租赁期限内持续不断的交换关系，而与土地使用权出让合同的一次性出让同时支付对价的履行方式存在明显区别。综上，在涉诉《协议书》约定内容表述造成合同性质模糊的情形下，法院根据协议整体内容以及具体履行方式分析，结合协议签订时的法律背景以及当事人签订时对协议的合理认知和目的，认为涉诉《协议书》更符合租赁合同法律关系。另外，《协议书》内容包括前期拆迁、重新建设等事项，但双方当事人之间并不因此构成多

---

〔25〕《民法典》第153条规定：违反法律、行政法规的强制性规定的民事法律行为无效。但是，该强制性规定不导致该民事法律行为无效的除外。

个合同法律关系。仍应依据核心权利、义务进行合同性质整体判断,《协议书》依然属于土地租赁合同关系。该公司虽提交了《集体土地使用证》,但2019年《土地管理法》才新增了集体建设用地使用权的出让内容,显然2005年办理的《集体土地使用证》与集体建设用地使用权出让并非同一性质。

司法实践中如何区分两种合同呢?

第一,看合同约定的时间期限。建设用地使用权出让合同中有"永久续租""到期无条件自动续约"等可以确定或推定受让人对出让土地享有无期限占有使用权利的表述。租赁合同具有临时性的特征,不适用于财产的永久性使用。

第二,看金额的履行方式。租赁土地占有使用与租金给付之间在租赁期限内是持续不断的交换关系,在合同中会约定定期交租金,比如一个月、半年或一年交一次租金。建设用地使用权出让合同约定的全部金额或实际交付的金额系一次性或数期大额完成支付,不会依据时间持续性地实现。

第三,对权利义务的约定。建设用地使用权出让合同中受让人往往有着超出承租人的权益的表述,例如,"在该土地上重建房屋如遇拆迁,拆迁后地上物补偿款全部归受让人所有""出让期限届满后房屋所有权归受让人",而承租人往往不享有此等利益。

三、合作开发农村集体建设用地的争议焦点与裁判观点

(一)关于农村集体经济组织与某公司签订《联营协议》,以集体建设用地作价入股,但涉案《联营协议》及土地利用未在相关政府部门办理审批、登记确认手续,该协议效力如何[26]

根据《联营协议》的约定,某集体经济组织与某公司通过合同约定了各自的民事权利和义务,该集体经济组织将集体建设用地使用权及地上物附条件、附期限地流转给该公司使用,并签订《联营协议》。但该集体土地的流转未经民主决策也未在相关部门办理审批、登记确认手续。

法院认为,依照相关法律规定,农民集体所有的建设用地使用权的

[26] 参见北京市朝阳区人民法院(2021)京0105民初95520号民事判决书。

流转必须符合规划，流转程序上，初次流转须经村民会议 2/3 以上成员或者 2/3 以上村民代表同意，且集体建设用地流转需要签订书面流转合同并办理登记确认手续。现有证据不能证明涉案《联营协议》经集体经济组织成员的村民会议 2/3 以上成员或者 2/3 以上村民代表同意，也不能证明涉案《联营协议》及土地利用在相关政府部门办理了审批、登记，《联营协议》违反法律的强制性规定，应属无效。

（二）关于以集体建设用地入股，与某公司合作经营，但该公司并未依约履行相关义务，涉案土地一直处于闲置状态，集体土地权利人该如何救济〔27〕

1999 年 6 月 30 日，某经济合作社和某公司签订《合作协议》，约定：双方合作经营贸易公司，用于办公用房；一、甲方提供条件：甲方提供土地，用于建设公司及办公用房；二、合作方式：甲方以土地入股折合 100 万元，占总股份 33.3%，乙方以货币 200 万元入股，作为流动资金占总股份 66.6%；三、土地所有权及使用权：在双方合作经营期间，土地所有权归某经济合作社所有，土地使用权归某公司所有，合作期满后，土地使用权归还某经济合作社……五、合作期限：合作期限为 50 年，自本协议签订之日起顺延至 50 年期满为止；六、经营与管理：甲乙双方共同经营、共同管理、共担风险，并按国家各项有关政策经营管理，做到合法经营；七、利润分配：甲乙双方按照合作经营所占股份每年年底进行利润分配，甲方占利润 33.3%，乙方占利润 66.6%……

法院认为，该案中，该经济合作社依约将涉案土地使用权转移至该公司名下，但无证据证明该公司履行了相关合同义务，土地处于闲置状态。故该经济合作社有权要求解除双方之间的合同关系。该公司应当腾退涉案土地并返还给该经济合作社。

〔27〕　参见北京市昌平区人民法院（2022）京 0114 民初 3173 号民事判决书。

第八节　转型时期农村集体建设用地流转的法律对策

一、法律梳理

（一）法律法规

《民法典》

《土地管理法》

（二）行政法规

《土地管理法实施条例》

（三）地方政府规章

《广东省集体建设用地使用权流转管理办法》

（四）规范性文件

《关于深化改革严格土地管理的决定》

《要素市场化配置综合改革试点总体方案》

《关于深入推进农业供给侧结构性改革做好农村产业融合发展用地保障工作的通知》

《关于积极开发农业多种功能大力促进休闲农业发展的通知》

国务院办公厅《关于推进农村一二三产业融合发展的指导意见》

《关于严格执行有关农村集体建设用地法律和政策的通知》

《关于促进农业稳定发展农民持续增收推动城乡统筹发展的若干意见》

《关于农村土地征收、集体经营性建设用地流转、宅基地制度改革试点工作的意见》

《关于授权国务院在北京市大兴区等三十三个试点县（市、区）行政区域暂时调整实施有关法律规定的决定》

《关于延长授权国务院在北京市大兴区等三十三个试点县（市、区）行政区域暂时调整实施有关法律规定期限的决定》

《农村土地征收、集体经营性建设用地流转、宅基地制度改革试点实施细则》

《农村集体经营性建设用地土地增值收益调节金征收使用管理暂行办法》(已失效)

《关于印发农村集体经营性建设用地使用权抵押贷款管理暂行办法的通知》(已失效)

《关于继续执行农村集体经营性建设用地土地增值收益调节金有关政策的通知》

《关于延长农村集体经营性建设用地使用权抵押贷款工作试点期限的通知》

自然资源部办公厅　国家市场监督管理总局办公厅《关于印发〈集体经营性建设用地使用权出让合同〉〈集体经营性建设用地使用权出让监管协议〉示范文本(试点试行)的通知》

(五)中央政策

中共中央《关于推进农村改革发展若干重大问题的决定》

中共中央《关于全面深化改革若干重大问题的决定》

《关于全面深化农村改革加快推进农业现代化的若干意见》

中共中央、国务院《关于全面推进乡村振兴加快农业农村现代化的意见》

中央全面深化改革委员会《关于深化农村集体经营性建设用地入市试点工作的指导意见》

二、法律困境

农村集体经营性建设用地流转改革是"三块地"改革中的重要内容和重要组成部分,也是推动城镇化建设的重要举措。《土地管理法》赋予了集体经营性建设用地流转的合法性资格。通过关注这一流转制度,发现存在很多法律保护不足、流转权利主体不明、流转客体范围较窄、土地增值收益分配不均、流转审批环节冗杂等问题。

(一)法律保护先天不足

结合我国《宪法》第10条第1款、第2款规定可知,被征收是集体经营性建设用地入市的前提。经济高速发展、市场化运行下,上述规定给集体经营性建设用地流转设置了障碍,也不利于实现快速流转及流转后的收益分配。另外,《土地管理法》中对集体经营性建设用地一级市场的规定,更多是公法性质的行政法规制,其市场运行更需要私法予以规制。

(二)权利主体混乱

目前的主要问题之一是存在农村农民集体、集体经济组织或村委会以及村民小组等权利主体,产权关系相对复杂,容易导致流转主体缺位。第一,集体所有权主体定义模糊。目前无法律规定城市郊区和农村的土地都属于农民集体所有,具体是何种组织所有、属于哪一级集体所有。第二,土地所有权主体虚置。农村集体在正式承担土地所有权身份时存在三重范畴,[28]模糊了土地所有权的最终主体,虚置了土地所有权的主体,弱化了产权权能,导致集体经营性建设用地所有权成为一个虚化的符号。有必要建立一个主要机构,以取代集体农村,行使集体经营性建设用地使用权。第三,组织形式混乱,相互关系不明。在集体经济组织和村委会之间,存在职能交叉错位、人格混同的情况。应建立完备的相关制度,使集体经济组织充分有效地行使集体经济的职能,明晰其与村委会之间的权属关系。[29]

(三)流转客体范围较为狭窄

目前,大部分农村存量集体建设用地均被用作宅基地、公共设施用地等,还有一部分被用作兴办乡镇企业,前者被禁止流转,后者因乡镇企业建设用地的取得并不具备市场化特征而不能等同于集体经营性建设用地。总体看来,流转客体范围仍十分狭窄。

(四)收益分配不均衡不规范

2017 年 1 月,《关于稳步推进农村集体产权制度改革的意见》中明确指出,应该在国家、集体和农民之间的利益分配上取得平衡。随着流转改革的推进,土地增值收益分配是亟待解决的问题,例如,政府是否可以参与分配集体土地增值收益、土地调整金的性质不明、土地增值收益

---

[28] 参见王秋兵等:《农村集体经营性建设用地入市障碍因素分析——基于利益主体视角》,载《江苏农业科学》2017 年第 4 期。

[29] 参见陈小君、陆剑:《我国普通村集体经济的运行现状与法律规制——基于 12 省 38 个普通村的实证研究》,载《海南大学学报(人文社会科学版)》2013 年第 2 期。

比例在不同主体间不平衡。

三、法律对策

在统筹城乡规划的背景下,土地是城乡要素流动和市场化配置的重点,协调好政府部门、集体经济组织、村民个体等各主体间的利益分配关系,完善各项制度设计、打破陈旧制度限制、充分释放集体土地价值、加强土地统筹规划等都是实现集体经营性建设用地顺利流转的关键所在。

(一)修宪并完善私法规制

随着"城乡融合发展"的提出,我国城乡发展政策已从城乡统筹发展向城乡融合发展转变,面临新的问题和挑战,需要用新的方式进行调整。《宪法》第十条规定了城乡土地的二元制,在当今城乡经济一体化的背景下已不相适应,需要进行相应修订与调整。同时,《土地管理法》是一部基于公法考量的行政法,而集体土地管理更多地体现为民事法律关系。因而建议在私法规范中对其作出具体规定,以更好地激发激励市场参与者的积极性。

(二)进一步明确流转主体的范围

在市场经济中,土地市场稳定运作的前提是澄清土地所有权问题。总的来说,由于历史发展因素的影响,农村地区大部分土地都有所有权和使用权,产权划分不明确,处于混乱状态。对此,自然资源部门应确定土地所有权,带头调查模糊边界的土地权属,并澄清增值收益分配的权属关系。同时,基层单位应积极开展土地产权登记工作,为城乡综合规划奠定基础。此外,为了解决村集体内部权力过分集中导致滥用的问题,必须加强村基层组织干部队伍建设,提高基层干部的管理质量和水平,完善配套惩戒制度。

(三)扩展集体经营性建设用地的流转范围

目前,我国集体经营性建设用地是依据土地利用规划和城市规划,在我国农村存量集体建设用地总规模下确定的,将流转范围严格限定在"存量"范围内,且必须符合规划和用途才能流转。新增集体经营性建设用地流转的必要性在于:盘活闲置宅基地,增加农民收入;填补征地范围缩小后集体经营性建设用地的空缺;在土地管理不善的农村地区,大多数存量集体经营性建设用地已流转给私人,留下历史遗留问题。

(四)建构集体经营性建设用地流转的收益分配机制

集体经营性建设用地使用权流转的收益分配机制需要兼顾国家、集体与农民的利益关系,而且必须考虑到公平和效率。

政府是否可以参与初次流转收益分配,因试点地区而异。广州、南京等地政府不参与初次流转收益分配,绝大多数试点地区都是政府为增加集体建设用地价值而投入大量资金,作为补偿,政府应从初次流转中获得收益。笔者建议政府不参与初次流转收益分配,因为初次流转收益分配是建立在产权基础上的,政府是进行宏观调控方,不享有土地产权。而且应严格区分公法和私法,政府应通过公法征税,而不是作为私法主体参与利益分配。如果政府不仅参与分配初次流转收入,还参与征收土地税,那么就必然遏制土地流动,减少收入。

(本章执笔人:罗永东)

第十三章　房地产合作开发

第一节 房地产合作开发概述

一、房地产合作开发的定义及规定

(一)房地产合作开发的定义

房地产合作开发,是指当事人提供以出让方式取得的建设用地使用权或者资金作为共同投资,共享利润、共担风险,合作开发房地产。共同投资、共享利润、共担风险是房地产合作开发的基本特征,也是界定房地产合作开发真实性的基础。

一般而言,房地产合作开发应当具备如下条件:第一,合同主体中至少一方应当具有房地产开发资质。否则,房地产合作开发合同有可能被认定为无效。第二,合作开发的当事人应以提供建设用地使用权、资金等作为合作条件。共同投资是合作开发的基础和前提,投资的方式可以是资金、实物、权益。以建设用地使用权出资的,必须是以出让方式取得的建设用地使用权,以划拨方式取得建设用地使用权必须经有批准权的人民政府批准。第三,各方共同投资、共享利润、共担风险是房地产合作开发的实质条件。如果不是共同投资、共享利润、共担风险,房地产合作开发合同就有可能被认定为其他性质的合同。需要注意的是,共同经营不是合作开发的必备条件。在实践中,有相当一部分合作方基于自身管理经验、能力不足等方面的原因不参与经营,而是由其他合作方独立经营。这种做法符合契约自由原则,应受法律保护。

(二)房地产合作开发的规定

有关房地产合作开发的规定主要如下。

第一,《城市房地产管理法》第 28 条规定:“依法取得的土地使用权,可以依照本法和有关法律、行政法规的规定,作价入股,合资、合作开发经营房地产。”该条对房地产合作开发的土地状态进行了规定。

第二,最高人民法院《关于审理涉及国有土地使用权合同纠纷案件适用法律问题的解释》(以下简称“国有土地使用权合同纠纷案件解释”)对房地产合作开发合同的相关内容进行了详细的规定。第 12 条对房地产合作开发合同进行了界定："本解释所称的合作开发房地产合同，是指当事人订立的以提供出让土地使用权、资金等作为共同投资，共享利润、共担风险合作开发房地产为基本内容的合同。"

当然，部分地方性法规、规章也对房地产合作开发进行了规定，如《重庆市城市房地产开发经营管理条例》第30条、第31条、第43条；《广东省实施〈中华人民共和国土地管理法〉办法》（已失效）第42条、第56条第3项。

二、房地产合作开发的要素

（一）共同投资

"共同投资"是指合作一方或多方提供土地使用权、资金、管理经验等房地产开发要素，其中土地使用权是房地产合作开发的基本条件。房地产合作开发的共同投资行为不完全等同于公司法中的"出资"概念。合作开发当事人作为共同投资提供的土地使用权，并不一定发生土地使用权转移的结果，但合作开发当事人以投入土地使用权完成公司出资义务的，必然发生土地使用权转移的后果，即使用权人由股东变更为公司。

（二）共享利润

"共享利润"是房地产合作开发的终极目的，是各方对共同投资开发成果的共同分配行为。分配比例与方式由各方在合作开发合同中约定。根据房地产开发的项目类型和合作方式的不同，"共享利润"有资金、房地产实物、经营权以及其他经济利益等表现形式。

（三）共担风险

"共担风险"是房地产合作开发各方对投资后损失或预期收益无法达成的风险的分担行为。风险分担的比例和方式由各方在合作开发合同中约定。

"共同投资、共享利润、共担风险"是房地产合作开发的基本要素和根本特征，也是房地产合作开发与其他行为（土地使用权转让、房屋买卖、借款、租赁等）进行区分的重要标志。

三、房地产合作开发的模式

房地产合作开发的模式主要有两种：法人型合作模式和非法人型合作模式。

(一)法人型合作模式

法人型合作开发,指合作各方以土地使用权、资金等出资设立一个法人主体来开发房地产项目。

1. 新设项目公司

由双方出资或提供土地设立项目公司,以项目公司的名义进行开发,通常按照出资比例承担风险、分享收益。这种合作开发模式的优缺点十分明显:优点在于责任明确、组织机构稳定,人事安排及操作比较规范,纠纷发生的概率较低;缺点是项目公司的利润只能在缴纳各项税种后才能上交合作方,财务成本较高。

2. 股权式合作

投资方通过受让持有土地的公司的部分股权,以达到合作开发房地产之目的。这种模式的优点在于:第一,无须缴纳办理土地过户契税和手续费,降低了投资开发成本;第二,合作各方无须办理土地使用权转移和变更登记手续,只需依股权转让协议在工商部门办理股权转让变更登记即可。手续简单,可以较快取得项目的开发建设权并进行公司的实质经营。

(二)非法人型合作模式

非法人型合作开发,是指合作各方不组建一个法人主体,以协议的方式来合作开发房地产项目。在当前的实践中,非法人型合作开发具体表现为以下几种模式。

1. 合伙型合作模式。合作方采取成立合伙联营体模式(成立合伙企业)负责项目开发。

2. 成立联合管理机构。合作双方各自派遣若干人员组成联合管理机构,实践中有的叫“联建办公室”,有的称“联合管理委员会”等,其职责是协调双方在联合开发中发生的各种关系,对合作中的重大事项作出决策,并运作、管理开发项目。

3. 协作型合作模式。合作方并不成立公司或者合伙企业,而是依据合作方之间的合作合同约定执行合作事宜,该模式下由合作一方公司负责按照合同约定执行项目开发职责。

第二节　尽职调查

一、房地产合作开发的尽调重点

(一)土地

1. 确认是否取得国有土地使用权

在对土地使用权的调查中,应当重点调查是否取得土地使用权证、建设用地规划许可证、建设项目用地预审报告书、建设用地批准书。重点确认土地登记机关的登记内容与土地使用权证的内容是否一致,如土地的位置、面积、用途等。

2. 审查土地使用权的取得方式

《城镇国有土地使用权出让和转让暂行条例》明确规定,土地使用权的取得方式通常包括出让、转让和划拨。为保证土地使用权的合法有效,在尽职调查中,应根据土地使用权取得方式的不同,分别列出调查要点。

(1)土地使用权为出让取得。应调查是否完成了土地使用权出让的全部手续,如土地出让合同是否签订,土地出让金是否全部支付,土地是否完成登记。

(2)土地使用权为转让取得。应重点调查土地使用权转让流程是否合规,如转让事宜是否按照法律法规及公司章程履行公司内部决策手续,如系国有公司,需审查是否具备政府主管部门的批准文件。

(3)土地使用权为划拨取得,则其转让可能受到限制,并且可能对交易成本造成一定的影响。因此,对于划拨取得的土地,应当要求提供有关批准文件,并且应当确认是否能够进行转让。此外还应调查征地费用的支付凭证,包括但不限于土地补偿费、安置补助费、青苗补偿费。

3. 调查土地使用权的其他相关内容

关于土地方面,除前述两点外,还建议关注土地使用权是否完整、是否符合规划用途、是否存在因闲置被收回的可能等问题。

（二）目标公司

1. 项目公司的重大合同及资产是否有潜在风险。如果项目公司的重大合同或资产存在潜在风险，一方面会对交易估值产生影响，另一方面也会影响项目公司后续的盈利能力。

2. 项目公司是否存在司法风险。如项目公司是否有被行政处罚、有被诉案件或被执行案件，这些司法风险有可能会导致交易无法进行。

3. 如果目标公司负责房地产开发，则需要核查其是否具备房地产开发企业资质。《房地产开发企业资质管理规定》对房地产开发企业的资质进行了相应规定，需具体核查目标公司是否符合特定要求。

二、房地产合作开发的尽调流程

（一）尽调前的准备工作

1. 尽调启动会

在通过公开途径查询尽调对象背景情况后，沟通协调客户召开尽调启动会。启动会根据项目情况，邀请各专业（法务、投资、财务、工程、合约等）人员参加，初步沟通房地产合作开发模式及尽调对象基本情况，并对尽调工作计划、尽调资料准备、尽调工作组进场及人员对接等工作进行安排。

2. 发送尽调清单及办理相关授权手续等

尽调团队应根据尽调启动会上了解到的项目情况、合作模式，提出尽调范围建议，并以尽调清单的形式予以体现，将其通过客户相关负责人发送给尽调对象。

房地产合作开发需对土地使用权状况、公司资质等进行核查，这些需律师至自然资源规划局、不动产登记中心、市场监督管理局等单位调档，因而需准备好授权手续。

（二）开展现场尽调

1. 尽调资料原件的收集

尽调团队正式进场后，按照尽调清单目录收集尽调资料原件，如建设用地使用权出让合同、土地使用权证等，并由尽调团队成员进行复印。对于无原件或未能核对原件的，应由尽调对象对接人给予合理解释，并在尽调清单备注栏中予以标明。

2. 调查事项的书面回复与尽调对象高管访谈

针对尽调清单中需尽调对象说明的事项,应首先要求尽调对象出具签字盖章的书面回复意见。对于无法出具书面回复的,以及现场尽调中新发现而基于书面材料无法合理解释的,可以通过现场访谈的方式进行调查,由相关负责人给予合理解释并尽可能地提供书面支撑文件。

3. 项目现场勘查与周边走访

第一,对于未建设的项目,尽调团队应结合项目地块所在区域的最近规划图,对周边情况进行走访了解。第二,对于已开始建设的项目,尽调团队应对目标项目地块/在建工程进行现场勘查。第三,对于已建售楼部、开始销售的项目,对项目各项情况进行了解和记录。

4. 外部档案调取及访谈

就房地产合作开发来说,尽调团队一般需至以下国家部门查档或访谈:至市场监督管理局查询合作对象的工商底档;至自然资源规划局、不动产登记中心、房管局查询土地使用权登记情况、规划文件、施工许可等;走访项目所在地城管、街道办、周边住户居民等,尽可能用多种路径了解项目情况。

5. 公开途径查询

针对尽调对象涉诉及权利限制事宜,须通过公开途径予以查询、复核,包括但不限于天眼查、国家企业信用信息公示系统、中国裁判文书网、全国法院被执行人信息查询系统、全国法院失信被执行人名单信息查询系统、人民检察院案件信息公开网等。

(三)尽调报告起草

现场尽调结束后,参与尽调的人员应全面审阅全部工作底稿文件,根据与客户的委托协议约定起草完成尽调报告。

三、房地产合作开发的尽调报告

房地产合作开发的尽调报告,除满足一般尽调报告的要求外,应当凸显房地产合作开发的要点,如上文着重强调的土地相关尽调要点,目标公司的尽调要点等。一般体例可参照下述模板。

关于【××公司集团××项目】之法律尽职调查报告

××律师事务所

目录

第九部分　财务情况

第十部分　环境保护、消防和卫生事宜

第十一部分　其他需要说明的情况

……

第三节　合作方案筹划

一、合作方案筹划的价值追求与工作重点

(一)节税

房地产合作开发涉及多种税种,因此在进行合作方案筹划时必须了解可能涉及的税种,采用合理合法的方式尽量节税。以下是房地产合作开发时可能涉及的税种。

1. 流转税方面(营业税和增值税)

依据《营业税问题解答(之一)》(已失效)第17条的规定,[1]合作

---

〔1〕《营业税问题解答(之一)》(国税发〔1995〕156号)第17条规定:"问:对合作建房行为应如何征收营业税?答:合作建房,是指由一方(以下简称甲方)提供土地使用权,另一方(以下简称乙方)提供资金,合作建房。合作建房的方式一般有两种:第一种方式是纯粹的'以物易物',即双方以各自拥有的土地使用权和房屋所有权相互交换。具体的交换方式也有以下两种:1. 土地使用权和房屋所有权相互交换,双方都取得了拥有部分房屋的所有权。在这一合作过程中,甲方以转让部分土地使用权为代价,换取部分房屋的所有权,发生了转让土地使用权的行为;乙方则以转让部分房屋的所有权为代价,换取部分土地的使用权,发生了销售不动产的行为。因而合作建房的双方都发生了营业税的应税行为。对甲方应按'转让无形资产'税目中的'转让土地使用权'子目征税;对乙方应按'销售不动产'税目征税。由于双方没有进行货币结算,因此应当按照《中华人民共和国营业税暂行条例实施细则》第十五条的规定分别核定双方各自的营业额。如果合作建房的双方(或任何一方)将分得的房屋销售出去,则又发生了销售不动产行为,应对其销售收入再按'销售不动产'税目征收营业税。2. 以出租土地使用权为代价换取房屋所有权。例如,甲方将土地使用权出租给乙方若干年,乙方投资在该土地上建造建筑物并使用,租赁期满后,乙方将土地使用权连同所建的建筑物归还甲方。在这一经营过程中,乙方是以建筑物为代价换得若干年的土地使用权,甲方是以出租土地使用权为代价换取建筑物。乙方发生了出租土地使用权的行为,对其按'服务业－租赁业'征营业税;乙方发生了销售不动产的行为,对其按'销售不动产'税目征营业税。对双方分别征税时,其营业额也按《中华人民共和国营业税暂行条例实施细则》第十五条的规定核定。第二种方式是甲方以土地使用权、乙方以货币资金合股,成立合营企业,合作建房。对此种形式的合作建房,则要视具体情况确定如何征税:1. 房屋建成后,如果双方采取风险共担、利润共享的分配方式,按照营业税'以无形资产投资入股,参与接受投资方的

建房的税费主要如下:第一,双方以各自拥有的土地使用权和房屋所有权相互交换的。甲方转让部分土地使用权换取部分房屋所有权,应按"转让土地使用权"征税,乙方以转让部分房屋所有权为代价换取部分土地使用权的,按照"销售不动产"税目征税。合作建房双方(或任何一方)将分得的房屋销售出去,对其销售收入按"销售不动产"税目征收营业税。第二,甲方以土地使用权、乙方以货币资金合股,成立合营企业,合作建房的:(1)房屋建成后如果双方采取风险共担,利润共享的分配方式,对甲方向合营企业提供的土地使用权视为投资入股,对其不征营业税;只对合营企业销售房屋取得的收入按销售不动产征税;对双方分得的利润不征营业税。[2](2)如果房屋建成后双方按一定比例分配房屋,则不符合上述免税情形,对甲方向合营企业转让的土地,按"转让无形资产"征税;对合营企业的房屋,在分配给甲乙方后,如果各自销售,则再按"销售不动产"征税。

2016年5月开始,我国全面推开营业税改增值税试点,房地产开发企业也不例外。自此,对土地使用权转让和房屋销售改征增值税。

2. 企业所得税

企业所得税主要参照国家税务总局《关于印发〈房地产开发经营业

利润分配、共同承担投资风险的行为,不征营业税'的规定,对甲方向合营企业提供的土地使用权,视为投资入股,对其不征营业税;只对合营企业销售房屋取得的收入按销售不动产征税;对双方分得的利润不征营业税。2. 房屋建成后,甲方如果采取按销售收入的一定比例提成的方式参与分配,或提取固定利润,则不属营业税所称的投资入股不征营业税的行为,而属于甲方将土地使用权转让给合营企业的行为,那么,对甲方取得的固定利润或从销售收入按比例提取的收入按'转让无形资产'征税;对合营企业则按全部房屋的销售收入依'销售不动产'税目征收营业税。3. 如果房屋建成后双方按一定比例分配房屋,则此种经营行为,也未构成营业税所称的以无形资产投资入股,共同承担风险的不征营业税的行为。因此,首先对甲方向合营企业转让的土地,按'转让无形资产'征税,其营业额按实施细则第十五条的规定核定。其次,对合营企业的房屋,在分配给甲、乙方后,如果各自销售,则再按'销售不动产'征税。"

〔2〕《营业税税目注释(试行稿)》(国税发〔1993〕149号)(已失效)第8条第3款第6项规定:"以无形资产投资入股,参与接受投资方的利润分配、共同承担投资风险的行为,不征收营业税。"

务企业所得税处理办法〉的通知》(国税发〔2009〕31 号)(已被修改)第 36 条的规定进行核定和结算。[3]

3. 土地增值税

根据财政部、国家税务总局《关于土地增值税一些具体问题规定的通知》(财税字〔1995〕48 号)(部分失效)第 2 条的规定,对于一方出地,一方出资金,双方合作建房,建成后按比例分房自用的,暂免征收土地增值税;建成后转让的,应征收土地增值税。

在进行房地产合作开发时,合作双方应当根据上述税收法律和政策,进行合作方式的合理筹划以减少实际税收负担。

(二)现金流筹划

房地产项目现金流管理,指的就是对房地产项目的现金流入和流出进行管理,基本目标是实现净现金流为正值,并且使投资收益达到预定目标,产生利润。现金流管理的稳健进行,能够在很大程度上对房地产项目的诸多风险进行规避,尤其是对财务风险进行规避,促进资金安全和利润提升。当前,房企普遍存在一系列现金流管理问题,如盲目追求投资及规模扩张、过度依赖单一融资渠道、回收周期长,周转速度慢等,因此需要对现金流管理予以优化。

1. 优化投资管理

首先,需要分析企业当前所处的内外部环境,明确企业未来的发展战略和方向,进而确定投资现金流流向;其次,项目投资时要预测、规划投资活动现金流,根据企业现金流的真实状况,理性选择合适的投资项目,尽可能减少因盲目投资所带来的资金风险;最后,根据企业现金流整

---

〔3〕 根据《国家税务总局关于印发〈房地产开发经营业务企业所得税处理办法〉的通知》(国税发〔2009〕31 号)第 36 条的规定,合作开发房地产项目且该项目未成立独立法人公司的:第一,首次分配开发产品时如果已经结算计税成本,按照应分配给投资方开发产品的计税成本与其投资额之间的差额计入当期应纳税所得额,如果未结算计税成本,则将投资方的投资额视同销售收入进行相关的税务处理。第二,如果合同或协议中约定分配项目利润,企业应将该项目形成的营业利润额并入当期应纳税所得额统一申报缴纳企业所得税,不得在税前分配该项目的利润,同时不能因接受投资方投资额而在成本中摊销或在税前扣除相关的利息支出;且投资方取得该项目的营业利润应视同股息、红利进行相关的税务处理。

体状况，合理规划企业拿地时间、拿地频率、拿地谨慎度，适度开发项目，保持现金流量同盈利水平稳步提升。

2. 拓宽融资渠道

为了缓解高杠杆压力下还本付息所带来的现金流压力，房企不能一味地通过贷款、发行债券等有息负债方式加大融资力度，必须多渠道进行资金筹集。在目前市场融资收紧的环境下部分融资渠道受到了限制，企业应该综合运用地产私募基金、房地产投资信托基金（REITs）等方式补充资金。一方面降低企业有息负债，另一方面促进地产金融、运营能力双提升。

3. 优化合作要素投入的组合

合作各方在合作开发项目中投入的要素有土地使用权、资金、管理、品牌、其他有价值的资产如股权、债权等。这些要素的选择、配比、组合、时间的安排等，都会影响合作项目的现金流筹划，也会影响合作各方的现金流的筹划和权益回笼的安全性。这是筹划合作项目方案时，应该考虑的各方权利义务和交易模式、程序等相关安排。

（三）先履行抗辩权设置

先履行抗辩权，是指当事人互负债务，有先后履行顺序的，先履行一方未履行之前，后履行一方有权拒绝其履行请求；先履行一方履行债务不符合约定的，后履行一方有权拒绝其相应的履行请求。

在房地产合作开发中，先履行抗辩权的含义与履行与一般领域并无区别。在司法实践中，行使先履行抗辩权须具备以下条件：第一，须发生在互为给付的双务有偿合同中，双方的给付义务具有对价和牵连关系；第二，须是双方互负的债务有先后履行顺序且已届清偿期；第三，必须是先履行合同一方未履行或者履行不符合约定；第四，对方的对待给付必须是可能履行的。

合作开发方案筹划时，出地方一般考虑的是出资方的付款义务，因此可以将支付部分款项作为其转让土地使用权的先履行义务；而出资方一般考虑能否顺利获得土地的使用权，能否顺利进行土地的开发，因此在谈判和签订合同时，可以约定将土地使用权转让义务的履行时间和方式与出资方付款的时间和方式以先后顺序关联起来。

(四)治理结构安排

根据实践经验,基于投资公司收购房地产项目的主要目的的不同,项目公司被收购后的治理结构可分为四种:“操盘”“并表”“操盘 + 并表”“不操盘 + 不并表”。

1.“操盘”

“操盘”通常指由投资公司实际主导房地产项目开发、建设、销售和经营。操盘方通过其委派或提名的管理人员实质享有除各方股东关注的上述一致决或者多数决事项之外的其他大部分事项的决策权并负责项目公司的日常经营管理,在各方股东达成一致意见的前提下可以向项目公司收取一定管理费用。若投资公司收购房地产项目只是开发、经营的需要,没有将项目公司的报表并入本公司财务报表中的意图,则可以将项目公司的治理结构构建为此种。

2.“并表”

“并表”通常是指将项目公司报表纳入其母公司、合并财务报表。《企业会计准则第 33 号——合并财务报表》中规定合并财务报表的合并范围应当以控制为基础予以确定。[4] 若投资公司收购房地产项目只是业绩需要,没有经营管理、操盘的意图,则可以将项目公司的治理结构构建为此种。就项目公司的治理结构而言,投资公司所享有的并表权主要可通过重大事项一票否决权来实现。

3.“操盘 + 并表”

在此种公司治理结构下,投资公司作为房地产项目的收购方,可与其他收购方进行协商,确认各方所持有的房地产开发项目公司的股权比例,如形成 51%(投资公司):49%、34%(投资公司):33%:33% 等形式的股权比例。投资各方按照“共同投资、共担风险、共享收益”的原则进

---

〔4〕《企业会计准则第 33 号——合并财务报表》第 7 条规定:“合并财务报表的合并范围应当以控制为基础予以确定。控制,是指投资方拥有对被投资方的权力,通过参与被投资方的相关活动而享有可变回报,并且有能力运用对被投资方的权力影响其回报金额。本准则所称相关活动,是指对被投资方的回报产生重大影响的活动。被投资方的相关活动应当根据具体情况进行判断,通常包括商品或劳务的销售和购买、金融资产的管理、资产的购买和处置、研究与开发活动以及融资活动等。”

行合作，并按照股权比例履行投资义务和享有项目公司权益。在上述股权结构下，项目公司治理结构既要兼顾各方权益，又要有助于高效地推进房地产项目开发。

4. "不操盘 + 不并表"

在此种公司治理结构下，投资公司作为房地产项目的收购方，不参与实际管理，只收取投资回报，可有效规避经营风险。此时，投资方本质上只是投资，偏向于借贷性质，投资方通过协议约定一定的回报率即可。

（五）风险担保

此处的风险担保是指合作方为保证合作协议的实现，要求一方就其将来应承担的义务或可能发生的违约行为提供担保，该担保既可以是自然人的保证，也可以是不动产的抵押、股权质押等。

那么如何对合作协议设置担保呢？以一个案例予以说明。

在"中国葛洲坝集团房地产开发有限公司与海口恒天晟实业有限公司、海南葛洲坝实业有限公司借款合同纠纷案"中，[5]中国葛洲坝集团房地产开发有限公司（以下简称葛洲坝房地产公司）与海口恒天晟实业有限公司（以下简称恒天晟公司）签订《合作开发协议》，恒天晟公司以其持有项目公司的全部股权对涉案项目融资承担连带担保责任。后项目公司海南葛洲坝实业有限公司（以下简称葛洲坝实业公司）成立，葛洲坝实业公司向葛洲坝房地产公司出具《还款确认书》，承诺于 2015 年 4 月 1 日之前归还借款本金 6000 万元。后，葛洲坝实业公司未如期偿还款项。葛洲坝房地产公司向法院起诉要求葛洲坝实业公司向葛洲坝房地产公司返还借款本金 6000 万元并要求恒天晟公司在 4900 万元的范围内就葛洲坝实业公司的上述债务承担连带清偿责任。

最高人民法院认定，《合作开发协议》中约定的担保条款"是以签约之时尚未成立、融资数额尚未确定、债权人债务人等基本要素均不特定的项目融资作为主债权，并缺少债务人履行债务的期限、保证担保的范围、保证的期间等基本要件，明显不符合保证合同的成立要件"。葛洲坝房地产公司因此败诉。

---

〔5〕 参见最高人民法院（2016）最高法民终 240 号民事判决书。

这一案例说明，在对合作协议设置担保时，项目中有关保证责任的内容约定应尽量明确具体；如果无法明确穷尽被保证范围与经济责任数额，亦可考虑通过最高额担保的形式对将来一定期间内可能发生的债权设定担保，尽量减少争议。

（六）风险转移

在进行房地产合作开发方案筹划时，应当注意合作开发的相应风险点，做好相应的合作方案筹划以防范风险。

前文已经对房地产合作开发中企业主体、土地情况等风险予以了说明，除此之外，还应当对如下风险点予以注意。

第一，因合作开发中当事人未足额出资引发的法律风险。建议企业充分考虑投资规模、工程进度、自身财务状况等因素，约定适合自己的交纳方式、期限，从而最大限度地减少违约事件的发生。同时，设置清晰的违约条款，在一方违约时守约方可以依据违约条款进行违约索赔。

第二，房地产合作中增加投资数额比例承担引发的法律风险。在房地产开发项目实施过程中额外增加投资是比较普遍的。在实践中，合作各方对投资增加及比例负担通常缺乏约定或无法达成一致，易产生纠纷，一旦新增投资的承担发生纠纷，往往会造成资金迟延到位，阻碍项目的进展，造成停工等重大经济损失。因此，建议房地产开发企业努力做好合作前期预案的约定和设计工作，减少因投资额增加而引发的纠纷。这些预案通常应当考虑增加投资的决策与确认程序，增加投资可能导致的合作方投资权益调整，合作一方垫付他方投资款的程序和补偿，垫付金额比例和时间导致的合同变更权和单方解约权，等等。对这些预案和设计能在合同中通过相关条款予以明确，对于今后顺畅地化解履约争议、提升合作开发效率有重要意义。

第三，因以土地出资的一方在合作期间将土地使用权另行转让而引发的法律风险。以土地使用权作为出资的房地产合作开发，法律并无强制性审批和产权变更登记的要求。因此，在这种合作方式之下可能更容易发生土地使用权通过在建工程转让的方式转让给他人的行为。建议在合作开发合同中明确约定未达成合意情况下擅自转让土地使用权的违约责任条款，或在未过户之前要求提供土地使用权一方提供阶段性担保，以防范土地使用权方擅自转让的法律风险。

二、合作方案的谈判策略

在房地产合作开发项目中，如何把握和权衡双方利益点，以达到共赢和双赢是合作方案的谈判关键。前期充分、准确的尽职调查具有非常重要的意义。

在进行谈判前，需要做好谈判准备，如确定谈判的目标、评估谈判对手、做好谈判中的角色以及策略制定、设定谈判底线、拟定谈判议程、掌握合作开发项目信息等。谈判团队中的法律、财务、房地产经营、工程技术与预算等专业人士的共同参与和有效协同，具有非常重要的意义。

在开始谈判时，谈判的开局对谈判的影响不容小觑，一般而言，营造良好的谈判气氛、开场陈述和抛出议题以及确认谈判目标或各项差异问题说明是必要的。

在谈判开展时，需注意阐述与听取对方观点，控制和把握谈判氛围与节奏，解读对方身体语言等。

在谈判遇到争议时，需做好谈判的调整工作，学会建立自身的谈判优势以及削弱对方优势，建议事先预设谈判展开时将遇到的障碍及对策。在进行争议谈判时，要学会根据不同类型的谈判者实施不同的应对技巧；同时，掌握适度让步策略十分必要。

在进行房地产合作开发项目谈判时，除上述要点外，还要注意把握出价时机，表达明确的合作意向，以维护共同利益为导向、保障自身利益为底线，适时地对合作方案进行调整。

第四节　名为合作开发实为其他类交易

合作开发房地产的本质特征为共同投资、共享利润、共担风险。在实践中，经常出现名为“合作”“合资”“联建”“参建”等合作开发房地产，实质上却不构成合作开发房地产合同的交易类型。

一、合作开发房地产合同与土地使用权转让合同

根据最高人民法院《关于审理涉及国有土地使用权合同纠纷案件适用法律问题的解释》第21条的规定，合作开发房地产合同约定提供土地使用权的当事人不承担经营风险，只收取固定利益的，应当认定为土地使用权转让合同。如果被认定为土地使用权转让合同，对于其合同效力，应按照有关土地使用权转让合同的法律规定进行认定和处理。

【案件名称】

北京市某农业农村局与某基业投资有限公司合同纠纷案〔6〕

【基本案情】

2003年4月，北京市某农业农村局（原告）与北京市某区教育委员会签订《土地使用权置换协议书》，约定双方将各自名下的一块划拨国有土地进行置换。后原告在置换土地上开发受阻；北京市某区教育委员会将原告地块置换到某小区。2008年1月，原告与北京市某区教育委员会、北京某集团有限责任公司签订《协议书》，约定原告与北京某集团有限公司分配使用某小区内的教育配套设施。后，某建工集团、原告、某基业投资有限公司（被告）等四方签订《某小区教育配套建设协议》，约定某小区教育配套设施规划建设教学楼、实验楼各一栋，教学楼归原告使用，原告建设部分的建设费用由被告承担等。上述协议签订后，以某建工集团名义办理了教学楼、实验楼的立项报批手续。2009年原告与被告签订《项目合作协议书》，约定原告将某小区内的教学楼用地5148平方米与被告合作开发教学楼建设项目，被告负责建设的全部资金，项目

---

〔6〕　参见北京市朝阳区人民法院（2021）京0105民初4914号民事判决书。

建成后双方按照各50%的比例享有该建筑物的使用权和产权。2009年11月,原告与被告签署《项目合作补充协议》,对于双方应分得的建筑面积进行确认及租赁事宜等。2013年10月,原告与被告签订《补充协议》,约定延长租期等事宜。后原被告双方就签订的《项目合作协议书》、《项目合作补充协议》及《补充协议》的效力产生争议。

【裁判观点】

法院认为,关于上述合同性质之争,主要涉及土地使用权转让合同与合作开发房地产合同的区分。该案中,原告通过与某区教育委员会置换土地的方式获得某小区内教育用地使用权,根据原告与被告签订的《项目合作协议书》的约定,原告将某小区内教育配套设施与被告合作开发教学楼项目,原告配合办理各种手续,被告负责建设的全部资金。项目建成后,双方按照各50%的比例享有该建筑物的使用权和产权。根据《项目合作补充协议》的约定,原告与被告各分得该项目建筑面积3321.98平方米,其中地上2768.8平方米,地下553.175平方米。同时原告将其所分得的建筑面积交给被告有偿使用,被告按约定向原告支付租金。可见,原告的义务是提供土地,获得的对价是所建成教学楼一半的产权和使用权。该行为符合《关于审理涉及国有土地使用权合同纠纷案件适用法律问题的解释》第21条规定的情形,故双方之间签订的协议应为土地使用权转让合同。

二、合作开发房地产合同与房屋买卖合同

根据最高人民法院《关于审理涉及国有土地使用权合同纠纷案件适用法律问题的解释》第22条的规定,合作开发房地产合同约定提供资金的当事人不承担经营风险,只分配固定数量房屋的,应当认定为房屋买卖合同。如果被认定为房屋买卖合同,对于其合同效力应当按照有关商品房销(预)售合同的法律规定进行认定和处理。

【案件名称】

姜某、A置业有限公司房屋买卖合同纠纷案〔7〕

〔7〕 参见河南省罗山县人民法院(2020)豫1521民初3355号民事判决书。

【基本案情】

2015 年,原告等人投资开发位于某县天元南路西侧的 16 亩土地,2017 年 12 月 10 日,原告与被告签订《某项目投资建设协议》,根据约定,原告应分得房产 4 套,且 2 号楼及 4 号楼应当在 4 至 6 个月内办理完毕预售证,1 号楼及 3 号楼应当在 10 至 12 个月内办理完毕预售证。现双方因被告未在约定期限内办理预售证等事由诉至法院。

【裁判观点】

法院认为,最高人民法院《关于审理涉及国有土地使用权合同纠纷案件适用法律问题的解释》第 22 条规定:合作开发房地产合同约定提供资金的当事人不承担经营风险,只分配固定数量房屋的,应当认定为房屋买卖合同。原告姜某作为某项目投资开发建设协议投资的甲方当事人并进行了投资,其投资计算在邓某名下,该案原告姜某与其他投资人对被告某置业有限公司的某投资开发建设项目也均进行了投资,按照投资本金及固定收益分得固定房屋,不承担经营风险;且该项目建设使用土地,系国有土地使用权出让取得,故根据该规定,该案应认定双方为房屋买卖合同纠纷。

三、合作开发房地产合同与房屋租赁合同

根据最高人民法院《关于审理涉及国有土地使用权合同纠纷案件适用法律问题的解释》第 24 条的规定,合作开发房地产合同约定提供资金的当事人不承担经营风险,只以租赁或者其他形式使用房屋的,应当认定为房屋租赁合同。如果被认定为房屋租赁合同,对于其合同效力,应当按照有关房屋租赁合同的法律规定进行认定和处理。

【案件名称】

陈某某、某部队房屋租赁合同纠纷案〔8〕

【基本案情】

某部队(甲方)与陈某某(乙方)签订《合作协议》,约定双方就共同建设经营商铺达成如下协议:项目位置为某部队所属医院惠峰路侧沿路地块;甲方提供项目土地及所有开发手续、图纸设计以及与地方协调、相

---

〔8〕　参见江苏省无锡市中级人民法院(2022)苏 02 民终 2781 号民事判决书。

关配套、手续办理等;乙方提供在项目上建设经营商铺及配套设施所需的资金,并负责建设施工;项目建成后按甲方南侧21间商铺、乙方北侧20间商铺进行分配,乙方获得所分配商铺2010年11月15日至2030年11月14日的经营收入,2030年11月15日后,乙方将商铺全部移交甲方,不再主张任何权利,本协议同时失效;由甲方统一与商铺承租户签订承租协议、开具承租票据,甲乙双方按所分配商铺单独向承租户收取租金;因甲方原因提出协议变更,或因甲方在用地、经营等配套手续办理不完善而影响项目按期开业或导致提前终止,甲方应当对乙方的损失作出赔偿,赔偿额度应考虑双方违约损失、累计的物价指数上升所产生的剩余收益损失、对第三方造成的违约损失、银行贷款利息损失、建设和经营过程中产生的无形资产价值损失等;也可以采取延长有效经营时间的方式。

【裁判观点】

法院认为,该案争议焦点为《合作协议》的性质及效力。该案双方在《合作协议》中约定:甲方提供项目土地及所有开发手续、图纸设计以及与地方协调、相关配套、手续办理等;乙方提供在项目上建设经营商铺及配套设施所需的资金,并负责建设施工;项目建成后按甲方南侧21间商铺、乙方北侧20间商铺进行分配,乙方获得所分配商铺2010年11月15日至2030年11月14日的经营收入,2030年11月15日后,乙方将商铺全部移交甲方,不再主张任何权利,本协议同时失效。从《合作协议》的上述约定看,虽然某部队一方提供土地使用权、陈某某提供资金,但双方之间并无"共享利润、共担风险"的约定,陈某某也不能取得房屋的所有权,而只是可以使用其中20间商铺,获得20年的经营收入。因此,《合作协议》并不属于合作开发房地产合同,而符合最高人民法院《关于审理涉及国有土地使用权合同纠纷案件适用法律问题的解释》第24条规定的情形,应认定为房屋租赁合同。

四、合作开发房地产合同与借款合同

根据最高人民法院《关于审理涉及国有土地使用权合同纠纷案件适用法律问题的解释》第23条的规定,合作开发房地产合同约定提供资金的当事人不承担经营风险,只收取固定数额货币的,应当认定为借款合同。如果被认定为借款合同，对于其合同效力，应区分企业借贷和个人借贷，按照有关法律规定进行认定和处理。

【案件名称】

卢某、周某等民间借贷纠纷案〔9〕

【基本案情】

2011 年 5 月 3 日，卢某与周某签订《合作协议》一份，主要约定：就周某与山东 A 房地产开发有限公司合作开发的周村区张楼项目，卢某向周某提供合作资金 400 万元，周某保证于 2012 年 5 月 5 日前向卢某返还出资本金 400 万元，2013 年 11 月 5 日前支付出资红利 800 万元。

【裁判观点】

法院认为，关于当事人之间法律关系的性质及还款责任主体的问题。首先，卢某与周某双方之间签订的《合作协议》约定，卢某向周某提供合作资金，用于周某向某公司补足合作出资款，周某到期返还全部出资本金，并支付定额出资红利。上述约定表明，卢某只是收取固定数额的回报，并不参与经营，亦不承担经营风险。卢某与周某之间的协议“名为合作，实为借贷”，且隐藏的民间借贷行为并不违反法律、行政法规的规定，应属有效。一审法院认定《合作协议》的性质应为借款合同并无不当。

根据上述法律规定和案例，直观来讲，对未共同承担经营风险、不属于房地产合作开发关系的合同，可以通过以下特征进行识别与分类，详见表 13 – 4 – 1：

表 13 – 4 – 1　名为合作开发实为其他类交易的判断规则

合同性质	投入	收益
土地使用权转让合同	土地使用权	房屋产权与使用权
房地产买卖合同	资金	房屋产权与使用权
借贷合同	资金	本金 + 利息
房屋租赁合同	资金	房屋使用权

〔9〕 参见山东省滨州市中级人民法院(2021)鲁 16 民终 3467 号民事判决书。

第五节　合作开发合同的效力审查与保障

一、房地产合作开发合同效力的审查要素

关于合作开发房地产合同的效力判断，一方面需要从《民法典》第三编“合同”第一分编“通则”第三章“合同的效力”的相关条款来进行认定，另一方面，要根据房地产合作开发的特性进行分析，如房地产开发资质、土地使用权性质是否违反了强制性规定。

（一）合同效力的一般审查要素

根据《民法典》第一编第六章第三节第 143 条至第 151 条的规定，[10]若是存在这些情形，则合同无效。也就是说存在无民事行为能力人实施的民事法律行为、虚假表示以及隐藏表示、重大误解、欺诈、第三人欺诈、胁迫、违反国家法律法规强制性规定等情形的，合同无效。在进

---

〔10〕《民法典》第 143 条规定：“具备下列条件的民事法律行为有效：（一）行为人具有相应的民事行为能力；（二）意思表示真实；（三）不违反法律、行政法规的强制性规定，不违背公序良俗。”第 144 条规定：“无民事行为能力人实施的民事法律行为无效。”第 145 条规定：“限制民事行为能力人实施的纯获利益的民事法律行为或者与其年龄、智力、精神健康状况相适应的民事法律行为有效；实施的其他民事法律行为经法定代理人同意或者追认后有效。相对人可以催告法定代理人自收到通知之日起三十日内予以追认。法定代理人未作表示的，视为拒绝追认。民事法律行为被追认前，善意相对人有撤销的权利。撤销应当以通知的方式作出。”第 146 条规定：“行为人与相对人以虚假的意思表示实施的民事法律行为无效。以虚假的意思表示隐藏的民事法律行为的效力，依照有关法律规定处理。”第 147 条规定：“基于重大误解实施的民事法律行为，行为人有权请求人民法院或者仲裁机构予以撤销。”第 148 条规定：“一方以欺诈手段，使对方在违背真实意思的情况下实施的民事法律行为，受欺诈方有权请求人民法院或者仲裁机构予以撤销。”第 149 条规定：“第三人实施欺诈行为，使一方在违背真实意思的情况下实施的民事法律行为，对方知道或者应当知道该欺诈行为的，受欺诈方有权请求人民法院或者仲裁机构予以撤销。”第 150 条规定：“一方或者第三人以胁迫手段，使对方在违背真实意思的情况下实施的民事法律行为，受胁迫方有权请求人民法院或者仲裁机构予以撤销。”第 151 条规定：“一方利用对方处于危困状态、缺乏判断能力等情形，致使民事法律行为成立时显失公平的，受损害方有权请求人民法院或者仲裁机构予以撤销。”

行合同审查时，应当着重关注上述方面。

（二）房地产合作开发合同效力的特别审查要素

1. 土地使用权的来源

2005 年最高人民法院《关于审理涉及国有土地使用权合同纠纷案件适用法律问题的解释》（已失效）第 16 条明确规定，未经有批准权的人民政府批准，用划拨的土地使用权作为出资与他人合作开发房地产的，合同无效。但是若能在起诉前取得批准手续的，合同有效。

2. 土地的性质

根据《城市房地产管理法》的规定，房地产开发只能在国有土地上进行，集体土地不能进行房地产开发入市。若是签订协议以集体土地开发房地产，那么协议无效。

3. 开发资质

最高人民法院《关于审理涉及国有土地使用权合同纠纷案件适用法律问题的解释》第 13 条进行了特别规定，“合作开发房地产合同的当事人一方具备房地产开发经营资质的，应当认定合同有效。当事人双方均不具备房地产开发经营资质的，应当认定合同无效。但起诉前当事人一方已经取得房地产开发经营资质或者已依法合作成立具有房地产开发经营资质的房地产开发企业的，应当认定合同有效”。合作开发房地产至少应有一方获得开发经营资质，若是双方都不具备，那么合作开发协议无效。除非在起诉前一方已经取得房地产开发经营资质或者已经依法合作成立的房地产开发企业具备相应资质的，才能认定合同有效。

二、合作开发房地产合同效力的保障方式

第一，事先做好尽调。当事人在签订合同前，应对拟出资的建设用地使用权的来源、性质，以及合作方的开发资质进行尽调，内容以及流程在“尽职调查”一节中予以了详细介绍，在此不重复叙述。第二，审查合作开发合同。按照上述审查要点，对拟签订的合作开发合同进行仔细审查。第三，无效合同补正。在签订合同后发现存在无效事由的，应对无效合同进行修正，消除无效原因。

第六节 合作权益分配与调整

一、合作权益的分配模式

在房地产合作开发中,利益分配方式会因合作方式的不同而有所区别,而不同的利益分配方式又存在各异的法律风险。因此,在签订正式的合作开发合同前,合作各方应分析和评估各种分配方式对己方的利弊和潜在的风险,在制定相应对策的同时综合各种情况谨慎选择合作方式。在实务中,较为常见的分配方式有两种,实物分配和利润分成。

(一)实物分配

实物分配,是指合作开发各方约定将建成后的物业按照一定的方式、比例或数量予以分割、分配,各方对分配所得部分享有专属使用权或所有权,由其单独占有、使用、收益及处置。这种利益分配方式是对开发建成后的物业分配收益,合作各方面临的风险较小,预期利益容易实现,且在物业的分配上也是各取所需。实物分配方式在实务中多被采用。

(二)利润分成

利润分成是指当物业销售产生利润后,合作各方按照出资比例、股权比例或者约定比例分配利润。这种分配方式操作起来较为复杂,一是双方在分配利润前应进行项目的成本核算,而房地产建设项目各项费用的构成复杂,变化因素多、不确定性大。二是在利润的计算方式上,双方可能会存在分歧,容易产生纠纷。因此,实务中合作各方一般谨慎选用利益分成的分配方式。

二、合作权益调整的原因与方式

(一)实物分配

实物分配这种利益分配方式在实践中易产生以下几种类型的纠纷,因此需要进行及时调整以解决纠纷,明确利益分配。

第一,合同约定不明的利益调整。(1)在签订合作开发合同时,房屋的设计图纸尚未报审通过,合作各方在合同中只能大致约定分配房屋的比例、面积及楼层,只有等到工程设计图纸审定之后,各方才能将各自分配的房屋建筑面积、楼层位置、地下停车场以及按比例承担公共分摊面积等问题具体落实。同时，在施工图纸审定后，合作各方可能会提出设计变更，由此导致房屋建筑面积增减。合作开发各方应在事后签订补充协议对房屋分配约定进行更正，避免日后因房屋分配问题出现纠纷。(2)在单体建筑物的房屋分配中，虽然合同具体约定了各方应分得的房屋面积、层数、房屋数甚至是具体的房间号。但在实际履行过程中，合作各方会经常遗漏某些附属权益的分配，如建筑物的屋顶、外立面及冠名权等。如果各方未对上述附属权益作出明确约定，那么对其占有、使用及收益、分配均会产生纠纷。因此，无论是建筑物主体还是附属设施及附属权益，合作各方都应在合同中明确约定分配方式及权属归属。并且，在一方转让分配物业时，还应在买卖合同中明确约定附属权益的转移不得侵害另一方权益。

第二，实际建设面积与预测面积不符的利益调整。尽管房屋建设施工图纸审定后，双方约定的房屋预测面积以施工图纸确认的面积为准。但待房屋竣工验收后，房屋实测面积有可能与预测面积不同，房屋实测面积可能大于或小于房屋预测面积。此时，如果双方未对增加的建筑面积如何分配或对减少的建筑面积如何处理进行明确约定，事后双方又无法协商一致，那么争议将无可避免。

第三，合同转性。在合同型合作开发模式中，为减轻税费负担或规避法律对房地产转让的限制性规定，合作各方可能会在合同中约定改变房屋分配方式从而使得合作开发合同转性为其他性质的合同。此时，利润分配方式也可能随着合同性质变化而发生改变。

(二)利润分成

第一，当事人未足额出资。合作开发房地产合同约定仅以投资数额确定利润分配比例，而当事人未足额交纳出资的，其利润分配相对于合同约定会产生改变。一般情况下，基于最高人民法院《关于审理涉及国有土地使用权合同纠纷案件适用法律问题的解释》第 19 条的规定，此种情况下按照当事人的实际投资比例分配利润。[11] 特殊情况下，若双方同意按约定分配利润，可不按实际投资比例分配利润。

第二，实际建设面积与预测面积不符的利益调整。最高人民法院《关于审理涉及国有土地使用权合同纠纷案件适用法律问题的解释》第15条、第17条对这一情形进行了规定，房屋实际建筑面积少于合作开发房地产合同的约定，分配比例协商不成的按照当事人的违约情况确定，因不可归责于当事人的事由或者当事人违约情况无法确定的，按照约定的利润分配比例确定。[12] 房屋实际建筑面积超出规划建筑面积经有关部门批准后，当事人对超出部分的房屋分配比例协商不成的，照约定的利润分配比例确定。[13]

三、合作权益调整的典型案例

（一）实物分配

【案件名称】

广东A投资股份有限公司（以下简称A公司）、广州B材料厂有限公司（以下简称B材料厂）合同纠纷案[14]

【基本案情】

B材料厂与A公司签订《合作合同》，主要内容为B材料厂提供20万平方米现有的土地，与A公司合作开发占地面积约20万平方米，总建筑面积约50万平方米的项目。在后续施工过程中B材料厂与A公司

---

[11] 最高人民法院《关于审理涉及国有土地使用权合同纠纷案件适用法律问题的解释》第19条规定："合作开发房地产合同约定仅以投资数额确定利润分配比例，当事人未足额交纳出资的，按照当事人的实际投资比例分配利润。"

[12] 最高人民法院《关于审理涉及国有土地使用权合同纠纷案件适用法律问题的解释》第15条规定："房屋实际建筑面积少于合作开发房地产合同的约定，对房屋实际建筑面积的分配比例，当事人协商不成的，按照当事人的违约情况确定；因不可归责于当事人的事由或者当事人违约情况无法确定的，按照约定的利润分配比例确定。"

[13] 最高人民法院《关于审理涉及国有土地使用权合同纠纷案件适用法律问题的解释》第17条规定："房屋实际建筑面积超出规划建筑面积，经有批准权的人民政府主管部门批准后，当事人对超出部分的房屋分配比例协商不成的，按照约定的利润分配比例确定。对增加的投资数额的承担比例，当事人协商不成的，按照约定的投资比例确定；没有约定投资比例的，按照约定的利润分配比例确定。"

[14] 参见最高人民法院（2021）最高法民终803号民事判决书。

继续合作,3 次变更案涉项目总建筑面积,不断增加规划总建筑面积,使开发物业总建筑面积从 50 万平方米增加到 777 791.06 平方米,双方未对物业面积分配进行约定。双方就 B 材料厂是否有权主张分配超出《合作合同》约定的 50 万平方米以外的新增建筑面积问题存在比较大的争议。

【裁判观点】

该案争议属于合作开发房地产性质,双方签订《合作合同》时约定总建筑面积是 50 万平方米,在后续实施过程中 B 材料厂与 A 公司继续合作,共同协调配合,三次变更案涉项目总建筑面积,不断增加规划总建筑面积,使开发物业总建筑面积从 50 万平方米增加到 777 791.06 平方米,双方虽在每次物业建筑面积增加时未就物业面积分配进行重新调整,但在土地面积减少时却有过调整。在最后物业总建筑面积确认之前,双方达成了重新调整物业分配的《谅解备忘录》,确定最终物业分成数量以项目开发的实际情况确定的原则。现 A 公司仍以约定的 50 万平方米总建筑面积为基数确定 3 万平方米建筑面积为 B 材料厂分配数量,对超出合同约定的 277 791.06 平方米物业建筑面积坚持不予分配,有失公平、有违诚实信用,法院依法不予支持,A 公司此项上诉理由不能成立。

(二)利润分配

对于出资未到位的利润分配,通常情况下按实际出资比例分配,特殊情况下可按双方约定。

1. 按实际出资比例分配

【案件名称】

方某某与福州 A 房地产有限公司(以下简称 A 公司)合作开发房地产合同纠纷案〔15〕

【裁判观点】

关于方某某应享有的投资收益比例问题。最高人民法院认为,双方虽在《联合开发建设合同书》中约定开发所得净利润,A 公司和方某某

---

〔15〕 参见最高人民法院(2013)民一终字第 20 号民事判决书。

分别按照40%和60%的比例分成,但该利润分成系以双方按约投资到位,项目全部开发完成为预期。该案中,根据合同第1条的约定,A公司对相应的合同义务已基本履行完毕,而方某某仅履行了部分合同义务,即支付前期的1920万元,项目开发的所有后续资金均未及投入。故方某某主张按照60%比例计算其投资增值收益,依据不足,不予支持。根据《联合开发建设合同书》的约定,6∶4为原约定股份及利润分成比例,而非投资比例,原判决以6∶4作为投资比例并计算方某某应实际投资4800万元,依据不足,予以纠正。案涉合同因非归责于双方当事人自身的原因终止,在方某某未全部出资到位的情况下,根据权利义务一致原则,以各方实际出资比例确定各自应享有的项目权益符合该案实际情况。

2.按双方约定分配

【案件名称】

曾某某与徐州A房地产开发有限公司(以下简称A公司)、徐某某合资、合作开发房地产合同纠纷案〔16〕

【基本案情】

徐某某与曾某某签订《联合开发协议》约定:徐某某以其拥有的土地使用权作价300万元,曾某某投入现金300万元进行联合开发;双方按5∶5进行利润分成。在开发过程中,曾某某从项目公司中提取300万元,并出具收据一份,载明:收取投资款。同日,徐某某与曾某某签订《补充协议》,约定:双方将项目公司账上存款、售房款各按50%分别存在双方个人名下。2013年,曾某某起诉要求分配项目盈余分成款,法院判决项目公司支付曾某某利润分成款377.5275万元,徐某某承担连带给付责任。A公司、徐某某不服一审判决提起上诉,认为曾某某自认以房屋预售款偿还了其出资,应认定曾某某未出资,无权要求分配A公司的利润。

【裁判观点】

二审法院认为,该案中虽然曾某某没有按约完成投资义务,但从事

---

〔16〕 参见江苏省高级人民法院(2015)苏民终字第00369号民事判决书。

后徐某某与曾某某签订的《补充协议》对 A 公司账上存款及售房款五五分配的约定内容来看，与之前《联合开发协议》的利润分配约定相符，应是对利润分配的再次确认，也是对曾某某实际参与合作事务的经营运作并投入人力、物力的肯定，此约定为当事人的真实意思表示，不违反法律、行政法规的强制性规定。二审法院驳回上诉后，上诉人不服提出再审申请，最高人民法院作为再审法院肯定了二审法院的上述观点。

第七节 合作路径之项目并购

房地产项目并购采取股权收购模式的,收购方可能只购买转让方所持的项目公司部分股权,此时便会形成新旧股东进行股权合作的房地产合作开发模式。

一、项目并购的典型案例

房地产项目公司的并购,是指收购方收购一家地产项目公司的股权或是主要资产,以达到实际控制项目公司的目的。下面介绍一个项目并购的典型案例。

在该案例中,被并购的是珠三角地区某房地产发展有限公司(项目公司),2005 年成立。项目公司有两个法人股东,为一致行动关联方(出让方)。公司负债 2.8 亿元,所有者权益 -80 万元,资产 2.7 亿元,主要为存货(开发成本)。收购方是国内某前十大地产商的区域公司,该区域公司聚焦珠三角地区的地产开发业务。该项目地块是在 2008 年由某房地产发展有限公司花费 2.7 亿元获得的,具体费用包括:国有土地使用权合同和土地款合计 2.55 亿元、契税 765 万元、经纪费用 765 万元;项目的土地使用权证在 2009 年办理。项目公司的原股东之所以愿意出让项目,主要是因为自身没有足够的实力进行开发,另外,在收购方急于扩张业务的情况下,给予了较高的溢价,使得项目出让有足够高的回报。项目为全资收购,出让方将项目公司 100% 的股权转让给并购方,由并购方后续独立开发。股权转让协议签订下来之后,由收购方办理建设用地规划许可证、建设工程规划许可证等相关行政审批。

二、项目并购的风险与防范

(一)股权并购交易主体风险与防范

1. 股权并购交易主体的风险

对于股权收购方来说,房地产项目公司股权并购的交易对手是项目公司的股东,也就是股权交易的转让方,但实践中有的转让方只是名义股东,或者虽不是名义股东,但被转让股权可能存在权利或程序瑕疵。

2. 防范股权并购交易主体风险的主要措施

(1)对于名义股东,必须要求其提供实际股东同意转让股权的书面证明。

(2)为避免股权瑕疵,建议关注以下问题:一是该股东对项目公司的出资是否到位。二是该股东所持的公司股权是否设置了质押。三是该股东拟转让所持股权是否履行了《公司法》及公司章程有关股权转让的程序,如系个人股东,还需取得其配偶的书面同意;如系国有股权,需取得国资监管部门批准。

(二)标的项目公司的风险与防范

1. 标的项目公司的风险

(1)标的项目公司经营异常或存在严重的财务危机。(2)标的项目公司存在情节严重的重大行政违法情况。(3)标的项目公司存在重大诉讼、仲裁、对外担保及对外承诺(包含对政府的承诺、对项目土地上原住户的承诺等)的情况。

2. 标的项目公司风险防范的主要措施

(1)要通过核查该公司的工商档案资料,了解其设立、变更、存续、股权结构、注册资本到位等情况。(2)可通过公开平台或至有关政府机关调查了解标的项目公司是否存在情节严重的行政违法情况,如是否存在欠缴税款和行政规费(行政规费包含城市市政公用基础设施配套费、防空地下室易地建设费、员工社保费等)等行为。(3)根据财务尽职调查结果,掌握其净资产及担保情况,尽可能搞清楚标的项目公司的或有负债和潜在债务情况。

(三)项目土地的风险与防范

1. 项目土地的风险

(1)项目土地是集体用地或国有划拨用地。如前所述,集体用地不能用于建设可出售的商品住宅,划拨用地则需获得批准并补缴土地出让金。(2)项目土地使用权证是伪造的。(3)土地出让金及其他有关税费(如契税等)未支付到位。(4)土地使用权存在权利瑕疵,如被设置抵押、被依法查封等。(5)土地超过一定闲置期限而存在被回收的可能,或者存在其他可能导致土地被依法收回的情形,如公共利益的需要、规划的调整等。(6)项目土地存在权属和边界纠纷,包括相邻权纠纷。(7)项目土地不具备开发条件,如没有完成拆迁等。

2. 项目土地风险防范的主要措施

(1)至土地管理部门核查土地的属性、取得方式、是否存在权利瑕疵、是否存在闲置及闲置时间、土地证的真实性等。(2)至土地规划部门核查清楚土地是否可能因公共利益的需要而被调整规划用途。(3)根据财务尽调结果,掌握土地出让金及税费的缴纳情况。(4)根据司法尽调结果,确认土地是否存在纠纷,如存在,则需评估纠纷解决的前景和对项目开发可能产生的影响。(5)通过现场查勘,了解项目土地是否已完成拆迁,土地是否已平整,是否具备施工条件。

第八节　合作路径之品牌加盟

品牌是企业重要的经营要素。品牌溢价是企业获取经营利润的重要方式。房地产开发经营过程中，拥有土地但无开发经验、无品牌的企业，往往采取与品牌开发商合作开发房地产项目的方式，不但可以获取品牌溢价，促进销售，使开发顺畅推进，甚至还可以获取管理经验和资金的支持，实现“双赢”。

一、品牌加盟的典型案例

在实践中，部分地方性小企业拥有良好的土地资源，但开发能力、资金实力有限，产品无法产生溢价。因此，这部分拥有土地的企业会选择与拥有项目开发建设经验的专业房地产品牌方合作开发。品牌房企在品牌、产品、成本、融资、管理、团队等方面积累了成熟的经验，可以为拥有地块的小型企业提供项目定位、规划设计、工程管理、成本管理、招投标管理、营销管理、品牌管理、交付管理等开发全过程服务。

下面介绍一个品牌加盟的案例。某知名房企集团下某公司（甲方）与武汉地方房企（乙方）合作开发一壕沟项目。双方约定甲方参与项目土地竞买并在获得项目土地后成立全资子公司（项目公司），项目公司成立后，乙方向项目公司增资使得增资完成后甲方持股51%，乙方持股49%。双方通过项目公司合作开发项目土地，甲方按合同约定输出集团品牌、管理团队，管理团队在董事会的授权范围内全权负责项目公司的经营和管理，全权主导运作项目土地的开发建设，乙方配合甲方办理开发报建等手续。项目开发完毕后双方按合同约定分配利润。在该案例中，甲乙双方合作开发项目土地，甲方作为品牌房企拥有房地产开发建设的成熟经验，能够在项目开发管理运营中起到主导作用，以实现项目增值。

二、品牌加盟的风险防范

（一）加盟方的风险防范

第一，选择加盟品牌的风险。一般而言，品牌房企虽然具有成熟的运营和管理经验，但是如果合作时其自身出现风险将会影响合作开发的进行，如经营出现异常、存在财务危机等。因此，应当挑选合适的品牌房企进行合作。在选择品牌房企时，加盟企业应当慎重、仔细甄别，对品牌房企自身的相关信息予以审查，选择适合项目开发的品牌房企。

第二，项目运营的风险。一般而言，虽然在合作开发项目中品牌房企负责项目公司的管理与运营，但是加盟企业自身也要保障相应的投资决策权、监督权、建议权和知情权，从而确保自身的投资收益。

（二）被加盟方的风险防范

第一，合作方的风险。在进行合作方选择时，除一般的尽调要点外，还要了解合作方的需求，如果合作方提出触及底线的要求，需要对合作方慎重选择。

第二，项目运营的风险。对于品牌房企而言，合作开发时品牌风险显著。如果项目运营出现了问题，会严重影响其建立的商业信誉，因此需要对项目运营中的常见风险予以防范，保障项目的顺利推进。

第九节　合作路径之破产重整

房地产项目公司破产重整方案中,选择战略投资人投资重整企业推进房地产项目开发的,投资人便与重整企业及其股东甚至债权人,形成了合作开发房地产的新模式。

一、破产重整的典型案例

房地产企业的破产涉及多方利益主体,尤其是破产后无力推进的房地产项目形成的烂尾楼,直接关乎民生及社会稳定。此时,对具有挽救价值的房地产企业适用重整程序,不仅给困境房地产企业重生的机会,而且能更好地保障各方利害关系人的权益。同时,随着土地资源的减少,获取土地的资金成本日渐高昂,以往获取土地资源的方式如土地一级市场摘牌等,面临越来越多的掣肘,一些房地产企业很难进行新项目的开发,而参与破产房企的重整,为这些房地产企业提供了获取土地资源的新机会。

对破产房企的投资模式主要有三种:资产型投资、股权型投资以及债权人型投资(共益债投资)。资产型投资是指债务人将公司全部或部分资产(包括但不限于土地使用权、在建工程等)整体转让,由投资人承接债务人部分或全部资产和项目继续开发建设的权利,原股东及债权人均不参与后期项目经营。股权型投资是指由投资人提供重整资金,所投资金一部分用于偿付债务,一部分用于项目开发建设。债务人原股东将所持全部或部分股权让渡给重整投资人或其指定的受让人,原股东及债务人均不参与后期经营。债权型投资是指投资人向债务人提供借款来维持其生产、续建项目,债务人将生产、续建完成后的资产进行变现,以共益债务清偿或其他优先清偿的方式将本息支付给投资人。在这三种模式中,以股权型投资模式最为常见。

下面介绍一个房地产企业破产重整的实例。山东省威海市环翠区人民法院于 2020 年 11 月 2 日裁定受理威海 A 房地产开发有限公司破产重整。其后威海 A 房地产开发有限公司与其债权人 B 公司签订重整投资意向书,并作出相关经营方案。B公司先行筹措3000万元用于部分破产费用及普通债权中的业主债权及非业主小额债权的清偿,后续还将投入500万元用于前期施工建设,同时破产管理人协助将债务人的股权变更至投资人或投资人指定方名下。2021年2月9日,山东省威海市环翠区人民法院已批准重整计划并终止重整程序。

二、破产重整的风险与防范

(一)房地产破产重整的常见风险

1. 信息不对称的风险

尽管管理人会提供有关债务人的财产调查报告、资产评估报告、偿债能力分析报告、审计报告以及债权表等资料,投资人也可以通过尽调方式进一步了解债务人的详细情况,但仍然可能存在未能调查到的债权人,而这类"潜水"债权人会在重整计划实施完毕后出现,并要求按照重整计划约定的比例进行清偿,从而导致投资人实际投入的资本增加。

2. 行政政策风险

破产重整不仅涉及债权人与破产企业之间民事权利的调整,还涉及政府监管等问题。例如,有的烂尾房地产项目需要重新调整规划,而规划需要得到有关部门的批准或者已购房地产业主的通过。一旦破产企业在重整计划执行过程中需要审批的所有事项无法获得相关审批和监管部门的许可,就有可能导致重整计划失败。而这种风险是投资人较难控制的。

3. 市场化风险

当前,经济下行严重,房地产行业不景气,即便投资人通过投资使得项目建设如期完成,但亦面临着由于销售业绩不佳,导致投资无法获得预期回报的问题。

4. 重整失败的风险

如果重整失败进入清算流程,投资人为重整项目所投入的资金能否返还呢?在共益债投资模式下,投资人的借款债权根据相关规定可优先于普通破产债权清偿。[17] 但在股权型投资模式下，投资人的出资可能被视为劣后债权而很难从破产清算程序中获得补偿。

（二）破产重整的风险防范

1. 做好尽调

债务人或管理人对破产人进行信息披露，是投资人做出是否参与重整程序决定的前提，也是重整投资协议中具体条款设计的重要依据。一般而言，管理人应提供重整企业的基本资料，如债权申报及债权审查结果、审计报告、评估报告和其他必要资料。但可能披露的信息不够全面，因此有意向的投资人在参加重整后，可自行开展尽调，进一步详细了解债务人的情况。

2. 谨慎起草投资协议

投资协议是各方权利义务配置的核心文件，投资人为解决信息不对称的难题，应通过缔约过失条款的设计对违反信息披露义务的责任人予以约束与惩戒，从而更好地保护投资人的利益。

3. 重视市场化和政策风险

投资人应对项目所在地的房地产市场进行综合评估，了解项目所在地房地产的销售政策，聘请专业人员作为投资人的顾问，为重整提供风险防控建议。在合规的前提下，加强与法院、地方政府的沟通，尽力获取政府对重整项目的支持，在协助政府保障和改善当地居民居住水平的同时，提高房地产项目的销售量。

4. 合理灵活地选择破产重整及融资计划

根据尽调后的情况，在评估可行性后提出破产重整计划，灵活设置交易结构，创新重整模式。例如，浙江金融资产交易中心在房地产项目“倚山艺墅”中采用类证券化融资方式。在此案中，债务人中恒置业无

---

〔17〕 最高人民法院《关于适用〈中华人民共和国企业破产法〉若干问题的规定（三）》第2条第1款规定：“破产申请受理后，经债权人会议决议通过，或者第一次债权人会议召开前经人民法院许可，管理人或者自行管理的债务人可以为债务人继续营业而借款。提供借款的债权人主张参照企业破产法第四十二条第四项的规定优先于普通破产债权清偿的，人民法院应予支持，但其主张优先于此前已就债务人特定财产享有担保的债权清偿的，人民法院不予支持。”

法作为发行主体，于是浙江金融资产交易中心引入了合作伙伴，由资产管理公司、房地产企业共同成立了“恩伦有限合伙”，由该合伙企业先行出资5000万元投资该项目，后以该债权作为基础资产在浙江金融资产交易中心发行投资收益权产品“中恒共益”，销售情况良好，成功募集到资金，挽救了濒临破产的楼盘“倚山艺墅”，现该项目已经竣工验收并交房。

第十节　合作开发中的不安抗辩权

一、房地产合作开发中的不安抗辩权及其行使

不安抗辩权，即合同双方对于合同履行有先后顺序，而负有后履行义务的一方出现了有可能导致其不能履行合同的情况，此时，负有先履行义务的一方可基于对对方未来履行能力的“不安”，提出中止履行合同的一种权利。

为了避免不安抗辩权被过度使用，甚至成为先履行方的“违约保护伞”，法律对不安抗辩权的行使作出了严格的规定。[18]

首先，导致先履行方“不安”的原因必须是以下 4 种情况：经营状况严重恶化；转移财产、抽逃资金，以逃避债务；丧失商业信誉；有丧失或者可能丧失履行债务能力的其他情形。其次，先履行方必须有“确切证据”证明后履行方存在上述情况，才能中止履行；如果先履行方未掌握确切的证据，则需要为其中止履行的行为承担违约责任。再次，先履行方必须及时向后履行方发出中止履行的通知；如果后履行方提供了担保，先履行方必须恢复履行。最后，后履行方在合理期限内既未恢复履行能力又不能提供担保的，先履行方才可以解除合同并追究后履行方的违约责任。

二、房地产合作开发中不安抗辩权的典型案例

【案件名称】

广州 A 房地产投资有限公司、植某某建设用地使用权转让合同纠

---

〔18〕《民法典》第 527 条规定：“应当先履行债务的当事人，有确切证据证明对方有下列情形之一的，可以中止履行：（一）经营状况严重恶化；（二）转移财产、抽逃资金，以逃避债务；（三）丧失商业信誉；（四）有丧失或者可能丧失履行债务能力的其他情形。当事人没有确切证据中止履行的，应承担违约责任。”《民法典》第 528 条规定：“当事人依据前条规定中止履行的，应当及时通知对方。对方提供适当担保的，应当恢复履行。中止履行后，对方在合理期限内未恢复履行能力且未提供适当担保的，视为以自己的行为表明不履行主要债务，中止履行的一方可以解除合同并可以请求对方承担违约责任。”

纷案[19]

【基本案情】

2018 年 2 月,广州 A 房地产投资有限公司与植某某签订《土地使用权及房屋转让合同》,约定植某某将其持有地块转让给广州 A 房地产投资有限公司;合同签订时广州 A 房地产投资有限公司支付定金,并应在 3 月 16 日支付剩余转让金;逾期 1 个月未支付的,植某某有权解除合同并没收定金。合同签订后,广州 A 房地产投资有限公司对该宗地的用途产生异议,经向国土部门查询得知该地块用途应为"工业",其权属证明上的"工厂、商住"属登记错误,该地块不具备商住用途。于是广州 A 房地产投资有限公司于 4 月 15 日向植某某发出延迟付款的通知。双方均认为对方存在违约行为——广州 A 房地产投资有限公司认为植某某故意隐瞒土地用途要求其双倍返还定金,而植某某则主张广州 A 房地产投资有限公司超期未支付余款应没收其定金。双方争执不下遂就该案提起诉讼。

【裁判观点】

一审法院在审理该案的过程中支持了广州 A 房地产投资有限公司不安抗辩的主张,同时将该地块权属证书登记错误归类于"合同成立以后客观情况发生了重大变化且不可归责于订立合同的任何一方的情形",判决合同解除、植某某退还定金,对双方的其他主张均未支持。该案双方当事人均提起上诉,二审法院经审理维持了一审判决。

---

〔19〕 广东省广州市中级人民法院(2019)粤 01 民终 16630 号民事判决书。

第十一节　合作开发中的先履行抗辩权

一、房地产合作开发中的先履行抗辩权及其行使

依据《民法典》的规定，先履行抗辩权是指当事人互负债务，有先后履行顺序的，先履行一方未履行之前，后履行一方有权拒绝其履行请求；先履行一方履行债务不符合约定的，后履行一方有权拒绝其相应的履行请求。[20]

在司法实践中，行使先履行抗辩权须具备以下条件：第一，须发生在互为给付的双务有偿合同中，双方的给付义务具有对价和牵连关系；第二，须是双方互负的债务有先后履行顺序且已届清偿期；第三，必须是先履行合同一方未履行或者履行不符合约定；第四，必须是对方的对待给付是可能履行的。

二、房地产合作开发中行使先履行抗辩权的典型案例

（一）先履行一方未履行或履行债务不符合约定的，后履行一方有权拒绝其履行要求

【案件名称】

重庆A房地产开发有限公司、成都B股份有限公司合资、合作开发房地产合同纠纷案[21]

【基本案情】

2003年7月17日，A公司与B公司签订《合作开发协议》，约定双方合作开发项目名称为某山庄，双方以对等投资的方式进行开发建设，投资比例各方均为50%。B公司提供项目土地，A公司提供资金。A公司投入资金1000万元后以B公司未移交土地证、办理相关开发手续，行使先履行抗辩权，未再履行余下的出资义务，并主张B公司违约。

---

〔20〕《民法典》第526条规定："当事人互负债务，有先后履行顺序，应当先履行债务一方未履行的，后履行一方有权拒绝其履行请求。先履行一方履行债务不符合约定的，后履行一方有权拒绝其相应的履行请求。"

〔21〕参见最高人民法院（2017）最高法民终243号民事判决书。

【裁判观点】

因《合作开发协议》合法有效，对双方均有约束力，合同双方均应按照合同约定履行各自义务。协议约定了A公司应投入资金1750万元，在A公司支付全部款项后，B公司移交土地证办理相关开发手续，进行合作开发。故A公司履行1750万元出资义务在先，B公司移交土地证办理相关开发手续在后。在A公司按约付清出资款前，B公司有权拒绝履行移交土地证办理相关手续的义务。A公司的抗辩理由不能成立，一审法院不予支持。A公司没有按照约定及时、足额支付项目投资款，迟延履行合同主要义务，构成违约。

（二）先履行顺序的确定

【案件名称】

佛山市A房地产发展有限公司（以下简称A公司）、广州B投资发展有限公司（以下简称B公司）等合资、合作开发房地产合同纠纷案〔22〕

【基本案情】

2018年5月19日，B公司（甲方）与A公司（乙方）、C公司（丙方，目标公司）签订《某县扶贫工业区5973－5976四地块项目合作协议》。第6.3条约定，在项目建设资金不足而甲方有资金周转困难时，可以由项目公司向乙方或乙方关联方某置业集团有限公司借款，并按集团向子公司借款的15%的年利率支付利息。后A公司未按约定提供借款，A公司以先履行抗辩权为由拒绝支付借款。

【裁判观点】

二审的争议焦点是A公司能否行使先履行抗辩权。A公司主张B公司对C公司造成经济损失拒不承担补偿义务、拒不履行先投资义务以及拒绝履行支付拆迁补偿款的义务，其可以行使先履行抗辩权。

对此，法院认为：首先，对A公司所主张的B公司给C公司造成经济损失的问题，案涉合同及补充协议的损失承担约定并不构成A公司拒绝履行借款义务的先决条件。其次，A公司主张B公司未依约向C公司投资2200万元，B公司违约在先，其有权行使先履行抗辩权。经审

---

〔22〕 参见广东省佛山市中级人民法院（2021）粤06民终15891号民事判决书。

查,合同约定的 A 公司提供借款义务不以 B 公司履行该投资义务为前提,两者属于不同法律关系,不存在先后履行顺序。最后,A 公司主张 B 公司未承担村民拆迁补偿款,其可行使先履行抗辩权。双方当事人所签订的补充协议二约定了拆迁补偿费用承担、垫付的方案,该合同并未约定该项义务的履行是 A 公司提供借款义务的前提。何况,B 公司在需要垫付补偿款时已向 A 公司发出书面函件,请求 A 公司代垫补偿款,A 公司亦予以垫付。A 公司在垫付后的合理期间内也未要求 B 公司返还或提出暂缓提供借款。A 公司据此主张先履行抗辩权,法院不予支持。

第十二节　违约索赔

一、房地产合作开发中违约索赔的要素

（一）违约索赔事由

根据《民法典》的规定，[23] 违约索赔的事由是当事人一方未履行合同义务或履行合同义务不符合约定。合作开发房地产合同中各方的义务较为繁复，总体而言可以分为两类，金钱义务与非金钱义务。金钱义务即支付相应的款项、提供相应的资金等；非金钱义务包括提供土地、办理行政审批手续、对项目经营共同决策、监管施工等。因此，房地产合作开发的违约索赔事由总体而言包含两类，一种是违反金钱义务，一种是违反非金钱义务。更为细化的违约索赔事由依据具体的合同条款确定。

（二）违约索赔项目与计算

就计算方式来看，违约索赔项目主要集中于损失赔偿的计算。《民法典》第 584 条对违约损失的构成作出了具体的规定，即损失赔偿额应当相当于因违约所造成的损失，包括合同履行后可以获得的利益，但是，不得超过违约一方订立合同时预见到或者应当预见到的因违约可能造成的损失。[24] 在司法实践中，法院一般根据案件情况采用差额法、类比法、估算法以及综合裁量法等方法来确定可得利益损失，同时依据 5 种认定规则来帮助更好地计算违约损失：包括可预见性规则、扩大损失减

---

〔23〕《民法典》第 577 条规定："当事人一方不履行合同义务或者履行合同义务不符合约定的，应当承担继续履行、采取补救措施或者赔偿损失等违约责任。"第 578 条规定："当事人一方明确表示或者以自己的行为表明不履行合同义务的，对方可以在履行期限届满前请求其承担违约责任。"

〔24〕《民法典》第 584 条规定："当事人一方不履行合同义务或者履行合同义务不符合约定，造成对方损失的，损失赔偿额应当相当于因违约所造成的损失，包括合同履行后可以获得的利益；但是，不得超过违约一方订立合同时预见到或者应当预见到的因违约可能造成的损失。"

损规则、[25]损益相抵规则、[26]过失相抵规则[27]以及约定损失赔偿额的调整规则。损失赔偿额的调整规则是指当事人对违约造成的损失可以进行事先约定,且有两种法定的约定方式,一种是约定违约金,另一种是约定赔偿额的计算方法。[28] 如果采用违约金的方式,总体而言约定的违约金数额不得超过损失的30%,[29]同时裁判机构可以根据实际损失进行适当调整。

(三)违约索赔中守约方的减损义务

根据《民法典》第591条的规定,[30]守约方有采取适当措施防止损失扩大的义务。该条中的减损规则即减轻损失规则,是指合同违约方因违约行为或预期违约致使损失发生后,守约方不能无动于衷,任凭损失的扩大,而应采取适当措施来避免损失结果的扩大,否则守约方对于损失扩大的部分无权向违约方请求赔偿。

这一规则明确了守约方具有减损义务,它偏向于强制性的法定义务,而不是任意性的义务。在该规则中,守约方对损害的发生并没有过错,但因为在损害发生后,守约方的作为或不作为,不论其出于故意或过

---

〔25〕《民法典》第591条第1款规定:"当事人一方违约后,对方应当采取适当措施防止损失的扩大;没有采取适当措施致使损失扩大的,不得就扩大的损失请求赔偿。"

〔26〕最高人民法院《关于审理买卖合同纠纷案件适用法律问题的解释》第23条规定:"买卖合同当事人一方因对方违约而获有利益,违约方主张从损失赔偿额中扣除该部分利益的,人民法院应予支持。"

〔27〕《民法典》第592条第2款规定:"当事人一方违约造成对方损失,对方对损失的发生有过错的,可以减少相应的损失赔偿额。"

〔28〕《民法典》第585条第1款、第2款规定:"当事人可以约定一方违约时应当根据违约情况向对方支付一定数额的违约金,也可以约定因违约产生的损失赔偿额的计算方法。约定的违约金低于造成的损失的,人民法院或者仲裁机构可以根据当事人的请求予以增加;约定的违约金过分高于造成的损失的,人民法院或者仲裁机构可以根据当事人的请求予以适当减少。"

〔29〕根据《全国法院贯彻实施民法典工作会议纪要》第11条的规定:当事人请求人民法院增加违约金的,增加后的违约金数额不得超过其受到的损失。约定的违约金超过损失的30%的,一般可以认定为《民法典》第585条第2款规定的"过分高于造成的损失"。

〔30〕《民法典》第591条规定:"当事人一方违约后,对方应当采取适当措施防止损失的扩大;没有采取适当措施致使损失扩大的,不得就扩大的损失要求赔偿。"

失,如果导致损害结果扩大,守约方应当对其未履行减损义务所造成的损害部分负责。

(四)违约索赔与违约损失的关系

违约索赔是指合同当事人一方因对方违约而提出的赔偿要求。违约损失则是指因当事人一方不履行合同义务或者履行合同义务不符合约定所造成的损失。违约损失是提起违约索赔的依据之一,除损失外,守约方还可基于事先约定的违约金条款主张赔偿。

《民法典》第585条第2款规定,约定的违约金低于造成的损失的,人民法院或者仲裁机构可以根据当事人的请求予以增加;约定的违约金过分高于造成的损失的,人民法院或者仲裁机构可以根据当事人的请求予以适当减少。

约定的违约金超过损失的30%的,一般可以认定为上述规定的“过分高于造成的损失”。

(五)违约索赔与履约催告的关系

一般而言,履约催告是迟延履约转化为根本违约的重要条件,也是对方违约的重要证据。通常情况下,守约方会先发函催促对方在一定期限内履行义务,如违约方仍未在给定期间内履约,其才会解除合同并提出索赔请求。

(六)对违约索赔的抗辩

1. 合同效力的抗辩

在原告诉请被告按照合同约定承担违约责任时,其前提条件是合同有效且生效。如果相应的合同存在效力瑕疵,如合同无效、未生效或者具有可撤销的情形时,被告一方可通过效力抗辩进行有力反击,合同效力被否定之后,原告请求按照合同约定承担责任的诉讼请求即不获支持。

2. 违约程度的抗辩

当守约方行使法定或约定的合同解除权时,被告可主张其违约程度尚不足以构成根本违约。抗辩成立后,可以起到合同继续履行、降低赔偿额的诉讼效果。

3. 违约责任的抗辩

根据《民法典》第 577 条的规定，违约责任包括继续履行、采取补救措施或者赔偿损失等，违约责任的承担并非并列而是有递进顺位：第一，继续履行；第二，采取补救措施；第三，赔偿损失。在原告主张合同继续履行，但要求被告赔偿高额损失时，被告可从合同仍可继续履行或可采取补救措施的角度来进行抗辩，抗辩成立的，可大幅降低赔偿额。

4. “减损式”抗辩

在违约已成事实的情况下，可以通过如下抗辩事由降低违约损害赔偿数额。

第一，可预见性抗辩。原告所主张的预期利益损失数额，系受合同签订时原告可预见范围限制的。对于原告提出预期利益损失的，被告可以相应损失已超过被告在签订合同时可预见到的损失范围，对超过部分不予赔偿的方式进行抗辩。

第二，止损义务抗辩。当事人一方违约后，对方应当采取适当措施防止损失的扩大；没有采取适当措施致使损失扩大的，不得就扩大的损失请求赔偿。虽然在诉讼中守约方占据法律制高点，但守约方同样有法定的止损义务，如未履行止损义务、放任损失扩大，则对于扩大的损失，违约方不予赔偿。

第三，双方违约、过失相抵抗辩。在提起诉讼的一方也存在违约行为，或虽未构成违约但对损失的发生也有一定过错时，应诉一方可以此为由要求其承担违约责任或减少违约赔偿数额。

5. 诉讼时效抗辩

“法律不保护躺在权利上睡觉的人”。《民法典》施行后，诉讼时效期间为 3 年，从知道或应当知道权利受到侵害以及义务人之日起计算。故作为违约的被告一方，可对原告所主张的权利是否已经过诉讼时效进行核实，如相应期间届满，即可提出时效抗辩。

6. 特殊情况下的抗辩

不可抗力和情势变更是应对特殊情形的抗辩方式，视相应特殊情形对合同履行的影响程度，可达到解除合同、免除部分责任、重新协商、变更合同条款等效果。不可抗力一般表现为：自然灾害（地震、台风、洪水)、社会异常(疫情、战争、罢工)。情事变更一般表现为:意外事件、经济形势急剧变化、货币严重贬值、金融危机。

(七)违约索赔的证据筹划

对于守约方而言,违约索赔的证据主要就违约方违约行为以及违约造成的损失进行筹划,如果认为违约方根本违约而意图解除合同,同时需要搜集符合合同解除条件的相关证据。

对于违约方而言,针对守约方提出的违约索赔,主要就相应的抗辩事由展开证据筹划,除上述抗辩事由外,可以针对守约方提出的违约行为以及违约损失的相应证据举出对抗性证据。

二、房地产合作开发中违约索赔的典型案例

(一)合作开发协议中约定的违约金低于实际损失时如何主张权利

【案件名称】

A公司与B投资公司合同纠纷案[31]

【基本案情】

2009年7月20日,A公司与B投资公司签订《拆迁补偿安置协议书》。2011年9月25日,B投资公司召开股东大会,决定撤销与A公司签订的上述《拆迁补偿安置协议书》。2011年11月23日,A公司致函B投资公司,对撤销事宜提出异议,要求继续履行该协议。2011年12月7日,首期改造范围内另一业主——案外人布某与B投资公司控股股东C控股签订《合作协议》,约定布某将其所有的首期改造范围内的房产与C控股合作开发。2012年3月23日,B投资公司认为A公司已丧失更新主体资格,向A公司书面发出《关于暂停履行安置协议书通知》。随后,B投资公司向深圳市龙岗区人民法院提起诉讼,请求判令支付违约金、赔偿A公司实际损失、土地增值损失等。

【裁判观点】

城市更新合作开发协议签订后,当违约金不足以弥补损失时,可以请求增加违约金,也可以在违约金之外同时主张损失赔偿金。但违约金与实际损失之和应受到可预见规则之制约,即应在不超过直接损失与可

---

〔31〕 参见最高人民法院(2018)最高法民终124号民事判决书。

得利益损失之和的范围内。

(二)房地产合作开发因政府行为导致无法办理用地规划,造成开发商违约不能免责

【案件名称】

深圳市A地产有限公司与深圳市B股份合作公司合同纠纷案[32]

【基本案情】

2005年11月1日,深圳市B股份合作公司(以下简称B公司)和深圳市C投资有限公司(以下简称C公司)签订了一份《某项目合作开发合同书》,约定双方合作开发位于深圳市某村的地块。2006年12月5日,C公司和深圳市A地产有限公司(以下简称A公司)的法定代表人姚某某签订一份《协议书》,约定C公司与B公司签订的项目全部权益和责任归姚某某。2012年11月30日,原深圳市规划和国土资源管理委员会龙华管理局向B公司发出《市规划国土委龙华管理局关于申请A817－0499宗地建设用地规划许可证的复函》(深规土龙华函〔2012〕73号),称B公司申请事项涉及非农建设用地的后续处理政策及地铁轨道6号线用地规划调整事宜,需在《龙华新区城市化转地非农建设用地后续管理暂行办法》出台后,再按该办法及确定的地铁轨道6号线用地规划调整方案申请办理相关手续。针对以上情况,A公司起草了一份《补充协议书(2)》,该协议书内容为因政府政策原因导致A公司无法按原定时间正常履行义务,要求B公司适当延长办理"两证"期限。后双方就是否继续履行合同诉至法院。

【裁判观点】

当事双方在《补充协议书》中明确约定了A公司完成建设用地规划许可证及土地使用证办理的时间,即《补充协议书》签订之日起120日,同时也明确了办证义务完成的具体要求,即办至国土部门开具地价缴款通知单为准。但120日的期间届满时,A公司未能取得涉案项目的建设用地规划许可证和土地使用证,也未能取得国土部门开具的地价缴款通知单。双方在《补充协议书》中约定的合同解除条件已经成就,《某项目

---

[32] 参见广东省深圳市中级人民法院(2015)深中法房终字第382号民事判决书。

合作开发合同书》及《补充协议书》已自动失效。A公司虽上诉称其已通过向行政机关提交申报材料的方式履行了合同义务，行政机关的暂缓审批不应归责于A公司，但双方在《补充协议书》约定的A公司的办证义务需以办至国土部门开具地价缴款通知单为准，且未约定其他免责条款，故其上诉主张没有事实和法律依据，法院依法驳回。

（三）因合作一方违约而解除合作开发房地产合同，以违约行为导致合同履约基础丧失为前提

【案件名称】

内蒙古A房地产有限责任公司（以下简称A公司）与内蒙古B房地产有限责任公司（以下简称B公司）合资合作开发房地产合同纠纷案〔33〕

【基本案情】

A公司以其取得的建设项目作为投资，B公司以资金作为投资，联合开发房地产。在履约过程中，B公司虽按约投入了资金，但其在A公司尚未办理建设工程规划许可证、建设工程施工许可证等手续的情况下，擅自组织建设施工、违法销售房屋，呼和浩特市建委、规划局多次向A公司、B公司下达责令整改通知书，要求停工，并对B公司作出处罚。A公司以此为由诉请解除合同。

【裁判观点】

最高人民法院在二审中认为，B公司的行为不仅违反了合同约定，也违反了行政管理法律规定，导致合作开发的工程处于违法状态，但行政主管部门对违章建筑尚未作出最后处理，合同目的是否能够实现尚不确定，因此，双方签订的合同不具备解除条件。

---

〔33〕 参见最高人民法院民事审判第一庭编：《民事审判指导与参考》，人民法院出版社2008年版，第169～178页。

第十三节　合作争议解决的路径选择

房地产合作开发过程中，产生争议是经常发生的事情。因此，签订合作合同时，乃至在此前的交易方案筹划环节中，均应当考虑争议解决路径的选择。各种路径均有其优势，又存在各自的不足。合作各方应该综合考虑争议解决的成本、效率、公平性、环境条件、项目特点、自身优劣势、执行便利等因素，选择合适的争议解决路径。

一、协商路径

通过协商方式解决争议，是当事人应首先采取的争议解决路径。各方应充分表达、考虑己方和对方的利益诉求，通过协商、沟通达成补充协议或变更协议，从而对合作内容进行新的安排。

二、调解路径

调解，是指纠纷发生后，由第三方主持，依据社会共识和一定的规范，进行劝解，促使发生纠纷的人协商解决争端。[34] 当前，我国的调解方式包含法院调解、行政调解、仲裁委调解以及人民调解。在合作各方经协商无法解决争议的情况下，可以考虑由第三方主持争议的调解。

三、仲裁路径

商事仲裁是解决商事主体间贸易纠纷的常用途径。相较于诉讼路径而言，房地产合作开发的争议解决的仲裁路径具有一些明显的优势：第一，仲裁具有更高的专业性。房地产合作纠纷具有明显的房地产合作特点与技术性问题，因此由熟悉房地产业务与相关政策法规的专业人员审理更为适宜，也更能保障裁决的公正性。第二，仲裁相比诉讼更具有灵活性。仲裁属于自愿型公断，充分体现和尊重当事人的意思自治，具有很大的灵活性和弹性。第三，保密性。仲裁的不公开审理和裁判的保密性，能有效地保护企业的商业秘密与交易活动，有利于维护企业良好

---

〔34〕 参见曾宪义：《关于中国传统调解制度的若干问题研究》，载《中国法学》2009 年第 4 期。

的市场信誉和融资信用。

选择仲裁路径需要注意的是,能够进行商事仲裁的前提是双方达成有效的仲裁协议,仲裁协议可以是在合同中订立的仲裁条款,也可以是单独的仲裁协议。但请注意,双方需指定具体明确的仲裁委员会。

四、诉讼路径

诉讼是常见的争议解决路径,在协商或调解不成时,最终可以采取诉讼进行争议的解决。需要注意的是,诉讼和仲裁不能同时进行,合作各方应当根据自身需求选择合适的争议解决路径。

(本章执笔人:陈克宇)